FRIEDRICH ENGELS

Anti-Duhring

"Contra Duhring"

La ciencia y las teorías marxistas

Edición, prólogo y notas de
Juan Bautista Bergua

Traducción al español por
Jose Bullejos

Introducción por Edmundo Laskin

Colección La Crítica Literaria
www.LaCriticaLiteraria.com

Copyright del texto: ©2012 Ediciones Ibéricas
Ediciones Ibéricas - Clásicos Bergua - Librería Editorial Bergua
Madrid (España)

Copyright de esta edición: ©2012 LaCriticaLiteraria.com
Colección La Crítica Literaria
www.LaCriticaLiteraria.com
ISBN: 978-84-7083-957-3

Imagen de la portada: Eugen Dühring y Friedrich Engels

Ediciones Ibéricas - LaCriticaLiteraria.com
Calle Ferraz, 26
28008 Madrid
www.EdicionesIbericas.es
www.LaCriticaLiteraria.com

Impreso por LSI (Internacional)

ÍNDICE

PRÓLOGO

NOTA BIOGRÁFICA ACERCA DE FRIEDRICH ENGELS

Engels nació en Barmen, ciudad enclavada en el norte de Renania, no lejos de Essen, que se convertiría posteriormente en el centro más importante de la industria metalúrgica alemana.

Existen dos versiones respecto a los orígenes de la familia Engels — que ocupaba un puesto importante entre los comerciantes e industriales renanos —, orígenes que se remontan hasta el siglo XVI. Una de ellas le atribuye como ascendiente remoto a un hugonote francés refugiado en Alemania. Otra niega tal origen y se esfuerza por demostrar la pureza de su progenie alemana. De todos modos, es indudable que en el siglo XVII los Engels eran ya una familia de fabricantes de tejidos. El padre de Engels fundó una fábrica filial en Inglaterra, Manchester, en la cual y ejerciendo el "perro oficio" pasaría Engels varios años de su vida.

A los diez y siete años de edad es enviado por sus padres a una ciudad comercial de Alemania, donde permaneció trabajando tres años en un despacho comercial. Su permanencia en esta ciudad señala una primera etapa en su formación ideológica. Se liberta de las creencias religiosas que tan intensamente le inculcara su padre —familia evangelista—, formando en las filas de los librepensadores demócratas. A esta época pertenecen sus primeros artículos.

En 1814, ya en Berlín, cae bajo la influencia de los jóvenes hegelianos, adhiriéndose, como Marx, a la tendencia más radical de la filosofía de Hegel. En 1842 escribe una crítica violenta contra la filosofía de Schelling, a quien había invitado el Gobierno prusiano a Berlín para oponer sus doctrinas a las de Hegel.

En 1842 colabora en la "Gaceta Alemana", fundada en Polonia y dirigida por Marx. El mismo año pasa a Inglaterra por vez primera.

Comienzan entonces a publicarse por Marx y Ruge los "Anales franco-germanos", marcando este momento la conversión de Marx y Engels al comunismo. Por vez primera Marx señala la inmensa tarea histórica que corresponde cumplir al proletariado. En colaboración con Engels, escribe "La Santa Familia", donde formula su idea fundamental de que el proletariado era, no sólo una clase paciente, la "clase más numerosa y más desheredada" que vieron los utópicos, sino un luchador activo contra la sociedad burguesa, la clase que por sus condiciones de existencia era necesariamente la única clase revolucionaria de la sociedad burguesa.

Los años 1844 al 1848 se caracterizan por un intenso trabajo de organización, llevado conjuntamente por Marx y Engels. En 1845 crean en Bruselas la "Sociedad de educación obrera", con ayuda de la cual se ponen en relaciones con los círculos de Alemania, Londres, París y Suiza. Marx desde Bruselas y Engels desde París, sientan las bases principales para agrupar en una sola organización a los diferentes grupos comunistas. En 1847 se reúne por vez primera un Congreso en Londres, al que acuden representantes de los grupos de Bruselas, París y otras localidades, creándose la "Liga de los Comunistas". Un año después, y cumpliendo el acuerdo adoptado por el segundo Congreso de la Liga, aparece el "Manifiesto Comunista".

En 1848 estalla la revolución en Alemania. Engels regresa a su país y se instala con Marx en Polonia, donde fundan la "Nueva Gaceta Renana", que desempeñó un papel de primera importancia en los acontecimientos revolucionarios que se desarrollaban. Vencida la revolución alemana, Engels emigra a París, con Marx, y desde allí, fracasada la manifestación de 13 de junio de 1849, se vieron obligados a emigrar a Londres.

Son éstos los años peores en la vida de Engels y Marx. La reacción más brutal se ensaña en toda Europa sobre el proletariado. Engels, para atender a su propia situación y a la de Marx, se ve obligado a recurrir a su "perro oficio", colocándose en la sucursal de su padre. Desde allí ayuda abnegadamente a Marx, permitiendo a éste consagrarse a su obra teórica, y colaborando activamente en ésta. En la "Tribuna de Nueva York" se publicó una serie de artículos sobre los acontecimientos de Alemania, titulados "Revolución y contrarrevolución", que, aunque firmados por Marx, y atribuidos a éste hasta ahora, son obra de Engels.

En 1870 Engels abandonó Manchester, incorporándose al Consejo general de la Asociación Internacional de Trabajadores, creada dos años antes. A partir de entonces, el trabajo que desarrolla es inmenso, tanto en el terreno de la organización como en el dominio teórico. Deseoso de elevar el nivel teórico del movimiento obrero alemán, de aclarar la extraordinaria confusión de ideas que existía en los líderes socialistas, publica una serie de artículos importantes, que servirán de complemento a la "Miseria de la filosofía", de Marx. Reedita con un nuevo prólogo su obra magnífica "La guerra de los campesinos en Alemania", y aprovechando un debate suscitado en el Reichstag sobre las primas, publica un folleto titulado "El aguardiente prusiano en el Reichstag alemán", en el cual expone admirablemente el papel histórico de la gran propiedad agraria y de los terratenientes prusianos.

En 1877 comienza la publicación del "Contra-Duhring", obra fundamental de Engels, y que con "El Capital", de Marx, constituyen la base del materialismo histórico.

Muerto Marx en 1883, Engels atrae sobre sí la inmensa tarea de preparar, completar y dar a la publicidad los dos tomos de "El Capital", no publicados, y en fin, la obra no terminada de Marx. Once años invirtió en esta labor, dando a la publicidad los volúmenes II y III de "El Capital".

Los años posteriores de Engels están consagrados plenamente al movimiento obrero, Al frente de la II Internacional, en contacto con los dirigentes de los partidos nacionales, orienta el movimiento proletario internacional.

El 5 de agosto de 1895, a los setenta y cinco años de edad, murió. Por disposición suya, su cadáver fue quemado, y sus cenizas, encerradas en una urna, se arrojaron al mar del Norte.

EUGEN DUHRING: SU PERSONALIDAD Y SU OBRA

Estudio que sirve de introducción a la traducción francesa del Anti-Duhring, por Edmundo Laskin.

Este libro contiene enseñanzas curiosas sobre la educación y la vida social y literaria de Alemania entre 1840 y 1870, en cuyo período uno de los acontecimientos en que abunda la vida de Duhring tuvo una repercusión política considerable.

INTRODUCCIÓN

I

EUGEN DUHRING Y EL SOCIALISMO

La discusión de Engels con Duhring no tuvo su origen en un capricho personal. No era una de esas polémicas que pueden surgir o cesar a voluntad de los escritores; era una necesidad histórica.

Cometería un error sobre la significación del libro de Engels quien tomase al pie de la letra las expresiones desdeñosas que prodiga a su adversario. No puede comprenderse que Friedrich Engels hubiera consagrado a la refutación de las doctrinas de Duhring una obra tan importante si no tuvieran un valor intrínseco y una importancia histórica.

De otra parte, la misma violencia de la polémica no podría explicarse ni excusarse si Engels se las entendiera con un antagonismo débil a quien hubiera bastado el más fútil ataque para destruirle. Indudablemente, Marx y Engels, consagrada su vida a mantener la existencia de la doctrina y la unidad del partido socialista, han debido con frecuencia luchar con adversarios que no eran dignos de ellos. Pero mientras que la pulverización de Weitling, por ejemplo, fue resultado de una simple discusión oral, la refutación a Duhring constituyó uno de los dos o tres monumentos culminantes del socialismo marxista; la razón de esto hay que buscarla en la personalidad de Duhring y en la situación del socialismo alemán después de 1870.

"La filosofía de Duhring —dice Vaihinger— es no sólo un capítulo importante de la historia de la filosofía, sino una página interesante de la historia contemporánea. Lleva el sello de una individualidad muy acusada y viva y de los destinos particulares de su creador. El mismo lo ha querido así, y ha dado a una de sus obras este título tan característico: *Mi causa, mi vida y mis enemigos. Obra principal y clave de todos mis escritos.* Este libro contiene enseñanzas curiosas sobre la educación, la vida literaria y social de Alemania entre 1848 y 1870; y por lo menos uno de los acontecimientos de la vida tan abundante de Duhring ha tenido una repercusión política considerable. Duhring pertenece ya a la historia y esto sería, desde luego, una razón para narrar su vida; pero sin esta biografía, el pensamiento propio de Duhring permanecería ininteligible. No es que este pensamiento haya experimentado cambio en sí mismo, y, por lo tanto, nada sería tan vano como dividir su progreso en períodos. Las direcciones principales del pensamiento de Duhring no han variado para nada; fueron fijadas y condensadas desde muy temprano. Al menos en lo que concierne a sus opiniones sociológicas, pueden encontrarse tanto en sus últimos como en sus primeros escritos; solamente ha cambiado el tono, después de la ruptura con el movimiento socialista. Duhring es más severo con las utopías, pero confía en la Humanidad y en su capacidad para realizar la justicia; pero ni sobre el ideal ni siquiera sobre los medios de realizarlo puede decirse que haya cambiado sensiblemente. Ni las objeciones de Lange, ni la crítica implacable de Engels, ni las invectivas de Nietzsche— ya que Duhring fue objeto de todas estas célebres polémicas—, le han hecho renegar sus tesis esenciales.

Tales ataques, algunos de los cuales había provocado, no los temía. Hace cincuenta años era, y aún es, vehemente y valeroso; la catástrofe terrible de su ceguera no engendró en él tristeza ni reproches.

Pobre y ciego, no cedió en sus opiniones y despreció todo compromiso. Para comprenderlo es necesario conocer su vida trágica y agitada, aunque casi sin aventuras. Los materiales para esta historiografía son fácilmente accesibles; Duhring los ha escrito extensamente en la obra ya citada; la ha juzgado tan íntimamente ligada a su obra, que ha consagrado la última parte de su Curso de Filosofía al "desenvolvimiento de la filosofía de la realidad".

Eugen Carlos Duhring nació en Gros-Zehlendorf, cerca de Berlín, el 2 de enero de 1833. Su padre, penetrado, impregnado del espíritu de Rousseau, lo mismo en pedagogía que en religión, consideraba que los niños acuden demasiado temprano a las escuelas, fatigándose rápidamente sin provecho; Duhring, estudiando en casa, se encariñó des de muy pronto con las matemáticas y la astronomía; esta iniciación científica la refiere con cariño en las páginas que constituyen su *Discurso del Método*.

No recibió ninguna educación religiosa, de lo cual se felicita. Desde la infancia experimentó hacia la sombría religión de la Biblia una antipatía que no hizo más que aumentar; el espectáculo de la Iglesia le afligía; protestaba ya confusamente "contra el oscurantismo de este crepúsculo artificial".

No cambiaron sus sentimientos en el colegio, donde ingresó a los doce años, en 1845. Recibió una educación pietista y reaccionaria que le dejó un disgusto inolvidable, imagínense los sentimientos de un hombre joven y de espíritu libre que vivió en un gimnasio de Prusia el año 1849... Antes de comenzar su educación en Kölniches-Realgimnasyum, antes de abandonar a su padre, que en hora muy temprana le dejó huérfano, le había visto atravesar períodos de extremada miseria. Más tarde—nos dice él mismo—, nunca dejé de recordarlo, cuando, maduro ya por los dolores de la vida, abrió los ojos a la angustia social y respondió a su manera a las cuestiones que ésta plantea, sostenido por las fuerzas del sentimiento, tanto como por las de la razón.

Los años de estudio que pasó, después de la muerte de su padre, primero en un asilo de huérfanos, después en el gimnasio de Jenhimstal, le dejaron tristes recuerdos. Y no es que perdiera el tiempo, pues fue un excelente discípulo. En las obras de los poetas supo apreciar, más que la elegancia de la forma, la claridad de juicio y la energía del pensamiento. Se apasionaba por la poesía de la voluntad humana. Desde la edad de quince años, a creer lo que dice, poseyó Duhring ese sentimiento de la vida que siempre le animó; ese horror por el espíritu mortificador que la religión engendra y que tantas doctrinas e instituciones contribuyen a mantener en torno nuestro.

La revolución de 1848 le deja indiferente. Le interesa más la constitución del mundo que la del Estado, y, por lo demás, nunca hizo gran caso de las luchas políticas por las formas constitucionales secundarias. No obstante, estaba dominado por una gran aversión hacia la Inglaterra aristocrática y feudal, y sentía una gran admiración por la Francia de la gran Revolución que supo materializar la equidad en la regla igualitaria.

Llegó, al fin, el día de su salida del gimnasio. Sentía en sí vocación de educador; hubiera querido enseñar matemáticas y ciencias naturales.

Pero, impulsado por un deseo de justicia abstracta, igual por lo menos a su pasión científica, deseoso de vivir para la ciencia y no de la ciencia, pretendió ser magistrado y fue a estudiar Derecho a la Universidad de Berlín. Muy pronto sintió una desilusión que debía para siempre inspirarle sus repugnancias más tenaces. No porque la abstracción jurídica rechazase a este matemático, sino la vida universitaria. La Universidad de Berlín había sido fundada bajo la influencia de las ideas de la escuela histórica; una cultura puramente filológica dominaba la Facultad de Filosofía y avasallaba incluso a las ciencias matemáticas y naturales. El helenista Broekh, a pesar de su avanzada edad, ejercía la dictadura. El filósofo Trendelenburg, el filólogo Haupt, después Mommsen, poseyeron más tarde una autoridad semejante. Respecto a la Facultad de Derecho, la enseñanza que se daba era poco adecuada a satisfacer a Duhring. No tenía aún la Universidad los economistas eminentes que poseyó después; la escuela histórica, que se ocupaba menos de jurisprudencia que de filología romanista, era dueña de todas las cátedras, incluso de la de Derecho natural, que todavía conservaba algún sabor hegeliano. Lo que Duhring quería conocer eran las raíces del derecho positivo, las normas de la justicia, animado como estaba de una gran sed de equidad; cuando considerando, según costumbre, a los romanos o los profesores del Derecho del universo, hubo reconstituido el derecho romano según las Pandectas, será vano que busque en Papiniano, Paulo y Ulpiano, en los libros de Savigny, y hasta en las obras de medicina legal, los primeros elementos de todas las instituciones jurídicas existentes. En cuanto a la filosofía del Derecho, renuncia muy pronto a aprovechar nada de Kant y de las "confusas predicaciones de Fichte y Hegel"; y sólo Hobbes y Rousseau le merecen estudio.

Mientras proseguía sus estudios de matemáticas y física, "únicos que le impidieron hastiarse", se entrega con ardor a la economía política y a las ciencias sociales. Las lecciones del estadístico Dieterici nada le enseñaron; pero leyó la *Riqueza de las naciones*, de Smith, y a los grandes economistas, experimentando también alguna desilusión: poca precisión científica, medida cuantitativa de los fenómenos, proposiciones generales y vagas que no podían recibir un sentido exacto y una significación verdadera más que por la consideración del más o del menos de cantidades determinadas. Y, además, la economía le parecía una ciencia muy fría y banal a él, que había guardado no solamente el recuerdo, sino la impresión viva de las jornadas de junio de París, y había leído demasiado a los socialistas franceses para colocar por encima de todo la idea de justicia y hacerla pasar de la esfera de la moral pura a la de la sociedad. Conoció también la estadística social de Quetelet; "pero este hombre medio, con sus cifras medias y su valor medio, no le dijo nada que valiera la pena"; fue su amor por las matemáticas quien le llevó a estudiar a este matemático tan encomiado. Leía al mismo tiempo a Augusto Comte, interesándole, más que su sociología retrasada, su filosofía de las ciencias.

Cuando hubo terminado sus estudios universitarios pensó un instante, alentado por la estimación del célebre jurista Rudorff, prepararse para la enseñanza del Derecho. Rápidamente reconoció la imposibilidad; el famoso Stahl, profeta de la reacción conservadora y de la ortodoxia evangélica, se oponía a que se hiciera del derecho público un objeto de estudio; la escuela histórica no admitía que los estudios romanistas y su procedencia se acomodaran a otra cosa que a la historia y la filología; se trataba solamente de reconocer, describir y justificar estados de hecho. La ciencia, puesto al servicio de la política conservadora, prohibía todo deseo de reforma, toda tentativa de análisis y crítica de las instituciones reinantes.

Duhring se hizo magistrado: en medio del trabajo práctico del pasante y de la diseminación de los actos permanecía como hombre de ciencia. Tuvo ocasión de profundizar sus conocimientos jurídicos y comprobarlos en las transacciones positivas. Muy pronto pudo convencerse, viendo su ideal arrastrado en el polvo cotidiano, de la injusticia fundamental de ciertas reglas esenciales del comercio jurídico.

Se produjo al mismo tiempo la catástrofe que debía privarle para siempre de la vista. Bruscamente cayó el velo; su suerte fue decidida en algunos días. En 1861 vio la luz por última vez. No se lamentó;

estoicamente aceptó su suerte, esforzándose en mantenerse y educarse; bendijo en su destino trágico la necesidad de hundirse en su sillón, de abandonar las rutinas ordinarias, de crear para su uso propio nuevos métodos de trabajo. Su fuerza moral, el vigor de su admirable personalidad, le sostuvieron y jamás acudió a su espíritu la idea de quejarse de su desgracia. Esta tranquilidad de alma no quedó desmentida nunca.

Mas el trabajo de magistrado le resultaba imposible, y esto significaba, con la ceguera, la miseria. Entonces le fue preciso utilizar sus conocimientos científicos, vivir de su pluma. No pensaba Duhring agregarse a la Universidad porque necesitaba vivir, y nunca pudo vivir el *privatdocenten* de su enseñanza en Berlín, pero pensaba que el título de doctor le sería de gran utilidad en la carrera literaria. En otoño de 1861 presenta a la Universidad una disertación, que es todo un libro hermosísimo, sobre la *Lógica del cálculo infinitesimal*, en la cual, apartándose en absoluto, por la doctrina y el método, de sus profesores berlineses, se esfuerza por eliminar el concepto de infinitamente pequeño.

En los artículos que da en diversas revistas desde 1864 intenta dar a conocer a Augusto Comte, muerto hacía seis o siete años, pero desconocido completamente en Alemania: desarrollar y defender sus teorías más originales era abrir al espíritu alemán nuevas sendas. Si es cierto que en las obras de Augusto Comte se encuentra el punto inicial de más de un cambio de dirección de la sociología alemana", fue a través de Duhring por quien la influencia de aquél se dejó sentir. Asimismo dio a conocer a Buckle, fundador de la historia de la civilización y reformador de la ciencia histórica. De otra parte, ataca de frente al renombrado Stuart Mill, cuya economía política era el breviario de los economistas y políticos liberales. También se ocupa de literatura, de Byron, que es verdaderamente el poeta del siglo XIX, el crítico de la corrupción social, a quien comparaba con Schopenhauer.

Desde 1864, Duhring había comenzado a defender con su independencia corriente, en las columnas de la *Vossiche Zeitung*, liberal, a personalidades no gratas a la burguesía. Cuando apareció el último volumen de una traducción de la gran obra económica de Carey, ignorada de los sabios y del público, Duhring se asigna la tarea de introducirla en Alemania y utilizar sus teorías contra la economía política manchesteriana, lo que no había sido aún hecho ni en América ni en Europa. Defender a Carey, honrar a Friedrich List, el más grande economista alemán, suplantado por sus enemigos, era batir en la brecha al liberalismo ortodoxo; significaba, en la época de las grandes luchas económica en Alemania, combatir a la gran burguesía y al partido más poderoso en el país, en el Parlamento y en la Universidad, dominada entonces por los progresistas Mommsen, Helmholtz y Virchow.

Desde 1865 era Duhring *privatdocentent* en la Universidad de Berlín y llevaba adelante los estudios filosóficos y económicos. Era a sus ojos una tarea esencialmente moderna, no teniendo derecho el filósofo a prescindir de las condiciones materiales de la existencia humana. Una tras otra aparecieron en 1865 la *Dialéctica Natural, La Revolución de la economía política y de la ciencia social*, por Carey; el *Precio de la vida, Capital y trabajo*, y a principios de 1866 la *Fundamentación crítica de la economía política*. No había cesado de ocuparse de ciencias, sin publicar todavía sus investigaciones; sólo en 1872 apareció la *Historia crítica de los principios de la mecánica*, a la que concedió el premio Beneke la Universidad de Gottingen. Hasta esta fecha no escribió Duhring más que obras filosóficas y sociológicas.

Las preocupaciones sociales le dominaban cada vez más. Ya Carey se le había aparecido como economista de los trabajadores y le había celebrado como el primero que osó combatir la superstición de los bajos salarios. No es posible imaginar hasta qué punto las controversias económicas agitaban entonces a la opinión alemana: Prince-Smith, jefe de la fracción manchesteriana, presidente de la Sociedad de Economía política de Berlín, escribía bajo el velo del anónimo un artículo estigmatizando a Duhring con los nombres odiosos de proteccionista, ver socialista, y que levantó contra éste a toda la secta librecambista. Faucher y Michalis se distinguieron por la violencia de sus ataques. ¡Que un *privatdocentent* se permitiera proclamar que existe "una cuestión social", que ésta no es un simple fantasma, y que no hay únicamente una economía privada, sino también en el sentido propio de la palabra una economía "política", una "economía social"!

El pensamiento de Duhring cuenta desde entonces, y cuando, después de la muerte de Lassalle, entró en los planes del Gobierno la reforma económica, Bismarck, por consejo que le da el amigo de Lassalle, Lothar Bucher, consulta a Duhring. Éste escribió una serie de artículos económicos en el *Monitor prusiano*, órgano oficial del Ministerio. En la primavera de 1865, el consejero privado Wagner, omnipotente director de la *Gaceta de la Cruz* y amigo íntimo de Bismarck, invita a Duhring a someter a la cancillería una Memoria sobre la cuestión obrera, a fin de que el Gobierno pueda tomar sus disposiciones para contener la miseria y preparar aquel sistema de seguros sociales que Bismarck no debía edificar sino veinte años después. Pero cuando después de la guerra austroprusiana, Bismarck hizo su paz con la burguesía liberal, olvidó sus proyectos; en cuanto a Wagner, imprimió la Memoria de Duhring, haciéndola aparecer sin nombre de autor, y después, en la segunda edición, la firmó con su nombre. Esta publicación dio lugar a un proceso de gran repercusión, en el cual la opinión pública y el Tribunal dieron la razón a Duhring.

Mientras tanto, y durante catorce años ininterrumpidos, Duhring ejerció en la Universidad de Berlín una actividad memorable. "Durante muchos años, escribe un testigo ocular, se veía llegar varias veces a la semana a una de las salas de la Universidad a un ciego conducido por un niño. Este ciego venía a explicar filosofía y economía política. Se le admiraba por su vida austera, retirada, laboriosa, por el valor con que luchaba contra su enfermedad y sacaba de su cerebro un partido semejante. Se le admiraba por su memoria prodigiosa, que le permitía recitar las retahílas de cifras sin cometer el menor error, por la facilidad y abundancia de su palabra, por el vigor poco común de su pensamiento, por la extensión de sus conocimientos y su competencia universal..."

Se había convertido en el ídolo, en el director de la conciencia, en el oráculo infalible de una parte considerable de la juventud de Berlín. Sus numerosos admiradores se descubrían al pronunciar su nombre, y su entusiasmo rayaba en fanatismo. Los adversarios han podido hablar del "culto" a Duhring en Berlín, "der Duhringkultus in Berlin". Un dicho circulaba entre los estudiantes: "Quien no ha oído a Duhring, no ha oído nada". El éxito de su enseñanza, el número y valor de sus trabajos daban derecho a Duhring para pretender el título de profesor; en 1866, el puesto reservado para "un verdadero filósofo" se le negó porque era economista; a continuación se le niega una cátedra de economista porque era filósofo, y en 1872, un nuevo puesto de filósofo. Amargado por la injusticia, pobre, viviendo apenas de la venta de sus libros y de los "Kollegelder" de sus estudiantes, Duhring trató duramente a los "sacerdotes del ideal", ricos y autoritarios, "hombres de mérito discutible", "espíritus subalternos e inferiores". Ni sus libros ni conversación trataban consideradamente a Virchow, Helmholtz, Zeller y al economista Adolfo Wagner.

Al mismo tiempo que suscitaba contra él los rencores universitarios, se atraía por su libre predicación social odios menos declarados, pero no menos temibles. Hacia 1870, Duhring se proclama en su corazón y en sus escritos socialistas. Celebra la *Commune* de París como el acontecimiento más grande del siglo XIX, como una nueva era de la conciencia política y social; la bendice por haber hecho oír por vez primera el lenguaje de la naturaleza y el buen sentido, por haber "purificado con una ráfaga refrescante la atmósfera emponzoñada en que vivimos". Rinde homenaje a la incomparable grandeza de Marat, discípulo de Rousseau, "que tan bajamente han desfigurado los historiadores de la contrarrevolución europea, principalmente los de la especie girondina". Estas eran las palabras que escuchaban los auditores de Duhring en la Universidad que Dubois-Reymon acababa de consagrar al servicio de la monarquía prusiana, bautizándola con el nombre de "centinela intelectual de los Hohenzollern". Y un estremecimiento pasaba cuando recitaba, con el fuego del entusiasmo, las poesías revolucionarias de Byron y Shelley.

No es imposible que los rencores políticos se hayan ensañado en Duhring y que su exclusión de la Universidad fuera, como dice en su libro sobre *La fundación del Imperio alemán* Ernesto Denis, "una de esas intrigas disimuladas tan del gusto de los ortodoxos". Pero todo indica que fue ante todo víctima de odios personales. Ya en 1875 recibió una reprimenda por haber hecho una crítica brutal, en la segunda edición de su *Historia de la economía política*, no sólo de Adolfo Wagner y de los "socialistas de cátedra", sino en general de las costumbres y enseñanza universitarias. Despojado por influencias secretas de una institución nueva, un liceo de jóvenes donde enseñaba con el éxito más grande la historia de las ciencias, publica un folleto sobre la *Educación superior de las mujeres y la enseñanza en las Universidades*, no perdonando nada ni a nadie; pinta a las Universidades alemanas como hogares de pedantería y oscurantismo, "tiendas en las que sólo se venden mercancías ajadas y estropeadas".

Al mismo tiempo una reprimenda contra Duhring, hecha por la Universidad de Gottingen, dio ocasión a la de Berlín, para desembarazarse de un adversario incómodo. Desde la primera edición de su *Historia de la Mecánica* había expuesto ampliamente Duhring el descubrimiento esencial del equivalente mecánico del calor, por Roberto Mayer, olvidado entonces, plagiado, encerrado en un manicomio por una supuesta megalomanía, y había señalado que el nombre de Mayer no se encontraba en un libro de Helmholtz consagrado a la misma cuestión; sin embargo, la Memoria anónima de Duhring recibió el premio Beneke.

Pero cuando en la segunda edición, no contento Duhring con acusar de plagio a Helmholtz, le reprocha haber desnaturalizado con vagas especulaciones filosóficas el descubrimiento de. Mayer y corrompido las matemáticas con sus ensueños neoeuclidianos, el decano de la Facultad de Filosofía de Gottingen declara que, "abusando de la aprobación dada a la primera edición de Duhring, había cometido una falta contra el honor". La Universidad de Berlín gestiona su revocación cerca del ministro de Instrucción pública, siendo acordada el 7 de julio de 1877 por una orden del señor Falk.

Éste sería el momento para describir el inmenso movimiento de protesta que provocó entre la juventud universitaria y los socialistas esta violación del derecho a pensar y hablar. Mas es necesario remontarse un poco más arriba para fijar la relación de Duhring con el movimiento obrero. Casi todos los estudiantes socialistas de Berlín eran partidarios entusiastas de Duhring y ardían en deseos de concederle, como ha dicho

Bernstein, en la socialdemocracia el puesto que la injusticia del mundo burgués le negaba. La influencia de Duhring podía ejercerse en ellos tanto más fácilmente cuanto que en aquellos momentos precisos había perdido toda realidad el plan de las cooperativas de Lassalle, y Marx guardaba silencio, habiendo momentáneamente padecido su prestigio el destino desgraciado de la Internacional. El radicalismo filosófico, político y social de Duhring podía aparecer como la doctrina coherente cuya necesidad experimentaban muchos; su ultraliberalismo anarquizante parecía una reacción justificada contra el "culto exagerado que una fracción de la socialdemocracia, bajo la autoridad de Lassalle, rendía al Estado". De otra parte, si Duhring no se adhería al partido socialdemócrata, afirmaba enérgicamente la necesidad de una acción política de la clase obrera, se presentaba en las conversaciones con los socialistas como un "camarada" y le agradaba repetir: "Si ataco a Marx no es desde la derecha, sino desde la izquierda". Persuadía a sus discípulos de que el marxismo era en el fondo una doctrina reaccionaria, inferior al socialismo francés de comienzos del siglo y propio a provocar un retroceso. Sus ideas ganaban sin cesar terreno: F. W. Fritzsche, Pablo Grottkau, F. Milke, K. Dolinski, Juan Most, que más tarde debía ser excluido del partido y se adhería al anarquismo, se hicieron los propagandistas de su doctrina. El 11 y el 25 de julio de 1876 pronuncia Most dos conferencias sobre la "Solución a la cuestión social", cuyos textos hizo aparecer a continuación con el mismo título, las cuales merecieron una acogida unánimemente favorable: la influencia de Duhring se señalaba en ellas muy profundamente. Most publica, además, en una serie de números de la *Berliner Freie Presse* una extensa serie de artículos que compuso en su prisión de Plotzensee, en los cuales se exponía y celebraba con entusiasmo la filosofía de Duhring.

Hacía apenas un año que bajo la presión de las circunstancias y sobre todo de la persecución gubernamental se habían unido los socialistas de Alemania, lassallianos de una parte y de otra marxistas, sobre la base de un programa único, el programa de Gotha (27 de mayo de 1875). La influencia que Duhring adquiría sobre muchos socialistas podía hacer temer en el partido recientemente unido una escisión cuyas consecuencias serían de una gravedad extrema. Fue entonces cuando Engels hizo aparecer en el órgano central del partido obrero, el *Vorwärst*, de Leipzig. los artículos polémicos que han sido después reunidos con el título *Herren Duhring's Umwalzung der Wisenschaft*. Las circunstancias explican la brutalidad del ataque. En realidad, Engels debió notar que llegaba demasiado tarde por la acogida que obtuvieron sus artículos en el tercer Congreso del Partido Socialista (1877). Neisser declara que la excusa única de la Redacción del *Vorwärst* consistía en su incompetencia. Vahlteich, con el tono desdeñoso e imperativo que ya ofendía a Lassalle, dijo que Engels rebajaba la polémica y que la publicación de sus artículos perjudicaba al *Vorwärst*. Most propone al Congreso una resolución firmada por cuarenta y nueve nombres, más de la mitad de los delegados al Congreso, principalmente Fritzsche, Finn, Grottkau, Heiland, A. y O. Kappell, Backow, pidiendo que artículos como los de Engels contra. Duhring, sin ningún interés e incluso muy ofensivos "para la mayoría de los lectores del Congreso, fuesen excluidos en lo sucesivo del órgano central del partido". En el curso de los debates fue retirada esta proposición a favor de una moción conciliadora de Bebel, que, "teniendo en cuenta la extensión de la crítica de Engels y de la respuesta eventual de Duhring, no menos amplia, exigía otra forma de publicación". El Congreso decidió que la polémica continuara, no en el *Vorwärst*, sino en el suplemento científico del periódico.

Sin embargo, cuando el ministro Falk pronunció la inicua orden de revocación, partidarios y adversarios de Duhring, todos los socialdemócratas, se pronunciaron a favor de éste y por la libertad violada en su persona. El apoyo ostentoso otorgado a la Facultad por los periódicos reaccionarios, como la *Post*, demostraba que sus teorías socialistas habían influido en alguna medida en su condena. La protesta de los estudiantes adquirió proporciones enormes; fue, como dice el melancólico Mehring, "el último movimiento idealista de este género que se ha producido en Alemania".

En el mitin del 12 de julio en Handwerkerverein se vota una resolución que, fundándose en los artículos 20 y 27 de la Constitución prusiana, condena la revocación de Duhring como una violación de la libertad de la ciencia; siendo favorablemente acogida la proposición de Beldimann reclamando la creación de una "unión social para la ciencia libre". La misma noche, en la Bundeshalle, se celebró una reunión pública socialista, donde Fritzsche y Most protestaron contra la disposición del Tribunal universitario de Berlín; dos mil quinientas personas votaron un saludo a Duhring en el cual era llamado "el reformador de la ciencia moderna" y comparado a Sócrates y Giordano Bruno.

El movimiento protestatario sirvió grandemente a la causa socialista. Mientras que algunos años antes hubiera sido imposible encontrar en la Universidad media docena de estudiantes socialistas, la socialdemocracia había conquistado en esta ocasión numerosos estudiantes de la Universidad y de las escuelas especiales. Pero Duhring, que no había querido responder a las críticas de Engels, veía con disgusto a la socialdemocracia explotar su situación en provecho de su propaganda, en el momento preciso en que la Universidad empleaba como un arma contra él sus simpatías socialistas. Estallaron los disentimientos entre los partidarios exclusivos de Duhring y los socialistas. Nada hizo por extinguirlos Duhring, ni por conservar su puesto en el movimiento obrero. En diversas ocasiones señaló con absoluta claridad cuáles eran los puntos que hacían imposible un acuerdo entre él y los marxistas; en la *Stattasburgerzeitung* escribió violentos ataques contra el socialismo, y habló algunas veces en público sobre el marxismo, dando de él una verdadera caricatura. *La Berliner Freie Presse* declara que los socialistas no podían admitir el pontificado infalible de Duhring y anuncia en el número de 13 de noviembre de 1877 la ruptura definitiva de Duhring con la socialdemocracia. A partir de esta fecha, cesa de existir para los socialistas.

No se dice con esto que sus ideas perdieran toda acción sobre ellos y que su trabajo oscuro no haya significado nada en lo que ha podido llamarse "descomposición del marxismo". La enseñanza de Duhring fructificó primero cerca de los socialistas libertarios Ens, Benedicto Friedlaender, Hertzka, Oppenheimer; éstos tomaron en Duhring el odio a la coerción y un individualismo casi anarquista. Eduardo Bernstein, que en su juventud fue discípulo de Duhring, no niega que éste le haya orientado sobre bastantes puntos. La variedad de tendencias que se equilibran en la obra de Duhring explica la variedad de las influencias que ha ejercido; individualista, socialista, revolucionaria, reformista, sindicalista, todo al mismo tiempo, solicitado en todos los sentidos, las orientaciones diversas que en él coexistían han demostrado después su divergencia. Unos aprendieron de él su desconfianza al Estado, el desprecio a los Parlamentos, la confianza exclusiva en las Asociaciones obreras organizadas, que absorberían toda la vida económica; otros, acaso los más numerosos, se han persuadido en su escuela de que la violencia es mala, en su esencia y en sus resultados; que la única fuerza para oponer a la superioridad natural de los patronos es la coacción de los obreros en grupos económicos, y que las condiciones necesarias de esta acción son la educación de los trabajadores, su metamorfosis psicológica y mental. Zenker ha comprobado que el prestigio de Duhring es tan grande como nunca cerca de la juventud. Puede decirse, por lo tanto, que a pesar de la refutación de Engels, de su aislamiento aparente y pese a su propia indiferencia, las ideas de Duhring ganan sin cesar terreno en el seno del socialismo alemán. Ésta es también una de las razones por las cuales la obra de Engels es hoy tan actual, útil y necesaria como el primer día.

II

LA OBRA DE DUHRING

Como la crítica de Engels no toca más que puntos aislados de la filosofía de Duhring, aunque examinando el sistema íntegro, es necesario intentar tener una impresión del conjunto para medir la extensión del debate.

La filosofía de Duhring quiere ser, de una parte, una concepción sistemática del mundo; de otra, un principio incesantemente activo de organización de la vida; quiere ser la exposición rigurosamente científica de los principios que debían servir para la explicación del mundo y la dirección de la voluntad; esencialmente práctica y encaminada a la acción, se asigna como tarea la "de desarrollar en su forma más elevada la conciencia del universo y de la vida". Está suscitada por una necesidad científica y ética a la vez; es ciencia y conciencia "Visenschaft und Gesinnung". Mientras que en la filosofía como "ciencia" se crea la unidad adecuada al mundo del pensamiento por el desarrollo del entendimiento, en la filosofía como "conciencia" el espíritu humano busca organizar el mundo de la experiencia, ponerlo en armonía con el ideal que se crea, hacer pasar a lo real, o sea a la sociedad de los hombres, su idea moral. "La filosofía debe ser una energía". (Víctor Hugo.)

La actividad de la filosofía es esencialmente reformadora: la vida y la doctrina, el conocimiento y la acción están unidos indisolublemente; hay que vivir su doctrina; y como la acción práctica plantea a la especulación teórica los problemas que ésta debe resolver, el entendimiento aclara y corrige el esfuerzo de la voluntad, "orientada hacia una humanidad más noble". El hombre no debe poder ser separado de su obra y Duhring cree haber hecho todo lo posible "para no dejar abierto un abismo entre la filosofía y el filósofo".

Si Duhring rechaza "la primacía de la acción", en tanta que deba hacernos aceptar los postulados que la razón teórica rechaza; si se opone a que se exalten, con menoscabo de la razón, los movimientos instintivos y los impulsos irrazonados, no es con el propósito de hacer de la ciencia no sé qué apoteosis. La actividad científica está lejos de representar la mayor parte del esfuerzo humano, y no es ella nunca su propio fin; "el estudio de la naturaleza no es ennoblecido sino por los dos objetivos que consigue; por la satisfacción de saber y por los frutos que produce para las artes técnicas y el mejoramiento de la vida".

Desde el momento que la filosofía es ciencia, no puede marchar al azar de la intuición metafísica o de la inspiración verbal: necesita, como toda disciplina científica, estar en posesión de un método. El método propio de Duhring es la investigación de los principios, investigación inductiva, y no deductiva. En efecto, para él los "principios" no son "verdades primeras", sino los "elementos primeros", no son fórmulas generadoras, sino partes constitutivas de los seres. Que la filosofía esté en presencia de una idea, de un objeto o de un ser, su tarea va a consistir en descomponerlos en sus elementos. El método de la filosofía será un método de reducción a "los elementos fundamentales" y a "formas esenciales".

Es preciso señalar aquí la armonía preestablecida entre el método y el sistema de Duhring; el sistema establece que "lo mismo que la constitución química de los cuerpos, la constitución general del ser es igualmente reductible a tales elementos", que la estructura de la materia es discontinua, formada de átomos indivisibles; que la evolución biológica se refiere a la combinación indefinidamente variada de elementos, de los cuales ni el nombre ni la contextura íntima se modifican. Y el método que Duhring impone al filósofo y al sabio es precisamente la Investigación de las partes simples de toda cosa y materia. Pero faltaría el filósofo a su cometido, que es el de darse cuenta de lo real, si después de haber descompuesto el todo en sus elementos no lo recompusiera partiendo de dichos elementos.

El órgano de esta síntesis será la "imaginación racional", cuyo uso se jacta Duhring de haber descubierto o rehabilitado al menos. Ésta "une en un todo viviente los resultados de la experiencia", restablece el orden objetivo de las cosas según el grado de simplicidad y las combinaciones de sus elementos, pone en camino las realidades más o menos próximas, de las cuales es su anticipación ideal. No es sino en este sentido como supera la realidad. Sin esta facultad de creación subjetiva, igual en valor a la actividad creadora de la naturaleza, nuestra concepción del mundo y la organización de la vida estarían reducidas a no ser nunca más que obra fragmentaria, insuficiente y perezosa. Si es necesaria una facultad de síntesis para comprender la realidad como un todo, no lo es menos una facultad de anticipación para seguir el devenir dinámico de lo real, para "libertar los hechos de su inercia exterior", para percibir la operación de las fuerzas que modelan el mundo, para medir por anticipado las necesidades futuras. Sin ella, el pensamiento permanecería atado a lo que es dado inmediatamente en los hechos, se atendría a los hechos consumados sin tener en cuenta el impulso que los lleva hacia formas nuevas; estas anticipaciones llamadas en las ciencias sociales "utopías" son las previsiones científicas en el estudio de la naturaleza. No es necesario negar la realidad de las profecías, que no serían sino miradas más profundas lanzadas sobre la evolución.

¿Qué es, pues, la "imaginación racional" esta virtud sintética y dinámica? Pues ésta, a los ojos de Duhring, no es una facultad puramente subjetiva. Si nos revela a la naturaleza en su trabajo es porque ella misma es naturaleza y trabajo. Siempre consciente de sí misma, no tiene nada de común con las intuiciones místicas por las cuales, según Hartmann, comunica con el fondo eterno del ser bajo las especies del Inconsciente. La parte concedida por Duhring a la imaginación no debe ocultar el carácter fundamentalmente realista y racionalista de su pensamiento.

Finalmente, el método de Duhring es esencialmente "dogmático". Supone un acuerdo fundamental entre el pensamiento y la realidad, la posibilidad de un conocimiento adecuado e íntegro del Ser.

El entendimiento es absolutamente soberano; no soporta ninguna limitación; no puede detenerse ante los límites artificiales que imponen las teorías del conocimiento, las "críticas de la razón"; no hay "cosa en sí" ni "incognoscible" superior a sus fuerzas.

Desde que la filosofía puede pretender dar al mundo un conocimiento pleno e íntegro tiene derecho a titularse "filosofía de la realidad, sistema natural"; por primera vez en la historia, la filosofía de Duhring toma del mundo su realidad positiva. Sólo ella es susceptible de reemplazar las religiones, cuyos dogmas no son ya compatibles con las conquistas de la ciencia, y cuya fuerza caduca no basta para mantener y regir la conducta. Pero no se destruye más que lo que se reemplaza; el hombre iluminado ve más fácilmente una superstición nueva, que no se contentará con criticar y negar.

Vale más, a pesar de todo, la religión caduca de un Roberto Mayer que ese liberalismo charlatanesco, ese librepensamiento superficial que origina, con la indiferencia especulativa, la degradación de la conciencia moral. De todos lados se siente la necesidad de un sustituto, de un sucedáneo de la religión; pero se hacen vanos esfuerzos para encontrarlo en la ciencia y en el arte.

No hay que esperar la emancipación de la humanidad de "esta ciencia prostituida que se vendía antes de Hipócrates en los templos de Grecia como medicina sacerdotal, que ha sido en Atenas la sofística y ha envenenado a Sócrates, que fue en Jerusalén la ciencia de los doctores y de la ley y crucificó a Jesús, que ha perseguido a Galileo y quemado a Giordano Bruno".

Y el arte, ¿qué hace sino ennoblecer los sentimientos e ideas de la sociedad donde florece y darles una nueva consagración? La arquitectura india, la plástica griega y la pintura italiana han tomado sus motivos de la religión. ¡No es el arte quien dará a los hombres el impulso necesario para dejar tras de ellos a la religión!

En verdad, el sustituto de la religión sólo podrá intervenir cuando la ley haya abolido los signos visibles, las ceremonias y las ramificaciones en las instituciones civiles, como el matrimonio religioso y el juramento judicial. Mientras que las iglesias puedan ejercer un dominio, por lo menos aparente, e imponer las prácticas exteriores a los creyentes, habrá que contentarse con eliminar de los espíritus los vestigios de las representaciones religiosas, y puesto que la ley civil permite hoy a los espíritus independientes confesar abiertamente su emancipación intelectual, deberán, tomando como base la filosofía de la realidad, formar agrupamientos "para evitar lo más perfecto en sociedad".

La "filosofía de la realidad" es para Duhring el verdadero sustituto de la religión; ella reemplaza las leyendas fantásticas sobre el origen del mundo y el destino del hombre por una cosmología y una moral científicas; por la apelación que hace a la conciencia atrae a su esfera todas las fuerzas naturales del sentimiento y la voluntad, pero penetradas de razón y conocimiento. Duhring expresa la esperanza de que, conforme a la ley de los tres estados, formulada por Augusto Comte, llegará una edad en que la razón, realizando aquello que no pudo el sentimiento irracional, permita la unión de los esfuerzos en la sociedad. Comte ha exagerado la acción de la religión para la armonía social; las religiones han creado artificialmente entre los hombres motivos de inquietud y turbación; al fijar las supersticiones o instituciones durables, han creado formas nuevas de hostilidad e injusticia. Pero si la autoridad y la violencia, aspectos diferentes de una misma fuerza mala, el abuso del poder, la "Gewalt", reparten, dividen, hacen nacer o agravan los conflictos, la ciencia y el conocimiento unen a los hombres en un esfuerzo común de conocimiento y dominio del mundo.

La filosofía de la realidad que se apoya en ellas, y sólo en ellas, no reconoce otra autoridad que la de su propio objeto. Las únicas necesidades que se le imponen son los hechos que ha reconocido y las nociones que ha formulado. A su lado no existe otra fuente de verdad y justicia; es en ella donde hay que buscar la medida de todas las ideas. "El hombre no tiene debajo de él más que suelo; el cielo encima, y al lado su semejante".

También rechaza Duhring, como se ha visto, toda tentativa de una crítica del conocimiento, como un atentado contra la libertad de la ciencia misma. Semejante actitud resulta evidentemente de una actitud predeterminada, de una confianza ilimitada en la inteligibilidad de lo real. Si el agnosticismo ha sido calificado de teoría pesimista del conocimiento hay necesidad de considerar la concepción de Duhring como una teoría optimista, plenamente de acuerdo, de otra parte, con la concepción que él tiene del mundo y de la vida. Duhring considera al idealismo metafísico como una doctrina enemiga de la vida. Si, al contrario, el mundo es una realidad, y la realidad única, si no hay detrás de él una realidad más cierta en algún sentido, en la cual puedan refugiarse las almas fatigadas, el hombre sentirá que la realidad debe bastarle y se esforzará por mejorarla. Y si ésta no es plenamente inteligible, si no nos presenta repliegues oscuros donde persiste el misterio, explicada y conocida enteramente, se halla también enteramente justificada. Duhring no ve en la historia de la filosofía más doctrina que la suya, en la cual los derechos y la soberanía del entendimiento humano estén afirmados en su plenitud y verdad.

El idealismo tiene por finalidad y efecto hacer al pensamiento y al mundo extraños entre sí, y al segundo, devenido la sombra y el compañero contingente del yo, ininteligible eternamente al primero. Pero a medida que el espíritu humano se desprende del animismo primitivo, se libera también del idealismo filosófico, que no es sino la forma atenuada y racionalizada y adquiere progresivamente el sentido de lo real, cuya ausencia es el vicio fundamental de las ideologías tradicionales.

La razón explicativa deberá dominar en todas partes; tarde o temprano no dejará de realizarse la "adequatio rei et intellectus".

La posibilidad del conocimiento íntegro es garantía para la naturaleza misma de la realidad a conocer; de una parte, lo real es, en efecto, finito; el número de objetos y seres que lo constituyen, determinado, y, en consecuencia, finito también el esfuerzo a realizar para tomar medida de ambos. De otra parte, el ser es uno; no hay varios cosmos, varias físicas posibles igualmente. Podemos estar seguros de que las fórmulas que dan cuenta del mundo que nos es accesible son las fórmulas mismas del Ser, las únicas posibles y concebibles.

Desde Kant se postula que el sujeto no puede conocer y comprender las cosas en sí. Pero ¿por qué el sujeto deformará el objeto al conocerlo? La hipótesis de que es el sujeto quien se asimila el objeto es por lo menos tan concebible como la hipótesis contraria, según la que es el objeto quien se asimila el sujeto.

En realidad, el objeto no debe nada al pensamiento, que se limita a expresarlo íntegramente y sin alterarlo. Cuando se define lo que se consideran puros conceptos, se definen al mismo tiempo las cosas, los elementos de la realidad. Si para Duhring tienen las matemáticas una importancia tan grande es porque manifiestan con la mayor evidencia la identidad de lo subjetivo y lo objetivo. Contra la realidad del número se estrellan todas las tentativas del idealismo escéptico; es como un puente que conduce la realidad al pensamiento; es en él, en el número, donde conviene buscar la verdadera identidad entre el Ser y el Espíritu.

Nuestra percepción de los objetos en el espacio es objetiva y comunica este carácter a las operaciones superiores del entendimiento. "Nada puede descubrirse en el mundo que no esté ligado por algún lazo de parentesco a los elementos de nuestra naturaleza y que no nos sea por ellos inteligible". El espacio subjetivo se confunde con el espacio objetivo; la sensación expresa los estados internos del sujeto, y al mismo tiempo traduce los estados mecánicos del objeto; la representación sensible está constituida de tal manera que reproduce las relaciones de la realidad. Todo concepto de un objeto real contiene un elemento que le es común con este objeto. "A cada parte de lo real responde una idea que le comprende, de suerte que no hay en definitiva residuo que se nos escape y quede Incomprendido". "Puede decirse que se definen las cosas mismas cuando se determinan los conceptos generales y elementales que les corresponden".

De esta manera los elementos indivisibles, los átomos, "los principios" cuya naturaleza hemos descrito anteriormente, no son solamente el origen de toda realidad, sino el punto de partida de toda deducción lógica; así Duhring llega hasta llamar "axiomas" a estos hechos fundamentales e indescomponibles de la naturaleza, que son al mismo tiempo garantía de su objetividad. "El pensamiento y la realidad objetiva se confunden con estos elementos fundamentales. La fantasía no puede ejercer su arbitrio más que sobre la combinación de los principios simples, no sobre los principios simples y últimos tomados en sí. *Lo absolutamente simple no puede ser pensado de otra manera a como es en la realidad*".

Así Duhring pone en comunicación su atomismo lógico con su atomismo físico, y a ambos con su método. Concede al atomismo un puesto en la teoría del conocimiento y le hace pasar de la física a la lógica. Desde que este tránsito se ha efectuado, el espíritu se halla en posesión de los principios, en los cuales la certidumbre esta vinculada necesariamente, de "naturalezas simples", traducidas por nociones simples, a partir de las cuales el razonamiento puede progresar con confianza.

Los principios racionales no son, pues, simples formas del conocimiento o cosas solamente en tanto que las pensamos, sino expresión de las leyes de la realidad o de las cosas en tanto que éstas subsisten por sí mismas independientemente de nuestro pensamiento. El sabio no crea el hecho; éste es exterior a él, extraño, le viene de fuera; él lo percibe, lo somete a medida, lo encierra en una fórmula. No solamente es posible la ciencia, sino que alcanza las cosas tal como son: la naturaleza de la cosa es percibida ante todo por el espíritu en la cosa misma.

Duhring considera como uno de sus mayores méritos haber puesto en relación la "lógica de los conceptos" con la "lógica de las cosas". Un orden único constituye la base de las leyes necesarias, tanto del pensamiento como de la realidad. La naturaleza es un sistema lógico y matemático; se halla sometida a leyes matemáticas en las formas que crea y en los efectos que produce; de igual manera procede lógicamente, y, así como puede hablarse en historia de la lógica de los acontecimientos, se puede hablar de una lógica objetiva, de una lógica universal.

La primera ley lógica del ser es el principio de contradicción o ley de la identidad. Ésta es la ley más general de las cosas y por tal razón norma del pensamiento de las cosas. Toda doctrina que discuta el valor absoluto se coloca por esto mismo fuera de la razón: la lógica de Hegel son las saturnales del pensamiento. La contradicción es absolutamente extraña a la realidad; en las cosas no hay contradicción; es un absurdo presentar la contradicción como realizada en el ser y sobre todo convertirla, como hace Hegel, en el principio motor de la evolución.

En la naturaleza existen bastantes fuerzas que se mueven en sentido opuesto y tropiezan, e incluso este antagonismo es "el esquema fundamental de la constitución del mundo; pero antagonismo no es contradicción. El absurdo no tiene lugar en la naturaleza; "lo que para nuestro pensamiento" es imposible, es irrealizable para la naturaleza; sobre este principio fundará Duhring su crítica del infinito.

¿Qué es, por lo tanto, lo que justifica el dogmatismo? El objeto existe, el pensamiento se acomoda a él. ¿Por qué? Enipédocles decía que lo semejante sólo puede conocer lo semejante. El dogmatismo de Duhring no es un dualismo que postula una incomprensible armonía entre la naturaleza y el espíritu. Si el pensamiento comprende la naturaleza es porque en su fondo es él mismo naturaleza. El universo sólo contiene una realidad; el pensamiento no es un imperio en su imperio; no es él quien se da sus leyes; está sometido lo mismo que la naturaleza, de la que forma parte. La lógica del espíritu no es más que una "rama subjetiva" de la lógica universal y objetiva. El ser pasa y se traduce en una ciencia que le es homogénea (*gleichgeartet*).

Es que en el fondo nuestros principios lógicos y científicos son el producto de fuerzas que han trabajado durante mucho tiempo antes de llegar a la conciencia. Una teoría de lo inconsciente, teoría ontológica más que psicológica, desempeña en la lógica de Duhring un papel esencial y muy original. Puede decirse en una fórmula breve, que necesitaría ser desarrollada: el pensamiento consciente tiene un valor objetivo porque lo consciente sale de lo inconsciente, el yo que conoce de la realidad insensible, y esto por un proceso necesario. El pensamiento no es sino una especie superior de realidad; en él las relaciones inconscientes de las cosas devienen conscientes; el pensamiento es una forma especial que ha revestido lo real sin cambiar su contenido. *El espíritu es un caso particular.*

No hay, pues, en presencia dos realidades que concuerdan; hay una sola realidad cuya actividad es doble, que se expresa tan pronto bajo una forma más general, la naturaleza; tan pronto bajo otra forma particular, el espíritu. La conciencia está pletórica de cosas; las cosas, pletóricas de conciencia.

Hay necesidad de observar que este dogmatismo intemperante, tanto más discutible en sí cuanto que conduce a Duhring mismo a evidentes contradicciones, se justifica por el momento en que Duhring escribe por las tendencias del espíritu contra el cual reacciona. Duhring comenzó a pensar en una época de pietismo arisco; comenzó a escribir en una época de criticismo y positivismo perezoso; en 1848 y 1864 era siempre la razón lo que se quería, y se invocaba a las Sagradas Escrituras y al sistema teocrático de Stahl para exigir de la ciencia un cambio radical y que se inclinara ante los misterios, o se invocaba a Kant para prohibir al pensamiento que traspasará la experiencia, tratándose siempre de sujetar el pensamiento y dominarlo. Fue este criticismo, abandono consciente de toda filosofía científica, quien suscitó primero las protestas de Duhring; más tarde el agnosticismo de Spencer le pareció una reedición apenas rejuvenecida de la crítica, o de la cosa en sí, de Kant, honrada al principio con el nombre de Divinidad y ocultándose después bajo el nombre de lo Incognoscible. Y comparando criticismos y agnosticismo con la confianza heroica en la razón de los primeros hombres del pensamiento moderno, Bruno, Galileo, Espinosa, no vio más que la resignación del temor, el quietismo de la razón y el índice de la decadencia de la burguesía.

* * *

Se ha visto que para Duhring nuestra razón es la medida de las cosas y que no hay nada más allá de lo que podemos comprender clara y distintamente. También se ha visto que el principio de contradicción es ley del pensamiento y de las cosas, indica los límites necesarios de la razón. Aplicando al mundo este principio, hace condenar la concepción de un número infinito, de un universo infinito, de una materia divisible hasta el infinito. En efecto, por todas partes percibimos cosas limitadas, finitas en el espacio y el tiempo; ahora bien: las ideas opuestas, finito e infinito, son incompatibles, se excluyen recíprocamente; si lo finito es, *lo infinito no es.* Ateniéndose a la pureza lógica de los conceptos, lo continuo satisface más esta necesidad; nos pone en presencia de un paso insensible de lo finito a lo infinito, de lo infinito a lo finito. También Duhring excluye lo continuo de la naturaleza: "el supuesto continuo, en la medida en que es real, se resuelve necesariamente en una yuxtaposición de partes en un número determinado". El todo se refiere a partes indivisibles, a unidades irreductibles, la extensión a los puntos, los cuerpos a los átomos, la sociedad a los individuos.

Todo está constituido de "compuestos independientes y distintos", de moléculas individualizadas e innumerables. Al principio de continuidad Duhring opone como ley suprema de lo real el "principio de discontinuidad". Su filosofía es una filosofía aritmética, su matemática una matemática de la cantidad discreta, dominada por lo que Renouvier llama "la ley atómica".

Un todo no es nunca más que un agregado de partes, y no tiene en la suma de las partes más que a las mismas partes. De otro lado, puesto que en la realidad sólo hay elementos distintos e irreductibles, todo conjunto no es sino una síntesis más o menos artificial, una yuxtaposición exterior de estos elementos, que no agrega nada ni hace entrar nada nuevo en el mundo.

Los números imaginarios, negativos, irracionales, tienen de común que no pueden someter a la representación intuitiva y que son a la razón como el escándalo a la lógica. Sin embargo, sea cual fuere la dificultad para justificarlo, nadie piensa proscribir el empleo de estos números. Y Engels se complacía desafiando a Duhring para "que inventara una matemática en la cual — a multiplicado por — a no fuera más a^2 y donde estuviera prohibido diferenciar e integrar". No se trata de impedir a los matemáticos utilizar procedimientos con los cuales no avanza su ciencia; no obstante, no hay que renunciar a darse cuenta de estos procedimientos, acomodarse perezosamente a lo que pueden tener de chocante al principio—que es precisamente la actitud de Engels—y darles una significación que no tienen. Se está frente a un enigma de la teoría del conocimiento: que los símbolos, respecto a los cuales sólo se sabe que en sí y para sí no tienen sentido, se convierten súbitamente en una de las fuentes más fecundas del conocimiento matemático es un milagro lógico que la crítica rigurosa no puede admitir. Este enigma lo resuelve Duhring por una teoría de la cual es el único representante consecuente, aunque tuviera en Duhamel un precursor. No es éste el lugar adecuado para exponer la teoría; pero se precisa señalar, para reducir a su justo valor las críticas de Engels, que Duhring, lejos de apreciar la fecundidad de los números negativos e imaginarios, se esfuerza por precisar su verdadero sentido. Se limita a negar la existencia objetiva de números a los cuales no puede darse ninguna significación intuitiva. Para él los números imaginarios no son magnitudes posibles ni imposibles, ni siquiera números; no son conceptos, sino signos de funciones para ciertas operaciones, simples formas de cálculo. Sólo el número absoluto tiene una existencia intuitiva y conceptual. Sobre esta concepción "funcional" en un cierto sentido basa Duhring un álgebra nueva de lo absoluto. Restringe la noción del número a la unidad y excluye como especulación trascendente el uso de todos los conceptos que carecen, en el mundo de la experiencia, de realidad concreta correspondiente.

Asimismo, "el concepto matemático de lo infinito, bajo su forma generalmente aceptada, se le aparece como una quimera superflua, y la eliminación radical de esta fantasía nociva como el único medio que puede permitir a la matemática constituirse en toda su pureza y elegancia".

El principio de contradicción cierra el paso al infinito actual, incompatible con toda nuestra constitución intelectual, y no deja llegar a nuestro espíritu más que al infinito en potencia. La infinidad finita es una contradicción absurda; es imposible representarse como dada una cantidad infinita. No hay límite para la posibilidad de adición y síntesis: he aquí la única forma en que el infinito es pensable. Es absurdo hacer una pluralidad existente, terminada, "ponerla en el ser", pues es pensar lo innumerable como numerado, lo infinito como finito.

Una vez más hace intervenir Duhring el principio de contradicción para demostrar por el absurdo *la ley del número determinado*. "El número y la magnitud son siempre finitos y determinados; el número de los elementos reales, de las partes efectivamente distintas, es siempre determinado e infinito". Por esta razón es imposible *pensar un cuerpo compuesto sin átomos*, y por lo cual el número de los átomos es finito y determinado. La ley del número es la necesidad primitiva y fundamental que da al conjunto de constitución de la naturaleza una fisonomía clara y elimina la contradicción". La matemática está sólidamente establecida en el dominio de lo finito, y no sale jamás, haga lo que haga.

Si el infinito del número es imposible, el infinito de una magnitud matemática cualquiera, o sea de toda magnitud a la que se aplica este nombre, es igualmente imposible.

Si el infinito de grandeza matemática es imposible, el ser en que este infinito se supone realizado es igualmente imposible. De la ley del número determinado deriva necesariamente la limitación del espacio y del tiempo.

El tiempo es una suma determinada de horas, de años, de actos realizados. En un momento dado sabemos que tras de nosotros hay una serie infinita de momentos del tiempo; el universo dura desde hace un número finito de años: el universo ha comenzado. Duhring no se pierde en las antinomias kantianas; opta decididamente por las "tesis" y rechaza las "antítesis"; en primer lugar, éstas le parecen absurdas y no las tiene en cuenta; la tesis, al contrario, se le impone con una fuerza irresistible; el tiempo no puede ser finito sino en una sola dirección, la del porvenir. La evolución futura puede concebirse como ilimitada; pero, lo mismo que hay que poner un número como el primero en la serie numérica, hay que poner un estado como primero en la evolución del universo.

Si el tiempo ha comenzado, así como la sucesión de las cosas, la serie de las causas es finita, hecha de un número finito de términos. La ley del número determinado, ley suprema del espíritu y de las cosas, destruye el principio de razón suficiente. Este último no tiene la trascendencia y el valor absoluto que le concede Leibnitz: si prueba alguna cosa, probaría demasiado, penetraría en lógica por la sucesión constante de un por qué el absurdo de la serie infinita.

No es necesario que todo cuanto tiene un comienzo tenga también una causa de existencia. Para evitar la regresión infinita al pasado, inevitable si todo fenómeno tiene en los antecedentes dados su razón determinante, pues sería necesario entonces remontarse de causa en causa, sin encontrar jamás un primer término que cierre la serie, hay que oponer, como hace Duhring, al falso dogma de la razón suficiente *el principio de razón insuficiente*. La lógica de lo finito conduce a la paradoja del comienzo absoluto.

Se plantea entonces el problema de la génesis con todo el misterio que le envuelve. Hoffding ha señalado que el pensamiento positivista de Duhring choca con el mismo enigma que Bohme y Schellin habían suscitado bajo una forma especulativa y mitológica. No siendo el tiempo más que el orden de la sucesión, no siempre ha transcurrido. Pero ¿qué acontecimiento hace nacer al tiempo, lo desencadena, abre la esclusa que permite al tiempo deslizarse fuera de sus compartimientos eternos? No solamente no indica Duhring la causa, ni puede indicarla, sino tampoco un acontecimiento que supone una sucesión del cual es un eslabón; ¿en qué situación clasificar lo que por hipótesis hace nacer la sucesión? La filosofía de Duhring deja en una oscuridad completa lo que los alejandrinos llamaban la "precesión" y Schellin el "salto", o sea el tránsito de lo Absoluto intemporal y esencial al mundo de los fenómenos cambiantes y sucesivos.

Duhring justifica demasiado fácilmente la aplicación *del principio* de la razón a la sucesión de los estados del universo. El tiempo no es más que el ritmo de las sucesiones; la causalidad no puede concebirse más que en el tiempo; expresa el orden de los cambios y las diferencias. "No es sino en la medida en que las cosas se distinguen donde hay lugar a buscar las causas de estas distinciones". No siendo la causalidad más que la ley del cambio, ha comenzado con el cambio.

El tiempo, la causalidad, son precedidos por un "Ser eterno", donde las diferencias, las diversidades internas que tienen por consecuencia la sucesión no han aparecido todavía; la existencia entonces se halla en una identidad absoluta consigo misma. El tiempo y la serie causal se forman durante la transición de este estado de indiferencia y homogeneidad a las diferencias y variaciones que son la trama del devenir; tienen un término en este estado invariable, que satisface plenamente a Duhring desde el doble punto de vista del pensamiento y el sentimiento.

Parece, en efecto, que por la sola hipótesis de un estado primitivo definido por la identidad absoluta palia las objeciones que pudieran hacérsele en nombre del principio de razón suficiente. No se está tentado a buscar relaciones de causalidad en el seno de esta identidad y permanencia, ni incluso a buscar una causa a "esta cosa fundamental que no implica ningún cambio, ninguna diferencia imaginable con relación a un estado distinto a él mismo. Lo que es idéntico, permanente, sustancial, en donde no puede haber cuestión de devenir y cambio, escapa por su propia naturaleza a estúpidas tentativas hechas para aplicarle la ley de casualidad".

Por esto Duhring, sin quebrantar esta ley en la medida que rige los cambios parciales, justifica fácilmente el límite que pone a su aplicación por el principio de la razón. Pero el verdadero problema que plantea necesariamente la hipótesis de una identidad primitiva, y que no ha resuelto, es el problema de la transición, del paso de la homogeneidad y de la identidad absolutas a la diferencia y a la variación. Que la categoría de la casualidad no se aplique sino a la sucesión fenomenal y no a un ser o a un estado en el que toda sucesión está excluida, se comprende perfectamente; que este estado no requiera más razón de ser que los axiomas lógicos, se admite también; pero el tránsito de la identidad a la variación, de la inmovilidad al movimiento, siendo un cambio, e incluso un cambio esencial, puesto que es la condición de todos los que le sucederán, no se ve el pretexto que puede darse para sustraerlo a la ley de la causalidad, al principio de la razón suficiente, ni tampoco qué causa puede asignarle ni qué razón darle.

Si el mundo estuvo en un estado perfecto de equilibrio, es imposible que haya salido de sí mismo; es necesario, como objeta Engels, que haya recibido de fuera un impulso primero que le pusiera en movimiento. Mas el ser de que habla Duhring no es un cuerpo celeste en particular, es el Ser en sí, fuera del cual no puede existir ningún principio motor; es el universo único; la unicidad del mundo es uno de los primeros teoremas de la filosofía de la naturaleza. No puede pensarse, pues, en derivar el movimiento de una causa anterior al mundo; aunque Duhring no haya expresamente excluido esta explicación teológica del devenir, está en contradicción demasiado evidente con el espíritu de toda su filosofía para que pueda admitírsela.

Duhring ha confesado francamente su impotencia para deducir el devenir, para explicar el movimiento. Reconoce que la única cosa inteligible para quien formula primitivamente la síntesis absoluta sería "la permanencia de un equilibrio inmóvil, eterno, nunca turbado". La identidad de este estado primitivo no suministra por sí misma ningún principio de tránsito a un estado diferente. Indudablemente ha intentado atenuar la paradoja recurriendo al principio de continuidad, que había, sin embargo, proclamado como "una de las formas de la quimera infinitista", y a las diferencias infinitamente pequeñas, que tanto se ha esforzado por eliminar de la noción. De otra parte, después de haber intentado encontrar en la continuidad un eslabón intermedio entre el equilibrio primitivo y el movimiento, confiesa que no puede resolver de esa forma la dificultad. Señalaremos ahora que el mismo enigma se presenta cada vez que se forma en nuestra experiencia un nuevo fenómeno, una cualidad nueva, como la conciencia, o una especie nueva en la evolución orgánica. Pero esta idea, que vive en el fondo de toda filosofía de lo contingente, parece difícilmente conciliable con el racionalismo de Duhring y su determinismo riguroso. Conduce a admitir no solamente un comienzo absoluto, el del movimiento, sino un gran numeró de comienzos absolutos. No es una sola vez en la historia del cosmos, es casi en cada instante cuando nos sería dado asistir a transiciones súbitas; son causa necesaria y suficiente de la nada al ser. Desde entonces, cuanto aparece en la escena del universo se presenta bien por casualidad, bien por milagro. La causalidad queda arruinada y el racionalismo científico al mismo tiempo.

De esta manera se desarrolla en la filosofía de Duhring una doble serie de proposiciones paralelas y opuestas. De un lado, el determinismo absoluto; de otro, la absoluta contingencia; de una parte, las propiedades mecánicas de la materia nos son dadas como leyes necesarias de toda existencia; de otra, la vida y la conciencia parecen estar contenidas en germen en el fondo misterioso del Ser, donde no esperan para surgir más que las condiciones favorables del mecanismo de los átomos. Después de reprochar a Kant las antinomias, Duhring las reintegra como tendencias divergentes de su filosofía. Por no querer afirmar nada que supere a la razón del hombre, ha planteado el comienzo absoluto, que repugna a la razón. La negación del principio de razón suficiente destruye toda racionalidad; la negación de la cadena infinita de las causas suprime hasta la posibilidad del movimiento mecánico; Duhring se ve obligado a declarar "que no hay puente que conduzca de lo estático a lo dinámico".

En realidad, por lo que se refiere al principio de la síntesis el devenir es ininteligible. Para quien presenta como realidad primitiva el Ser uno, sin movimiento ni diferencias, no le queda más que negar, como hicieron los Eleatas, todo cambio y toda multiplicidad y repetir incansablemente "Uno es Todo", de Jenófanes, y "plantear el Ser, es decir, el es".

III

LA OBRA DE DUHRING

Estamos ya en posesión de los principios de la filosofía de Duhring. Resulta de éstos una perspectiva universal, una visión de conjunto de las cosas, cuyos puntos esenciales son los siguientes:

La naturaleza comprende en su unidad los cuerpos y los espíritus; las leyes del mecanismo que la rige son las reglas absolutas, los principios últimos de toda realidad. La materia es la sustancia única, el soporte de todo lo que es real; la fuerza mecánica es un estado de la materia; la cantidad de una u otra es invariable. La fuerza mecánica es el fundamento de las demás fuerzas, sin ser idéntica, de otra parte, a ellas.

Si la teoría del calor no estuviera en el simple estado de la cosmología, podría esperarse alguna luz sobre el pasado y el estado primitivo de la materia; pero la teoría de Roberto Mayer se reduce a la demostración del equivalente mecánico entre el trabajo y el calor. En medio de las hipótesis inseguras, es necesario mantener el principio de que nuestra ciencia actual es nuestra medida única en la explicación del pasado, así como del porvenir; rechacemos, por lo tanto, con las bruscas revoluciones por medio de las cuales algunos pretenden explicar el desarrollo de las cosas, la idea de una destrucción súbita del universo y de un aniquilamiento futuro de la materia.

El análisis espectral, descubriendo en todas partes en los cuerpos celestes los mismos elementos químicos, nos revela la ley de la unidad de composición del universo. Conocemos ya la constancia de la materia y de la fuerza mecánica; estas tres leyes dan cuenta de la constancia de la naturaleza y los principios sobre que descansa: la unidad sistemática del mundo.

De igual manera que el caos no es el origen de las cosas, el desenvolvimiento del ser no se hace por revoluciones. Todas las posibilidades se hallan contenidas en germen en la naturaleza primordial y ascienden a la existencia por una evolución continua. Pero el progreso del mundo supone la unidad del fin al cual tiende como la del principio del que sale. El movimiento de la vida, el desenvolvimiento de los organismos, son ininteligibles fuera del principio de finalidad; el mundo orgánico manifiesta una finalidad evidente que no es necesario suponer consciente. "Los seres sensibles deben mirarse como la razón de ser de cada organismo cósmico. Un mundo absolutamente extraño a la conciencia sería una obra abortada e irrazonable y como un teatro sin actores ni espectadores".

El origen de la vida debe referirse a la acción de las fuerzas mecánicas de la materia. "Allí donde, en la mecánica del universo, las condiciones necesarias a la vida orgánica se encuentran reunidas, se ven surgir necesariamente estas formas nuevas de la existencia".

El darwinismo desconocía, a juicio de Duhring, el encadenamiento necesario, el progreso continuo de la simple materia de la organización; desde que aborda el problema de los orígenes de la vida, traiciona su impotencia; la intervención especial del Creador es a sus ojos necesaria para explicar la primera aparición de la vida. No es, sino a consecuencia de este acto milagroso como puede comenzar a funcionar el mecanismo de la teoría de la descendencia. El culto que profesa por Darwin disimula ante sus adeptos la estrechez de su filosofía zoológica; ha corrompido todas las verdades que ha tomado de Lamarck, falseando por sus exageraciones la teoría de la adaptación. "La prueba natural es bastante inferior al más grosero criador; el único medio de que dispone es la concurrencia vital. La naturaleza no es otra cosa que una institución de competencia, con arreglo a la moda inglesa. El darwinismo propiamente dicho ha separado cuidadosamente las teorías de Lamarck; es, en un cierto sentido, el triunfo de la brutalidad sobre la humanidad. La competencia vital no favorece sólo el desarrollo de las aptitudes brutales; asegura la victoria solamente a aquellas razas que la poseen en su grado más elevado. Duhring "deja a un lado los acompañamientos psicológicos y otras variantes sobre el tema del darwinismo, intentadas recientemente por filósofos del género de Herbert Spencer".

El concepto del desenvolvimiento genealógico debe ceder el puesto en el estudio de la vida y las especies al de la composición de los elementos. Las combinaciones de la vida, como las de la química, no son más que la transformación progresiva de los elementos atómicos. Así, pues, el universo físico, como los procesos específicos de la vida y la sensibilidad, descansan sobre un fundamento único.

Si eliminamos del mundo los seres conscientes, aparece la realidad objetiva como un vasto mecanismo del cual se halla ausente, donde la diversidad de los elementos es referida a una rigurosa unidad por la necesidad universal de las leyes de la naturaleza. El mundo de los seres pensantes está lejos de conseguir esta unidad. A la unidad del mundo real corresponde la unidad de cada consciente individual, pero no la ligazón de las conciencias en un sujeto único; la conciencia descansa sobre la distinción, sobre la oposición del sujeto y del objeto o de los sujetos entre sí: sensación y sentimiento resultan del conflicto de las fuerzas opuestos; no hay más que conciencias parciales. Pero el comercio de las inteligencias, suprimiendo los límites de la individualidad, puede crear una especie de conciencia universal de la humanidad.

El individuo vive en el seno de la naturaleza, y sufre de rechazo los efectos de todas las acciones mecánicas del universo. Las condiciones de la conciencia deben buscarse en las leyes del determinismo material: la conciencia no podría preexistir a la realidad; nace de la oposición de las fuerzas que actúan en esta última. La pretendida ciencia que se intitula psicología reposa en una concepción anticientífica, el Alma, que afirma no tiene más realidad que el Ser supremo de la teología. "El principio de los fenómenos de conciencia no es más que una acción pura, algo completamente pasajero, lo contrario de una realidad sustancial". "La psicología no puede ser más que el estudio de los fenómenos de conciencia, una ciencia pura de los hechos". "La psicología tuvo su tiempo y debe considerarse a los que se presentan hoy como psicólogos como incapaces de filosofar seriamente".

La primera manifestación de la conciencia es la sensación que nos revela una verdad objetiva. El organismo forma el vínculo que ata al individuo al mundo exterior; sus modificaciones, como las variaciones del termómetro, nos sirven para medir los procesos reales que se desarrollan a nuestro alrededor; la sensación es el punto de partida de todo conocimiento. Los elementos de toda sensación son en último análisis sensaciones de resistencia, lo mismo que las fuerzas físicas no expresan bajo formas variadas más que el conflicto de las acciones mecánicas de la materia. La sensación traduce de una manera subjetiva la relación objetiva de las cosas. La actividad representativa de los sentidos nos orienta espontáneamente y ante toda reflexión del entendimiento discursivo sobre las dimensiones reales de las cosas.

Cada parte de la materia es el principio de un dinamismo mecánico que entre los seres sensibles se manifiesta por fuerzas impulsivas a la inclinación, cuando el sentimiento o la sensación le acompañan en el juego.

El sentimiento es el medio de que se sirve la naturaleza para impulsarnos a una acción determinada. Pero cuando Hartmann atribuye a la inclinación no sé qué misteriosa adivinación del porvenir, desconoce esta verdad fundamental de que la impresión presente solamente puede provocar la sensación a la cual corresponde el acto instintivo. Los impulsos del instinto no son, desde luego, reglas absolutas; estamos en la naturaleza para juzgarla, transformarla, dirigirla; podemos y debemos guiar, reprimir las inclinaciones que se desvían.

La función del entendimiento es la de conocer la razón de las cosas; la de la razón, obrar de conformidad con este conocimiento. La libertad no es otra cosa que esta especie de razón práctica de determinarse por motivos, por ideas la voluntad no es más que la resultante del juego de pasiones y apetitos combinado con los motivos del entendimiento: leyes necesarias gobiernan estas combinaciones. La doctrina del determinismo absoluto de la voluntad es tan fecunda en aplicaciones prácticas como satisfactoria para el pensamiento científico.

El ser razonable juzga bueno lo que favorece de una manera constante sus facultades y como malo lo que las contraría: cuando el mal proviene de un agente consciente, considera la acción como moralmente mala. Desarrollar en sí la facultad y costumbre de realizar los actos reconocidos como buenos es formar sus costumbres; las costumbres, a diferencia de los simples hábitos, son obra de la voluntad actuando reflexivamente y con arreglo a principios, Las costumbres son en sí buenas o malas. Las verdades morales tienen el carácter de la eternidad y de la universalidad; han sido lo que son y lo serán siempre. La variedad y diversidad de costumbres nada demuestran contra la posibilidad de establecer reglas morales absolutas, como los errores de la razón teórica no prueban la inexistencia de esta razón y la imposibilidad de la ciencia. El crimen, la inmoralidad, no prueban más que el bien moral sea ilusorio y las reglas morales transitorias. El mundo moral, como el físico, al lado de sus errores y de sus monstruosidades, tiene elementos simples y permanentes, principios estables y universales. Disputar este doble carácter a proposiciones que establece la moral es obra de un escepticismo disolvente, puro nihilismo; es abrir la puerta a todas las fantasías y caprichos.

La bondad de las disposiciones innatas o adquiridas produce la satisfacción de sí mismo; un natural malo hace desgraciado a aquel que lo posee; la teodicea optimista de Leibnitz es sustituida en el naturalismo de Duhring por una "fisiodicea" completamente optimista.

El deber es una relación entre las personas; la idea del deber no se despierta más que en tanto que la voluntad de un hombre se reconoce interiormente obligada a responder a las exigencias de otro. Siendo iguales las voluntades, su primer deber es respetarse recíprocamente. Una voluntad es absolutamente libre de obrar en los límites en que no atenta a la independencia de los demás; la obligación no existe para ella; no aparece sino después de la primera violación de la libertad de otro. No basta con que los individuos se abstengan de perjudicarse; es necesario también que se pongan de acuerdo para obrar. Como los teóricos del derecho natural, Duhring deriva de un contrato recíproco las obligaciones del derecho privado y del derecho público, "a pesar de las protestas elevadas por el espíritu retrógrado del siglo XIX". Este contrato no hace más que sancionar los impulsos naturales; supone buena fe entre los contratantes. El egoísmo es la desunión; quien en sus. relaciones conmigo hace profesión de no seguir más que las máximas egoístas de la concurrencia vital no puede inspirarme sentimientos distintos a los que me produce el malhechor y sólo difiere en la medida en que sus actos desmienten felizmente sus principios: la naturaleza atiende, desde luego, a que los violentos y los equivocados sean heridos con sus propias armas. Pero muchas inclinaciones, como el resentimiento, la envidia, instintos útiles a la conservación del individuo y al progreso de la sociedad, han sido injustamente asimiladas a los malos instintos, como la rapacidad, la ambición, lo que Nietzsche llamaría la voluntad de poder. Lo que es moralmente malo es la hostilidad voluntaria o instintiva del individuo contra su semejante.

Al lado de los deberes positivos hay deberes indirectos, que nacen de las consecuencias que la observación o la negligencia de nuestros deberes hacia nosotros mismos pueden acarrear. Así, pues, es un arte muy complicado gobernar su propia vida; al lado del deber de moderarse y limitarse, base de toda moralidad, hay el de ejercitar, avivar todas las energías vitales. El trabajo es necesario para levantar el tono de la vida que la satisfacción deprime; es una herencia deplorable de la tradición religiosa y un efecto nefasto de nuestro estado social que el trabajo sea considerado como una plaga, una maldición, y la ociosidad como la suprema felicidad. El trabajo, si ejercita las facultades sin agotarlas, hace más sensible la conciencia de la actividad vital, y es un elemento necesario y beneficioso de todo placer un poco perfecto.

El derecho y la moral tienen las mismas raíces; emanan ambos de la justicia, y, desde este punto de vista, la distinción de derecho natural y derecho positivo debe rechazarse. La única diferencia entre el derecho y la moral es su manera diferente de asegurar la eficacia de sus reglas, poniendo el derecho la fuerza al servicio de sus prescripciones; la moral no conoce más que las sanciones de la conciencia y de la opinión pública. La identidad fundamental de la moral y del derecho está oculta hoy, a causa de que la enseñanza del derecho no es otra cosa sino la justificación de un conjunto de instituciones y principios destinados a asegurar *la opresión del hombre por el hombre*. La jurisprudencia, amasijo de afirmaciones autoritarias, carece incluso de criterio para distinguir el derecho de su contrario; el derecho no es sino un nombre dado a la injusticia consagrada por la historia o el estado actual de la sociedad. El carácter burgués de las sociedades modernas, en las cuales todo se refiere a los derechos relativos a la propiedad, explica la importancia adquirida por el estudio del derecho romano.

El verdadero fundamento del derecho está en la primera experiencia de la injusticia, en la necesidad de venganza que le sigue necesariamente; esta necesidad, saludable disposición de la naturaleza, no se satisface sino por la expiación del culpable. El derecho penal es la organización pública de la venganza, correspondiendo solamente a la sociedad aplicar la fuerza e imparcialidad necesaria en el ejercicio de la vindicta. La reparación del perjuicio causado no basta: es necesario que las voluntades queden restablecidas en sus derechos, y por ello que la voluntad culpable sufra una disminución de su libertad proporcional a la reducción que intenta imponer a otro. El poder judicial de la sociedad no expresa más que la libre asociación de las voluntades individuales.

La opresión tradicional del individuo por el Estado ha favorecido las doctrinas que sostienen la soberanía absoluta del poder social, conduciendo así a la negación de toda libertad individual. Los socialistas tienen tanta necesidad como los teócratas de enseñar que los derechos del hombre no derivan del Estado, que las formas políticas, por el contrario, deducen su legitimidad de los derechos primordiales del hombre. *El individuo es el principio y el fin absoluto del derecho.* Las instituciones legales no tienen vitalidad más que en tanto que la voluntad libre de los individuos está incorporada a ellas.

Muy raras son las instituciones existentes que responden a este ideal. El maridaje actual es esencialmente opresión y violación de la libertad. El derecho de propiedad, tal como la historia lo hace, no es la causa, sino el efecto del avasallamiento de los individuos y de todas las subordinaciones impuestas por la espada de los vencedores. Los sacerdotes han venido después a santificarlas, presentando como órdenes de arriba las manifestaciones brutales de la fuerza.

El propio principio de la propiedad, el derecho de entera y exclusiva dominación sobre una cosa, no podría seriamente demostrarse; es una iniquidad excluir a otro de los recursos que la naturaleza puso a disposición de todos; nadie tiene el derecho de atribuirse el monopolio exclusivo y eterno de una porción cualquiera de la naturaleza. Haría falta una legislación especial y nueva para separar en el producto del trabajo la parte del hombre y la de la naturaleza, a fin de hacer retornar la segunda en el uso común. Ésta será la obra del Estado verdaderamente social del porvenir.

Volver contra la naturaleza las fuerzas de la humanidad sería el medio mejor para restablecer el acuerdo entre los individuos, acallar los conflictos, suprimir los crímenes. Desgraciadamente, en la organización actual de la propiedad, los hombres encuentran más fácil enriquecerse dirigiendo su energía e industria contra sus semejantes que esforzándose en dominar la naturaleza.

"La doctrina exacta y científica de los principios de la. asociación humana se halla aún en los primeros elementos. No debe contentarse con observar los hechos, sino, sobre todo, en deducir y construir con ayuda de los principios. La pretendida ciencia política de nuestros días se limita, a comprobar y justificar estados reales". Rousseau, único precursor en esta materia, ha sacrificado con excesiva ligereza la voluntad individual a la arbitrariedad tiránica de la mayoría. Apelar a un poder extraño y superior a los individuos, como Maquiavelo y Hobbes, es una protección ilusoria: de esta manera sólo se funda un derecho, el de los esclavos. En realidad, la historia no ha conocido hasta ahora más que formas diversas de opresión: de la democracia antigua, cimentada en la esclavitud, hasta la oligarquía y la monarquía, el pretendido derecho del Estado o del pueblo no ha sido más que la consagración de la violencia. El derecho verdadero descansa sobre la decisión y la sanción de las voluntades individuales. "Un atomismo racional y asimismo la verdad, tanto en política como en física". En el lugar de la sociedad libre (*freie Gesellschaft*), libre asociación de iguales, la historia sólo nos presenta el Estado basado en la coerción, el Estado opresor (*Gewalstaat*), que asegura a la minoría en el ejercicio de sus privilegios. La fuerza pública, ya sea la del poder absoluto o la de una mayoría, se orienta siempre en detrimento de los Individuos, siendo un mal incluso cuando está al servicio de la justicia. "El Estado opresor ha dado nacimiento a órganos y funciones que llevan el sello de su capricho y violencia y que son antes una organización de la injusticia que del derecho".

La división misma de las funciones sociales es un peligro para la libertad. Ésta está amenazada desde que la asociación abdica en manos de individuos determinados su poder judicial y legislativo. Esto es cierto principalmente en lo que se refiere a lo que puede llamarse su poder militar. "El hombre desarmado carece en realidad de derechos frente al hombre armado. El individuo no puede renunciar a sus armas sin sacrificar su libertad". Una casta guerrera transforma necesariamente la asociación en una muchedumbre de esclavos; los jefes militares deben elegirse por un tiempo determinado; la educación militar debe ser general, para permitir un control incesante de la masa sobre los jefes elegidos e impedir la concentración de los medios de defensa en algunas manos. No siendo la asociación militar sino una forma de la asociación política y la extensión de la capacidad primordial que tiene el individuo de protegerse, el poder militar es esencialmente inalienable. Cada individuo votará sobre la guerra y la paz; pero, emitido el voto, se someterá a las necesidades de la defensa común, so pena de romper el pacto social y recaer en el aislamiento primitivo de donde había sido sacado el pacto.

Asimismo el conocimiento del derecho y el poder de juzgar no pueden monopolizarse por una clase sin que la libertad corra el mayor de los peligros.

Si la asociación política se hubiera desarrollado normalmente sin intervención de la violencia, existirían, en lugar de grandes Estados, asociaciones limitadas en el espacio, en las cuales las leyes traducirían las necesidades naturales del comercio natural, donde los individuos se conocerían suficientemente para competir, igual que los miembros de una familia, en la defensa de sus derechos e intereses comunes. El progreso, para Duhring, consistiría en una *descentralización* que progresivamente nos aproximaría al *federalismo*.

El derecho a las condiciones materiales de existencia es un derecho primordial; es necesario que el Estado asegure a todos una satisfacción igual, y a causa de esto reglamente la utilización del suelo y la distribución de los productos del trabajo; para esta distribución puede considerarse iguales a todas las fuerzas; en el cambio de productos el precio será determinado por el tiempo de trabajo que han costado; a la justicia del Estado corresponde fijar la parte de las negligencias y esterilidad económica de determinados individuos. Más que por la propiedad del suelo y de las fuerzas naturales, la igualdad es perturbada por la propiedad de los productos de la industria; el producto del trabajo debe pertenecer a los trabajadores; ahora bien: en la *Gewalstaat* actual la organización legal de la propiedad de los productos sus efectos son exactamente opuestos.

Todo consiste en que el trabajo sea protegido contra la opresión; con esta reserva, Duhring llega hasta admitir ciertas desigualdades económicas y la transmisión hereditaria del capital.

En la escuela será donde habrán de reclutarse los trabajadores de las distintas profesiones. Las aptitudes y los instrumentos de trabajo que el individuo debe a la sociedad serán consagrados al servicio de ésta. En la sociedad igualitaria, los medios de elevarse a aptitudes superiores estarán a disposición de todos; gracias a la educación común, se verá desaparecer cada vez más la desigualdad de las inteligencias, que expone al genio a "agotarse en el aislamiento o a perderse en la excentricidad".

La reforma del cuerpo social deberá comenzar por la de los pequeños grupos, sobre todo por la de la familia, en que subsiste la desigualdad, la opresión de la mujer: los progresos realizados en el estado de la mujer medirán el grado de civilización de un pueblo. Se trata, sobre todo, de sustraer la mujer a la tutela en que la mantiene la ley civil, de hacer desaparecer la coerción de las relaciones conyugales.

Estas transformaciones sociales profundas son inminentes; en todo caso, están más próximas de lo que generalmente se cree.

La Revolución francesa divide en dos mitades la historia: "A pesar de la reacción que ha provocado en el siglo XIX la revolución de 1793, contiene, sin embargo, en su seno los gérmenes de una transformación mucho más profunda de lo que habían imaginado los precursores y héroes de la Revolución. El socialismo comunista se ha convertido en el programa universalmente aceptado en el último cuarto del pasado siglo XIX". El tránsito de la esclavitud hacia el trabajo asalariado o mercenario será poco-comparado con la desaparición de éste, con el aniquilamiento del Estado actual.

Más aún: puede suceder que el ideal mismo de la sociedad libre no sea el término último del progreso social, que el perfeccionamiento moral de los individuos haga inútil un día la propia acción y la protección del Estado, y que los hombres terminen por no conocer otras formas de asociación que las de la protección industrial.

Tanto vale la sociedad así vale el individuo. La reforma social es necesaria: el progreso, el ennoblecimiento de la humanidad tiene este precio. "Los griegos inventaron, y nosotros lo heredamos de ellos, el arte de idealizar al hombre en el mármol. La tarea del porvenir, bastante más elevada, será la de idealizarlo en carne y hueso".

IV

LA OBRA DE DUHRING

Ya hemos dicho cuán difícil resulta asignar un puesto a Duhring en las diversas orientaciones del pensamiento social contemporáneo. Ninguno de los nombres que simbolizan estas corrientes divergentes puede aplicársele basándose en algunos textos, como tampoco puede conservársele teniendo en cuenta toda su obra. A diferencia de Marx, que se dice no era marxista, Duhring es ante todo duhringiano.

Se le ha clasificado entre los "socialistas de cátedra", e incluso Laveleye citaba su nombre al lado del de su adversario y enemigo personal Adolfo Wagner en la enumeración que hacía de los principales *Kathedersozialisten.* ¿Qué hay de común entre Duhring y aquéllos? Solamente la hostilidad contra el "dejad hacer" manchesteriano y la idea de que pueden remediarse ciertos vicios del estado social por la vía legislativa. La analogía se reduce a muy poco, y la oposición, por el contrario, es muy pronunciada. Duhring es infinitamente más radical en sus proyectos de reforma que los "socialistas de cátedra", quienes, como se sabe, son todo menos socialistas. Tiene respecto al Estado tanta desconfianza y hostilidad como confianza y veneración sienten por él los *Kathedersozialisten.* Nunca vio en éstos más que cortesanos, teóricos del "despotismo ilustrado" y del "socialismo evangélico" de los terratenientes, reaccionarios preocupados sobre todo por asegurar la autoridad gubernamental y mantener en la obediencia y el respeto a las masas populares.

En otro orden de ideas —y esto mismo demuestra la vanidad de las clasificaciones—, se ha pretendido hacer de Duhring un anarquista. Indudablemente, su federalismo, su odio a la opresión, su ideal de emancipación individual, su *personalismo* sin restricciones, sobre todo sus invectivas contra el Estado y su oposición encarnizada al marxismo, han podido dar pretexto a tal asimilación. Es preciso señalar, sin embargo, que los libertarios, a pesar de todo, no le han reconocido como uno de los suyos. De otra parte, Duhring ha hablado en diversas ocasiones tan duramente del anarquismo como de la socialdemocracia. Si en su revista *Der Moderne Volkergesit* ha dicho que quería constituir en definitiva un anarquismo "honrado", este propio epíteto indica que todas las formas existentes del anarquismo le parecían incurablemente viciosas. Si alabó a Bakunin, en el fondo fue por haber sido adversario personal y rival de Marx en la Internacional; pero es seguro que jamás lo leyó. Para Stirner y Kropotkin sólo tuvo palabras duras, y en cuanto a Proudhon, le reprochó vivamente querer abolir no solamente toda autoridad, sino toda dirección y organización social. El "antiestatismo" de Duhring es muy diferente del "anarquismo", y es maravilloso que un espíritu tan agudo como Zenker lo haya confundido. Indudablemente, en la sociedad imaginada por Duhring no existirán los privilegios de estado y nacimiento ni autoridad sin control, estando garantizadas la libertad individual y la inviolabilidad económica, pero no por eso dejará de haber funciones directivas encomendadas a hombres elegidos por sufragio universal directo; no habrá más Parlamentos, pero subsistirá el régimen representativo. En resumen, Duhring es un individuo tan radical como se quiera, pero no un anarquista.

¿Es un socialista? La cuestión es más delicada a causa de la imprecisión del término, y antes de que los grandes partidos obreros hubieran definido su sentido, es bastante-natural que se hubiera tomado por tal a Duhring y él mismo se hubiera preciado de ello.

Mucho debe a los socialistas, sobre todo a Luis Blanc, en quien sobre todo se ha inspirado en la lucha llevada contra la escuela liberal. Pero siempre preconizó todas las reformas posibles "en el cuadro de las instituciones sociales existentes"; incluso allí donde es más favorable al socialismo, no alaba "los nobles instintos que le han dado nacimiento" sino para combatir más ásperamente "las locuras y ensueños a que conduce". Se declara "representante" del "instinto socialista"; dice que los adversarios del socialismo son también los enemigos de todo progreso social, pero es fácil ver que sus teorías están alejadas sensiblemente de lo que se acostumbra a colocar bajo el nombre genérico y excesivamente vago de socialismo.

En primer lugar, hay en Duhring, sobre todo en sus primeras obras, una crítica vigorosa del liberalismo manchesteriano; crítica verdaderamente socialista, hállase inspirada en una devoción sincera a la clase obrera. Cree que las clases sociales oprimidas deben esperar su emancipación de su propia fuerza, y en esto se halla muy próximo al marxismo. El liberalismo aspira a mantener en tutela a los trabajadores bajo la dominación despótica del capital. Duhring le reprocha olvidar que el mundo es cosa distinta a una gran caja, de engañarse sobre la naturaleza del Estado y de la sociedad, imaginando una separación artificial entre lo que es político y lo económico. El ideal no podrá ser la anarquía de los intereses en guerra abandonados a sí mismos; la guerra económica de todos contra todos es el caos, el origen de una sociedad que se organiza, no su fin. ¿Qué disciplinará las fuerzas que hoy se cruzan y contradicen si no se reconoce ningún principio superior al interés individual? ¿Por qué los derechos del individuo no pueden subordinarse al interés general, lo mismo en materia económica que en materia política?

Hay una libertad reglamentada muy superior a la libertad salvaje y anárquica que reina hoy en el mundo económico. No hemos salido aún, desde este punto de vista, del estado natural, y mientras que la sociedad no ponga orden en esta categoría de relaciones, las fuerzas sociales continuarán despilfarrándose y la "explotación celebrando sus orgías". Toda esta crítica del desorden horrible que los defensores del régimen capitalista llaman orden es precisa, fuerte, y se liga estrechamente a toda la tradición socialista desde Babeuf hasta Marx, pasando por Saint Simon, Fourier, Luis Blanc, Pecqueur, Vidal y Proudhon.

Los remedios que Duhring propone aportar a estos males son de dos órdenes: de una parte, medidas de organización obrera; de otra, la reforma de la propiedad. Habla también de las luchas políticas, de la constitución de un partido del trabajo; pero su odio al parlamentarismo y su oposición al marxismo le hicieron pronto abandonar esta idea.

Duhring atribuye una extraordinaria importancia a las *coaliciones* sociales para la solución del problema obrero; sólo éstas pueden asegurar la libertad verdadera del mercado del trabajo. Por ellas los obreros están en situación de conquistar todas las ventajas económicas, una legislación industrial equitativa, quizá la participación de los trabajadores en la industria y dirección de las fábricas: un "constitucionalismo industrial". La insistencia con que Duhring sostiene esta opinión puede llevar a confundirla con un *tradeunionista*. Pero la finalidad que asigna a la organización obrera le aleja de los tradeunionistas y le aproxima singularmente al *sindicalismo* contemporáneo; a la asociación puramente económica opone la "energía de las coaliciones sociales", inspiradas en el sentimiento de la justicia; depende de los trabajadores condenar por una huelga general a morirse de hambre a los ricos, y quebrantar con la simple amenaza de tal huelga el sistema capitalista: que las revoluciones políticas, comparadas con esta sacudida, parecerán simples incidentes insignificantes; "la rebelión contra el orden capitalista es algo formidable; lleva el hacha hasta las raíces de la existencia social; las cesaciones organizadas del trabajo pueden convertirse en una fuerza tan poderosa, que pueden derrumbar el orden económico", o al menos obligar a las clases-reinantes a capitular, demostrándolas que la soberanía económica ha tenido, ella también, su época.

El interés exclusivo que tiene para Duhring lo que llamaríamos acción sindical, le hace despreciar la acción política y el movimiento cooperativo. Cree con Lassalle que las cooperativas no pueden servir más que para prolongar un poco la pequeña industria al lado de la grande y no las reconoce otra utilidad que representar, al lado del antiguo régimen, a las pequeñas repúblicas aisladas y dispersas, signos de nuestros piadosos deseos. También Lenge le reprochará olvidar que son estas escuelas de espíritu social instituciones de pedagogía revolucionaria.

Pese a todo, hay que reconocer que la lucha social, tal como la supone Duhring, debía ser extremadamente viva; en tanto que Lassalle preconizaba una revolución política para ofrecer inmediatamente una solución a la cuestión social por una intervención prudente y progresiva del Estado, Duhring llevaba la revolución directamente a la vida social.

La teoría de la propiedad, en cambio, es mucho menos radical. Se reconoce en ella claramente la idea rodbertiana de la injusticia de la propiedad rentable y la antinomia prudhoniana: "La propiedad es el robo, y la propiedad es la libertad".

No existen relaciones sociales que no puedan referirse al tipo fundamental de los dos hombres, uno de los cuales oprime, violenta al otro y le hace trabajar en su provecho; da cuenta este esquema de todas las funciones económicas, de todos los problemas, de todas las desigualdades sociales, de la tutela política, de la propiedad, del capital, de la plusvalía. "La riqueza es la dominación sobre los hombres y las cosas". La riqueza se analiza, por lo tanto, en dos elementos distintos: la dominación sobre las cosas, perfectamente natural y legítima, y la dominación sobre las personas, basada en la violencia y que debe desaparecer.

La historia nos enseña que la sumisión después de la victoria es el acto primitivo que convierte a ciertos hombres en instrumentos u órganos de otros, que crea la organización en el sentido propio del término. Si se considera el concepto esencial de la economía política, la idea de valor, se ven claramente aparecer, revistiendo nuevas formas, la dominación y dependencia primitivas. El valor de una causa se halla constituido por dos géneros de causas: de una parte, depende de los obstáculos más o menos opuestos por la diversidad natural a los esfuerzos del hombre para procurarse tal o cual cosa; de otra, del obstáculo social que crea la apropiación de las fuentes productoras naturales por un pequeño número de hombres. Por ello puede muy bien suceder que hoy sean las rentas el origen de las rentas; pero histórica y primitivamente, la causa de la renta es la posesión, la posesión que precede y es reducible casi siempre a las violencias pasadas; una vez existente, aumenta la riqueza por la acumulación natural de sus propios ingresos, y no hay ya necesidad de nuevas violencias; la simple utilización indirecta de las fuerzas económicas asegura al poseedor en su calidad de tal y basta en este aspecto.

Así, pues, la posesión procura al poseedor la *renta de la tierra y el interés del capital*. La tasa de la renta de la tierra se halla determinada: 1.º Por el hecho de la explotación inmediata por el poseedor de la fuerza de trabajo rural, o sea de sus esclavos, siervos, mozos, etc. 2.º Por el tributo que percibe indirectamente del trabajo y de la industria de otro llevando sus productos al mercado.

El interés del capital, o sea la renta, que proviene del empleo de capital en cualquier empresa, se compone igualmente de dos elementos que es necesario apreciar de una manera diferente: uno que no descansa en ninguna violencia injusta, y como el interés propiamente dicho que se produce en circunstancias análogas es económica, social y moralmente inatacable; el otro descansa en el abuso de la fuerza y en la explotación.

Como las clases poseyentes mantienen lo más elevado posible el beneficio y la renta, queda el salario de los trabajadores, por lo menos mientras no recurran a las coaliciones y huelgas a que nos hemos referido, tan bajo que permite solamente al trabajador vivir y hacer vivir a su familia; esto en Duhring es una evocación de la "ley de bronce del salario". Resulta, pues, que mientras crece la producción, la capacidad de compra de la masa del pueblo permanece siempre rezagada; una cantidad de artículos producidos quedan sin venta; la tasa mínima del salario impide de esta manera a la producción obtener un mercado normal y la especulación recurre a rodeos peligrosos que la conducen finalmente a la catástrofe. Duhring explica, por lo tanto, las crisis, como lo hará Engels, por el consumo deficiente.

La propiedad como tal está muy lejos Duhring de condenarla en bloque, y puede, por el contrario, considerársele como defensor de la propiedad privada. El progreso social consiste para él no en restringir la propiedad, sino en extenderla. Ya hemos visto que no rechaza siquiera el capital y el beneficio. Para él se trata solamente de eliminar de. la propiedad lo que subsiste en ella todavía de vestiglos de injusticias, rapiñas, violaciones de la libertad personal; realizada esta depuración, la propiedad sale fortificada y legitimada. Incluso la posesión no debe ser atacada, sino solamente el abuso que se hace de ella para mantener los salarios bajos o explotar al público de otra manera. El "talón de Aquiles" de la propiedad privada es la dominación sobre los hombres. Aquí es donde hay que atender para conducir al reinado de la justicia. Pero una vez más la plaga de la propiedad privada se halla asegurada para reinar eternamente, no viendo en ello Duhring ningún inconveniente. Duhring ha sistematizado los rencores campesinos y burgueses contra los grandes propietarios nobles de la Prusia oriental; son los vínculos de sujeción personal lo que reclama sea abolido; la lucha contra una "casta guerrera" es para él la "única lucha de clase legítima". Es preciso reconocer que su horizonte es infinitamente más limitado que el del marxismo; que ha generalizado abusivamente, como hacen siempre en mayor o menor medida los economistas, los resultados de su propia experiencia, y que su socialismo "propietarista", si quiere llamársele a pesar de todo socialismo, es por lo menos un socialismo específicamente burgués.

***

Ya ha habido ocasión de indicar ligeramente alguna de las influencias que han contribuido a la formación del sistema de Duhring. La enumeración sería incompleta si no se insistiera sobre lo que debe a Rodbertus y Enrique Carey.

Los orígenes de la economía social de Duhring son sobre todo rodbertianos. Es de Rodbertus de quien toma su método, inductivo y deductivo a la vez, historicista y abstracto; se encuentra en él, como en Rodbertus, al lado del razonamiento puro la demostración por la historia y la estadística; al lado de la definición, una serie de comparaciones históricas y geográficas que agotan las nociones de su contenido accidental. Si Duhring se ha inspirado, como dicen, en Thunen, es seguramente a través de Rodbertus, de quien ha tomado toda su concepción de las leyes económicas. También de Rodbertus proviene su definición de "productibilidad" y "rentabilidad" correspondientes al interés general y al interés particular, y la idea de que en nuestras sociedades la rentabilidad entra en cada instante y de todas las maneras en pugna con la productividad.

Finalmente, la misma teoría de la propiedad aparece como un eco de la fórmula que Rodbertus convertía en principio jurídico del socialismo: "No hay que decir que la propiedad es el robo, sino ante todo que hay que proteger contra el robo a la propiedad legítima".

Duhring es discípulo de Enrique Carey y éste le debe que su nombre sea conocido en Alemania. No hay que creer, sin embargo, que haya reproducido servilmente sus doctrinas, ni que lo esencial en la obra de sus maestros preferidos, List y Carey, sea para él la teoría proteccionista del comercio exterior, como, se dice equivocadamente. Duhring reconoce en List haber llamado la atención sobre las fuerzas productoras nacionales, o sea sociales; a Carey haber combatido la superstición librecambista en nombre de los intereses superiores de la comunidad. A juicio de Duhring, Carey ha renovado la teoría de la renta de la tierra, la de la población y la de las relaciones entre capital y trabajo; ha demostrado que los salarios elevados son perfectamente compatibles con un beneficio elevado para el capital; ha asignado como ley del progreso social el aumento del valor del trabajo humano y la disminución del beneficio del capital; como objetivo ideal a esta evolución, el más amplio desenvolvimiento de la individualidad doblada de su mayor "socialización". Duhring utiliza estas tesis contra el pesimismo y el individualismo estrecho de la escuela liberal; demuestra que Batiat ha plagiado y deformado las concepciones de Carey; reanuda la polémica de éste contra la ley de Malthus. Pero permanece independiente. Sobre muchos puntos se aleja de las ideas de

Carey y corrige claramente su teoría del valor. Carey veía en la dificultad de obtener una cosa la medida de su valor, pero sólo consideraba los obstáculos que la naturaleza oponía al hombre, olvidando los obstáculos que un pequeño número de hombres oponen a los demás. Duhring introdujo los obstáculos sociales como elementos de determinación del valor.

Por esto es evidente que cambia el carácter y tendencias del sistema de Carey. No se trata solamente, como ha señalado finamente Lange, en "que ha traducido la teología de Carey en honrada filosofía". Hace una doctrina de tendencias socialistas de un sistema que tenía por finalidad, al refutar las teorías de los economistas británicos, secar las fuentes del comunismo y socialismo. Las tesis que para Carey se proponían calmar los antagonismos y paralizar las iniciativas reformadoras se convierten en Duhring en otros tantos arietes dirigidos contra el liberalismo individualista.

Es un dogma para los economistas de la escuela liberal que "las leyes que presiden al capital, al salario, a la distribución de las riquezas son tan buenas como ineluctables". Duhring combate este optimismo descubriendo implacablemente los males del presente sistema social; ataca este fatalismo demostrando que el orden económico existente no es un producto espontáneo, sino en una buena parte el resultado de violencias primitivas cuyos efectos debe y puede reparar nuestra voluntad. La naturaleza no entra casi para nada en la constitución social actual; ésta no es un orden natural y esencial de las sociedades humanas, sino, al contrario, un orden antinatural y puramente contingente. Esta idea da a Duhring la esperanza de ver realizarse los progresos sociales que hemos descrito. También crea una oposición irreductible entre la teoría de la violencia de Duhring y el materialismo histórico de Marx y Engels.

V

LA TEORÍA DE LA VIOLENCIA DE DUHRING Y EL MATERIALISMO HISTÓRICO DE ENGELS

Pretende Duhring que el estado social actual no es el resultado de una evolución económica necesaria, sino el efecto de actos políticos que hubieran podido no producirse. El Estado, que produce o mantiene las desigualdades, puede variar de rumbo, y con esto cambiar el aspecto de las cosas. Un acto político deshará aquello que hicieron los actos políticos.

Sin prejuzgar el valor de esta filosofía de la historia, es preciso señalar que reside en el espíritu de toda la tradición socialista premarxista. Es el marxismo quien la renueva. Duhring se atiene en esencia a lo que había dicho Rodbertus y decía Lassalle, siguiendo ambos las huellas de los saint-simonianos y socialistas ingleses.

Es probable que también en esto la influencia saint-simoniana se ejerza en Duhring a través de Rodbertus. Rodbertus enseñaba que en el fondo del derecho hay un error jurídico absoluto: el desconocimiento de la personalidad por los señores que se arrogan el derecho de vida y muerte. El hecho primitivo, núcleo de todo el derecho, lo constituye la fuerza; "el derecho no es más que una disciplina consentida en el terror de las penas sangrientas... la obediencia consentida suspende el castigo, y se recobra por el tributo permanente de su trabajo productivo". La primera fuente de riqueza es la explotación del hombre por el hombre, la explotación de la mujer, del niño y de los esclavos por el hombre. Esta explotación es tan antigua como el derecho del cual es su primera forma y como la división del trabajo que funda; la historia demuestra que los trabajadores pertenecían primeramente al propietario; el derecho que sobre ellos tenía provenía de su fuerza. Ser propietario significa percibir un tributo sobre el trabajo de otro. No habría riqueza si cada uno trabajara para sí mismo. Los hombres no han comenzado a trabajar unos en beneficio de otros sino por la presión: los que disponen de la fuerza la han utilizado siempre en beneficio propio; ahora bien, la fuerza, en la actualidad, es la propiedad protegida por el Estado. La renta es precisamente una renta que cae en suerte sobre un individuo en virtud de su propiedad, sin necesidad para ello de trabajar. Y es en la, rentabilidad asegurada para algunos en donde reside el secreto del daño causado a todos.

Andler ha demostrado en su gran obra sobre los *Orígenes del socialismo de Estado* en Alemania la identidad de la doctrina rodbertiana y de la teoría saintsimoniana sobre este punto: dos de los textos que ha citado bastarán a demostrarlo. Ambos son de Bazard. "La explotación del hombre por el hombre, que tiene su forma más directa en la esclavitud, se continúa en un grado más elevado en las relaciones entre propietarios y trabajadores. ¿En virtud de qué autoridad goza de sus bienes el propietario actual? En virtud de una legislación cuyo principio remonta a la conquista, y que, por alejada que esté de su fuente, se manifiesta aún por la explotación del hombre por el hombre, del pobre por el rico". "El obrero, dice todavía Bazard, se presenta como el descendiente directo del esclavo y del siervo. Su persona es libre, no está ligado a la gleba. Mas esto es todo cuanto ha conquistado. En esta situación de liberación legal no puede subsistir más que en las condiciones que le son impuestas por una clase poco numerosa, la de unos hombres investidos por una legislación hija del derecho de conquista del monopolio de las riquezas, o sea del derecho a disponer a su antojo e incluso en la ociosidad de los instrumentos de trabajo". Las revoluciones económicas que producen la división del trabajo han modificado las formas de la disciplina social; pero el principio sigue siendo el mismo, y este principio es la fuerza.

Duhring ha reanudado, por lo tanto, y precisado sobre algunos puntos esta teoría tradicional. La ha resumido en una fórmula contra la cual Engels debía dirigir todos sus esfuerzos: "Es la relación personal de hombre a hombre la que determina ante todo las formas políticas y sociales; la relación económica no interviene más que secundariamente. En el fondo, todo el debate entre Duhring y Engels se desarrolla sobre el origen de las clases sociales.

Para Duhring la subordinación de la situación domina la distribución de las funciones. La espada arroja su peso en la balanza; la fuerza crea las clases. Las clases constituidas son anteriores a la especialización profesional. No se pertenece a tal clase porque se tenga una profesión determinada, sino que se elige tal profesión porque se pertenece a tal clase. La división técnica del trabajo está precedida y determinada por la diferenciación política.

Resulta, como se ve, que no hay en la evolución social nada natural, habiendo sido viciado por la violencia primitiva el curso espontáneo de las cosas. Pretender que el régimen capitalista haya salido solamente del desenvolvimiento de las fuerzas productivas, que, como ha escrito Marx, el molino movido a brazo da una sociedad con soberano feudal, y el molino a vapor, una sociedad con capitalista industrial, que la especialización social nace fatalmente de la especialización técnica y las clases de la división del trabajo, significa justificar todos los abusos, extender un velo sobre los actos de violencia que son su origen, significa "carecer de radicalismo" y traicionar a las clases sociales que luchan hoy por la vida.

Todavía resulta que para Duhring la reforma social debe dirigirse menos contra el capital que contra "la naturaleza moral de la clase capitalista". "La cuestión social es menos el efecto del capital mismo que de los vicios de esta clase". Por sí sola la existencia de los capitalistas no produciría todos los males que provienen de la gestión deplorable de que son responsables. Duhring explica la acumulación de riquezas enormes en manos de algunos por la superioridad de su situación social y por la mala fe en los negocios. Reduce de esta manera el problema social a las proporciones mezquinas de una cuestión de contabilidad; no es sino el hecho de poseer un capital lo que hace del hombre un explotador, y, por lo tanto, bastará un poco de buena voluntad, de justicia social y de una gestión prudente para hacer más soportable el régimen y permitir a la clase obrera elevarse progresivamente haciendo valer su propio capital, que consiste en su fuerza de trabajo. No hace falta apoderarse del capital ni del beneficio que "en sí son inevitables" y que subsistirán incluso en la comuna económica con que sueña Duhring. La cuestión social no es la del antagonismo de los poseedores y no poseedores; se trata simplemente de saber si serán los administradores capaces o incapaces quienes dispondrán de las fuerzas e instrumentos de trabajo de la nación. Éste es el resultado a que conduce el "radicalismo" de Duhring. Ésta es la meta, cuando en el punto inicial se ha transportado la teoría de la distribución del dominio económico al dominio moral.

La oposición entre Éngels y Duhring es radical. Se sabe que en el prólogo a la traducción alemana de la *Miseria de la filosofía*. Engels rechaza, calificándola de falsa, toda teoría que impone a la economía las concepciones arbitrarias de la moral; la plusvalía para el trabajo impagado no es legítima ni ilegítima: es un simple hecho. Marx ha dicho que la explotación capitalista, si es para el comprador de la fuerza de trabajo una posibilidad excepcional, no es de ninguna manera una injusticia cometida con el vendedor de esta fuerza de trabajo. Por el contrario, Marx no puede consentir que se lance contra la clase capitalista una reprobación moral. "Menos que cualquier otro, escribe al principio de *El capital*, mi punto de vista de la evolución de la sociedad económica, considerada como un proceso natural, no puede hacer responsable al individuo de una situación de la cual es socialmente la criatura, aunque subjetivamente puede elevarse sobre ella". Es el capitalismo quien hace a los capitalistas, y no los capitalistas los que hacen al capitalismo; no puede reprocharse a una clase las condiciones que la han creado y que no fueron hechas por ella. Las circunstancias son omnipotentes; el marxismo pretende cambiar al hombre modificando el medio y no al medio cambiando la naturaleza del hombre por predicaciones morales y buenos consejos. Es evidente que si son los defectos o vicios del hombre, y no los defectos o vicios del sistema, lo que hacen necesario el socialismo, bastará corregir a los hombres para legitimar al capitalismo y privar al socialismo de toda razón de ser. No puede sorprender, por lo tanto, que Engels haya juzgado la "teoría de la violencia" tan peligrosa desde el punto de vista táctico como falsa desde el punto de vista científico, y que haya comprendido a Duhring en la condena que el marxismo pronuncia contra todos los comerciantes de panaceas que pretenden terminar con el malestar social sin tocar ál capital ni a los beneficios.

Naturalmente, de igual manera que Duhring no niega la realidad de los hechos económicos para reducirlos a los hechos políticos, Engels no reduce los hechos políticos a apariencias ilusorias que ocultan el hecho económico: el marxismo no es una metafísica idealista. El problema está en saber cuál de estas, dos series de fenómenos es la más importante y fundamental, cuando determina "en última análisis" la evolución general de la sociedad. Engels no pone en duda la influencia de la fuerza en el desenvolvimiento social, ni siquiera su independencia relativa con relación a los fenómenos económicos; en los mismos capítulos del Anti-Duhring consagrados a la refutación de la "teoría de la violencia" reconoce Engels que el poder político puede, o bien obrar en el sentido de la evolución económica normal, o bien oponerse al curso natural de las cosas; en este caso el poder político corrientemente es destruido por el desarrollo económico, corrientemente, pero "no siempre". Engels reserva expresamente las excepciones a esta regla en caso de conquista de un país por un pueblo extranjero, sobre todo si este pueblo es bárbaro; admite sin dificultad que un régimen económico dado pueda ser turbado profundamente por la intervención de una fuerza brutal. Marx también ha reconocido con claridad cuál es el papel de la fuerza; abundan los ejemplos en El Capital que describen las manifestaciones, brutales unas, como la expulsión de los campesinos escoceses por los "landlords" usurpadores, e hipócritas otras, como las medidas legales adoptadas contra los obreros ingleses durante dos siglos.

El "economismo aparente" de Marx recurre a una metáfora: algunas veces ha expresado su teoría de la lucha de clases diciendo que la clase social dirigente se sirve de la clase oprimida como "de una herramienta". El socialismo marxista no deja de ser ante todo, igual que el saint-simonismo, una teoría de la explotación del hombre por el hombre. Se conoce el párrafo famoso de *El Capital* donde se dice que la fuerza es un agente económico y la parte de toda vieja sociedad en trabajo. De otra parte, en el *Manifiesto Comunista* ya se oponía Marx a estos reformadores sociales, fourieristas y proudhonianos, que pensaban poder edificar en el seno de la sociedad capitalista una sociedad nueva por medios puramente económicos.

La crítica de la teoría de la violencia significa que la fuerza no es, como pretendía Duhring, el elemento único o fundamental en la historia; que es la economía la que "en último análisis" determina la forma política de la sociedad; lo cual, lejos de implicar que la economía sea la causa próxima de todo fenómeno social, excluye, al contrario, esta hipótesis. "La fuerza política inmediata" de Duhring puede explicar suficientemente este hecho histórico, y, sin embargo, continuará siendo cierto, para emplear los términos del prólogo a la *Crítica de la Economía política*, primera exposición del materialismo histórico, que las relaciones de producción constituyen la base real, la infraestructura de la sociedad, sobre la cual descansa toda la superestructura jurídica y política, siendo ellas las que determinen de una manera general la evolución. No hay en esto, dígase lo que se quiera, ninguna contradicción.

Indudablemente, es posible que Engels, en su crítica de Duhring, acentúe, por decirlo así, la nota, y que su "economismo" parezca exagerado. Si, obligado a afirmar contra un adversario que niega la importancia fundamental de los fenómenos económicos, ha puesto el acento precisamente sobre los rasgos de su doctrina que se oponen a la de Duhaing, no hay que asombrarse, son exigencias de la precisión, impuestas por las polémicas a los problemas. En tres célebres cartas aparecidas veinte años después del *Anti-Duhring*, Engels ha comentado la doctrina del materialismo histórico. Ha querido verse en estas cartas la repudiación de las tesis contenidas en esta obra; algunos han pretendido incluso que no era necesario atribuirles una importancia extrema para la inteligencia de la doctrina; a juicio de éstos, señalan una capitulación aparente, una modificación de Engels de la teoría atacada de todos lados para hacerla más aceptable. Esta interpretación está muy poco de acuerdo con el carácter de Engels, quien, cuando renuncia a lo que anteriormente creía cierto, lo declara con la mayor franqueza.

Pero, sobre todo, está refutada por la lectura misma de las cartas que precisan la doctrina sin atenuarla ni debilitarla. "La producción y reproducción de la vida material son en último análisis el momento determinante de la historia. Marx y yo jamás hemos pretendido más. Cuando esta proposición se la desnaturaliza de la siguiente manera: el momento económico es el "único" determinante se transforma esta proposición en una frase vacía, abstracta, absurda... Sin esto la aplicación de la teoría a un período histórico cualquiera sería más fácil que la resolución de una ecuación simple de primer grado. El Estado prusiano ha nacido y se ha desarrollado por causas históricas "económicas en última instancia"; pero no puede pretenderse sin pedantería que entre los numerosos Estados pequeños de la Alemania del Norte es Bradenburgo el destinado por necesidad económica, y no por otros motivos, a convertirse en la gran potencia a la cual se incorpora la diferenciación económica, lingüística, religiosa del Norte y del Sur. Difícilmente se llegaría, sin incurrir en el ridículo, a explicar económicamente la existencia de cada uno de los pequeños Estados alemanes, o el origen de la permuta de las consonantes del alto alemán". Y las cartas renuncian tan poco a la doctrina del Anti-Duhring que Engels remite a sus corresponsales a esta última obra como la exposición más completa del materialismo histórico. Si Engels las escribió fue para combatir las numerosas deformaciones de la doctrina y a los intérpretes, incluso "marxistas", que convertían al materialismo histórico en una filosofía de la historia y en un extraño monismo metafísico. Es interesante leer el Anti-Duhring a la luz de ellas para evitar incurrir en los mismos errores.

De otra parte, aún subsiste el problema. La querella que dividió a Engels y a Duhring se ha reavivado hace pocos años con motivo de la publicación de las obras de Anton Menger, principalmente de su *Neue Staatslehre*. Menger se ha lanzado a una crítica cerrada contra el economismo marxista. Para él, la interpretación económica no es suficiente para darse cuenta de una revolución nacida de la miseria material. Como Duhring, considera que la fuerza es un factor primario, que los más robustos o astutos se apoderan de las tierras y los hombres obligándoles a trabajar a los demás, que el régimen de propiedad existente ha sido fundado por la fuerza y es el residuo de una multitud de conquistas, que todo régimen jurídico, y en particular nuestro derecho público y privado, no es sino un andamiaje de fuerzas, en fin, que el Estado influye el régimen económico mucho más que éste a aquél. Y los críticos marxistas de Menger no han hecho otra cosa que utilizar los argumentos empleados por Engels para refutar a Duhring.

El problema del origen de las clases y de la división del trabajo social se halla planteado siempre, y diversos sociólogos han renovado las tesis duhringianas. Por ejemplo, Schaffle, considerando muy importante el papel de la fuerza en el desenvolvimiento social, comprendiendo bajo la categoría de fuerza, al igual que Duhring, las formas diversas del prestigio. Es Gumplowiez que en la *Lucha de las razas* demuestra que el trabajo no se ha dividido nunca libremente, reservándose siempre el grupo que ocupaba el poder ciertas profesiones y abandonando o imponiendo otras a los grupos sometidos. Es, finalmente, el economista Bucher, admitiendo que la separación de la población por profesiones fue la consecuencia más bien que la causa de la división por castas.

Todas las teorías en pugna —las cuales son muy numerosas— se proponen en el fondo como finalidad definir la cantidad de "fuerza y economía" que entran en la evolución social; todas oscilan, como entre dos polos, entre el materialismo histórico de Engels y la "teoría de la violencia" de Duhring.

VI

SIGNIFICACIÓN DE LA DIALÉCTICA MARXISTA

Hay un problema de dialéctica marxista: toda la obra de Marx y Engels y sobre todo el *Anti-Duhring* plantean este problema. ¿Qué papel desempeña en esta obra la dialéctica? ¿Es el principio motor del sistema o sólo una forma artificial impuesta a los hechos? ¿Responde a la marcha misma del pensamiento de Marx, y por decirlo así, a su procedimiento científico, o es sólo una supervivencia sin valor ni interés?

Se han dado a esta pregunta tres respuestas diversas. Los adversarios de Marx han dicho con frecuencia que no es más que un hegeliano retrasado y que su filosofía adolece de todos los defectos del hegelianismo. Se verá que Duhring cree refutar suficientemente a Marx indicando los orígenes hegelianos de su sistema. Algunos marxistas admiten que Marx fue hegeliano, pero que en el curso de su desenvolvimiento intelectual ha rechazado poco a poco todo cuanto podía haber en él de hegelianismo.

Otros, al contrario, admiten como fuerte y permanente la influencia de Hegel en Marx refieren a esta influencia lo que encuentran de admisible en el marxismo. Éste es el punto de vista de aquellos marxistas que suscitaron hace una decena de años el movimiento de "retorno a Kant"; Bernstein lo expuso con una claridad particular en un libro casi célebre. Lange había dicho ya que en la vida, de los individuos y las sociedades la contradicción dialéctica no se realiza de una manera tan fácil y radical como en las construcciones especulativas; Bernstein piensa también que el método hegeliano mantiene la evolución económica, natural u orgánica en el lecho de Procusto de la construcción conceptual. A este método falso conviene atribuir "varias profecías falsas" de Marx y la "automixtificación histórica" del *Manifiesto Comunista*. A juicio de Bernstein, es culpa de la dialéctica hegeliana que Marx y Engels "pasaran impasibles ante los errores más groseros del blanquismo"; si Marx se ha manifestado simpatizante con el blanquismo ha sido a causa de la semejanza que veía entre esta doctrina que concentra la revolución en un solo acto y la dialéctica con sus bruscas antítesis. Bernstein afirma, en consecuencia, que "lo que Marx y Engels hicieron de grandioso fue, no gracias a la dialéctica hegeliana, sino a pesar de ésta", siendo la eliminación de todos los elementos hegelianos uno de los artículos principales de esta revisión del marxismo que recomendaba en el último capítulo de su libro.

Sin duda, pudo demostrarse, al día siguiente de publicarse el libro de Bernstein, lo que hay de artificial e injusto en el reproche dirigido al hegelianismo; tanto más, cuanto que Bernstein—siendo ésta una de las contradicciones que abundan en su libro—no parece dispuesto a sacrificar la "dialéctica materialista". Pero no importa, el problema está planteado. Es seguro que para Marx y Engels no es una pieza de ajuste en su sistema, sino un principio esencial y un método constitutivo de este sistema, El *Anti-Duhring* es la obra de un hegeliano independiente, ciertamente, pero que se acuerda de su pasado, que ha aprovechado mucho de sus resultados, y que con frecuencia incluso se sirve de fórmulas hegelianas. Y si la escuela hegeliana hubiese subsistido en 1875, si no hubiera sido sumergida por la marea del positivismo, ahogada bajo el peso de los trabajos filológicos de la escuela neokantiana, hubiera podido reivindicar la obra de Engels, como impregnada de su espíritu, inspirada en sus doctrinas y construida con su método.

La dialéctica es tan esencial al marxismo que en 1859 Engels podía escribir en la *Crítica de la Economía política*: "Consideramos la elaboración del método que constituye la base de la *Crítica* de Marx como un resultado que no cede en importancia a la propia concepción materialista". Esta dialéctica fue siempre para los dos fundadores del socialismo científico "el arma más poderosa y el mejor instrumento de trabajo"; siempre se felicitaron de haberla salvado del naufragio de la filosofía hegeliana, atribuyendo la mayor parte de los errores de sus adversarios precisamente a la ignorancia de esta dialéctica, a "aquella vulgaridad del sentido común que allí donde consigue ver las diferencias no ve la unidad, y donde la unidad, no ve las diferencias". En *El Capital* reprocha Marx a Wilde estar tan familiarizado con las contradicciones vulgares como ignorante de la "contradicción" hegeliana, fuente de toda dialéctica. En una de sus tres cartas célebres sobre el materialismo histórico, Engels, hablando de los críticos y comentadores sin inteligencia del marxismo, explica la razón de esta ininteligencia diciendo: "Lo que falta a todos, señores, es la dialéctica: no ven otra cosa que aquí causa, allá efecto, lo cual es una abstracción vacía. En el mundo real tales oposiciones "polares", metafísicas, no existen más que en las crisis; todo el desenvolvimiento se desarrolla en forma de acción recíproca de fuerzas en realidad muy desiguales...; no hay allí nada de absoluto, todo es relativo, pero no lo ven. Para ellos, Hegel no ha existido".

Estos párrafos son suficientes para probar la importancia de la dialéctica a los ojos de Marx y Engels. Sin embargo, la dialéctica marxista no es la dialéctica hegeliana. Entre ambas hay numerosos puntos comunes, lo que permite compararlas; pero existen diferencias importantes que dan la posibilidad de distinguirlas. Estas semejanzas y diferencias han sido señaladas muchas veces. Los dos textos esenciales a este respecto son la obra de Engels sobre Feuerbach y el prólogo de Marx a la segunda edición de *El Capital*. "El método dialéctico era inaplicable en su forma hegeliana. Para Hegel la dialéctica es la evolución independiente de la idea. La idea absoluta no solamente existe —no se sabe dónde— eternamente, sino que es el alma propiamente dicha, el alma viviente del mundo entero. Sigue su propia evolución, recorriendo los grados diversos que han sido expuestos extensamente en la logia y que lo comprende todo; después se exterioriza transformando y haciéndose naturaleza, donde está en estado inconsciente, y de donde, disfrazada en Necesidad, pasa por una nueva evolución hasta que al fin obtiene el hombre una nueva conciencia de sí, la cual, a partir de entonces, evoluciona en la historia, a partir de la forma bruta, para reconcentrarse en último lugar íntegramente en la filosofía hegeliana. Así, pues, para Hegel, el movimiento dialéctico que se manifiesta en la historia y la naturaleza, la causalidad del progreso, afirmándose de lo inferior a lo superior, a través de todos los movimientos en zig-zag y todos los retrocesos momentáneos, no es más que la copia del movimiento propio de la idea desarrollándose eternamente e independientemente de todo cerebro pensante. Se trata de terminar con esta confusión ideológica. Fuimos obligados a concebir las nociones de nuestro cerebro de una manera materialista, como imágenes de las cosas reales, en lugar de concebir las cosas reales como tal o cual grado de la idea absoluta. De esta manera, la dialéctica no era más que la ciencia de las leyes generales del movimiento, tanto del mundo exterior como del pensamiento humano. De esta manera, la dialéctica de las ideas fue reducida a no ser otra cosa que el reflejo consciente del movimiento dialéctico del mundo real, y la dialéctica hegeliana, que reposaba sobre la cabeza, descansa desde entonces sobre los pies. El aspecto revolucionario de la filosofía hegeliana fue reconquistado y al mismo tiempo separado de los oropeles idealistas que habían impedido su aplicación consecuente".

¿Qué significa esta frase última? El prólogo de Marx a El Capital nos da la explicación: "Mi método, dialéctico en el fondo, no solamente difiere del de Hegel, sino que es directamente opuesto. Para Hegel, el proceso del pensamiento que ha transformado incluso con el nombre de Idea en un sujeto propio, es el demiurgo de lo real, que en suma no es sino la apariencia exterior. Para mí, por el contrario, el elemento ideal no es otra cosa que lo material traspasado y traducido en la cabeza de los hombres. Así, pues, la dialéctica hegeliana tiene para Marx algo de místico. Pero la "mixtificación" que experimenta la dialéctica en manos de Hegel no impide de ninguna manera que sea Hegel el primero que haya expuesto las formas generales del movimiento de una manera comprensiva y consciente. En él la dialéctica se mantiene descansando sobre la cabeza. Hay que darla la vuelta para descubrir el núcleo racional bajo la envoltura mística. En su forma mística la dialéctica se hallaba de moda en Alemania, porque parecía idealizar el estado de cosas existente. En su forma racional para la burguesía y sus representantes doctrinarios es piedra de escándalo y abominación, porque contiene, con la inteligencia positiva del estado de cosas existente, la inteligencia de su "negación", de su fin necesario, porque considera toda forma devenida en el flujo del movimiento y, por lo tanto, también por su lado perecedero, porque no se deja imponer por nada, porque es esencialmente crítica y revolucionaria".

También la dialéctica marxista es diferente de la dialéctica hegeliana porque es materialista y empirista. Es materialista porque para ella la dialéctica no es ya la evolución del concepto absoluto desarrollándose en la naturaleza y la historia; el movimiento real no es ya el reflejo, la apariencia fenomenal del movimiento ideal. Y por lo mismo que es materialista es empírica; y desde el momento que el movimiento de la idea no es más que la traducción del movimiento de las cosas desaparece la posibilidad de una deducción "a priori" de la historia del mundo y de los hombres; hay lugar para el estudio empírico de la naturaleza y las sociedades, para las ciencias naturales e históricas, que en lo sucesivo no pueden ser anticipadas en la dialéctica omnisciente.

¿Qué subsiste del hegelianismo? Desaparecido el sistema, queda el método.

Este método es evolucionista; está hecho para seguir el movimiento, para modelarse sobre el devenir. Para él todo se mueve, corre, todo deviene todo y todo es todo. Nada es, todo deviene, o mejor, el devenir es real; no hay ya cosas, objetos, sólo hay procesos. Ya Heráclito lo había expresado; Hegel ha dicho que no hay una sola proposición de Heráclito que no esté contenida en su filosofía. Gracias a Hegel el devenir es el principio de la dialéctica, marxista. Si se aplica a la sociedad esta manera de concebir las cosas, se ve fácilmente lo que tiene de "crítica revolucionaria".

Pero si todo está en estado de devenir y sólo existe por este mismo devenir, todo contiene en sí aquello que lo niega, todo es al mismo que él su contrario. La ley del devenir viene a ser la ley de identidad de los contrarios. Todo nace de esta lucha. La contradicción reside en las cosas y es fuente de toda dialéctica. ¿Qué quiere decir esto?

Platón había señalado que determinadas sensaciones despiertan el sentido de la inteligencia; son éstas aquellas que contienen alguna contradicción: un mismo objeto es pesado y ligero, pequeño y grande, uno y varios. Al contacto con estas contradicciones el pensamiento se pone en acción y comienza la marcha dialéctica hacia la verdad. De otra parte, a aquellos que, ateniéndose estrictamente a la ley de la identidad encierran el espíritu en cada definición, aíslan los elementos del pensamiento, haciendo imposible todo juicio o reduciéndolo a una tautología, Platón les responde por la teoría de la "participación de las ideas"; géneros diferentes participan unos de otros; una cosa es la misma que otra; una cosa no es lo que ella es, puesto que al mismo tiempo es otra. Platón, por lo tanto, afirma en un sentido la identidad de lo contradictorio: "Uno y varios reducidos a identidad por el discurso es lo que se encuentra en todas partes, en todo cuanto se dice, tanto antiguamente como hoy".

Por haber superado el principio de no contradicción y las costumbres del pensamiento vulgar que separa y opone sin reunir ni conciliar Hegel ha proclamado a Platón el "inventor de la dialéctica".

¿Qué es en efecto la dialéctica? Hay que agradecer a Kant el haber descubierto y formulado en las antinomias las contradicciones que resultan de la aplicación de las categorías a la esencia de las cosas, a las ideas del alma, del mundo y de Dios; pero estas contradicciones son necesariamente inmanentes a todos los conceptos o determinaciones del pensamiento; ésta es la significación de la dialéctica. Cada categoría debe ser determinada, pensada, agotada y "negada"; las determinaciones opuestas en las cuales se resuelve el concepto deben unirse. Cada paso o progreso del pensamiento contiene tres fases de la actividad del espíritu que Hegel llama: a la primera, abstracta (corresponde a la del entendimiento que determina y formula); la segunda, dialéctica (es la de la raza negativa que opone); la última, "especulativa", y es la de la razón positiva que une lo que está formulado y opuesto.

El progreso del pensamiento se efectúa, pues, por la revelación y solución de las contradicciones inmanentes a los conceptos. Hegel llama a esto proceso dialéctico. En la *Fenomenología del Espíritu* compara la vida a un diálogo; en el curso de los años, a medida que se enriquece nuestra experiencia, nuestras ideas sobre los hombres y las cosas cambian y se transforman, como las opiniones de los interlocutores en el curso de un diálogo instructivo y fecundo; el espíritu hace experiencias cuyo resultado es siempre diferente de sus hipótesis e instrucciones. Cada verdad determinada es percibida, apropiada, pensada, vivida, después penetrada en su nulidad, abandonada, negada, de cuya negación resulta, no la nada, sino una verdad nueva y superior: son los años de aprendizaje de la conciencia "die Lehrjhare des Bewusstseins".

La dialéctica es el conocimiento verdadero, procede a partir de la contradicción que es la lucha de dos determinaciones opuestas y la resuelve por su unión. En este sentido, puede decirse, el tema persistente de la dialéctica hegeliana es la unidad de los contrarios, esta "coincidentia oppositorum" que habían concebido Giordano Bruno y Hamann.

La contradicción consiste en negar una determinación del pensamiento que acababa de ser formulado y afirmado; la solución de esta contradicción es su negación. De esta manera el pensamiento se mueve a través de las negaciones y vuelve, a través de esta doble negación, a la afirmación. Es la regla gramatical: una negación doble equivale a una afirmación. "Duplex negatio affirmat".

La dialéctica consiste en resolver falsas contradicciones inmanentes a los conceptos puros por el método de "negatividad absoluta". Ahora bien: como los conceptos puros son conceptos del ser y no sólo determinaciones necesarias del pensamiento, como tienen un valor ontológico y no solamente lógico, la dialéctica no es limitada o finita: es un pensamiento infinito. Cuando contempla las cosas se reconoce a si misma en las cosas como en un espejo, "tanquam in especulo"; por esta razón Hegel llama filosofía especulativa a esta especie de conocimiento basado en la dialéctica.

Por este método se progresó paso a paso, de los conceptos simples a los compuestos, de los conceptos inmediatos a los mediatos, de lo indeterminado a lo determinado, de lo abstracto a lo concreto, de lo inferior a lo superior. Esto es lo que da al proceso del pensamiento dialéctico el carácter de una ascensión o evolución: se asciende por una escala de grados superpuestos. ("Stufenreihe".)

¿Cuál es ahora la relación entre los grados más inferiores y los más elevados? Para Hegel, el grado superior es, como veremos leyendo el capítulo de Engels sobre la *Negación de la negación*, la verdad de los grados inferiores; en ellos está querido, perseguido y basado. Inversamente, el grado inferior está en los grados superiores, "aufgehoben", o sea negado, realizado, conservado y elevado al mismo tiempo; la palabra alemana tiene todas las anteriores significaciones, lo mismo que la palabra latina "tollere" significa a la vez elevar y destruir. Se ve así en la *Fenomenología* la certeza sensible "aufgehoben" en la conciencia que percibe; es al mismo tiempo una negación y una conservación.

Existe otro término que se encuentra muy frecuentemente en la literatura marxista, y que se refiere asimismo a esta teoría hegeliana de los grados de conciencia y realidad: es el término momento. Ya se ha visto que en la escala o evolución progresiva los grados inferiores obran en el seno de los superiores; ahora bien: en la teoría de la palanca se denominan momentos mecánicos o estáticos las dos fuerzas motrices que obran concertadamente, o sea las distancias y los pesos, o, dicho de otra manera, la longitud de los brazos de la palanca y las masas. Hegel compara los factores que obran en el seno de los grados superiores a los momentos de la palanca, y, reuniendo las dos expresiones cuyo sentido acabamos de definir, dice que los grados inferiores están en los superiores en el estado de "aufgehobene Momente".

Este término, empleado frecuentemente por Marx, ha pasado al francés, siendo causa de inexpresables confusiones cuando, ignorando u olvidando su significación original, se consideran los "momentos de la evolución" por los momentos de duración.

***

El primer concepto de la Lógica, el más simple, el más abstracto e indeterminado, concepto vacío y sin contenido, es el del ser puro: como ser pensado no puede nada, pero en esta primera categoría se hallan contenidos los restantes en estado de virtualidad. En este grado, ser y nada son una sola y misma cosa, puesto que el ser está vacío y sin contenido. La unidad del ser y no ser es el devenir; la verdad del ser como del no ser es su unidad: el devenir. Éste es una desaparición constante, y la desaparición de la desaparición. Sólo puede ser comprendido como desaparecido, como devenir pasado, como existencia. El ser existente está determinado de tal o cual manera: es un *Cual*, posee una cualidad.

La cantidad no es una categoría coordinada a la cualidad y yuxtapuesta a ésta desde fuera; puede considerarse en su origen: sale del concepto de cualidad, resulta de la evolución lógica de este concepto: la cantidad es "aufgehobene Qualitat".

La magnitud y la calidad son indiferentes entre sí; el aumento o disminución del ser no influye para nada sobre su naturaleza. Las cantidades no mantienen entre sí más que relaciones completamente exteriores e indiferentes.

Pero no hay ser que sea pura calidad o pura magnitud; todo ser es la unidad inmediata y efectiva de la calidad y cantidad; es la medida que, reuniendo las dos determinaciones del ser, la calidad y la cantidad, termina, niega, conserva y eleva el propio concepto del Ser. Para Hegel es una verdadera Trinidad, con despliegue de la unidad de la unidad y retorno sustancial de ésta hacia sí misma, unidad en la triplicidad y triplicidad en la unidad como en la Trinidad cristiana. Todo es medida, los cuerpos vivos, las proporciones del cuerpo Humano, las relaciones de fuerza de los Estados. La medida es la categoría más elevada que puede servir para definir la divinidad; Dios es medida e impone la medida a las cosas. Los dos momentos de la medida son la cantidad y la calidad; la medida es la cantidad cualitativa, la cantidad específica.

La calidad y la magnitud son, por lo tanto, los dos aspectos o momentos de la existencia. Toda existencia es magnitud cualitativa. Por esta razón —y éste es el punto capital—, la magnitud resuena en la calidad; los cambios de magnitud conducen a cambios en la calidad; el cambio cuantitativo crea un cambio cualitativo, una "conversión de la calidad" ("Umsch lagen der Qualitat"). La cantidad no es ya indiferente a la calidad; la cantidad no puede cambiar sin que la calidad sea afectada.

La magnitud cualitativa es medida. Pero, como el cambio de magnitud determina un cambio cualitativo, determina la calidad, la magnitud cualitativa no solamente es cualitativa, sino calificativa; no solamente especifica, sino especificante: Hegel denomina a esta categoría la medida especificante. La medida especificativa determina el cambio de su cantidad o grado, el cambio de calidad, y por esto cambia la relación de medida. En el aumento positivo o negativo de la magnitud, aumento y disminución, hay un punto en el cual la calidad se modifica súbitamente, convirtiéndose en su contrario. Estos puntos donde la cantidad y calidad coinciden y se cruzan son denominados por Hegel nudos, y como en cada uno de ellos nace una nueva relación de medida, llama a la línea que los une línea nodal de relaciones de medida ("Knotenlinie von Massverhaltnissen"), expresiones tomadas a la astronomía, en la cual se llaman nudos los puntos donde las órbitas elípticas de los cuerpos celestes del sistema solar cortan a la órbita terrestre y línea nodal, la línea que reúne estos puntos.

Mientras que el cambio en la cantidad es lento, el cambio que provoca en la calidad es súbito; de un golpe se produce un estado nuevo. Por esto no es exacto decir que la "naturaleza no da saltos"; las cualidades cambian por medio de saltos cuando las magnitudes han conseguido un cierto punto en la ascensión o descenso de su escala. La expresión "la medida está colmada" demuestra que súbitamente interviene una nueva relación de medida, una cualidad nueva. El ejemplo más simple que presenta Hegel es la serie natural de los números, donde el retorno de ciertas unidades, las decenas en el sistema decimal, constituyen nudos; igualmente, en la existencia individual, la vida y la muerte.

Hegel, con anterioridad a Marx y Engels, ha aplicado la categoría de la línea nodal a la vida moral y social; en un punto dado, el derecho deviene injusticia, la virtud, pecado; ilustra su teoría con ejemplos que hacen presentir la morfología social de nuestros días. Un Estado posee, en la extensión de su territorio y densidad de su población, una cantidad determinada a la que corresponde una cierta constitución, republicana o democrática; pero a medida que las cantidades aumentan, la constitución no concuerda ya con ellas, el Estado cambia de constitución, o sea de calidad. Hegel no cesa de considerar la aplicación de la medida al Estado; un Estado sobrepasa una cierta extensión por las conquistas que parecen aumentar su potencia, se descompone y está obligado a renunciar a las leyes que constituyeron su fuerza y grandeza. "La constitución de un pequeño cantón suizo no conviene a un gran imperio". Hay algo trágico en esta ley: la cantidad, considerada por un límite indiferente, es el lado por el cual una existencia es subrepticiamente atacada y destruida. El secreto del concepto consiste en considerar una existencia por el lado donde su cualidad no parece estar puesta en duda, hasta el punto de que el engrandecimiento de un Estado, el aumento de fortuna, etc., que conducen a la desdicha del Estado, del propietario, aparecen al principio como una "felicidad para ellos".

Marx y Engels aplicaron frecuentemente esos pensamientos profundos, y el vigor con que los defiende Engels frente a los sarcasmos de Duhring demuestra suficientemente la importancia extrema que les atribuye para la comprensión del movimiento social. La *Miseria de la Filosofía* señala el antagonismo entre las relaciones sociales, que no evolucionan ellas mismas, y las fuerzas productoras, que aumentan; al desarrollarse estas fuerzas son obstaculizadas por las relaciones de producción, a las cuales no es inmanente un principio de transformación; al final de este crecimiento se produce una catástrofe, terminando el conflicto: la superestructura se derrumba, quebrantada por su escisión con la infraestructura modificada; la revolución social es precisamente "la conversión de la cantidad en calidad". Ya se ha demostrado de qué manera la influencia hegeliana permite a Marx considerar lo específico del hecho social con relación a las vidas individuales, los fenómenos nuevos e irreductibles que resultan de la reunión de los hombres. Este punto de vista verdaderamente sociológico, fuera del cual es imposible hacer ciencia social, fue inspirado a Marx por la teoría hegeliana de las relaciones entre la calidad y la cantidad.

***

Éstos son, brevemente indicados, los principios esenciales de la dialéctica marxista, que pretende expresar "el propio ritmo de la realidad que deviene". La idea de que el devenir es la única realidad; esta negación, que no es una simple oposición banal de un concepto a otro, pero que convierte en verdad lo que niega, porque encuentra en lo que niega y supera la condición efectiva o la premisa conceptual del proceso; la contradicción en las cosas mismas y al principio de toda evolución; lo irracional, la negatividad presente a toda forma histórica relativa y necesaria al mismo tiempo, estos son los rasgos comunes a la dialéctica hegeliana y a la dialéctica marxista. Recientemente se ha preguntado "lo que había de vivo y muerto en la filosofía de Hegel"; cada uno de nosotros es libre de encontrar vivo lo que le place y muerto lo que le desagrada. Pero si quiere investigarse lo que es a la vez más científico y útil, lo que de hecho en la historia del pensamiento se ha mostrado pletórico de vitalidad y fecundidad, y lo que, por el contrario, no ha sido más que una fórmula estéril y supervivencia escolástica, se reconocerá que solamente perdura hoy de la filosofía de Hegel aquello que fue asimilado por el marxismo y sobrevivió en el socialismo científico.

EDMUNDO LASKIN

ANTI-DUHRING

FRIEDRICH ENGELS

PRÓLOGO A LA PRIMERA EDICIÓN

I

Londres, II de junio de 1878.

No es este trabajo, bajo ningún concepto, fruto de una "necesidad interior". Al contrario.

Cuando hace tres años el señor Duhring, en calidad de adepto y al mismo tiempo reformador del socialismo, lleva súbitamente a la barra a su siglo, mis amigos de Alemania me pidieron diversas veces con insistencia que hiciera un examen crítico de esta nueva teoría socialista en el órgano central del partido socialdemócrata, el Volkstaat. Consideraban esto absolutamente necesario si no se quería dar nuevamente ocasión a una división y confusión sectarias en el partido, todavía demasiado joven, y que acababa de llegar a la unión definitiva. Ellos podían juzgar mejor que yo la situación de Alemania; tenía, por lo tanto, el deber de creerlos. Parecía ni mismo tiempo que el nuevo converso era acogido por una parte de la prensa socialista con una benevolencia calurosa que no se dirigía, sin duda, a su buena voluntad, sino que al mismo tiempo dejaba percibir en esto la prensa socialista la intención de basarse en esta buena voluntad del señor Duhring para pasar de contrabando la mercancía de su doctrina.

Había también quienes se disponían ya a divulgar esta doctrina entre los trabajadores en forma vulgarizadora. Y, finalmente, el señor Duhring y su pequeña secta ponían en juego todos los artificios de la propaganda y de la intriga para obligar al Volkstaat a fijar posición de una manera decidida respecto a esta doctrina nueva que aparecía en escena con pretensiones tan grandes.

No obstante, estuve dudando un año antes de decidirme a abandonar otros trabajos para morder en este fruto amargo, el cual era preciso comer íntegramente apenas se hubiera catado, fruto no sólo muy agrio, sino también muy grueso: la nueva teoría Socialista se presentaba como el resultado práctico de un nuevo sistema filosófico.

Tratábase, por lo tanto, de examinarlo en relación con el sistema, y al mismo tiempo a este sistema; era necesario seguir al señor Duhring en este vasto dominio que comprende todas las cosas posibles y algunas que no lo son. Éste es el origen de una serie de artículos que a partir de los comienzos del año 1878 aparecieron en el periódico que sucedió al Volkstaat, en el Worwärst, y que se hallan reunidos aquí.

Es, por lo tanto, ha naturaleza del objeto mismo la que obliga a la crítica de detalles, muy poco en relación con el contenido científico de este objeto, o sea de los escritos del señor Duhring. Otras circunstancias pueden, sin embargo, excusar lo prolijo de esta crítica. De una parte, la de que me ofrece ocasión para desarrollar de una manera positiva mi concepción sobre problemas muy controvertidos en los dominios muy diversos que es necesario abordar, problemas que tienen hoy un interés científico y práctico general. Por esto en calda capítulo, aunque esta obra no tenga por objeto oponer al "sistema del señor Duhring otro sistema", encontrará el lector ideas que ya hemos expuesto, su consecuencia y su ligazón interna. Tengo bastantes pruebas de que en este aspecto mi trabajo no ha resultado absolutamente infructuoso.

No es el señor Duhring, "creador del sistema", una aparición aislada en la Alemania contemporánea. Desde hade algún tiempo se ven surgir en Alemania los sistemas de cosmogonía, filosofía, de la naturaleza en general, de política, economía, etc., brotar rápidamente por docenas, como setas. Cualquier doctor en filosofía, incluso cualquier estudiante, no tiene hoy otra preocupación que la de un sistema integral nada menos. De igual manera que en el Estado moderno se supone que cada ciudadano es capas de juzgar sanamente respecto a todas las cuestiones que debe votar; lo mismo que se admite que en economía política cada consumidor conoce perfectamente cuántos artículos tiene ocasión de comprar para mantener su existencia; igual sucederá en lo sucesivo en la ciencia. ¿Qué otra cosa significa la libertad de ciencia sino que se escribe respecto a todas las cosas que no han sido aprendidas, y que se considera este método, el único rigurosamente científico? Duhring es uno de los tipos más característicos de esta sediente ciencia presuntuosa, que en todas partes se coloca en primer plano en la Alemania de hoy y cubre todos los rumores de fracaso con el latón extra que hace resonar Latón extra en poesía, filosofía, política, economía, historia; latón extra en la cátedra profesional y en la tribuna; latón extra en todas partes con pretensiones de profundidad de pensamiento y superioridad respecto al latón simple y vulgar de tas demás naciones; latón extra, producto el más característico y abundante de la industria intelectual alemana, "barato, pero de mala calidad", igual que los demás productos de fabricación alemana, a cuyo lado no ha estatado, desgraciadamente, representada en Filadelfia. Incluso el socialismo alemán, principalmente después del buen ejemplo dado por el señor Duhring, se ha dedicado alegremente a la fabricación del latón extra, y ha producido tal cantidad, que se ha vanagloriado de ciencia de la cual nunca aprendió ni la menor palabra. Es ésta una enfermedad infantil, síntoma de la conversión iniciada del estudiante alemán a la socialdemocracia síntoma que no puede depararse de esta conversión pero del cual triunfará la naturaleza notablemente sana de nuestros obreros.

No es culpa mía que tenga que seguir al señor Duhring a terrenos en los cuales puedo, a lo sumo, reivindicar el título de "dilettanti". En casos tales me he limitado a oponer a las afirmaciones falsas o inadecuadas de mi adversario hechos exactos, incontestables, tanto en las ciencias jurídicas como muy frecuentemente en las naturales. De otra parte, se trata de las concepciones generales de la ciencia teórica de la naturaleza, de un terreno en el cual incluso, el naturalista de profesión está obligado a salir de su especialidad para invadir dominios vecinos, de un terreno en el cual, como declara Virchow, él es un "semisabio" igual que los demás. Espero que se me otorgará la misma indulgencia para las pequeñas inexactitudes o errores de lenguaje que los sabios acostumbran en tales materias a concederse mutuamente. Cuando terminé este prólogo recibí un anuncio de librería redactado por Duhring anunciando una nueva obra "capital" suya con el siguiente título: Nuevas leyes fundamentales de física y química racionales. Por modesta que sea mi conciencia respecto a la insuficiencia de mis conocimientos en física y química, creo, no obstante, conocer lo suficiente al señor Duhring pana afirmar anticipadamente, sin haber leído siquiera la obra, que las leyes físicas y químicas por él establecidas se situarán, por la incomprensión y banalidad, en la misma categoría de las leyes económicas, cosmológicas, etc., que ha descubierto y que he examinado en mi libro; y que el rigómetro o instrumento para medir temperaturas muy bajas servirá para medir no temperaturas altas o bajas, sino pura y simplemente las ignaras presunciones del señor Duhring.

II

No esperaba que esta obra tuviera nuevas ediciones. En efecto, el objeto de la crítica está hoy, al parecer, completamente olvidado. Y la misma crítica no sólo tuvo millares de lectores cuando apareció dividida en fragmentos en el Worwärst, de Leipzip en 1877 y 1878, sino que ha sido publicada separada e íntegramente en una edición de la cual se tiraron numerosos ejemplares. ¿Cómo hay aún personas a quienes interesa lo que hube de decir hace varios años respecto al señor Duhring?

Lo debo, en primer lugar, a que esta obra, como desde luego casi todos los escritos míos que circulan, fue prohibida en el Imperio alemán inmediatamente después de la promulgación de la ley contra los socialistas. Quien no este anciado en los prejuicios de los funcionarios tradicionales en los países de la Santa Alianza, debía prever claramente los efectos de esta medida: doble o triple venta de los libros prohibidos y la demostración de impotencia de estos señores de Berlín que promulgan prohibiciones sin conseguir que se respeten. De hecho, la amabilidad del Gobierno del Imperio me procura más ediciones nuevas de mis modestos escritos de las que yo puedo asegurar: no tengo tiempo para corregir como debiera los textos, y es precisa con bastante frecuencia que me limite simplemente a reimprimirlos.

Hay que agregar otra razón. El "sistema" del señor Duhring, del cual es la crítica el presente libro, se extiende a un dominio teórico muy vasto; fui obligado por ello a seguirle a todas partes y a oponer mis concepciones a las suyas. De esta manera, la crítica negativa se convierte en positiva; la polémica se transforma en, una exposición más o menos coherente del método dialéctico y de la filosofía comunista, que es la de Marx y la mía; y esto respecto a una serie bastante comprensiva de cuestiones. Esta filosofía, desde que hizo su aparición en el mundo en la Miseria de la Filosofía, de Marx, y en el Manifiesto Comunista, ha atravesado un período de incubación de más de veinte años, hasta que, después de la aparición de El Capital, se ha extendido con rapidez creciente a medios cada vez más alejados, traspasando las fronteras de Europa, conquistando la atención y los sufragios en todos los países, en los cuales hay, de una parte, proletarios, y de otra, teóricos científicos independientes. Parece, pues, que existe un público interesado suficientemente por la cosa en sí para afrontar la lectura de la polémica contra las tesis de Duhring (polémica ya sin objeto bajo distintos aspectos) a causa de los progresos positivos dados al mismo tiempo.

Incidentalmente hago la siguiente observación: Comoquiera que la filosofía expuesta en este libro ha sido en su mayor parte fundada y desarrollada por Marx y en su menor parte exclusivamente por mí mismo, era natural que no escribiese esta exposición sin consultarle. Íntegramente le he leído el manuscrito antes de su impresión; en cuanto al segundo capítulo de la segunda parte, consagrado a la Economía política ("Acerca de la historia crítica"), ha sido escrito por Marx; desgraciadamente, he debido resumirlo algo por razones extrínsecas. Siempre hemos tenido la costumbre, Marx y yo, de ayudarnos mutuamente en las ramas especiales de la ciencia.

Esta nueva edición, exceptuando un capítulo, es una reimpresión idéntica a la anterior. He carecido de tiempo pata una revisión rigurosa, a pesar de que deseaba hacer más de una modificación en la exposición. Pero tengo el deber de preparar para la impresión los manuscritos dejados por Marx, siendo ésta una tarea mucho más importante que las demás. De otra parte, mi candencia se opone a cualquier cambio. Esta obra es una obra de polémica y me creo obligado respecto a mi adversario a no hacer correcciones, puesto que él tampoco puede hacerlas. Podré reivindicar solamente el derecho a responder cíe nuevo a la respuesta del señor Duhring, pero no he leído nada de lo que éste haya escrito sobre mi ataque y no lo leeré si no se presenta una ocasión especial. Teóricamente he terminado con él. De otra parte, estoy tanto más obligado a respetar con él las reglas convencionales del duelo literario cuanto que ha sido víctima después de una iniquidad vergonzosa por parte de la Universidad de Berlín. Sin duda, ésta ha sido castigada; una Universidad que acepta retirar la libertad de enseñar al señor Duhring en las circunstancias que conocemos no debe sorprenderse si en circunstancias que tampoco se ignoran se le impone un señor Schwenniger.

El único capítulo en el que me he permitido adiciones explicativas ha sido en el segundo de la tercera parte: "Teoría". Se trataba de exponer en él exclusivamente el punto esencial de la concepción que yo defiendo: mi adversario no puede, por lo tanto, quejarse si me esfuerzo por hablar de una manera más accesible y completar mi exposición sistemática. De otra parte, he sido conducido a ello por una circunstancia externa. Tres capítulos de la obra (el primero de la introducción y el primero y segundo de la tercera parte) fueron transformados por mí en un folleto original para mi amigo Lafargue, con el propósito de traducirlos al francés; y cuando esta traducción hubo servido de base a una edición italiana y a otra polaca, hice una edición alemana con, el siguiente título: La evolución del socialismo de la utopía a la ciencia. Se han hecho de ella en pocos meses tres ediciones, y asimismo ha aparecido traducida al ruso y al danés. En todas ellas sólo el capítulo aludido ha sido aumentado, y hubiera sido una pedantería atenerme en la nueva edición de la obra original a la letra del texto primitivo y no a la forma posterior devenida internacional.

Respecto a las otras Modificaciones que hubiera preferido, se refieren principalmente a dos puntos: primero, a la historia primitiva de la humanidad, de la cual Morgan nos ha dado la clave solamente en 1877. Pero como después, en mi libro El origen de la familia, de la propiedad privada y del Estado, he de elaborar los materiales que me fueron accesibles en el intervalo, es suficiente con que cite esta obra posterior; segundo, hubiera querido cambiar la porté que trata de la ciencia teórica de la naturaleza. La exposición es muy torpe, y mucho de lo que en ella digo podía haber sido expresado de una manera más clara y precisa. No concediéndome el derecho de corrección, estoy obligado a criticarme a mí mismo.

Marx y yo fuimos, sin duda, casi los únicos en conservar la dialéctica consciente de la filosofía idealista alemana en nuestra concepción materialista de la naturaleza y de la historia. Pero para concebir la naturaleza de una numera dialéctica y materialista al mismo tiempo es necesario conocer las matemáticas y las ciencias naturales. Marx era un profundo matemático; mas no podíamos estudiar las ciencias naturales más que de una manera fragmentaria, discontinua, esporádica. Por lo tanto, cuando después de retirarme del comercio y estar establecido en Londres tuve tiempo, lo hice en la medida que pude, una muda completa, como dice Liebig, consagrando a ello la mayor parte de ocho años. Estaba plenamente absorbido por este proceso de muda cuando tuve ocasión de ocuparme de la pretendida filosofía de la naturaleza del señor Duhring. Si no encuentro siempre la expresión técnica exacta, y, de otra parte, me muevo con cierta dificultad en el terreno de la ciencia teórica de la naturaleza, ello es bastante natural. De otra parte, la conciencia de mi inseguridad, no dominada aún, me hace prudente. No podrán reprochárseme verdaderos errores en cuanto a los hechos conocidos, ni de exponer de una manera inexacta las teorías reconocidas entonces. Desde este punto de vista no se ha encontrado más que un gran matemático que, en una carta dirigida a Marx, se ha lamentado de que hubiese atentado criminalmente al honor de $\sqrt{}$ I. Tratábase para mí, naturalmente, en mi recapitulación de las matemáticas y ciencias naturales, de convencerme al detalle (sobre el conjunto no tenía duda ninguna) de que en la naturaleza reinan, en medio de la, confusión de las metamorfosis innumerables, las mismas leyes dialécticas del movimiento que, lo mismo que en la historia, dominan la aparente contingencia de los acontecimientos; las mismas leyes que recorren de uno a otro extremo, como un hilo conductor, la historia de la evolución del pensamiento humano y penetran poco a poco en la conciencia del hombre pensante; leyes desarrolladas primero por Hegel de una manera integral, aunque bajo una apariencia mística, y las cuales fueron despojadas por nuestro esfuerzo de esta forma mística para hacerlas claramente perceptibles al espíritu en su simplicidad y en su calor universal. Es innecesario decir que la antigua filosofía de la naturaleza, aunque contiene más de una cosa realmente buena y más de un germen fecundo, no podía bastarnos.

Como se demuestra en este libro de una manera detallada, su falta radica principalmente en su forma hegeliana, en no reconocer en la naturaleza una evolución en el tiempo, ninguna sucesión, sino solamente una yuxtaposición (Nacheinander-Neebeneinander). Este vicio tenía su razón de ser, de una parte, en el mismo sistema de Hegel, que sólo atribuye una evolución histórica al "Espíritu"; de otra parte, en el estado general de las ciencias de la naturaleza en esta época. Por eso Hegel permanece respecto a este punto muy inferior a Kant, cuya teoría sobre la nebulosa proclamaba el comienzo del sistema solar, y cuyo descubrimiento del obstáculo opuesto a la rotación de la tierra por las mareas proclamaba la desaparición. Finalmente, no se trataba para mí de imponer las leyes dialécticas a la naturaleza, sino de encontrarlas en ella y hacerlas salir de ella.

Sería un trabajo gigantesco realizar esta tarea de una manera sistemática y en todos los dominios. No sólo es inmenso el objeto a dominar, sino que en todo este dominio la misma ciencia de la naturaleza es impulsada por un movimiento tan violento, que apenas puede seguirla aquel que dispone de todo su tiempo para esto. Pero, desde la muerte de Marx, el mío está embargado por deberes más apremiantes, y he debido interrumpir mi trabajo. Es necesario, pues, hasta nueva orden, que me contente con aspiraciones contenidas en esta obra y esperar a encontrar más adelante una ocasión para reunir y publicar los resultados obtenidos, quizá al mismo tiempo que los importantísimos manuscritos matemáticos dejados por Marx.

Acaso el progreso de la ciencia teórica de la naturaleza haga superfluo mi trabajo en una gran parte o en su totalidad. Es tal la revolución impuesta a la ciencia teórica de la naturaleza por la simple necesidad de ordenar los hechos puramente empíricos que se acumulan en masa, que debe poner de manifiesto cada vez más el carácter dialéctico de los fenómenos de la naturaleza, incluso a los empíricos más recalcitrantes. Las viejas oposiciones rígidas, las delimitaciones infranqueables e imposibles de Resolver, desaparecen cada vez más. Desde la licuefacción de los últimos gases "permanentes"; desde que se ha hallado que se puede poner un cuerpo en un estado en el cual no pueden diferenciarse, la forma líquida y gaseosa, los estados de agregación han perdido hasta los últimos restos del carácter absoluto que antes poseían. La proposición de la teórica científica de los gases según la cual para los gases perfectos los cuadrados de velocidad del movimiento de cada molécula gaseosa están, a temperatura igual, en proporción inversa a la de los pesos moleculares, hace entrar al calor directamente en la serie de las formas de movimiento inmediatamente mensurables como tales. Hace solamente diez años, la gran ley fundamental del movimiento, que acababa de descubrirse, era concebida solamente como una ley de conservación de la energía, como la simple expresión de la indestructibilidad y de la imposibilidad de la creación del movimiento no era considerada más que desde el punto de vista cuantitativo. Pero sucesivamente esta expresión estrecha y negativa es reemplazada por la expresión positiva metamorfosis de la energía, en la que por primera vez aparece el contenido cualitativo de este proceso y donde se desvanece hasta el último recuerdo de un creador sobrenatural. No hay ya necesidad de predicar como una novedad que la cantidad de movimiento (lo que se llama "energía") no cambia absolutamente cuando se convierte en electricidad, calor, energía potencial o recíprocamente. Esto constituye la base al fin asegurada del estudio cada día más completo del proceso de metamorfosis en sí mismo, del gran proceso fundamental cuyo conocimiento agota el conocimiento íntegro de la naturaleza. Desde que se practica la biología a la luz de la teoría de la evolución en el dominio de la naturaleza orgánica, se han visto borrarse una a una las líneas fronteras rígidas de la clasificación; de día en día aumenta el número de miembros intermedios que escapan a la clasificación; un estudio cada vez más preciso transfiere organismo de una clase a otra; los signos distintivos, que se habían convertido casi en artículos de fe, pierden su valor absoluto. Tenemos ya mamíferos ovíparos, y, si la noticia se confirma, pájaros que andan a cuatro patas. Hace ya tiempo que Virchow fue obligado por el descubrimiento de la célula a descomponer (más en progresista que en sabio naturalista y dialéctico) la unidad del individuo animal en una federación de estados celulares. ¡Y bien! La noción de individualidad animal (y, por lo tanto, humana) se complica todavía más con el descubrimiento de los glóbulos blancos de la sangre, que a manera de ambos circulan en el cuerpo de los animales superiores. Ahora bien: son precisamente los contrarios opuestos como dos polos, dados como irreconciliables; son las líneas fronteras y el criterio de clases arbitrariamente fijas lo que ha dado a la ciencia moderna de la naturaleza su carácter limitado y metafísico. Reconocer que estos contrarios y estas diferencias se encuentran indudablemente en la naturaleza, pero teniendo solamente un valor relativo; que esta rigidez y valor absoluto no son introducidos en la naturaleza más que por nuestra reflexión, reconocer esto es lo esencial de la concepción dialéctica de la naturaleza. Puede llegarse a esta concepción cuando se está obligado a ello por los hechos de la ciencia de la naturaleza y su acumulación; pero se consigue más fácilmente cuando se sale al encuentro del carácter dialéctico de estas leyes con la conciencia de las leyes del pensamiento dialéctico. De cualquier manera, la ciencia de la naturaleza ha llegado a un grado en el cual no puede escapar a la sistematización dialéctica; pero su proceso será menos penoso si no olvida que los resultados en los cuales sintetiza sus experiencias son los conceptos, pero que el arte de operar con los conceptos no es increado ni dado en la conciencia habitual, utilizada corrientemente, sino que exige un pensamiento verdadero, el cual tiene a su vez una larga historia experimental, de la misma manera que la ciencia experimental de la naturaleza. Y por lo mismo que se apropiara de los resultados de esta evolución de la filosofía, que ha durado dos mil quinientos años, se desembaraza, de una parte, de toda filosofía de la naturaleza que coloca su existencia al margen y por encima de ella, y de otra, de este método limitado de pensar que le es propio y que ha heredado del empirismo inglés.

III

Esta nueva edición es, aparte de algunos cambios de expresión sin ninguna importancia, una reimpresión de la precedente. Solamente en un capítulo, el décimo de la segunda parte, "Sobre la historia crítica", me he permitido adiciones esenciales a causa de las siguientes razones:

Según he señalado en el prólogo de la segunda edición, este capítulo, en cuanto tiene de importante, es de Marx. En su primera forma, destinado a un artículo de periódico, fui obligado a abreviar considerablemente el manuscrito de Marx, y precisamente en aquellas partes en que la crítica de las declaraciones del señor Duhring pasa a un plano secundario con relación a los desenvolvimientos originales acerca de la historia de la economía política. Pero es justamente esto último lo que hoy tiene mayor y más permanente interés. Estoy obligado a reproducir lo más completa y textualmente posible los razonamientos en que Marx asigna a hombres como Paty, North, Locke y Hume la parte que les corresponde en la génesis de la economía clásica y más aún en su explicación del Cuadro económico de Quesnay, este enigma de esfinge que ha permanecido insoluble para toda la economía moderna. Respecto a aquello que, por el contrario, se, refiere exclusivamente a los escritos de Duhring, lo he pasado en silencio en la medida que me lo permite la continuidad de la exposición.

Por lo demás, tengo derecho a estar plenamente satisfecho por el modo como se han divulgado las ideas defendidas en este libro, desde la edición anterior, en la conciencia colectiva de la ciencia y de la clase obrera, y ello en todos los países civilizados del mundo.

INTRODUCCIÓN DEL AUTOR

I

NOCIONES GENERALES

El socialismo moderno es, ante todo, la expresión del antagonismo de los intereses de los poseedores y proletarios, de los obreros y burgueses, y en segundo lugar, el producto de la anarquía que reina en la producción. Su doctrina aparece como el resultado derivado de los principios establecidos por los grandes enciclopedistas del siglo XVIII. Como toda teoría nueva, el socialismo ha de referirse de una manera inmediata a los principios elaborados en el momento de su aparición. Pero la raíz, el origen real del socialismo, reside en las condiciones económicas.

Los grandes hombres que en Francia emanciparon los espíritus se mostraron muy revolucionarios. No reconocieron ninguna autoridad, sea cual fuere. La religión, la cosmogonía, la sociedad, el orden social, todo fue sometido a una crítica implacable. Cada cosa debía justificar su existencia ante el tribunal de la razón pura o renunciar a ser. La razón pura era convertida en el único criterio aplicable a todas las cosas. Era la época en que, como decía Hegel, "el mundo descansaba sobre la cabeza"— primero, porque fueron la cabeza y los principios elaborados por el pensamiento los que servían de base a toda acción y a toda asociación humana; después, porque no se vaciló posteriormente en derribar todo aquello que se oponía a los principios y doctrinas proclamados—. Todas las constituciones sociales y políticas, todas las nociones legadas por la tradición, se arrojaron par la borda. El mundo se había dejado gobernar hasta entonces sólo por prejuicios; cuanto pertenecía al pasado no merecía más que compasión y desprecio. Al fin la aurora surgía. En lo sucesivo todo aquello que significaba prejuicios, superstición, arbitrariedad, privilegios y opresión debía ceder el puesto a la verdad eterna, a la justicia, a la igualdad, a los derechos imprescriptibles del hombre.

Sabemos ya que el reino de la razón no era otra cosa que el reino idealizado de la burguesía; que la eterna justicia se realiza en la justicia burguesa; que la igualdad se resume en la igualdad ante la ley; que la propiedad fue proclamada uno de los derechos esenciales del hombre; que el Estado ideal del Contrato Social sólo podía realizarse bajo la forma de una república democrática burguesa. Los grandes pensadores del siglo XVIII no podían superar los límites impuestos por su época.

Pero al lado de la aristocracia feudal y de la burguesía existía una oposición perfectamente clara entre explotadores y explotados, ricos ociosos y trabajadores pobres. Es precisamente esta circunstancia la que permitió a los representantes de la burguesía presentarse como campeones, no de una clase, sino de la humanidad paciente. Más todavía: desde su origen lleva la burguesía en sí misma su contrario.

Los capitalistas no pueden existir sin los trabajadores asalariados, y de la misma manera que el burgués de la Edad Media, miembro de una corporación, se ha convertido en el burgués moderno, el compañero y el jornalero, ajenos a toda corporación, se transformaron en proletarios. Y aunque en su conjunto la burguesía tenga derecho a pretender que en su lucha con la nobleza representaba al mismo tiempo los intereses de las diversas clases de la época, es innegable, sin embargo, que a cada gran movimiento burgués siguen movimientos autónomos de las clases que eran en mayor o menor grado precursoras del proletariado moderno: así, en tiempos de la Reforma y de la guerra de los campesinos, el partido de Toman Munzer; en la gran Revolución inglesa, los Niveladores; en la gran Revolución francesa, Babeuf. A estas manifestaciones revolucionarias de una clase todavía imperfecta correspondieron manifestaciones teóricas: en los siglos XVI y XVII, descripciones utópicas de sociedades ideales; en el XVIII, teorías verdaderamente comunistas (Morelly y Mably). La reivindicación de la igualdad no se limitaba ya a los derechos políticos; debía extenderse también a la situación social de los individuos. Era necesario abolir no solamente los privilegios de clase, sino incluso las distinciones de clase.

Un comunismo ascético, dependiente de la tradición espartaca, fue la forma primera de la nueva doctrina. Surgieron después los tres grandes utópicos: Saint-Simon, en quien la tendencia burguesa conserva aún una cierta importancia al lado de la tendencia proletaria; Fourier y Owen. Éste, en la patria de la producción capitalista más desarrollada y bajo la influencia de las contradicciones engendradas por ésta, desarrolla sistemáticamente, en relación directa con el materialismo francés, sus proyectos de abolición de distinciones de las distintas clases.

Los tres tienen de común entre sí que no representan los intereses del proletariado, que en el intervalo había nacido a la historia. Igual que los hombres del siglo XVIII, no quieren emancipar a una clase determinada, sino a la humanidad entera. Como aquéllos, quieren instaurar el reinado de la razón y de la justicia eterna; pero el reinado con que sueñan es extraordinariamente diferente del de los hombres del siglo XVIII. Según ellos, el mundo burgués, constituido con arreglo a los principios de estos hombres, es irracional e injusto y camina en consecuencia a su condenación, lo mismo que el régimen feudal y todas las sociedades precedentes. Si la razón y la justicia no han reinado todavía en el mundo ha sido a causa de que no son bien conocidas. Se necesita para esto, precisamente, el individuo genial que aparece ahora y reconoce la verdad; pero esta aparición y este descubrimiento de la verdad, precisamente en este momento y no en otro, no eran un acontecimiento inevitable, resultante de una manera necesaria en el curso de la evolución histórica, sino una simple y feliz casualidad, simplemente una suerte. Pudo haber nacido quinientos años antes y ahorrado así a la humanidad de esta manera cinco siglos de errores, luchas y sufrimientos.

Esta concepción es esencialmente la de todos los socialistas ingleses y franceses y de los primeros socialistas alemanes, incluido Weitling. El socialismo es la expresión de la verdad, de la razón y de la justicia absolutas y basta con que sea descubierto para conquistar al mundo con la fuerza que le es propia. Como la verdad absoluta, es independiente del tiempo, del espacio, de la evolución humana histórica, y la época y lugar de su descubrimiento es una y revélanse solamente por casualidad.

Todavía más; la verdad, la razón y la justicia absolutas son diferentes para cada jefe de escuela, y como para cada uno de ellos *su* verdad, *su* razón y *su* justicia absoluta está condicionada por su inteligencia subjetiva, las condiciones de vida, el grado de sus conocimientos y cultura de su pensamiento, se desprende que no hay solución a este conflicto de verdades absolutas, sino que, por decirlo así, se desgastan las unas contra las otras. No podía resultar de esto otra cosa que una especie de término medio, un socialismo ecléctico, como el que hoy se encuentra todavía en el pensamiento de la mayoría de los trabajadores socialistas de Francia e Inglaterra; una mezcla, de una parte, de manifestaciones críticas de principios económicos más chocantes, y de otra, de ideas de diferentes jefes de escuela concernientes a la sociedad futura; mezcla que permitía los matices más variados, y que se realiza tanto más fácilmente cuanto que en el curso de la discusión las aristas vivas de la precisión se amortiguan como los guijarros en un arroyo.

Para convertir el socialismo en una ciencia era necesario colocarlo en el terreno de la realidad.

No obstante, al lado de la filosofía del siglo XVIII y con posterioridad había nacido la nueva filosofía alemana que encontró en Hegel su conclusión. Su mayor mérito consiste en haber restaurado la dialéctica como forma suprema del pensamiento. Todos los antiguos filósofos griegos eran dialécticos natos por excelencia de su naturaleza y el cerebro más universal de todos ellos. Aristóteles fue también quien estudió las formas esenciales del pensamiento dialéctico. La filosofía moderna, por el contrario, aunque la dialéctica haya estado representada en ella brillantemente, por ejemplo por Descartes y Espinosa, fue empujada principalmente por influencias inglesas, por la vía del pensamiento que puede llamarse metafísico, que domina casi exclusivamente entre los

86   FRIEDRICH ENGELS

franceses en el siglo XVIII, por lo menos en sus trabajos exclusivamente filosóficos. Fuera de la filosofía propiamente dicha, eran capaces de crear obras maestras de dialéctica. Recordemos solamente *El Sobrino de Rameu*, de Diderot, y el *Discurso sobre el origen de la desigualdad entre los hombres*, de Rousseau. Aludo aquí brevemente a lo esencial de estos dos métodos de pensamiento; después volveremos a ocuparnos de ello detalladamente.

Cuando sometemos al examen del pensamiento la naturaleza o la historia de la humanidad, o nuestra propia actividad espiritual, se ofrece ante nosotros la imagen de un complejo infinito de relaciones, acciones y reacciones, donde nada es permanente, sea cual fuere su naturaleza, situación o cualidad; donde todo se mueve, se transforma, deviene y pasa. Esta concepción del mundo, espontánea, sencilla, pero objetivamente verdadera, es la de la antigua filosofía griega, y fue Heráclito quien primeramente la expresó: "Todo es y no es al mismo tiempo, porque todo *corre*, está en constante metamorfosis, en vía de devenir constante y de desaparición". Sin embargo, esta concepción, aunque percibe exactamente el carácter general y la imagen total de los fenómenos, no es suficiente para explicar los detalles individuales de que se compone esta imagen total, y mientras esto no es posible no hemos puesto en claro la imagen total.

Ahora bien: para conocer estos detalles se precisa abstraerlos del conjunto natural o histórico de que forman parte, y estudiarlos cada uno en sí en cuanto a su naturaleza, causas, efectos particulares, etc. Ésta es ante todo la tarea de las ciencias naturales y de la investigación histórica, estudios que, por muchas razones, no tenían entre los griegos de la época clásica más que un lugar completamente secundario, pues tenían ante todo que reunir los materiales. No es sino entre los griegos de la época alejandrina, y más tarde en la Edad Media, entre los árabes, cuando se desarrolla el estudio exacto de la naturaleza; pero la verdadera ciencia de la naturaleza no data sino de la primera mitad del siglo XV, y desde entonces no ha cesado de progresar con una rapidez siempre creciente. Analizar la naturaleza en sus partes, dividir los fenómenos y objetos naturales en clases determinadas, estudiar la constitución interna de los cuerpos orgánicos y sus numerosas formas anatómicas eran las condiciones esenciales de los progresos gigantescos que nos han proporcionado los cuatro últimos siglos en el conocimiento de la naturaleza. Solamente esto no ha dejado la costumbre de considerar los objetos y fenómenos de la naturaleza aislados, fuera de su conjunto y totalidad; y por ello mismo no en movimiento, sino en estado de reposo, no como esencialmente cambiantes, sino como permanentes y fijos, no como vivos, sino como muertos. Y esta concepción, transportada por

Bacon y Locke de la ciencia de la naturaleza a la filosofía, creó el pensamiento limitado que caracteriza los últimos siglos, el pensamiento metafísico.

Para el metafísico, las cosas y sus copias en el pensamiento, los conceptos, son objetos de estudio aislados, que se consideran uno tras de otro y sin el otro, fijos, rígidos, dados de una vez para siempre. Su pensamiento está formado de antítesis sin intermediarios. Dice, sí, sí; no, no, y todo lo que está por encima de esto es malo. Para él, de dos cosas una: un objeto existe o no; una cosa no puede ser al mismo tiempo ella misma y otra; positivo y negativo se excluyen absolutamente; la causa y el efecto se oponen igualmente en una contradicción radical. Esta manera de pensar nos parece a primera vista extraordinariamente plausible, porque es la que se denomina sentido común. Pero el sentido común, compañero respetable mientras permanece refugiado dentro de los cuatro muros de su casa, se expone a aventuras sorprendentes, cuando se aventura por el vasto mundo de la investigación científica. El pensamiento metafísico, de otra parte, aunque justificado y necesario, incluso en dominios más o menos extensos según la naturaleza del objeto, choca siempre, tarde o temprano, con una frontera, tras de la cual deviene exclusivo, limitado, abstracto, se extravía en antinomias insolubles, porque olvida al considerar los objetos particulares sus relaciones; olvida por su ser su devenir y desaparición; por su reposo, su movimiento; porque a fuerza de ver los árboles no ve el bosque.

En la vida diaria sabemos y podemos decir con certeza si un animal existe o no; pero un análisis más preciso nos demuestra que esto es en ocasiones una cosa extremadamente complicada, como saben muy bien los juristas que se han esforzado vanamente por descubrir el límite racional a partir del cual matar a un niño en el seno de la madre puede calificarse de asesinato, e igualmente es imposible fijar el momento de la muerte, pues la fisiología prueba que la muerte no es acto único e instantáneo, sino un fenómeno bastante prolongado. Lo mismo todo ser orgánico es y no es en cada instante el mismo; en cada momento elabora materias que le vienen de fuera y segrega otras, se separan células del cuerpo y se forman otras; siempre, después de un tiempo más o menos largo, la sustancia de este cuerpo se renueva enteramente, reemplazada por otros átomos, de manera que todo ser organizado es constantemente el mismo y, sin embargo, otro. De la misma manera hallamos, considerando las cosas desde cerca, que los dos polos de una contradicción, positivo y negativo, tan inseparables como opuestos, se penetran recíprocamente a pesar de la contradicción que existe entre ellos; que causa y efecto son ideas que no valen como tales sino aplicadas a un caso particular, pues lo mismo que consideramos el caso particular en sus relaciones generales con el todo universal, de la misma manera causa y efecto se confunden, se resuelven en la consideración de la acción y reacción universales, donde causa y efecto cambian constantemente de lugar, de manera que lo que aquí es efecto, en este momento, se transforma en otro lugar en causa, y recíprocamente.

Todos estos hechos y métodos no entran en el cuadro del pensamiento metafísico. Para la dialéctica, por el contrario, que toma las cosas y sus imágenes conceptuales esencialmente en sus relaciones, en su encadenamiento, en su movimiento, en su nacimiento y desaparición, fenómenos como los que hemos descrito son otras tantas confirmaciones del método que les es peculiar.

La naturaleza es la piedra de toque de la dialéctica, y es preciso decir que las ciencias modernas naturales han suministrado para esta prueba materiales ricos en extremo, cuya masa aumenta diariamente, y han demostrado que la naturaleza, en última instancia, procede dialécticamente y no metafísicamente. No obstante, son contados los sabios que hasta ahora han aprendido a pensar dialécticamente, y este conflicto entre los resultados obtenidos y el método tradicional explica la inexplicable confusión que domina actualmente en la ciencia teórica de la naturaleza, y que constituye la desesperación de maestros y discípulos, de escritores y lectores.

No puede obtenerse una representación exacta del universo, de su evolución y de la de la humanidad, así como el reflejo de esta evolución en el espíritu humano, más que por medio de la dialéctica, por la consideración constante de la acción recíproca del devenir y de la desaparición, de los cambios en el sentido del progreso o de la regresión. Tal ha sido desde el principio la dirección de la filosofía alemana. Esos comienzos de Kant consisten en resolver en un proceso histórico el sistema solar estable de Newton y esta duración eterna que le es devuelta una vez dado el famoso impulso primero, en derivar el origen del sol y los planetas del movimiento de rotación de una nebulosa, formulando la conclusión de que este origen está indisolublemente ligado al aniquilamiento futuro del sistema solar. Sus ideas fueron cincuenta años después confirmadas matemáticamente por Laplace y después de otros cincuenta años se demuestra la existencia de tales masas gaseosas en fusión en grados diferentes de condensación.

La filosofía alemana moderna encuentra su conclusión en el sistema de Hegel, en el cual, por primera vez —y en esto consiste su gran mérito— todo el universo de la naturaleza, de la historia y del espíritu se describe como un proceso; es decir, como lanzado en un movimiento constante, en perpetuo cambio, transformación y evolución. Hegel intenta demostrar la lógica inmanente de este movimiento y evolución. Desde este punto de vista, la historia de la humanidad no aparece ya como un caos de violencias estúpidas, culpables todas en el mismo grado ante el Tribunal de la razón filosófica, al fin madura, y que conviene olvidar lo más pronto posible, sino más bien como la evolución de la humanidad misma, cuyo pensamiento debía en lo sucesivo seguir una progresión gradual a través de todos los errores, y probar la necesidad interna a través de todas las contingencias aparentes.

Poco importa por el momento que Hegel haya fracasado en esta tarea. Su mérito, su obra, que forman época en la historia, consiste en haber trazado el programa. Por lo demás, es una tarea que ningún individuo aislado puede llevar a término feliz. Aunque Hegel fuera, como Saint Simon, el cerebro más universal de su época, tuvo por límites la extensión necesariamente finita de sus conocimientos profundos, y de otra parte, los conocimientos e ideas de su tiempo, limitados en cuanto a extensión y profundidad. No es esto todo. Hegel era idealista; es decir, no consideraba las ideas de su cerebro como copias más o menos abstractas de los objetos y fenómenos reales, sino, al contrario, eran los objetos y su evolución las imágenes realizadas de la Idea que antes que el mundo existía no se sabe dónde. Por esta razón todo estaba, si puede decirse así, "colocado sobre la cabeza" y la realidad en su totalidad se hallaba completamente invertida. Y por justa y genial que fuese la idea que Hegel se hiciera de algunas relaciones particulares, era inevitable por las razones expuestas que muchas cosas consideradas en detalle fuesen artificiales, construidas arbitrariamente, falsas, en una palabra. El sistema de Hegel fue en sí mismo un aborto colosal, el último en su género. Padecía, además, de una contradicción interna incurable. De una parte, su postulado esencial era la concepción histórica según la cual la historia de la humanidad es una evolución que no puede, por razón de su propia naturaleza, encontrar su conclusión en el descubrimiento de una supuesta verdad absoluta, y, de otra parte, este sistema pretende ser justamente la totalidad de esta verdad absoluta. Un sistema de la naturaleza y de la historia que lo comprende y encierra todo se halla en contradicción con las leyes esenciales del pensamiento dialéctico; lo cual no impide de ninguna manera, sino que implica, por el contrario, que el conocimiento sistemático de la totalidad del mundo exterior realice progresos gigantescos de generación en generación.

Desde el momento que se comprendía el error total de todo el idealismo alemán se caía necesariamente en el materialismo puramente mecanicista y metafísico del siglo XVIII.

En lugar de condenar pura y simplemente toda la historia pasada, como hacían los revolucionarios ingenuos, el materialismo moderno ve en la historia la propia evolución de la humanidad, cuyo movimiento está sometido a las leyes que se esfuerza en reconocer. Hegel, como los franceses del siglo XVIII, se representa la naturaleza como un todo que permanece idéntico a sí mismo, se mueve en un movimiento circular dentro de límites estrechos, un mundo de astros eternos como en Newton, y en el cual los seres organizados son clasificados en especies invariables, según enseña Linneo. El materialismo, al contrario, sintetiza los progresos recientes de las ciencias naturales, que acreditan que también la naturaleza tiene su historia en el tiempo; los planetas, como las especies vivas que los habitan, si las condiciones exteriores son favorables, nacen y desaparecen, y las órbitas que recorren, aun admitiendo el derecho a suponerlas circulares, tienen dimensiones infinitamente más considerables de lo que se supone. Este materialismo, en ambos casos es esencialmente dialéctico y no contiene ya a la filosofía como superpuesta a las demás ciencias. Desde el instante en que se exige a cada ciencia el darse cuenta en el conjunto total de las cosas y de los conocimientos de las cosas, una ciencia especial de este conjunto resulta superflua. Lo que subsiste de toda la antigua filosofía y conserva una existencia propia es la teoría del pensamiento y sus leyes: la lógica formal y la dialéctica. El resto se resuelve en la ciencia positiva de la naturaleza y la historia.

Sin embargo, la concepción de la naturaleza no podía progresar más que en la medida que la investigación positiva le suministrase la materia científica correspondiente. Por el contrario, con bastante anterioridad se habían producido hechos históricos que debían conducir a una revolución decisiva en la concepción de la historia. Fueron éstos el primer levantamiento obrero en Lyón, en 1831, y el apogeo del primer movimiento obrero nacional, el de los cartistas ingleses en los años de 1838 a 1842.

La lucha de clases entre el proletariado y la burguesía pasa al primer plano en la historia de los países más civilizados de Europa, y ello en la medida que se desarrollaban, de una parte, la gran industria, y, de otra, la dominación política recientemente conquistada por la burguesía. Las teorías de la economía burguesa sobre la identidad de intereses entre el capital y el trabajo, de la armonía general y de la prosperidad general que debían resultar de la libre concurrencia eran en todo momento desmentidas brutalmente por los hechos. Era imposible no tener en cuenta todos estos hechos, así como al socialismo francés e inglés, que era su expresión teórica, aunque ciertamente que extraordinariamente imperfecta. La vieja concepción idealista de la historia, aún no abandonada, desconocía las luchas de clases suscitadas por intereses materiales, e incluso los intereses materiales en general. La producción, como cuanto afecta a la economía, se le presentaba tan sólo como elemento subordinado de "la historia de la civilización".

Los nuevos hechos nos han obligado a someter la historia entera a un nuevo análisis, y entonces se ha podido ver que toda la historia no es más que la historia de la lucha de las clases; que estas clases, que se combaten mutuamente, son tan sólo el producto de las condiciones de producción y cambio, en una palabra, de las condiciones económicas de la época; que siempre es la estructura económica de la sociedad la que constituye la base real que permite en último análisis explicar toda la superestructura de instituciones políticas y jurídicas, así como la ideología religiosa y filosófica de cada período histórico. De esta manera el idealismo fue arrojado de su último refugio, que lo constituía la historia; una concepción materialista se imponía a ésta. Se había encontrado una vía para explicar la conciencia de los hombres por su vida, en lugar de explicar, como se hacía anteriormente, su vida por su conciencia.

Pero el socialismo de los tiempos antiguos era tan incompatible con la concepción materialista de la historia como la cosmogonía del materialismo francés lo es con la dialéctica de las ciencias naturales modernas. El socialismo criticaba la producción capitalista existente y sus consecuencias; pero no las explicaba, y, por lo tanto, no podía dominarlas. Sólo podía condenarlas como malas.

Tratábase, sin embargo, de presentar la producción capitalista, de una parte, en relación con la historia y su carácter necesario para tal época histórica, y por esta razón perecedera; y, de otra, de revelar su carácter íntimo, que había permanecido oculto porque la crítica se había preocupado más de consecuencias funestas que de la evolución de la producción capitalista.

Esto se realiza por el descubrimiento de la plusvalía. Ha quedado demostrado que la apropiación de un trabajo no pagado es la forma fundamental del modo de producción capitalista y de la explotación del obrero realizada por este modo de producción; que el capitalista, incluso aunque compre el trabajo del obrero al precio máximo que se puede conseguir, en tanto que mercancía ofrecida en el mercado saca un valor más grande que lo que ha pagado por él, y que esta plusvalía representa en último análisis el valor que sirve para formar la masa del capital, siempre creciente en manos de las clases poseedoras. Estaban explicados tanto el modo de producción capitalista como el origen del capital.

Estos dos grandes descubrimientos: la concepción materialista de la historia y la revelación del misterio de la producción capitalista por medio de la plusvalía, se los debemos a Marx. Gracias a ellos, el socialismo se ha convertido en una ciencia que se trata de estudiar ahora en todos sus detalles y relaciones.

Así se presentaban las cosas en el dominio del socialismo teórico y de la filosofía difunta, cuando Eugen Duhring entra en escena con gran estrépito y anuncia la revolución de la filosofía, de la economía política y del socialismo, llevada a cabo por él.

Veamos ahora lo que el señor Duhring nos promete y lo que cumple.

II

LO QUE PROMETE EL SEÑOR DUHRING

Las obras del señor Duhring que nos interesan sobre todo son: *Cursos de Filosofía, Curso de Economía política y social* y la *Historia crítica de la Economía política y del Socialismo*. La primera de estas obras nos interesa de una manera particular.

Ya desde la primera página pretende ser el señor Duhring el representante de este poder, la filosofía, para su época y para todo el desenvolvimiento previsible de la filosofía. Declara ser el único filósofo verdadero del presente y del porvenir próximo. Quien se aparte de él se aparta por esto mismo de la verdad. Muchos pensaron de la misma manera, incluso con anterioridad al señor Duhring, pero nadie, salvo Ricardo Wagner, se atrevió a confesarlo.

Respecto a la verdad de que nos habla, es, en último análisis, la "verdad definitiva".

La filosofía del señor Duhring es el "sistema natural de la filosofía y de la realidad". La realidad se representa de tal forma que "toda tendencia hacia una cosmogonía fantástica y subjetiva está excluida anticipadamente". Esta filosofía está, por lo tanto, construida de tal manera que le permite "traspasar los límites" que no podría negar, de su personalidad subjetiva". Es indispensable que así sea, a fin de que pueda formular "verdades definitivas y sin apelación", aunque no nos demos cuenta todavía de cómo puede operarse este milagro.

Este "sistema natural de la ciencia, cuyo valor es absoluto para el espíritu", ha "establecido de una manera cierta, sin que pierda nada la profundidad del pensamiento, las formas esenciales del Ser". Su "punto de vista verdaderamente crítico" permite apreciar los elementos de una filosofía real, y, por lo tanto, "orientada hacia la realidad de la naturaleza y de la vida"; filosofía que "no admite horizonte imaginario, que desarrolla en el potente movimiento de su revolución todas las tierras y cielos del mundo interior y exterior"; que "es un nuevo método de pensamiento", cuyos resultados, "criterios absolutamente originales... ideas generadoras de un sistema... la verdad establecida una vez para siempre".

Poseemos en esta filosofía "un trabajo que debe buscar su fuerza en una iniciativa enérgica" (¿qué puede significar esto?) un "estudio que llega al fondo de las cosas", una "ciencia exhaustiva", una "rigurosa concepción científica de las cosas" y de los hombres..., "un trabajo del espíritu que profundiza en todos los aspectos", un "programa fecundo de tesis y corolarios determinados por la razón", "lo fundamental, lo absoluto".

El señor Duhring nos ofrece en el dominio de la Economía política, no sólo trabajos de historia "considerables desde el punto de vista sistemático", los cuales "se distinguen por la "manera de escribir la historia de gran estilo" (?) de los "trabajos que han determinado en este dominio una tendencia fecunda", sino que termina por presentar un plan completamente elaborado de una sociedad socialista futura, "plan que deriva de una teoría clara que llega al fondo de las cosas", plan tan infalible y capaz por su propia virtud de hacernos felices como la propia filosofía de su autor.

"Sólo en el edificio socialista, tal como lo construyo en mi *Curso de Economía política y social,* una propiedad *verdadera* puede reemplazar a la propiedad aparente y provisional, a la propiedad obligada. Así es como se arreglará el porvenir".

Esta antología de alabanzas que el señor Duhring dirige al señor Duhring podría ser decuplicada. Suscitar desde este momento ciertas dudas en el lector que, se pregunte si verdaderamente tiene que entendérselas con un filósofo o con un...; mas suplicamos al lector que reserve su juicio hasta el momento en que conozca mejor "el carácter esencialmente exhaustivo de la doctrina". No ofrecemos, de ninguna manera, la antología en cuestión, sino a fin de demostrar que no tenemos ante nosotros un filósofo o socialista corriente, que desarrolla pura y simplemente sus pensamientos, dejando a los demás el cuidado de decidir acerca de su valor, sino a un ser absolutamente extraordinario, que afirma ser tan infalible como el papa, y cuya doctrina es la única capaz de proporcionar la felicidad, de tal manera que es necesario adoptarla si no quiere incurrirse en la más abominable de las herejías

De ninguna manera tenemos que habérnoslas con uno de esos trabajos en que tanto abundan las literaturas socialistas y también desde hace poco la literatura socialista de la lengua alemana, con los cuales hombres de diferente valor pretenden con la mayor lealtad aclarar ciertas cuestiones, para cuya solución pueden faltar materiales en mayor o menor grado, trabajo que, sea cuales fueren sus defectos literarios y científicos, son siempre estimables por la buena voluntad socialista.

Al contrario, el señor Duhring nos presenta su tesis afirmando que son verdades definitivas y sin apelación, a cuyo lado cualquier otra opinión es considerada previamente como falsa. Y de igual manera posee, con la verdad definitiva, el único método científico riguroso, junto al cual los demás carecen de valor científico.

O bien es él quien tiene razón —en cuyo caso estamos en presencia del genio más grande de todos los tiempos, el primer superhombre, por ser infalible—, o bien se equivoca, y entonces, independientemente de la opinión que de él tengamos, todas las consideraciones benévolas hacia su buena voluntad no serán a los ojos del señor Duhring otra cosa que ofensas morales. Cuando se está en posesión de la verdad definitiva e inapelable, así como del método científico riguroso, es indudable que se profesa un absoluto desprecio por el resto de la humanidad sumida en el error.

No nos sorprenda, pues, que hable el señor Duhring con el desdén más absoluto de sus predecesores, y de que ante su penetración "radical" sólo contados grandes hombres—a los cuales él mismo da excepcionalmente este nombre—sean absueltos.

Oigamos primeramente hablar de los filósofos: "Leibnitz, desprovisto de todo sentimiento moral superior, el mejor de todos los filósofos de corte posibles". Todavía a Kant lo tolera; pero después de él todo anda revuelto. Vienen entonces "las imaginaciones fantásticas, las insensateces necias y confusas de los epígonos, de un Fichte y un Schelling..., monstruosas caricaturas de una ignorante filosofía de la naturaleza..., las enormidades postkantianas..., los sueños febriles" llegados a su apogeo con Hegel, el cual habla "yo no sé qué jerga, y que propagó la peste hegeliana", su manera anticientífica hasta en la "forma" y sus "brutalidades".

No son tratados los sabios de mejor manera. Sin embargo, sólo nombra a Darwin y debemos, por lo tanto, limitarnos a él. La semipoesía de Darwin y su juego de metamorfosis, sus opiniones groseramente estrechas y la forma mediocre de sus distinciones. En opinión nuestra, el darwinismo propiamente dicho—hay que exceptuar naturalmente las ideas lamarckianas—es solamente una brutalidad *dirigida contra la humanidad.* "

Los más maltratados son los socialistas. Exceptuando a Luis Blanc, el más insignificante de todos, todos son culpables y quedan privados de la fama que debían tener antes (o después) del señor Duhring. No solamente inferiores desde el punto de vista de la ciencia y la verdad, sino por el carácter. Exceptuados Babeuf y algunos otros comunalistas de 1871, los demás no son "hombres". A los tres utópicos los califica de "alquimistas sociales". Todavía entre éstos trata con cierta dulzura a Saint-Simon, a quien sólo reprocha su exaltación, y misericordiosamente insinúa que padecía locura religiosa. Pero Fourier agota su paciencia. Pues en "Fourier se han manifestado todos los elementos de la locura... Ideas que se buscarían mejor en los refugios de alienados..., sueños insensatos..., productos de la locura... Fourier, indeciblemente necio..., cabeza de niño", "idiota", no es ni siquiera un socialista; su falansterio no forma parte, de ninguna manera, del socialismo racional, es una "forma abortada concebida según la banalidad de la vida social cotidiana". Y finalmente: "El que no se convenza, a través de las palabras de Fourier sobre Newton, de que en este nombre y en todo el fourierismo no hay de verdadero más que la primera sílaba (fou)[1] debe ser clasificado en cualquiera de las categorías de idiotas". Roberto Owen "sólo tenía ideas mediocres y pobres..., su pensamiento era grosero en materia moral..., algunos lugares comunes degenerados en absurdos..., concepción insensata y brutal. Al conjunto de ideas de Owen no merece que se les aplique una crítica seria..., su vanidad". Duhring caracteriza espiritualmente a los utópicos por sus nombres: Saint-Simon, santo; Fourier, Fou (loco); Enfantin, enfant (niño).

Por este método destruye con tres palabras un período muy importante de la historia del socialismo, y aquel que formule alguna duda "debe ser clasificado también en alguna de las categorías de idiotas".

Respecto a los juicios que emite sobre los socialistas posteriores, señalemos, para ser breves, solamente a Lassalle y a Marx.

He aquí algunas apreciaciones sobre Lassalle: "tentativas pedantes de vulgarización"..., "escolástica excesiva"...., "mescolanza general colosal de teorías generales y detalles inútiles"..., "idolatría por Hegel"..., "ausencia de sentido y de forma"..., "ejemplos repelentes"..., "espíritu limitado"..., "agitación ambiciosa"..., "preocupación por las cosas más insignificantes"..., "nuestro héroe judío"..., "panfletista grosero"..., "desarrollo interno en la concepción de la vida y el mundo"...

Veamos algunos de sus juicios sobre Marx: "Concepción estrecha"..., "sus trabajos y producciones, considerados en sí mismos, o sea desde el punto de vista teórico, carecen de valor durable para nuestro dominio, la historia crítica del socialismo, y para la historia general del movimiento intelectual merecen citarse como síntomas de la influencia de una especie de escolástica sectaria"...,"impotente para concentrarse e incapaz de orden"..., "pensamiento y estilo informes.... giros vulgares, estilo indigno..., vanidad británica...; engaño..... concepciones audaces, efectos bastardos de la imaginación histórica y lógica..., giros falsos..., vanidad personal..., maneras insolentes..., impertinencias..., juegos ingeniosos..., pequeñas historias..., chismorrerías..., espíritu reaccionario en filosofía y en ciencias", etc., etc. Pero todo esto no es sino un azafate muy superficial del jardín de rosas del señor Duhring. No vamos a analizar en este momento si estas amables invectivas que debían impedir al señor Duhring, por poco educado que estuviera, llamar a otro cualquiera "insolente" o "impertinente", son también verdades definitivas y sin apelación. También nos abstendremos de emitir ninguna duda acerca de su penetración

---

[1] *Fou* en francés significa loco.

"radical", a fin de evitar que nos prohíba incluso averiguar a qué categoría de idiotas pertenecemos. Creemos, sin embargo, deber nuestro dar un ejemplo de lo que el señor Duhring llama "lenguaje escogido, mesurado, y en el sentido más verdadero de la palabra, modesto", y establecer, de otra parte, que para él la nulidad de sus antecesores no está menos asegurada que su propia infalibilidad. Por nuestra parte, conservaremos toda la vida el respeto más profundo hacia el genio más poderoso de todos los tiempos... si es en realidad como él lo afirma.

PRIMERA PARTE

FILOSOFÍA

I

DIVISIÓN. APRIORISMO.

La filosofía, que, según el señor During, es el desarrollo de la más elevada forma de conciencia del mundo y de la vida, comprende, en su sentido más amplio, los *principios* de toda sabiduría y de toda voluntad. Desde que aparece ante la conciencia humana un determinado número de conocimientos o tendencias o un grupo de seres, los *principios* devienen necesariamente objeto de la filosofía. Estos principios son los elementos simples, o provisionalmente considerados como tales, de que se componen la ciencia y la voluntad en su riqueza y diversidad. Lo mismo que la composición química de los cuerpos, la constitución general de las cosas puede referirse a formas y elementos esenciales. Estos últimos elementos o principios, una, vez obtenidos, valen no solamente para las cosas conocibles y accesibles, sino también para el mundo desconocido e inaccesible. Los principios filosóficos constituyen de este modo el complemento final del cual tienen necesidad las ciencias para formar un sistema homogéneo de la naturaleza y de la vida humana. La filosofía posee solamente, aparte de las formas fundamentales de existencia, dos grandes motivos de estudio, la naturaleza y la humanidad. Así es como vemos formarse de una manera natural tres grandes divisiones de la filosofía, o sea: esquemática general del mundo, estudio de los principios de la naturaleza y estudio de los principios de la humanidad. Esta sucesión contiene al mismo tiempo un orden lógico interno, puesto que los principios formales fundamentales que son válidos para todo aparecen primeramente, siendo seguidos en jerarquía por los dominios objetivos, a los cuales estos principios son aplicables. Lo que acabamos de decir es el pensamiento del señor Duhring, reproducido casi literalmente.

Para el señor Duhring se trata de principios; de aplicar a la naturaleza y al hombre los "principios" formales derivados del "pensamiento" y no del mundo exterior, y es sobre la base de tales principios como la naturaleza y el hombre habrán de regularse. Pero ¿de dónde puede deducir el pensamiento estos principios? ¿De sí mismo? No, puesto que el propio Duhring dice que el dominio de las ideas puras se limita a los "esquemas" lógicos y a las formas matemáticas (lo que es falso indiscutiblemente, según tendremos ocasión de ver).

Los esquemas lógicos no pueden referirse más que a las "formas del pensamiento"; aquí, por el contrario, trátase de las "formas del ser", del mundo exterior, formas que "el pensamiento" no puede nunca crear y deducir de sí mismo, sino más bien del mundo exterior". De esta manera todas las relaciones son invertidas: los principios no son el punto de partida de la investigación, sino el resultado final; no son aplicados a la naturaleza y a la historia de la humanidad, sino que derivan de ellas; no es la humanidad y la naturaleza las que se rigen y modelan por estos principios..., aunque éstos no son verdaderos más que en la medida en que coinciden con la naturaleza y la historia.

Ésta es la concepción materialista La que le opone el señor Duhring es idealista, trastorna todas las relaciones, lo revuelve todo y construye el mundo real con arreglo a la idea, a los esquemas o categorías preexistentes en el mundo... exactamente igual que Hegel.

En efecto, comparemos la *Enciclopedia* de Hegel y sus "fantasías febriles" con las verdades definitivas y sin apelación del señor Duhring. En éste encontramos la "esquemática universal", que en Hegel lleva el nombre de *Lógica;* a continuación encontramos en ambos la aplicación de estos esquemas de las categorías lógicas a la naturaleza ("filosofía de la naturaleza") y finalmente su aplicación a la humanidad, lo que Hegel designa con el nombre de "filosofía del espíritu". El "orden lógico interno" de la deducción de Duhring nos conduce con toda naturalidad a la *Enciclopedia* de Hegel, de la cual ha sido derivada con una fidelidad tal que el Judío errante de la escuela hegeliana, el profesor Michelet, de Berlín, se conmoverá hasta derramar lágrimas de emoción.

Proviene esto de que la conciencia, "la reflexión", es considerada en un sentido naturalista como algo dado y opuesto desde el primer momento al Ser, a la naturaleza. Sorprenderá también que la conciencia y la naturaleza, la reflexión y el ser, las leyes del pensamiento y la naturaleza coincidan. Si se considera más atentamente lo que significan el pensamiento y la conciencia y de dónde provienen, encontraremos que son el producto del cerebro humano, y que el hombre mismo es un producto de la naturaleza, que se ha desarrollado en él y con el medio ambiente, lo cual permite comprender que los productos del cerebro humano, que son en último análisis productos del cerebro humano igualmente, no estén en contradicción con el orden natural, sino que coincidan con él.

Pero el señor Duhring no puede tolerarse a sí mismo una manera tan sencilla de tratar el problema. El piensa no sólo en nombre de la humanidad—lo cual ya significaría algo—, sino también en nombre de los seres conscientes y pensantes de todos los cuerpos celestes. En efecto, equivaldría a "rebajar los conceptos fundamentales de la conciencia y de la sabiduría" pretender disminuir o dudar siquiera de "su valor soberano" o "su pretensión incondicionada a la verdad", adjudicándoles el epíteto de humanos. Y para que no acuda al espíritu de nadie la idea de que en cualquier otro planeta dos y dos puedan ser igual a cinco, el señor Duhring se ve obligado a hacer del pensamiento alguna cosa independiente del hombre; está forzado a aislarlo de la única base real que se nos ofrece, o sea del hombre y la naturaleza, cayendo así en una ideología que le convierte en un epígono del "epígono Hegel". Tendremos con frecuencia ocasión, por nuestra parte, de saludar al señor Duhring en otros planetas.

Es indiscutible que no puede fundarse ningún sistema materialista sobre esta base ideológica. Más tarde hemos de ver a Duhring obligado más de una vez a atribuir a la naturaleza un modo de acción consciente y creando lo que vulgarmente llamamos un dios.

Sin embargo, nuestro filósofo de la realidad poseía aún otros motivos para transportar la base de toda realidad del mundo real al mundo del pensamiento. La "ciencia de esta esquemática general del mundo", de estos principios formales del ser, constituye precisamente la base de la filosofía de Duhring. Si deducimos la "esquemática del universo" no de nuestro cerebro, sino solamente por medio del mundo real, si deducimos los principios del ser de lo que es, no tendremos para ello necesidad de la filosofía, sino exclusivamente de conocimientos positivos del mundo de los fenómenos, y lo que de ello resulta no es todavía filosofía, sino ciencia positiva. En este caso, el libro íntegro del señor Duhring habría sido un tiempo perdido.

De otra parte, si ya no existe la necesidad de la filosofía como tal, no hay tampoco necesidad de ningún sistema de filosofía, aunque éste sea el sistema natural. Cuando la ciencia observa que el conjunto de fenómenos de la naturaleza forma un todo sistemático es conducida por esta misma causa a aclarar la conexión sistemática en todas partes, lo mismo en el todo que en las partes. Pero una ciencia adecuada, completa, de esta conexión, la construcción de una imagen ideal y exacta del sistema del mundo en que vivimos, permanece imposible para nuestra época, como para todas. Si en un momento cualquiera de la evolución humana se realizara un sistema semejante definitivo de las conexiones y relaciones físicas, espirituales, históricas, de que se compone el mundo, el dominio del conocimiento humano quedaría automáticamente cerrado. Y a partir del momento en que la sociedad se hubiera organizado conforme a este sistema cesaría absolutamente la evolución humana, el progreso futuro, lo cual constituiría un absurdo, un disparate. Por lo tanto, los hombres se encuentran colocados ante la contradicción siguiente: o conocerán de una manera completa el sistema del mundo en su conexión total, o bien conforme a su propia naturaleza, a la naturaleza del sistema del mundo, no podrán jamás realizar íntegramente esta tarea.

La contradicción no consiste solamente en la naturaleza de los dos factores, el mundo y los hombres, sino que es también el factor esencial de todo el progreso intelectual, y se resuelve diaria y constantemente en la evolución infinita y progresiva de la humanidad, de igual manera que los problemas matemáticos se resuelven en una serie infinita o en una fracción continua. En realidad, toda imagen ideal del sistema del mundo es y permanece limitada, objetivamente por la situación histórica, y subjetivamente por la constitución física y fisiológica de su autor. Pero Duhring anuncia desde el principio que su pensamiento es tal que "excluye toda representación subjetiva y, por lo tanto, limitada del mundo". Ya hemos visto que está dotado del don de la ubicuidad y que se halla presente en todos los cuerpos celestes posibles. Vemos ahora que asimismo es omnisciente: ha resuelto los problemas últimos de la ciencia y ha cerrado en un círculo el porvenir de todas las ciencias.

Cree, posible el señor Duhring sacar de su cabeza *a priori*, es decir, prescindiendo de las experiencias ofrecidas por el mundo exterior, no solamente las formas esenciales del ser, sino las matemáticas puras en toda su integridad. Según él, el entendimiento está en las matemáticas puras, "en posesión de lo que él mismo ha creado e imaginado"; los conceptos de número y figura "son para los matemáticos puros un objeto que les basta y que pueden crear ellos mismos"; "poseen también un valor independiente de experiencia particular y del contenido real, objetivo del mundo".

Es indiscutiblemente exacto que las matemáticas puras tienen un valor independiente de la experiencia *particular* de los individuos. Esto es cierto también para todos los hechos comprobados por las ciencias, y de una manera general para todos los hechos. Los polos magnéticos, la composición del agua (hidrógeno y oxígeno), el hecho de que Hegel haya muerto y Duhring viva son independientes de mi experiencia y de la de otros individuos, independientes incluso de la experiencia de Duhring, desde el instante en que duerma el sueño de los justos. Pero no es tan cierto que en las matemáticas puras el entendimiento se ocupe exclusivamente de lo que él mismo ha creado e imaginado. Los conceptos de número y figura no fueron tomados sino del mundo real. Los diez dedos con los cuales los hombres aprendieron a contar, a realizar la primera operación aritmética, son todo lo que se quiera menos una creación libre del entendimiento. Para contar se necesita no solamente objetos contables, sino también la capacidad de considerar estos objetos haciendo abstracción de todas sus propiedades ajenas al número, capacidad que es el resultado de una larga evolución histórica y de una prolongada experiencia. De igual manera, el concepto de figura está tomado exclusivamente del mundo exterior; no ha surgido en la cabeza del pensamiento puro. Ha sido necesaria la existencia de cosas que poseyeran una forma, y la comparación de las formas para poder llegar al concepto de figura. Las matemáticas puras tienen como objeto las formas especiales y las relaciones cuantitativas del mundo exterior, materia, por lo tanto, muy real. Esta materia se manifiesta en forma muy abstracta, lo que, sin embargo, no puede más que muy superficialmente ocultar su origen, el mundo exterior. Para poder estudiar estas formas y relaciones en su pureza total es necesario separarlas completamente de su contenido, apartar a éste como indiferente. Así se obtienen los puntos sin dimensiones, líneas sin longitud ni espesor, la *a* y la *b*, la *X* y la *y*, las constantes y variables, llegando en último lugar a lo que es en realidad libre creación e imaginación del entendimiento, a las magnitudes imaginarias. Incluso el hecho aparente de que las magnitudes matemáticas se deducen unas de otras no demuestra su origen *a priori,* sino solamente su conexión racional. Antes de llegarse a la idea de deducir la *forma* de un cilindro de la rotación de un rectángulo alrededor de uno de sus lados se necesita haber estudiado, por imperfectamente que sea, muchos rectángulos y cilindros reales. Como todas las ciencias, las matemáticas nacieron de las *necesidades* de los hombres, de la agrimensura, de la medida de capacidad de los recipientes, de la cronología, de la mecánica. Pero, de igual manera que en todos los dominios del pensamiento, en un cierto momento de la evolución las leyes que han sido abstraídas del mundo real se las separa de éste o le son opuestas como algo independiente, como leyes provenientes de fuera y a las cuales el mundo ha, de someterse. Esto es lo que ha sucedido en la sociedad y en el Estado. Así y no de otra manera las matemáticas *puras* son aplicadas al mundo, aunque hayan sido tomadas de éste y no representen más que unas formas de combinaciones, *y solamente por esta razón* le son aplicables.

Del mismo modo que cree poder deducir los axiomas matemáticos, "que según la pura lógica no requieren ni contienen ninguna justificación", las matemáticas puras en toda su integridad, sin ninguna adición empírica, y aplicarlas al mundo, cree el señor Duhring posible sacar primeramente de su cerebro los aspectos esenciales del ser, los elementos simples de toda ciencia, los axiomas de la filosofía, y obtener por deducción toda la filosofía o "esquemática del universo", y otorgar después soberanamente esta constitución a la naturaleza y al reino humano. Desgraciadamente, la naturaleza no está constituida íntegramente, y el reino humano, sólo en una pequeña parte por los prusianos del señor de Manteuffel en 1850.

Los axiomas matemáticos son la expresión de elementos de pensamientos muy pobres que los matemáticos se vieron obligados a tomar de la lógica. Estos se reducen a dos:

1.° El todo es mayor que sus partes. Esta proposición es pura tautología, porque la idea de parte, considerada desde el punto de vista cuantitativo, se relaciona inmediatamente y de una manera precisa a la idea de todo, de tal manera que la sola palabra "parte" dice por sí misma que el "todo" cuantitativo se compone de varias partes cuantitativas. Este axioma, realizando una comprobación expresa, no nos hace avanzar un solo paso. Se puede incluso en una cierta medida *demostrar* esta tautología diciendo: El todo es lo que se compone de varias partes y una parte aquello cuya pluralidad constituye un todo, y, por lo tanto, la parte es más pequeña que el todo; el vacío de esta repetición demuestra exactamente el vacío del contenido.

2.° Si dos magnitudes son iguales a una tercera, son iguales entre sí. Como demostró Hegel, esta proposición es una conclusión cuya exactitud está garantizada por la lógica, y que se halla probada, por lo tanto, independientemente de las matemáticas puras. Los demás axiomas sobre la igualdad y desigualdad no son sino simples consecuencias lógicas de esta conclusión.

Estas proposiciones no hacen progresar ni a las matemáticas ni a ninguna otra ciencia. Para avanzar se necesita considerar las relaciones reales, relaciones y formas especiales tomadas de los cuerpos reales. Las representaciones de líneas, superficies, ángulos, polígonos, cubos, esferas, etc., han sido tomadas de la realidad, y se precisa una candidez ideológica a prueba en los matemáticos para creer que la primera línea nació del movimiento de un punto en el espacio, la primera superficie del movimiento de una línea, el primer cuerpo del movimiento de una superficie, etcétera. Ya el lenguaje mismo se rebela contra esta idea: una figura matemática de tres dimensiones se denomina *cuerpo*, "corpus solidum" en latín, o sea un cuerpo palpable; tiene, por lo tanto, un nombre derivado no de la libre imaginación del espíritu, sino de la realidad firme y tangible.

¿Para qué tantos circunloquios? Cuando Duhring ha cantado fervorosamente en las páginas 42 y 43 la independencia de las matemáticas puras con respecto al mundo de la experiencia, su carácter *a priori*, su elaboración de las creaciones libres y originales del espíritu, dice en la página 63: Con frecuencia se olvida que estos elementos, matemáticos (el número, la magnitud, el tiempo, el espacio y el movimiento geométrico) no son *ideales más que en cuanto a su forma...* *Las magnitudes absolutas* son, por lo tanto, algo absolutamente *empírico*, sea cual fuere la especie a que pertenezcan; pero "los esquemas matemáticos son susceptibles de una determinación *separada* de la experiencia y, sin embargo, adecuada a ella", lo cual es cierto en mayor o menor medida para *todas* las abstracciones, pero que no prueba de ninguna manera que no hayan sido abstraídas de la realidad. En la "esquemática del universo", las matemáticas puras han nacido del pensamiento puro; en la "filosofía de la naturaleza" son algo absolutamente empírico, tomadas primero del mundo exterior, pero separadas después de él. ¿Qué debemos creer?

II

ESQUEMÁTICA DEL UNIVERSO

"El ser que lo comprende todo es *único*. Se basta a sí mismo. Nada existe fuera de él ni por encima suyo. Darle como compañero un segundo ser significaría convertirle en lo que no es, o sea en una parte o elemento de un todo más comprensible. Extendemos nuestro pensamiento *homogéneo* como un cuadro, y nada de lo que debe ser comprendido en esta *unidad* conceptual puede conservar dualidad por sí mismo, y tampoco puede sustraerse a esta unidad conceptual. La esencia de todo pensamiento consiste en la síntesis de los elementos de conciencia en una unidad. Es la unidad de la síntesis lo que da nacimiento al concepto de un mundo indivisible y lo que nos hace reconocer en el universo, como indica la palabra, algo en que todo se halla unido en una *unidad*".

Así habla Duhring y se ve en esto la primera aplicación del método matemático: "Todo problema debe ser resuelto de una manera *axiomática* por medio de algunas formas simples y esenciales, como si se tratara se principios sencillos de matemáticas".

"El ser que lo comprende todo es único". Si para construir un axioma es suficiente con una tautología, o con la simple repetición del predicado de lo que ya ha sido expresado en el sujeto, es innegable que tenemos uno de los más puros. En el sujeto nos dice el señor Duhring que el ser lo comprende todo, y en el predicado afirma decididamente que, por lo tanto, nada existe fuera de él. ¡Colosal y "creadora" idea!

Creadora, en efecto. Seis líneas más adelante, no más, y transforma por medio de su pensamiento homogéneo la *unicidad* del ser en su *unidad*. Como la esencia de todo pensamiento consiste en una síntesis unitaria, el ser, desde que es pensado, lo es como homogéneo; el concepto del mundo, como indivisible; y como el *pensamiento* del ser, el *concepto* del mundo, son homogéneos, *por lo tanto*, el ser real, el mundo real, constituyen también una unidad indivisible. De esta manera "no tienen espacio las falsas representaciones" una vez que el espíritu ha aprendido a considerar el ser en su universalidad homogénea".

He aquí una campaña a cuyo lado Austerlitz y Jena, Sadowa y Sedán desaparecen como bagatelas. En algunas frases, apenas en una página, después de haber movilizado el primer axioma todo, todo el más allá, Dios, los ejércitos celestiales, el cielo, el infierno y el purgatorio con la inmortalidad del alma han sido abolidos, liquidados, destruidos.

¿De qué manera pasamos de la unicidad del ser a su unidad? Sencillamente, representándonoslo. De la misma manera que nuestro pensamiento se extiende en torno de él a la manera de un cuadro, el ser único se convierte en el pensamiento en un ser homogéneo, en una unidad conceptual; y esto a causa de que la esencia de *todo* pensamiento consiste en la síntesis de los elementos de conciencia en una unidad.

Esta última proposición es absolutamente falsa. En primer lugar, el pensamiento consiste tanto en descomponer los objetos representados en la conciencia en sus elementos como en unir los elementos homogéneos en una unidad. Sin análisis no hay síntesis. En segundo lugar, el pensamiento no puede legítimamente construir una unidad más que con los elementos de conciencia, entre los cuales o entre cuyos originales reales la unidad *existía con anterioridad*. No es suficiente con que yo clasifique caprichosamente un cepillo de las botas entre los mamíferos para que por ello le broten mamas. La unidad del ser, la justificación del punto de vista que se toma como unidad y no como dualidad, no nos enseña otra cosa que su opinión, que de ninguna manera tiene fuerza de ley.

Si queremos dar una imagen fiel de la marcha de su pensamiento, diremos: "Comienzo por el ser. Pienso, por lo tanto, el ser. El pensamiento del ser es homogéneo. Ahora bien: el pensamiento y el ser deben coincidir, corresponderse, "se complementan". El ser es, por lo tanto, tan homogéneo como la realidad. En consecuencia, no existe "el más allá". Si Duhring hubiera hablado con esta claridad en lugar de regalarnos con frases de oráculo que hemos citado, la ideología sería bien evidente. Demostrar la realidad de un resultado cualquiera del pensamiento por la identidad del pensamiento y del ser es una de las imaginaciones más locas de un... Hegel.

Aun cuando fuera exacta toda la argumentación del señor Duhring, no habría ganado el espiritualismo ni una pulgada de terreno. Esto le responderían sencillamente: También para nosotros el mundo es simple y homogéneo; la oposición con el más acá y el más allá no existe más que para nuestro punto de vista específicamente terrestre, producto del pecado original; en sí y para sí, es decir, en Dios, el ser íntegro es uno. Y acompañarían a Duhring a otros "cuerpos celestes" que tanto ama, mostrándole uno o varios en donde la caída y el pecado no tuvieron lugar, y en los cuales no existe, por lo tanto, oposición con el más allá, y, en fin, donde la unidad del mundo es exigida por la fe.

Lo más cómico de la cuestión es que Duhring, para probar la no existencia de Dios por el concepto del ser, se sirve de la prueba antológica de la existencia de Dios. Ya se sabe en qué consiste esta prueba: cuando pensamos a Dios lo pensamos como el conjunto de todas las perfecciones. Pero este conjunto de perfecciones pertenece a la existencia, pues un ser inexistente es necesariamente imperfecto. Hay que contar, por lo tanto, a la existencia como una de las perfecciones de Dios; en consecuencia, Dios debe existir.

El señor Duhring razona de igual manera: Cuando pensamos el ser lo pensamos como *un* concepto *uno*. Cuanto está comprendido en un mismo concepto es homogéneo. El ser no respondería a este concepto si no fuera homogéneo. Por lo tanto, debe serlo; por lo tanto, no hay Dios, etcétera...

Cuando hablamos del *ser y solamente* del ser, la unidad no puede consistir más que en una cosa, en que todos los objetos de que se trata *son*, existen. Es en la unidad de éste y no en otra parte donde residen; y la expresión que se les aplica en común a todos (*son* todos) no puede conferirles otras cualidades, comunes o no, e incluso provisionalmente las excluye a todas de nuestra consideración. Apenas nos apartamos, aunque sólo sea un milímetro, del simple hecho fundamental de que el ser pertenece en común a todas las cosas, cuando las *diferencias* de estas cosas comienzan a dibujarse ante nosotros. Respecto a decidir si estas diferencias consisten en que algunas de ellas son blancas, las otras negras, aquéllas animadas, éstas inanimadas, unas pertenecen al más allá y otras no, no podemos hacerlo sino solamente por la consideración de que la existencia desnuda les es atribuida a todas en la misma medida.

La unidad del mundo no consiste, por lo tanto, en su existencia, aunque ésta sea la condición de su unidad, pues es evidente que se precisa primero que *sea* antes de poder ser *uno*. Por lo demás, el ser en sí mismo es un problema a partir del cual nuestra mirada se detiene. La unidad verdadera del mundo consiste en su materialidad, y ésta se demuestra, no por medio de algunas charlatanerías o juegos de manos, sino por una larga y laboriosa evolución de la filosofía y de las ciencias naturales.

Prosigamos nuestra lectura. El Ser a que se refiere Duhring no es el Ser puro que, idéntico a sí mismo, privado necesariamente de toda determinación particular, no es en realidad más que el equivalente de la *nada,* o sea " la ausencia de idea". Pronto veremos que el mundo comienza por un estado en el cual falta toda diferenciación interna, todo movimiento y cambio, por un estado equivalente, por lo tanto, en realidad a una idea inexistente y que es en realidad más que la nada pura. Es solamente a partir de esta nada del ser cuando se desarrolla el estado actual del universo, diferenciado, cambiante, evolucionando, en *devenir;* y no es sino después que hayamos comprendido esto cuando conseguiremos encontrar y "mantener" en este cambio perpetuo la "idea del ser universal idéntico a sí mismo". Se encuentra, por lo tanto, la idea del ser elevada a un grado superior, en la cual comprende en sí la permanencia tanto como el cambio, el ser tanto como el devenir. Llegados a este punto, sabemos "que el género y la especie, lo general y lo particular, son los signos distintivos más simples sin los cuales no puede comprenderse la naturaleza de las cosas". Tenemos ya los signos *cualitativos*. Hecha esta afirmación, continuamos: "A los géneros se opone la idea de magnitud, como cosa homogénea en la cual no se dan ya las diferencias de especie". Dicho de otro modo, pasamos de la *cualidad* a la *cantidad*, la cual es siempre mensurable.

Comparemos ahora esta "distinción precisa de los esquemas generales de la acción" y este "punto de vista verdaderamente crítico " con las puerilidades, groserías, fantasías febriles de un Hegel, y encontraremos que la lógica de Hegel comienza por el *ser*, de igual manera que Duhring; que el ser se manifiesta como la nada, igual que en aquél; que de ella se pasa al *devenir*, cuyo resultado es la existencia, o sea una forma más elevada, más rica del ser, exactamente igual que en Duhring. La existencia conduce a la *cualidad*, y ésta a la *cantidad*, también igual que en aquél. Ya que nada esencial falta, el señor Duhring nos dice en otra ocasión: "Del reino de la insensibilidad no se entra en el de la sensación, a pesar de la continuidad cuantitativa, sino por medio de un *salto cualitativo*, del que podemos decir que es infinitamente diferente de la simple gradación de una sola e idéntica propiedad". Esto es en absoluto la línea nodal de las relaciones de medida de Hegel, en las cuales una suma o sustracción puramente cuantitativa produce en determinados puntos un *salto cualitativo;* por ejemplo, para el agua calentada o enfriada, el punto de fusión y de congelación son los nudos en que se realiza a la presión normal el tránsito brusco a un nuevo estado de agregación, y, por consecuencia, la cantidad se transmuta en calidad.

También nosotros hemos intentado en nuestro estudio llegar hasta el fondo de las cosas y a la raíz profunda de los "esquemas fundamentales" donde el señor Duhring ha encontrado las "fantasías febriles" de un Hegel, las categorías de la *Lógica* de Hegel, primera parte, "Teoría del ser", deducidas rigurosamente según el viejo método hegeliano, sin haberse velado siquiera el plagio.

Y, no satisfecho con haber tornado de sus predecesores más calumniados toda la teoría del ser, tiene la tranquilidad, después de haber dado anteriormente el ejemplo de transmutación brusca de la cantidad en calidad, de escribir de Marx que "es cómico verle (se refiere a Marx) invocar esta idea confusa y nebulosa de Hegel, de que la cantidad se transforma en calidad".

¡Idea confusa y nebulosa! ¿Quién es, señor Duhring, "quien se muda" en este caso y quién resulta cómico? Todas estas pequeñas cosas no están establecidas de una manera axiomática, como nos anunció, sino sencillamente introducidas desde fuera, desde la *Lógica* de Hegel. Y esto es tan cierto, que no podría encontrarse en todo este capítulo una apariencia de razonamiento consecuente y continuado que no esté tomado de Hegel, de manera que todo él se reduce a una fría y vacía rapsodia sobre el espacio y el tiempo, la permanencia y el cambio.

Del ser pasa Hegel a la esencia de la dialéctica. Trata aquí de las determinaciones de la reflexión, de sus *oposiciones* y contradicciones inmanentes (por ejemplo, positive y negativo); llega después a la *causalidad* o relación de causa y efecto, terminando por la necesidad. El señor Duhring hace exactamente lo mismo. Lo que Hegel llama teoría de la esencia, él lo denomina propiedades lógicas del ser. Estas consisten, ante todo, en "el antagonismo de las fuerzas", en sus *aposiciones*. En cambio, Duhring niega absolutamente la contradicción, Volveremos a tratar de esta cuestión. Después pasa de la *causalidad* a la *necesidad*. Por lo tanto, cuando Duhring dice de si mismo: "Nosotros los que exponemos nuestra filosofía desde el interior de una jaula", quiere decir sin duda que filosofa enjaulado, en la jaula del esquematismo de las categorías hegelianas.

III

FILOSOFÍA DE LA NATURALEZA, DEL TIEMPO Y DEL ESPACIO

Hemos llegado a la *filosofía de la naturaleza*. Aquí también los predecesores del señor Duhring le proporcionan nuevamente motivos de descontento. La filosofía de la naturaleza "cae tan bajo, que desciende a la categoría de una poesía mala, grosera, basada en la ignorancia", y fue "abandonada a la sedicente filosofía prostituida de un Schelling o de otros peces del mismo género, quienes comerciaban en el templo de lo absoluto mixtificando al público". El cansancio nos ha libertado de estos "monstruos", pero dejando el terreno libre hasta ahora solamente a la más completa "licencia", pues en lo que concierne al gran público, "se sabe que la retirada de un gran charlatán no es con frecuencia otra cosa que la ocasión para un sucesor de menor valía, pero hábil, que vende los productos del anterior bajo otra insignia". Los naturalistas mismos manifiestan poco entusiasmo ante la perspectiva de una excursión al reino de las ideas "que abarca el mundo", y por esta razón cometen en el dominio teórico todo género de "inconsistentes torpezas". Se hace sentir imperiosamente la necesidad de resolver la situación: felizmente, Duhring está aquí.

Para apreciar justamente lo que nos revela a continuación respecto al desarrollo del mundo en el tiempo y su limitación en el espacio, es necesario lanzar una mirada retrospectiva sobre "la esquemática del mundo" y algunos de los párrafos de ella en que trata la cuestión.

El señor Duhring, de acuerdo con Hegel (*Enciclopedia*, párrafo 93), atribuye al Ser, la infinitud, lo que Hegel llama la *mala infinitud*, y a continuación la examina: "El aspecto más claro de una infinitud que puede ser pensada *sin contradicción* es la acumulación ilimitada de los números en la serie numérica... Lo mismo que a cada número podemos agregar una unidad nueva sin agotar nunca la posibilidad de continuar la numeración, a cada estado del Ser se agrega otro nuevo, y en esta producción ilimitada de estados es en lo que consiste el infinito. Esta infinitud tomada y pensada en un *sentido preciso* no tiene por esta razón más que una sola forma fundamental con una dirección única, pues aunque sea indiferente para nuestro pensamiento imaginar una dirección opuesta a la acumulación de los estados del Ser, la infinitud que progresa hacia atrás no es, sin embargo, más que una representación ilegítima. Sería necesario que hubiera sido recorrida en la realidad en sentido *contrario*, y de esta manera tendría en cada uno de sus estados una serie infinita de número tras de ella. Con esto se cometería la inadmisible contradicción de una serie numérica infinita innumerada, lo cual demuestra que es un absurdo suponer una segunda dirección al espacio".

La primera consecuencia que se deduce de esta concepción del infinito es que el encadenamiento de causas y efectos en el mundo debe tener un comienzo, "un número infinito de causas que se yuxtapondrían unas a otras; no es concebible, porque ello supone lo innumerable numerado". Lo cual prueba la existencia de una *causa primera*.

El segundo corolario es la ley del número determinado: "La acumulación de lo idéntico en cualquier espacio real de los seres u objetos independientes no puede ser concebida formando un número determinado".

No sólo el número de cuerpos celestes debe ser en cada instante del tiempo determinado en sí, sino que sucede lo mismo con el número total de las más pequeñas partes independientes de la materia que existe en el mundo.

Esta última necesidad es la razón verdadera que impide puedan pensarse los compuestos sin átomos. Toda realidad compuesta de partes consta siempre de un número determinado y finito, y debe ser así si no quiere verse aparecer la contradicción de lo innumerable numerado. Por esto, no solamente el número de vueltas que la tierra ha dado hasta aquí alrededor del sol debe ser un número determinado, aunque no asignable, sino que todos los procesos periódicos de la naturaleza deben haber tenido un comienzo, y todas las diferencias, variedades y diversidades de la naturaleza en su sucesión deben tener su raíz en un *estado idéntico* a sí *mismo*. Éste puede ser concebido sin contradicción como existente durante toda la eternidad, pero incluso esta concepción sería excluida si el tiempo no se compusiera a su vez de elementos reales y no se hallara arbitrariamente dividido en partes por nuestro entendimiento, fraccionadas por éste idealmente. Otra cosa sucede con el contenido real y concreto del tiempo. El tiempo, en la medida en que está realmente lleno de acontecimientos que puedan ser distinguidos, y las existencias que se clasifican en el tiempo, son, precisamente por ser distintas, susceptibles de numerarse. Pensemos en un estado sin cambio y que en su perfecta identidad consigo mismo no ofrezca ninguna diferencia ni sucesión; el concepto más restringido del tiempo se vierte en este caso en la idea más general del Ser. Imposible formarse idea de la acumulación vacía de duración.

De esta manera habla Duhring, quien no se maravilla poco de la importancia de sus descubrimientos; espera "que por lo menos no sean considerados como verdades sin importancia". Más lejos dice: "Recuérdese el método *extraordinariamente* sencillo por medio del cual hemos dado a los conceptos de infinito y a su crítica una *trascendencia desconocida hasta entonces,* purificación y profundidad de conceptos que dan hoy un sentido tan *simple* a los elementos del tiempo y del espacio universales".

¡Hemos dado! ¡Profundidad y claridad que datan de hoy! ¿A quién se refiere cuando dice nosotros? ¿Qué es hoy? ¿Qué ha profundizado y aclarado?

"Tesis: El mundo tiene un comienzo en el tiempo, y respecto al espacio se halla limitado".

"Prueba: Que si se admite, en efecto, que el mundo no tiene comienzo en el tiempo, en cada instante dado del tiempo habrá transcurrido una eternidad y al mismo tiempo una serie infinita de estados sucesivos de las cosas en el mundo. Pero la infinitud de una serie consiste precisamente en esto, en que no puede jamás terminarse por una síntesis sucesiva. Una serie del mundo infinita y desarrollada es, por lo tanto, imposible, y, en consecuencia, un comienzo del mundo es una condición necesaria de su existencia, que es precisamente lo que se trataba de demostrar.

"Desde el segundo punto de vista, si se admite lo contrario de la tesis, el mundo será un todo dado e infinito de objetos que existen simultáneamente.

"Ahora bien: es imposible pensar, concebir la magnitud de una cantidad que no es dada a nuestra intuición con límites determinados más que por medio de la síntesis de sus partes, y la totalidad de una cantidad de este carácter más que por la síntesis completa o por medio de la repetida adición de la unidad a sí misma. En consecuencia, para percibir el mundo como un todo que llena todos los espacios debe ser concebida como realizada completamente la síntesis sucesiva de las partes, o sea que se precisa, en la enumeración de todos los objetos coexistentes, considerar como transcurrido un tiempo infinito, lo cual es imposible. De esto resulta que no puede considerarse un agregado infinito de los objetos reales como un todo dado, ni, por lo tanto, como *simultáneamente* dados. Un mundo no es, pues, infinito en cuanto a su extensión en el espacio, sino *que está contenido dentro de límites,* lo que constituye el segundo punto que hay que demostrar".

Estas proposiciones están copiadas textualmente de un libro bien conocido, cuya primera edición apareció en 1781, titulado *Crítica de la razón pura,* cuyo autor es Manuel Kant; todo el mundo puede leerlas en la parte primera, sección segunda, libro segundo, capítulo segundo y artículo segundo: "Primera antinomia de la razón pura". A Duhring le corresponde la gloria de haberlas presentado con el nombre de "ley del número determinado" y de haber descubierto que hubo una época, un tiempo, o que aún no existía el tiempo, cuando ya había mundo. Respecto a lo demás, o sea a aquello en que el análisis de Duhring tiene todavía sentido, *nosotros* es... Kant, y "hoy" tiene una antigüedad de noventa y cinco años. ¡Ciertamente que es extraordinariamente sencillo! ¡Y una cosa admirable "esta trascendencia desconocida hasta hoy"!

Kant no da, de ninguna manera, la tesis citada por nosotros como formulada con carácter definitivo por su prueba. Al contrario, en la página siguiente sostiene y prueba lo contrario: que el mundo no tiene comienzo en el tiempo ni fin en el espacio; y la antinomnia, la contradicción insoluble consiste en que esto puede ser demostrado lo mismo que lo otro. Las personas vulgares podían haber sentido algún escrúpulo viendo a un hombre como Kant encontrar en esto una dificultad insoluble, pero no nuestro audaz fabricante "de resultados y teorías esencialmente originales". Lo que en la antinomia de Kant puede servirle, lo copia sin preocupaciones, y el resto lo deja de lado.

El problema en sí mismo se resuelve muy sencillamente. Desde el principio, según indica el mismo sentido de la palabra, la eternidad en el tiempo, la infinitud en el espacio consiste en no tener fin de ningún *lado*, ni por delante ni por detrás, ni por arriba ni por abajo, ni a derecha ni a izquierda.

Esta infinitud es distinta a la de una serie infinita, pues ésta comienza siempre, por la unidad, en un primer miembro. La representación de serie es inaplicable a nuestro objeto, como puede observarse inmediatamente que se aplique al espacio. La serie infinita, traducida en espacial, es la línea tirada en el infinito a partir de un punto determinado en una dirección dada: ¿expresa esto, ni mucho menos, la infinitud en el espacio? Al contrario; basta con seis líneas tiradas a partir de este punto único en tres direcciones divergentes para comprender las dimensiones del espacio, teniendo de esta manera seis dimensiones de éstas. Kant lo vio tan bien, que no transportó su serie numérica al mundo espacial más que indirectamente, por medio de un rodeo. El señor Duhring, al contrario, nos obliga a admitir seis dimensiones en el espacio, e inmediatamente después no encuentra palabras bastantes para expresar su indignación contra el misticismo matemático de Gauss, cuando no quiere éste contentarse con las tres dimensiones ordinarias del espacio.

Aplicada al tiempo la línea o serie de unidades infinitas en sus dos direcciones, tiene una cierta significación metafórica. Mas si nos representamos el tiempo como una magnitud contada a partir de la *unidad*, o como una línea tirada partiendo de un punto determinado, decimos por esto mismo que el tiempo tuvo un comienzo; suponemos precisar ente lo que es preciso demostrar.

Damos a la infinitud del tiempo el carácter de infinitud unilateral, de semiinfinitud. Ahora bien: esto significa una contradicción en sí y justamente lo contrario de una "infinitud concebida sin contradicción". Nos es imposible salir de esta contradicción si no admitimos que la unidad de la cual partimos para contar la serie, el punto a partir del que comenzamos a medir la línea, son: uno, una unidad arbitrariamente escogida en la serie; otro, un punto cualquiera de la línea, de tal carácter que sea indiferente para la línea o la serie saber de dónde se le toma.

¿Y la contradicción que supone "numerar una serie numérica infinita"? Estaremos en situación de examinar desde más cerca esta contradicción cuando Duhring haya realizado ante nosotros el esfuerzo de numerarla, cuando haya conseguido contar desde—(menos infinito) hasta cero. Es evidente que, independientemente de donde comience dejará detrás una serie infinita y con ella el problema que debía resolver. Que invierta solamente su propia serie infinito 1, 2, 3, 4 y que pruebe, comenzando por el fin infinito, a recontar hasta uno; esto sería la tentativa de un hombre incapaz de comprender en qué consiste el problema. Más aún. Cuando el señor Duhring afirma que la serie infinita del tiempo pasado es incontable, afirma al mismo tiempo que el tiempo tuvo un principio, pues sin esto jamás se podría comenzar a "contarle". Introduce, por lo tanto, subrepticiamente como postulado lo que se necesita demostrar. La idea de la serie infinita incontable, dicho de otra manera, la "ley universal del número determinado" de Duhring, es, pues, una *contradicción sin objeto*, implica por sí misma una contradicción, y una contradicción absurda.

Esto es evidente. Una infinitud que tiene fin y no comienzo no es ni más ni menos infinita que la infinitud, que tiene un comienzo sin tener fin. El menor sentido dialéctico debía haber bastado al señor Duhring para comprender que comienzo y fin son cosas ligadas necesariamente, de igual manera que el polo norte y el polo sur, y que si suprime el fin es el comienzo lo que se transforma en fin, el *único* fin de la serie, y recíprocamente. Esta confusión sería imposible sin la costumbre que tienen los matemáticos de operar con series infinitas. Comoquiera que en matemáticas es necesario partir de lo determinado, de lo finito, para llegar a lo indeterminado, a lo infinito, se precisa que todas las series matemáticas, positivas o negativas, comiencen en la unidad, sin lo cual es imposible calcular con series. Pero la necesidad subjetiva del matemático se halla muy lejos de ser una ley que se imponga obligatoriamente al mundo real.

Por lo demás, el señor Duhring no conseguiría nunca pensar sin contradicción en la infinitud real. La infinitud es *una contradicción* y está pletórica de contradicciones. Lo es ya que una infinitud esté constituida por cantidades finitas, y, sin embargo, éste es el caso. Admitir que el mundo material tiene límites no supone menos exponerse a contradicciones qué el admitir que es ilimitado, y toda tentativa para eliminar estas contradicciones conduce, como hemos visto, a nuevas y peores contradicciones.

Es precisamente *porqué* el infinito es una contradicción, es un proceso infinito que se desarrolla indefinidamente en el tiempo, en el espacio. La supresión de la contradicción sería el fin de la infinitud: Hegel lo había observado ya y por eso trató con desprecio merecido a quienes disimulaban esta contradicción.

Continuemos. El tiempo tuvo, pues, un principio. ¿Qué existió antes de este principio? El mundo, que estaba en un estado idéntico a sí mismo e invariable. Como en tal estado no existían en absoluto cambios para sucederse unos a otros, el concepto más estrecho del *tiempo* se transforma en la idea más general del ser.

En primer lugar, nos es absolutamente indiferente conocer qué conceptos son los que se transforman en la cabeza del señor Duhring: no se trata del *concepto del tiempo*, sino del tiempo *real*, del cual no podrá desembarazarse Duhring tan fácilmente. En segundo lugar, que el concepto del tiempo se transforma en la idea más general del ser, no nos hace avanzar un solo paso. Las formas esenciales de todo ser son el espacio y el tiempo, y un ser fuera del tiempo es un absurdo tan grande como un ser fuera del espacio.

El ser de Hegel, cuyo pasado se ha desarrollado intemporalmente, y el ser inmemorial "filoschelliano" son ideas racionales si se las compara con la idea de este ser fuera del tiempo. Por esto el señor Duhring está obligado a ser prudente; se habla de un tiempo, pero en realidad de un tiempo que en el fondo no merece tal nombre, porque el tiempo en sí no está constituido por partes; es nuestro entendimiento quien introduce estas divisiones arbitrarias. Solamente un tiempo repleto de hechos susceptibles de distinguirse puede ser contado, y no puede descubrirse aquello que puede significar la acumulación de una duración vacía. Poco importa lo que significa esta acumulación; la cuestión consiste en saber si el mundo en el estado que lo suponemos ahora atraviesa una duración de tiempo. Desde hace tiempo sabemos que no se obtiene ningún resultado midiendo una duración parecida sin contenido, ni operando con medidas sin fin en el espacio vacío; y justamente porque el procedimiento es fastidioso, Hegel califica esta infinitud de *mala infinitud*. Según Duhring, el tiempo no existe más que por el cambio, y no éste en él y por el tiempo. Pero si éste fuera distinto e independiente del cambio no podría medirse por el cambio, pues es necesario siempre que el instrumento de medida sea diferente de la cosa por medir. Y el tiempo en el cual no se producen cambios susceptibles de reconocerse está muy lejos de no ser *ningún tiempo;* es más bien el tiempo *puro,* no afectado por alianzas extrañas, y, por lo tanto, el tiempo vacío, el *tiempo como tal.*

En efecto, cuando queremos obtener la idea del tiempo en toda su pureza, fuera de cuantas alianzas le son extrañas y que no le convienen, estamos obligados a eliminar como tales todos los acontecimientos diversos que se producen simultánea y sucesivamente en el tiempo y representarnos un tiempo en el cual no pasa nada. Por esto no hemos hecho desaparecer la idea del tiempo en la idea general del ser: al contrario, es solamente a causa de esto por lo que hemos obtenido la idea pura del tiempo.

Todas estas contradicciones e imposibilidades no son más que simples bagatelas al lado de la confusión caótica en que incurre Duhring con "su estado primitivo del mundo idéntico a sí mismo". Ahora bien: si el mundo no hubiera estado nunca en un estado en el que no se produjera absolutamente ningún cambio, ¿cómo ha podido pasar a este estado desde el cambio? Lo que se halla totalmente desprovisto de cambio, y, sobre todo, lo que se halla en este estado de eternidad, no puede jamás salir de sí mismo para pasar al estado de movimiento y cambio.

Se precisaba, pues, que desde fuera del mundo llegase un primer impulso que le pusiera en movimiento. Según sabemos, el primer "impulso" no es otro que el nombre de Dios. Este Dios y el más allá que Duhring pretendía haber eliminado tan fácilmente en su "esquemática del universo", los reintroduce él mismo, reforzados, en su filosofía de la naturaleza.

Prosigamos. El señor Duhring dice: "Cuando una magnitud pertenece a un elemento permanente del ser, permanece invariable en su cantidad determinada". Esto es cierto... "para la materia y la fuerza mecánica". La primera proposición nos suministra, digámoslo de paso, un ejemplo precioso de la grandilocuencia axiomática y tautológica del señor Duhring. Cuando una magnitud no cambia, permanece idéntica. Por lo tanto, la cantidad de fuerza mecánica que existe en el universo permanece invariable siempre. Prescindamos de que en la medida en que esto es exacto ya ha sido expresado por Descartes hace tres siglos; y también de que en las ciencias naturales la teoría de la conservación de la energía domina desde hace veinte años, y, en fin, de que Duhring, al restringirla a la fuerza *mecánica*, está muy lejos de perfeccionarla. Pero ¿dónde existía la fuerza mecánica en aquel estado sin cambios? A esta pregunta se niega Duhring obstinadamente a responder.

¿Dónde se hallaba, pues, señor Duhring, la fuerza mecánica que permanece eternamente igual a sí misma y qué hacía? Respuesta: "El estado primitivo del universo, o con más precisión, de una materia invariable, no comprende los cambios de estado acumulados en el tiempo; es una cuestión que no puede ser dejada a un lado más que por un espíritu que vio en la automutilación de su fuerza de generación la suprema sabiduría". Por lo tanto, o aceptáis con los ojos cerrados mi "estado primitivo invariable", o bien yo, el prolífico Duhring, diré que sois eunucos intelectuales. Esta amenaza puede espantar a mucha gente; pero los que hemos visto ya algunos ejemplos de la virtud prolífica de Duhring nos permitimos dejar sin respuesta esta elegante injuria y volver a preguntar: ¿Qué pasa con la fuerza mecánica?

El señor Duhring permanece perplejo. Sin duda, balbucea: "La identidad absoluta de este estado límite primitivo no nos da por sí misma el principio del movimiento. Recordemos, sin embargo, que lo mismo sucede con cada eslabón nuevo, por pequeño que sea, de esta cadena de la existencia conocida por nosotros.

Quien quiera presentar dificultades en el caso esencial propuesto debe cuidar de no ahorrarlas en circunstancias menos aparentes. Queda, además, la posibilidad de intercalar estados intermediarios en gradación progresiva, y volver a descender así por el puente de la continuidad, hasta la extinción de la sucesión de los fenómenos.

Ateniéndonos a las ideas consideradas en sí mismas, es indudable que esta continuidad no nos permite superar la idea primitiva y esencial; pero, sin embargo, ella es para nosotros la forma propia de todo orden necesario y de todos los tránsitos que nos son conocidos, de manera que tenemos derecho a utilizarla también como intermediaria entre el equilibrio primero y la ruptura de este equilibrio.

Si concebimos este equilibrio, podríamos decir inmóvil (¡ !), con arreglo a las ideas admitidas hoy sin mucha dificultad (¡ !) en la mecánica, sería completamente imposible decir cómo ha podido llegar la material al cambio". La mecánica de las masas tendría todavía una transformación del movimiento de las masas en movimiento de partes muy pequeñas; pero en cuanto a saber cómo se produce esta transformación, "no tenemos a nuestra disposición el principio general, y no hay que sorprenderse porque estos fenómenos se pierdan un poco en la oscuridad".

Esto es cuanto el señor Duhring tiene que decirnos. Y en realidad sería necesario ver no ya en la automutilación de nuestra fuerza genital, sino en la fe ciega del carbonero, la sabiduría suprema para contentarnos con estas evasivas y frases verdaderamente lamentables. Partiendo de sí misma, Duhring lo reconoce, la identidad absoluta no puede llegar al cambio; ni desde sí mismo el equilibrio absoluto tiene medio de pasar al movimiento. ¿Qué nos queda, por lo tanto? Tres faltas pésimas.

Se nos dice primeramente que es muy difícil demostrar el tránsito de cualquier eslabón al que le sigue en la cadena muy conocida de la existencia. Sin duda, Duhring toma a sus lectores por niños de pecho. Demostrar la relación que existen entre los más pequeños eslabones de la cadena de la existencia y el tránsito de unos a otros es precisamente la tarea de las ciencias naturales, y si, como se afirma, en algunos casos esto no es posible, a nadie se le ocurrirá, ni siquiera al señor Duhring, pretender explicar el movimiento observado por medio de la nada, sino siempre por la transmisión, la transformación o la propagación de un movimiento anterior. Pero en este caso se trata, según el propio Duhring reconoce, de sacar al movimiento de la inmovilidad, y, por consecuencia, de la *nada*.

En segundo lugar tenemos el "puente de la continuidad". Sin duda, desde el punto de vista puramente conceptual, la dificultad no está resuelta; pero, sin embargo, tenemos derecho a *utilizar* la continuidad como intermediaria entre la inmovilidad y el movimiento. Desgraciadamente, la continuidad de la inmovilidad consiste en *no* poder moverse. Por lo tanto, permanece más misterioso que nunca el medio de engendrar el movimiento por la continuidad. E incluso si Duhring dividiera su tránsito de la nada del movimiento al movimiento universal en una infinidad de partes pequeñas y atribuyera a este tránsito una duración tan larga como le parezca, no habríamos avanzado una diezmilésima de milímetro. De la nada no podemos llegar a alguna cosa sin un acto creador, aún en el caso de que esta cosa sea tan pequeña como una diferencia matemática. El puente de la continuidad no es, pues, siquiera el llamado "puente de los asnos"; sólo Duhring puede pasarlo.

Tercero. Mientras la mecánica actual rija, la cual es, según el señor Duhring, uno de los factores esenciales de la formación intelectual, será completamente imposible decir cómo se pasa de la inmovilidad al movimiento. Pero la teoría mecánica del calor enseña cómo el movimiento de las masas se transforma, dadas ciertas circunstancias, en movimiento molecular (no obstante, en este caso el movimiento nace de otro movimiento, nunca de la inmovilidad). Esto es quizá, insinúa tímidamente Duhring, lo que puede proporcionar un tránsito entre aquello que es rigurosamente estático, o sea el equilibrio, y lo que es dinámico, el movimiento. Mas todos estos movimientos se pierden un poco en la oscuridad. Y es en la oscuridad donde nos deja el señor Duhring.

Hasta aquí hemos llegado gracias a las profundidades y "purificaciones": cada vez nos hemos sumido más profundamente en un absurdo más puro, para llegar a desembocar en la oscuridad. Lo cual no inquieta al señor Duhring. En la página siguiente tiene la despreocupación de afirmar que "ha llenado con un contenido real, sacado inmediatamente de la relación entre materia y fuerzas mecánicas, el concepto de la permanencia, idéntico a sí mismo". ¡Y este hombre osa calificar de charlatanes a los demás!

Felizmente, en medio de estos errores y de esta confusión inextricable en la "oscuridad", tenemos un consuelo, y un consuelo excelente para reanimar nuestros corazones: "La matemática de los habitantes de los otros cuerpos celestes no puede descansar sobre axiomas distintos a los nuestros".

IV

FILOSOFÍA DE LA NATURALEZA. COSMOGONÍA, FÍSICA Y QUÍMICA

Continuando nuestra marcha llegamos a las teorías de la constitución actual del universo. La concepción inicial de los filósofos jonios fue la de un estado de difusión universal; pero sobre todo desde Kant, la idea de la nebulosa progresiva primitiva ha desempeñado un papel preponderante, atribuyéndose la formación progresiva de cada uno de los astros sólidos a la acción de la gravitación y de la radiación del calor. La teoría mecánica del calor dominante hoy nos permite inferencias mucho más precisas acerca de los pasados estados del universo. "El estado de difusión de gaseosa no puede ser el punto de partida de deducciones serias más que si se puede determinar primero de una manera precisa el sistema mecánico que constituye ese estado. Sin esto, no solamente la idea permanece efectivamente muy nebulosa, sino que la nebulosa primitiva, a medida que se avanza en la deducción, se convierte, se hace más densa e impenetrable... hasta terminar en una idea de difusión vaga, informe e indeterminable", y "este universo gaseoso más que una concepción vacía".

La teoría kantiana que explica la constitución de todos los cuerpos celestes actualmente existentes por medio de la rotación de las masas nebulosas ha sido el mayor progreso realizado por la astronomía desde Copérnico. Por vez primera ha sido quebrantada la idea de que la naturaleza no tiene historia en el tiempo. Hasta entonces se consideraba que los cuerpos celestes habían recorrido desde su origen las mismas órbitas y permanecido siempre en el mismo estado, y aunque se viera en un cuerpo celeste perecer a los seres orgánicos individuales, se consideraba, sin embargo, a las especies y géneros como inmutables. Sin duda, la naturaleza se presentaba como impulsada por un movimiento perpetuo, pero este movimiento se consideraba solamente como la repetición incesante de los mismos fenómenos. Fue Kant quien abrió la primera brecha en tal manera de representarse las cosas, y lo hizo con arreglo a un método tan propiamente científico que la mayor parte de los argumentos empleados por él poseen hoy su valor. Es indudable que la teoría de Kant, rigurosamente hablando, no es más que una hipótesis, pero el sistema del mundo de Copérnico no es más que eso. Y después que la electroscopia, destruyendo todos los argumentos contrarios, ha probado la existencia de tales masas gaseosas en fusión en el cielo estelar, la oposición científica a la teoría de Kant ha desaparecido. Tampoco Duhring puede determinar la constitución del mundo sin admitir un estado nebuloso semejante; pero se venga de esta desgracia exigiendo que se le muestre el sistema mecánico dado en esta nebulosa, y como esto no es posible abruma a la nebulosa con todo género de epítetos despreciables.

La ciencia no puede hoy, desgraciadamente, designar otro sistema de manera satisfactoria para el señor Duhring. Tampoco es capaz de responder a otras muchas preguntas. Si se preguntara, por ejemplo, por qué las ranas no tienen cola, respondería seguramente: porque la han perdido. Si, indignados, dijéramos que esta idea, no determinada precisamente, es muy vaga e informe, una concepción sin fundamento todas estas aplicaciones de la moral a las ciencias naturales no nos permitirían avanzar un solo paso. Estas expresiones de pesar, estos signos de descontento pueden encontrar acogida en cualquier sitio y momento, y por ello jamás han sido tomados en consideración. ¿Qué es además lo que impide al señor Duhring descubrir el sistema mecánico de la nebulosa primitiva?

Felizmente sabemos "que la nebulosa de Kant" está muy lejos de confundirse con un estado absolutamente idéntico del medio universal, o dicho de otra manera, con el "estado de la materia idéntico a sí mismo". Afortunadamente para Kant, el cual, contento con poder remontarse desde el cuerpo celeste actual hasta la nebulosa primitiva, no tenía ni la menor sospecha del estado de la materia idéntica a sí misma. Señalemos de paso que si en la ciencia actual de la naturaleza a la nebulosa de Kant se la designa con el nombre de nebulosa primitiva, es necesario que esta palabra sea considerada solamente de un modo relativo. De una parte, es nebulosa primitiva, en tanto que es origen de los cuerpos celestes, y de otra, como la forma de la materia más antigua hasta la cual nos ha sido posible remontarnos. Lo que no excluye en absoluto, sino que supone, al contrario, que la materia ha atravesado antes de la nebulosa "primitiva" una serie infinita de formas distintas.

En esto es en lo que el señor Duhring ve su superioridad. Mientras que nosotros estamos obligados, igualmente que la ciencia, a detenernos provisionalmente en la nebulosa primitiva, también provisional, su ciencia de la ciencia le permite remontarse mucho más alto, hasta "aquel estado del medio universal que no puede concebirse ni como puramente estático en el actual sentido de la palabra, ni como dinámico" (¡que no puede concebirse de ninguna manera!).

"La unidad de la materia y de la fuerza mecánica, a la que damos el nombre de medio universal, es una fórmula lógica, pudiéramos decir, y real al mismo tiempo, que expresa que el estado de la materia idéntico a sí mismo es la condición previa de todos los estados siguientes de la evolución que pueden enumerarse".

Posiblemente no hemos terminado con el estado primitivo de la materia idéntica a sí misma. Ahora este estado es designado como la unidad de la materia y de la fuerza mecánica, y esta unidad como una fórmula a la vez lógica y real, etc.

Por lo tanto, cuando desaparece la unidad de la materia y de la fuerza mecánica comienza el movimiento.

La fórmula lógica y real al mismo tiempo no es sino una débil tentativa para utilizar en la filosofía de la realidad las categorías hegelianas en sí y para sí. En el sí consiste para Hegel la identidad primitiva de las contradicciones ocultas en una cosa, en un fenómeno, en un concepto, de las que no han salido aún por vía de evolución; en el para sí se manifiesta la distinción y separación de estos elementos ocultos y comienza su oposición. Hay que representarse, por lo tanto, el estado de inmovilidad primitiva como la unidad de la materia y de la fuerza mecánica y el tránsito al movimiento como su separación y oposición. Lo que hemos ganado en la cosa no es la prueba de la realidad de este fantástico estado primitivo, sino solamente la posibilidad de comprenderlo en la categoría hegeliana del "Ansich" y de su desaparición fantástica, asimismo, en la categoría del "Fursich". ¡Hegel sigue dominando!

La materia, afirma Duhring, es portadora de todo lo real, de tal manera que no puede existir fuerza mecánica fuera de ella. La fuerza mecánica es un estado de la materia. En el estado primitivo, pues, en el que no se produce ningún fenómeno, la materia constituía, una sola cosa con su estado la fuerza mecánica. Posteriormente, cuando este estado comienza a diferenciarse de la materia, es cuando los fenómenos comienzan a producirse. Es necesario contentarnos con estas frases místicas y la seguridad de que el estado de la materia idéntica a sí misma no es estático ni dinámico, ni se halla en equilibrio ni en movimiento. Y nunca sabemos en qué lugar la fuerza mecánica se encuentra en este estado, ni cómo ha podido pasar sin un impulso exterior, o sea sin Dios, de la inmovilidad absoluta al movimiento.

Antes que Duhring, los materialistas habían hablado de la materia y del movimiento. Aquél reduce el movimiento a la fuerza mecánica como su supuesta forma esencial, por lo que hace imposible la comprensión de la relación verdadera entre la materia y el movimiento, relación que asimismo permaneció en la oscuridad para los materialistas que le habían precedido. Y, sin embargo, la cosa no puede ser más sencilla. El movimiento es el modo de la existencia, la manera de ser de la materia; nunca, ni en ningún lugar, hubo ni puede haber materia sin movimiento. Movimiento en el espacio celeste, movimiento mecánico de las masas más pequeñas, sobre cada uno de los cuerpos celestes, vibraciones moleculares en forma de calor, corriente eléctrica o magnética, análisis y síntesis químicas, vida orgánica, es una de estas formas del movimiento o en varias al mismo tiempo, como se encuentra cada átomo de la materia en el mundo en un instante dado. El reposo, el equilibrio, nunca es más que relativo, y jamás tiene sentido más que con relación a tal o cual forma determinada del movimiento.

Un cuerpo puede, por ejemplo, encontrarse en la superficie terrestre en equilibrio mecánico, hallarse desde el punto de vista mecánico en estado de reposo, lo cual no le impide nunca participar en el movimiento de la tierra, y en el del sistema solar, ni tampoco a sus partes físicas más ínfimas realizar las vibraciones determinadas por su temperatura, ni a sus átomos materiales efectuar un proceso químico.

La materia sin movimiento es tan inconcebible como el movimiento sin materia. Resulta de esto que el movimiento, lo mismo que la materia, no puede ser creado ni destruido, lo cual fue expresado por la filosofía de Descartes diciendo que la cantidad de movimiento es siempre constante. El movimiento no puede, por lo tanto, ser creado; puede solamente ser transportado: cuando se transfiere de un cuerpo a otro; puede considerarse como causa de movimiento cuando es activo; como el efecto, cuando es pasivo. Al movimiento activo le llamamos fuerza, al movimiento pasivo, manifestación de la fuerza. Es, pues, evidente que la fuerza es igual a su manifestación, puesto que en ambas se realiza el mismo movimiento.

Representarse un estado de la materia sin movimiento es, en consecuencia, una representación tan vacía como insípida, un "fantasma febril". Para llegar a esto hay que representarse el equilibrio mecánico relativo en que puede encontrarse un cuerpo en la superficie terrestre como un estado de reposo absoluto y extenderlo después a todo el universo. La cosa es indudablemente más fácil cuando se reduce el movimiento universal a la simple fuerza mecánica: la ventaja de esto consiste en que puede representarse una fuerza en reposo, sujeta y, por tanto, momentáneamente sin actividad.

Cuando, en efecto, como sucede frecuentemente, la transmisión de un movimiento es un fenómeno muy complicado, del cual forman parte un cierto número de eslabones intermedios, puede hacerse retroceder la transmisión hasta un momento elegido arbitrariamente, omitiendo el último eslabón de la cadena, por ejemplo, cuando se carga un fusil y se espera el momento en que, bajado el gatillo, se produce la descarga y la combustión, y la pólvora pone en libertad al movimiento.

Puede, por lo tanto, ser representada la materia en su estado de inmovilidad y de identidad perfecta, como cargada de fuerza; y si la unidad de la materia y de la fuerza mecánica tiene algún sentido para el señor Duhring, sólo debe ser éste. Pero esta representación es absurda, porque erige en absoluto y extiende al universo un estado que es esencialmente relativo, y al cual no está sometida más que una parte de la materia. Cuando quiere hacerse absorción, abstracción de esta objeción, queda todavía la dificultad de saber primeramente cómo ha llegado el mundo a estar cargado, puesto que hoy vemos que los fusiles no se cargan ellos solos, y segundo, que el dedo ha presionado al gatillo. Podemos decir y hacer lo que nos plazca, pero volvemos siempre, bajo la dirección del señor Duhring, al dedo de Dios.

Nuestro filósofo, en realidad, pasa de la astronomía a la mecánica y a la física, lamentándose de que la teoría mecánica del calor no haya hecho durante los treinta o cuarenta años que han seguido a su descubrimiento progresos esenciales a partir del punto a que aproximadamente la había conducido Roberto Mayer. La cuestión, nos dice Duhring, permanece muy oscura; "debemos recordar siempre que al lado de la materia en estado de movimientos estáticos se dan estados estáticos que no pueden medirse con arreglo al patrón del trabajo mecánico... Si hasta ahora hemos representado la naturaleza como a una gran obrera, y si ahora consideramos esta expresión en el sentido riguroso, es preciso agregar que los estados idénticos a sí mismos y las situaciones de reposo no representan en absoluto trabajo mecánico. Comprobamos una vez más la ausencia de un punto que conduzca de lo estático a lo dinámico, y si lo que se denomina calor latente ha sido hasta ahora para la teoría mecánica del calor una piedra de escándalo, hay que reconocer que hay en esto una falta que se destaca aún con más claridad en las aplicaciones cosmológicas de la teoría.

Todas estas palabras de oráculo no son más que la expresión de una conciencia turbada, que se siente perfectamente, que se halla extraviada cuando quiere deducir el movimiento de la inmovilidad absoluta, pero que se avergüenza de recurrir al salvador único, al Creador de la tierra y de los cielos. Si no puede descubrirse en la mecánica, comprendida la mecánica del calor, el puente entre lo estático y lo dinámico, entre el equilibrio y el movimiento, ¿cómo puede exigirse al señor Duhring que descubra el puente de la inmovilidad propuesta por él al movimiento? ¡Procedimiento elegante para salir de un mal paso, ciertamente!

En la mecánica corriente el puente entre lo estático y lo dinámico es... el impulso exterior. Cuando una piedra que pesa un quintal es elevada a una altura de diez metros y suspendida libremente de tal manera que permanezca colgando en un estado idéntico a sí mismo, en estado de reposo, tenemos que tratar con un público de niños de pecho para poder afirmar que la posición actual del cuerpo no representa trabajo mecánico, o que la distancia entre esta posición y la primitiva no puede ser medida por la regla de la fuerza mecánica. El primer recién llegado hará comprender sin grandes esfuerzos al señor Duhring que la piedra no se ha suspendido por sí misma de la cuerda, y el primer manual de mecánica le enseñará que si deja caer la piedra, ésta realizará en su caída el mismo trabajo mecánico que fue necesario para elevarla a la altura de diez metros. Incluso el solo hecho de que la piedra esté suspendida representa trabajo mecánico, pues si permanece así mucho tiempo la cuerda se rompe, apenas haya perdido por la descomposición química la fuerza necesaria para sostener la piedra. Todos los fenómenos mecánicos pueden reducirse, hablando el lenguaje del señor Duhring, a las siguientes formas fundamentales simples, y no ha nacido todavía el ingeniero que, disponiendo de un impulso suficiente, sea incapaz de descubrir el puente entre lo estático y lo dinámico.

Sin duda, es una píldora amarga para nuestro metafísico ver que el movimiento encuentra su medida en su contrario, en el reposo. Esto es una contradicción flagrante, y toda contradicción significa para el señor Duhring un contrasentido.

No menos cierto es que la piedra suspendida representa una cantidad de movimiento mecánico determinado, la cual puede medirse con precisión por su peso y su separación del suelo, y que puede consumirse voluntariamente de diversas maneras, por ejemplo, por caída directa, por deslizamiento sobre un plano inclinado, por el movimiento de rotación impreso a un cabrestante, etc.; lo mismo sucede con el fusil cargado. Para el pensamiento dialéctico, el hecho de que el movimiento pueda expresarse por medio de su contrario, el reposo, carece en absoluto de dificultad. Para él, esta oposición, como hemos dicho, sólo es relativa; del reposo absoluto, del equilibrio absoluto, nada hay. Cada movimiento considerado en particular tiende al equilibrio, y el movimiento total destruye de nuevo este equilibrio. Por lo tanto, reposo y equilibrio, allí donde se encuentran, son exclusivamente el resultado de un movimiento limitado, siendo evidente que este movimiento se mide por medio de su resultado, puede expresarse a través de éste y restablecerse a partir de él bajo una u otra forma. Pero Duhring no podía contentarse con una concepción tan simple del problema; como buen metafísico, abre entre el movimiento y el equilibrio un abismo profundo que no existe en la realidad, asombrándose después de poder encontrar un puente sobre este abismo que él mismo ha abierto. Debía montar sobre su Rocinante metafísico y marchar a la caza de la "cosa en sí" de Kant, pues no otra cosa es lo que se encuentra detrás de ese puente inencontrable.

¿Qué es la teoría mecánica del calor y ese calor "latente" que queda como una piedra de escándalo en la teoría?

Cuando cogemos una libra de hielo a la temperatura correspondiente al punto de congelación y a la presión normal que, bajo la influencia del calor, se transforma en un litro de agua a la misma temperatura, ha desaparecido una cierta cantidad de calor, suficiente para elevar la temperatura del mismo litro de agua de cero grados a 79/4/10 grados centígrados, o para calentar un grado 79/5/19 litros de agua. El calor desaparecido se halla retenido. Si, al enfriarse, el vapor se transforma otra vez en agua, y el agua adquiere su estado de hielo, la cantidad de calor retenida es puesta en libertad, o sea que es sensible y es mensurable como el calor. Esta liberación del calor cuando se condensa el vapor y el agua se congela es la causa determinante de que el vapor de agua, enfriado a 100 grados, no se transforme sino poco a poco en agua, y la razón que explica que una masa de agua a la temperatura del punto de congelación no se transmute en hielo sino muy lentamente. Éstos son los hechos. El problema consiste en saber en qué se convierte el calor mientras se halla retenido. La teoría mecánica del calor según la cual el calor consiste en vibraciones más o menos considerables, según la temperatura y el grado de agregación de las partes más ínfimas físicamente activas (moléculas) de los cuerpos, vibraciones susceptibles de revestir alguna de las otras formas del movimiento, esta teoría, digo, explica el fenómeno diciendo que el calor desaparecido ha realizado trabajo, es decir, que se ha transformado en trabajo. Cuando el hielo se funde, la coherencia firme y estrecha de las moléculas entre sí desaparece y se convierte en una yuxtaposición de moléculas espaciadas; cuando el agua se transforma en vapor, obtenido el punto de ebullición, nace un estado en el cual las moléculas no ejercen ya acción sensible unas sobre otras y bajo la influencia del calor se extienden en las direcciones más divergentes. Por lo tanto, es evidente que cada una de las moléculas de un cuerpo en estado gaseoso está dotada de una energía bastante más considerable que en el estado líquido, y en el estado líquido mayor que en el sólido. El calor retenido no ha desaparecido, pues se ha transformado simplemente, adquiriendo la forma de expansión molecular. Cuando desaparecen las condiciones que determinan esta libertad absoluta o relativa de las moléculas entre sí, o sea cuando la temperatura desciende de 100 grados a cero grados, esta fuerza expansiva desaparece y las moléculas se aglomeran con idéntica fuerza a la que antes las enviaba a unas lejos de las otras. Esta fuerza desaparece, pero solamente para reaparecer en forma de calor y en la misma cantidad anteriormente retenida. Esta explicación, naturalmente, es una hipótesis, como toda la teoría mecánica del calor, dado que nadie ha visto todavía una molécula, ni menos aún la ha visto vibrar. Por lo tanto, esta explicación abunda en defectos como toda la teoría, aún muy joven; pero por lo menos puede hacer inteligible el fenómeno sin ponerse en contradicción con la ley según la cual el movimiento no se pierde ni se crea, y es además capaz de hacerse una idea exacta de la permanencia del calor en el curso de sus metamorfosis. El calor latente o retenido no es, pues, bajo ningún concepto, una piedra de escándalo para la teoría mecánica del calor. Por el contrario, esta teoría da por primera vez una explicación racional del fenómeno, y el "escándalo" sólo puede resultar, a lo sumo, de que los físicos continúen designando con palabras anticuadas e impropias de "calor retenido" a aquel que se ha transformado en otra forma de la energía molecular.

Los estados idénticos a sí mismos y los estados de reposo de la materia en estado sólido, líquido y gaseoso representan, pues, un cierto trabajo mecánico, en tanto que fuerza mecánica y medida del calor.

La corteza sólida de la tierra, como el agua del Océano, representan en su estado actual de agregación una cantidad determinada de calor puesto en libertad, a la que corresponde evidentemente una cantidad igualmente determinada de fuerza mecánica. Cuando la masa gaseosa de que ha salido la tierra pasa al estado líquido y más tarde, en su mayor parte, al estado sólido, una determinada cantidad de energía molecular ha sido dispersa por radiación en forma de calor en el espacio. La dificultad de que habla misteriosamente el señor Duhring no existe, por lo tanto, e incluso en las aplicaciones cósmicas de la teoría podemos perfectamente encontrar defectos y lagunas relativos a la imperfección de nuestros medios de conocimientos, pero en ningún momento chocamos con obstáculos teóricos infranqueables. El puente entre lo estático y lo dinámico también se halla aquí en el impulso exterior, enfriamiento o calentamiento producido por otros cuerpos que obran sobre el objeto en equilibrio. Cuando más avanzamos en la filosofía de la naturaleza del señor Duhring, más imposibles parecen todas las tentativas para explicar el movimiento por la inmovilidad o para encontrar el puente sobre el cual lo que está en reposo y puramente estático puede *por sí mismo* pasar al dinámico, al movimiento. Con esto terminamos por algún tiempo con el estado primitivo de la materia idéntico a sí mismo. Pasa Duhring a la química, revelándonos tres leyes de permanencia de la naturaleza descubiertas por la filosofía de la realidad:

1. La cantidad de materia universal. 2. La de los elementos químicos simples; y 3. La de la fuerza mecánica son invariables.

Así, pues, la indestructibilidad e imposibilidad de crear la materia y sus elementos simples, verdades tan antiguas y universalmente conocidas, son los únicos resultados verdaderamente positivos que Duhring puede ofrecernos en su filosofía de la naturaleza y del mundo inorgánico; verdades que conocíamos hacía mucho tiempo. Lo que no sabíamos era que fuesen leyes permanentes y en calidad de tales propiedades esquemáticas del sistema de las cosas. Nos sucede lo mismo que anteriormente con Kant: Duhring utiliza alguna vulgaridad universalmente conocida, la coloca la etiqueta propia y denomina "resultados y concepciones esencialmente originales... ideas creadoras del sistema, ciencia que llega al fondo de la realidad".

Mas no hay que desesperarse por esto. Cualesquiera que sean los defectos de la "ciencia más profunda" y de la "mejor organización de la sociedad" hay un algo que Duhring puede afirmar con seguridad: "El oro existente en el mundo ha debido hallarse siempre en la misma cantidad; y lo mismo que la materia universal, no puede haber aumentado ni disminuido". Mas lo que no nos dice, desgraciadamente, es lo que podíamos comprar con "este oro existente".

V

FILOSOFÍA DE LA NATURALEZA. EL MUNDO ORGÁNICO

"De la mecánica de la presión y del choque hasta la ligazón de las sensaciones y pensamientos va una escala única y homogénea de grados intermedios". Con esa afirmación Duhring se ahorra el trabajo de hablar del origen, aunque haya derecho a esperar de un pensador que se ha remontado hasta la evolución, universal, el estado idéntico a sí mismo, y que se halla tan familiarizado con los demás astros, que esté perfectamente informado de esta cuestión. De otra parte, esta afirmación sólo es justa a medias, mientras no está completada por la línea nodal de las relaciones de medida, de que Hegel nos ha hablado ya. Cualquiera que sea la continuidad progresiva, el tránsito de una forma de movimiento a la otra, es siempre un salto, una transacción decisiva. Así, pues, el paso de la mecánica de los cuerpos celestes a la de las pequeñas masas materiales sobre un planeta determinado; lo mismo que el paso de la mecánica de las masas a las de las moléculas, incluyendo los movimientos estudiados en la física propiamente dicha, calor, luz, electricidad, magnetismo, y el paso de la física de las moléculas a la de los átomos, a la química, se realiza por un salto bien evidente. Éste es también el caso para el tránsito de la acción química, ordinaria alquimismo de la albúmina, que no es otra cosa que la vida. En el mundo de la vida los saltos devienen cada vez más raros e insensibles.

También ahora Hegel debe corregir a Duhring.

El paso ideal al mundo orgánico se opera, para Duhring, en virtud del concepto de finalidad; lo que es tomado de Hegel, quien en la *Lógica* (teoría del concepto) pasa, por medio de la teolofía o teoría de la finalidad, del mundo físico-químico a la vida. Hacia cualquier parte que dirijamos la mirada, tropezamos en Duhring con una "grosería hegeliana", que presenta desenfadadamente como su propia ciencia profunda. Nos conduciría muy lejos analizar ahora en qué medida es legítimo y oportuno aplicar las ideas de fin y medio al mundo orgánico. De todas maneras, la aplicación de la idea hegeliana del "fin interno", o sea de un fin que no es introducido en la naturaleza por un ser exterior que obra intencionadamente (por ejemplo, la sabiduría de la providencia), sino que es inmanente a la cosa misma y a su desarrollo necesario, conduce a quienes carecen de una cultura filosófica completa a la suposición irreflexiva de una acción consciente e intencional. El mismo Duhring, para quien la menor veleidad "espiritual" en otro le sume en una profunda e ilimitada indignación moral, asegura sin vacilar que "las sensaciones del instinto han sido creadas sobre todo con vistas a la satisfacción contenida en su funcionamiento". Nos cuenta que "la pobre naturaleza" debe restablecer incesantemente y mantener el orden en el mundo objetivo", aparte de una circunstancia "que exige de la naturaleza más sutileza de la que corrientemente se le atribuye".

Mas no solamente la naturaleza *sabe* por qué crea esto y aquello, no solamente tiene sutileza, lo cual ya es una maravillosa perfección para un pensamiento consciente y subjetivo; tiene, por encima de todo esto, voluntad; pues si el instinto cumple, además de su fin propio, las condiciones que presenta la naturaleza (nutrición, reproducción), estas "funciones complementarias no deben considerarse como directas, sino como indirectamente *queridas*". Hemos llegado, pues, a una naturaleza en la cual el pensamiento y la acción son conscientes, al punto que conduce no ciertamente del estado estático al dinámico, sino del panteísmo al deísmo. ¿O acaso Duhring se satisfará "con la poesía bastarda de la naturaleza"?

No, esto no es posible; pues todo lo que nos dice nuestro filósofo de la realidad de la naturaleza orgánica se reduce precisamente a luchar contra esta "poesía bastarda de la filosofía de la naturaleza", contra el charlatanismo y sus "estupideces superficiales" y sus "mixtificaciones científicas", contra las "fantasías" del darwinismo.

Antes que todo, Duhring reprocha a Darwin haber trasladado la teoría de la población de Malthus del terreno de la economía política al de las ciencias naturales, de haber sido dominado por los métodos propios del criador de ganado, de hacer poesía bastarda y anticientífica con la teoría de la lucha por la existencia; todo el darwinismo, si se exceptúan los hechos tomados de Lamarck, no es más que una fantasía brutal dirigida contra el sentimiento humano.

Darwin trajo de sus viajes científicos la idea de que las especies vegetales y animales, lejos de ser permanentes, se transformaban. El campo más favorable que se le ofrecía cuando regresó para desarrollar esta idea era la de la reproducción de los animales y plantas. Ahora bien: Inglaterra es la tierra clásica de estos experimentos. Los resultados obtenidos en otros países, en Alemania, por ejemplo, no permitían formarse una idea, ni aproximada siquiera, de las maravillas que realizaba Inglaterra en esta materia. Más aún, los mayores éxitos datan de los cien últimos años, de manera que la comprobación de los hechos ofrece pocas dificultades. Darwin descubrió, pues, que la crianza había creado artificialmente entre los animales y plantas de la misma especie diferencias mayores que las que se encuentran entre especies que el mundo considera como distintas. De esta manera se probaba, de una parte, la variabilidad de las especies dentro de ciertos límites; de otra, la posibilidad de la existencia de antecesores comunes para organismos que difieren por sus caracteres específicos. Darwin investiga entonces si no podían encontrarse en la naturaleza causas que, sin la intención consciente del creador, conducirían a la larga en los organismos vivos a cambios parecidos a aquellos que provoca la crianza artificial. Encontró tal causa en la desproporción entre el número formidable de gérmenes creados por la naturaleza y el pequeño número de organismos llegados a la madurez. Mas como cada germen tiende a desarrollarse, resulta necesariamente una lucha por la existencia que se manifiesta no solamente como lucha corporal directa, seguida de destrucción, sino también, incluso entre las plantas, como lucha por el espacio y la luz. Es evidente que en esta lucha los individuos que tendrán más probabilidades de llegar a la madurez y reproducirse serán aquellos que posean alguna particularidad individual, por insignificante que sea, ventajosa en la lucha por la existencia. Estas particularidades individuales tienden a transmitirse hereditariamente, y a acentuarse cuando se encuentran en muchos individuos de la misma especie, por medio de la herencia multiplicada, en su primera dirección; mientras que los individuos que no posean estas particularidades sucumbirán más fácilmente en la lucha por la existencia y desaparecerán poco a poco. Así se transforma por la selección una especie, por la supervivencia del más apto.

Veamos lo que el señor Duhring objeta contra la teoría de Darwin. El origen de la idea de la lucha por la existencia se halla, como el propio Darwin ha reconocido, en la generalización de las opiniones del economista Malthus, autor de la teoría de la población, y, por lo tanto, estará plagada de todos los vicios propios de las ideas clericales de éste respecto al crecimiento y plétora de la población. ¡Bien! Jamás tuvo Darwin el propósito de declarar que el *origen* de la idea de la lucha por la existencia deba buscarse en Malthus. Dice solamente que su teoría de la lucha por la existencia es la teoría de Malthus aplicada al mundo vegetal y animal. Aunque Darwin haya cometido un error aceptando cándida e inconsideradamente la teoría malthusiana, cualquiera observa a simple vista, sin necesidad de los anteojos de Malthus, la lucha por la existencia en la naturaleza, el contraste entre la multitud incontable de gérmenes que puede obtener la madurez, contraste que en realidad se resuelve en su mayor parte en una lucha por la existencia en algunos casos extraordinariamente crueles. Y de la misma manera que la ley del salario de Ricardo ha conservado su valor mucho tiempo después de haberse olvidado los argumentos de Malthus, en que la fundaba, la lucha por la existencia puede reinar en la naturaleza incluso sin ninguna interpretación malthusiana.

De otra parte, los organismos de la naturaleza tienen también sus leyes de población que no han sido investigadas, y las cuales poseerían, sin embargo, una importancia capital para la teoría de la evolución de las especies. ¿Quién ha dado igualmente en esta dirección un impulso decisivo sino Darwin?

El señor Duhring tiene buen cuidado de no enfocar este lado positivo del problema; se limita a reprochar incansablemente a Darwin su teoría de la lucha por la existencia.

Según él, no hay cuestión de lucha por la existencia entre plantas inconscientes y vegetaciones sentimentales: "En el sentido preciso del término, la lucha por la existencia sólo existe en el reino de la brutalidad y en la medida en que los seres se alimentan robándose y devorándose". Y después de haber reducido la idea de la lucha por la existencia a límites tan estrechos, puede dar libre curso a su indignación contra la brutalidad de esta idea que él mismo ha reducido a la brutalidad. Esta indignación moral del señor Duhring sólo tiene valor contra él, único autor de la lucha por la existencia en sentido tan limitado, y de la cual es el único responsable. No es, por lo tanto, Darwin quien "busca en el mundo de las bestias las leyes y la comprensión de toda acción en la naturaleza" (Darwin, por el contrario, sometió toda la naturaleza orgánica a esa ley de la lucha); es un fantasma creado por el propio Duhring.

Las palabras *lucha por la existencia* pueden abandonarse a la cólera moral del señor Duhring. Pero que *la cosa* existe incluso entre las plantas puede demostrarse inmediatamente con cualquiera pradera, trigal o bosque. Lo que importa no es el nombre, no que se hable de la "lucha por la existencia", o de "la falta de las condiciones de vida" y de las "acciones mecánicas", sino conocer la acción de este hecho sobre la conservación y variación de las especies. En este punto, Duhring se obstina en guardar silencio "idéntico a sí mismo". Hay, por lo tanto, que atenerse a esto por el momento en lo que concierne a la selección natural.

El "darwinismo saca de la nada sus metamorfosis y diferencias". Cierto que Darwin, cuando trata de la selección natural, hace abstracción de las *causas* que conducen a estas transformaciones en los individuos considerados como tales, y que enseña primero de qué manera estos rasgos individuales se transforman poco a poco en características de una raza, variedad o especie. Se trata, ante todo, para él, más que de encontrar estas causas (que por el momento son completamente desconocidas o que no pueden ser dadas más que en una gran escala), de establecer las formas racionales de ejercer su acción, y una acción durable. Indudablemente, Darwin atribuyó a su descubrimiento un campo de aplicación, demasiado extenso, haciéndole la causa exclusiva de las variaciones de las especies, y, preocupado por el modo como se generalizarán las variaciones individuales repetidas, desdeñó las causas; error que es común a la mayoría de los hombres que realizan progresos verdaderos. Además, comoquiera que Darwin deriva de la nada las variaciones individuales, invocando exclusivamente "la sabiduría del criador", es preciso también que éste saque de la *nada* sus metamorfosis de formas animales y vegetales, metamorfosis que no sólo se hallan en el espíritu, sino que se llevan a cabo en la realidad. Todo esto es cierto. Pero ¿quién dio impulso a las investigaciones sobre el origen de esas metamorfosis y diferencias? Nadie más que Darwin.

Recientemente se ha ampliado la idea de selección natural, principalmente por Haeckel: la variabilidad de las especies se concibe como el resultado de la acción recíproca de la adaptación y la herencia, siendo la primera la que transforma en este proceso, y la segunda, la herencia, la que conserva. Esto no satisface a Duhring. "La adaptación verdadera a las condiciones de vida ofrecidas o negadas por la naturaleza supone tendencias y actividades determinadas por las representaciones. Si no es así, la adaptación no es más que aparente y la causalidad determinante del fenómeno no se eleva por encima de los grados inferiores del mundo de la física, química y fisiología vegetal". También en este caso es el nombre lo que escandaliza al señor Duhring; pero, sea cual fuere la denominación dada al fenómeno, el problema consiste en saber si los fenómenos conducen o no a variaciones en las especies de los seres organizados. También ahora el señor Duhring no da respuesta alguna.

"Cuando una planta tiende en su crecimiento hacia la dirección en que tiene más luz, esta excitación es sólo la combinación de fuerzas físicas y acciones químicas, y si se pretende hablar seriamente de adaptación y no en metáfora, no se puede introducir en los fenómenos más que una confusión *espiritista*".

Tan severo se muestra con los demás quien sabe exactamente qué *voluntad* anima a la naturaleza cuando hace esto o aquello, quien habla de *sutileza* de la naturaleza, o sea de su *voluntad*. Confusión espiritista, en efecto; pero ¿en quién? ¿En Haeckel o en Duhring?

Confusión lógica también, y no solamente espiritista. Hemos visto cómo Duhring se esfuerza por que prevalezca en la naturaleza la idea del fin. "La relación de medio a fin no supone de ninguna manera un fin consciente". ¿Qué es entonces esta adaptación sin intención consciente, sin intermediario de representaciones, contra la que se subleva tan airadamente, sino una actividad inconsciente y teleológica?

Así, pues, si las ranas, los insectos que se nutren de follaje, tienen un color verde, las bestias del desierto el color amarillo de la arena, los animales polares con frecuencia el color blanco de la nieve, es seguro que no han adquirido estos colores intencionalmente o guiados por alguna idea; al contrario, se explica el fenómeno solamente por las fuerzas físicas y las acciones químicas. Es innegable, sin embargo, que estos animales por los colores se han *adaptado* al medio en que viven con arreglo a un fin, pues por este medio se hallan menos expuestos a ser vistos por sus enemigos. De la misma manera, los órganos con ayuda de los cuales ciertas plantas atrapan y devoran los insectos están adaptados a esta función, incluso de una manera adecuada para su fin. Si el señor Duhring pretende que la adaptación debe estar motivada siempre por representaciones, se limita a decir con otros términos que también la actividad teleológica debe hallarse dirigida por representaciones, ser consciente, intencional. Y henos ya, como es corriente en la filosofía de la realidad, con el Creador, la actividad finalista, con Dios. "Antiguamente— dice en algún lugar Duhring—se llamaba a este expediente deísmo y se le tenía en consideración muy mezquina; pero parece que después ha habido un cambio sobre este punto".

De la adaptación pasamos a la herencia. También aquí el darwinismo, según Duhring, está completamente desorientado. Darwin, según él, ha dicho que todo el mundo orgánico desciende de un ser primitivo, del cual es el descendiente único; o habiendo coexistencia de productos de la naturaleza, independiente de la misma especie, sin intermediarios de descendencia. Habría llegado, por lo tanto, con la vista vuelta hacia atrás, al fin del círculo, allí donde la cadena de la generación y en general de la reproducción se rompe entre sus manos.

Pero la afirmación de que Darwin hace derivar todos los organismos actuales de un ser primitivo único no es, expresándonos políticamente, más que "una libertad de creación e imaginación" del señor Duhring. Darwin dice expresamente en la penúltima página del *Origen de las especies* (sexta edición) "que considera a todos los seres no como creaciones especiales, sino como los descendientes en línea recta de *un pequeño número de seres*". Haeckel llega todavía más lejos; admite "un tronco absolutamente independiente para el reino vegetal y otro para el animal", y entre estos dos reinos, "un determinado número de troncos protistas aislados, cada uno de los cuales se desarrolla de una manera completamente independiente a partir de un tipo particular de maneras archigónicas". Duhring no ha imaginado este ser primitivo "más que para desacreditarlo todo lo posible comparándolo a Adán, a quien llama "judío primitivo"; pero, desgraciadamente para él, se encuentra (me refiero a Duhring) que los descubrimientos asiriológicos de Smith han mostrado en este "judío primitivo" un semita primitivo, y han revelado que toda la historia de la creación y el diluvio en la Biblia no es más que un episodio, el ciclo de los mitos religiosos paganos, común a los judíos y babilonios, caldeos y asirios.

Cierto que es un reproche grave, pero justo, el que se hace a Darwin "de que al fin de sus investigaciones se rompe entre sus manos el hilo de la descendencia de los seres". Desgraciadamente, todo el sistema de nuestra ciencia de la naturaleza merece este reproche. Tampoco ésta ha logrado hacer nacer seres orgánicos fuera de la descendencia; no ha conseguido siquiera componer con elementos químicos ni el sencillo protoplasma ni ningún otro cuerpo albuminoide. No puede, pues, decir con certidumbre respecto al origen de la vida más que debe ser un proceso químico. ¿Es posible quizá que la filosofía de la realidad que dispone de productos de la naturaleza coexistentes, de una manera independiente, sin descender unos de otros, pueda acudir en su ayuda? ¿Cuál ha podido ser su origen? ¿La generación espontánea? Hasta ahora los más celosos partidarios de la generación espontánea no han pretendido crear por este medio más que bacterias, gérmenes de setas y otros organismos muy simples, pero no insectos, pescados, pájaros ni mamíferos. Por lo tanto, si estos "productos de la naturaleza orgánicos" bien entendidos (ya que aquí se trata sólo de ellos) no van unidos por lazos de descendencia, es necesario que ellos o sus antecesores hayan venido al mundo, allí donde se rompe la cadena de la descendencia, por un acto de creación particular. Lo que supone nuevamente el Creador, lo denominado deísmo.

Más adelante reprocha Duhring a Darwin haberse mostrado "muy superficial convirtiendo el simple acto de combinación sexual de las facultades en el principio fundamental del desarrollo de estas cualidades". Esto es también una libre imaginación de nuestro penetrante filósofo. Al contrario, Darwin declara expresamente (página 63) que la expresión de la selección natural no comprende más que la *conservación* de las variaciones y no su origen. Si Duhring atribuye nuevamente a Darwin cosas que jamás dijo es a fin de poder entregarse a reflexiones tan profundas como la siguiente:

"Si se buscara en el esquematismo inmanente a la generación algún principio de variación independiente, este pensamiento sería racional, pues es una idea completamente natural reducir a la unidad el principio general de la génesis y el de la reproducción sexual, y concebir desde un punto de vista superior lo que se llama generación espontánea, no como la absoluta antítesis de la reproducción, sino precisamente como una producción". ¡El hombre que ha sido capaz de escribir este galimatías no vacila en reprochar a Hegel su "jerga"!

Son ya excesivas las lamentaciones y protestas gruñonas que Duhring lanza contra el progreso inmenso que las ciencias naturales deben al impulso teórico del darwinismo. Ni Darwin ni los naturalistas partidarios suyos han pensado en disminuir de ningún modo los grandes méritos de Lamarck. ¿No fueron ellos precisamente los primeros que llamaron la atención sobre su obra? Pero no podemos olvidar que en la época de Lamarck la ciencia no disponía, ni mucho menos, de los materiales suficientes para poder responder al problema del origen de las especies más que por anticipación y de una manera que pudiéramos calificar de profética. Sin contar la masa enorme de materiales de zoología y botánica anatómica y descriptiva que han sido reunidos después, se han visto nacer desde Lamarck dos ciencias completamente nuevas cuya importancia en la materia es decisiva: la *embriología*, ciencia de la evolución de los gérmenes vegetales y animales, y la *paleontología*, ciencia de los restos orgánicos conservados en las diversas capas de la corteza terrestre. Existe principalmente un acuerdo singular entre la evolución gradual, según la cual los gérmenes orgánicos devienen organismos adultos, y la serie de plantas y animales que se han sucedido en la historia de la tierra. Precisamente esta coincidencia es la que ha dado a la teoría de la evolución su base más sólida. La teoría de la evolución es todavía muy joven, y no puede dudarse, por lo tanto, de que las investigaciones ulteriores modificarán de una manera notabilísima las concepciones actuales, incluso las estrictamente darwinianas, del modo de evolución de las especies.

¿Qué nociones positivas nos da la filosofía de la realidad sobre la evolución de la vida orgánica?

La variabilidad de las especies es una suposición admisible. Pero hay que admitir paralelamente "la yuxtaposición de las producciones naturales de la misma especie, aunque independiente, sin ningún intermediario de la descendencia". Según estas palabras, está permitido creer que los seres de especies diferentes, o sea pertenecientes a especies que varían, descienden unos de otros, mientras que los de la misma especie no tendrían entre sí lazos de descendencia. No todo se reduce a esto; pues incluso en las especies que se modifican "la descendencia no debe ser, por el contrario, más que un acto completamente secundario de la naturaleza". ¡Por lo tanto, una descendencia *de segunda clase*! Alegrémonos de que la descendencia, después de haberla atribuido el señor Duhring tantos defectos y tamaña oscuridad, sea admitida al final, a pesar de todo, por la puerta trasera.

Lo mismo sucede con la selección natural. Después de toda la indignación moral contra la lucha por la existencia, único medio por el que se realiza la selección natural, se lee: "La razón profunda de la naturaleza de los seres se halla en las condiciones vitales y cósmicas; la selección natural exaltada por Darwin no puede presentarse más que en segunda línea". ¡Existe, por lo tanto, una selección natural, aunque sea una selección de segunda clase, y, por lo tanto, con la selección natural la lucha por la existencia y plétora de población según la fórmula "clerical" de Malthus! Esto es todo. Para lo demás, Duhring nos remite a Lamarck.

Para terminar, nos previene que no utilicemos inadecuadamente las palabras *metamorfosis y evolución*. La idea de metamorfosis es oscura y la de evolución no debe admitirse más que en la medida en que pueden probarse verdaderamente las leyes de evolución. Ambas deben sustituirse con la *composición* y todo marchará perfectamente. La historia es siempre la misma: las cosas permanecen como eran, contentándose Duhring con un cambio de términos. Hablar de la evolución del pollo en el huevo significa confusión, porque sólo conocemos incompletamente las leyes de evolución; pero si hablamos de "composición", todo se aclara. No diremos, pues, en lo sucesivo: "El niño se desarrolla magníficamente", sino: "Se compone excelentemente". Podemos felicitar al señor Duhring, no contento con igualarse al autor del *Canto de los Nibelungos* en la noble adoración de sí mismo, no sea inferior a él como compositor del porvenir.

VI

FILOSOFÍA DE LA NATURALEZA. EL MUNDO ORGÁNICO. (CONCLUSIÓN)

"Medítese sobre los conocimientos científicos positivos contenidos en nuestro capítulo sobre la filosofía de la naturaleza. Tiene como primer fundamento los resultados adquiridos de las matemáticas; después, los principios esenciales establecidos por las ciencias exactas, física, química, y, en general, los descubrimientos de las ciencias de la naturaleza, fisiología, psicología y otras, dominios de la sabiduría".

El señor Duhring juzga con esta confianza y firmeza la ciencia matemática" del señor Duhring y su erudición en las ciencias naturales. No admite duda, sin embargo, viendo este magro capítulo y aún más sus resultados, que ocultan tantos conocimientos positivos y profundos. De otra parte, no son necesarios, para lograr los oráculos formulados por Duhring en física y química, otros conocimientos que aquellos que en física demuestran que la ecuación que expresa el equivalente mecánico del calor, y en química los que enseñan que todos los cuerpos se dividen en elementos y se componen de elementos. Quien habla como Duhring, en la página 131, de la "gravitación de los átomos", demuestra solamente que no ha percibido bien la diferencia entre átomo y molécula. Es sabido que no existen átomos para la gravitación ni para ninguna otra forma del movimiento, mecánico o físico, sino solamente para las acciones químicas.

Cuando terminando la lectura del capítulo sobre la naturaleza orgánica se lee esta charlatanería vacía, contradictoria, estúpida y solemne en los momentos decisivos, y se observa que el resultado final es la nada absolutamente, no podemos dejar de pensar que Duhring habla de cosas que conoce notablemente mal. Esta idea se transforma en certidumbre cuando le vemos proponer sustituir en la teoría del ser orgánico (biología) la palabra *evolución* por la de *composición*. Enunciar semejante proposición supone demostrar que no se tiene la menor idea de la formación de los cuerpos orgánicos.

Todos los cuerpos orgánicos, exceptuados los más inferiores de la escala, se componen de células, es decir, de pequeñas masas albuminoides visibles solamente previo un fuerte aumento y poseedoras de un núcleo celular. En general, la célula desarrolla también una membrana exterior, y su contenido es más o menos líquido. Los seres celulares menos elevados se componen de una célula única; la enorme mayoría de los seres orgánicos son pluricelulares, complejos coherentes de células numerosas, las cuales, homogéneas todavía en los organismos más inferiores, afectan en los más desarrollados formas, modos de agrupamiento y funciones cada vez más diferenciados. En el cuerpo humano, por ejemplo, los huesos, músculos, nervios, tendones, ligamentos, cartílagos, piel; en una palabra, todos los tejidos tienen a las células por elemento, o al menos por origen. Pero en todos los seres orgánicos celulares, desde el amibo, que es un simple albuminoide la mayoría del tiempo sin membrana, con un núcleo interno, hasta el hombre, desde la más pequeña desmidiácea unicelular hasta la planta más elevada, las células no poseen más que una manera de multiplicarse: la división. El núcleo celular se estrangula primero por la mitad; el estrangulamiento que separa las dos partes del núcleo deviene cada vez más endeble, hasta que al fin se separan y forman dos núcleos celulares. El mismo proceso se lleva a cabo en la misma célula: cada uno de los núcleos se convierte en el centro de un agregado de materia celular unido al otro por medio de un estrangulamiento que se debilita cada vez más hasta separarse y continuar viviendo como dos células independientes. Por medio de tales divisiones repetidas, el germen del huevo animal deviene después de la fecundación el animal adulto; y en éste la sustitución de tejidos desgastados se realiza de la misma manera. Llamar a este fenómeno "composición" y tratar de fantasía pura la denominación de "evolución" es la obra de un hombre (lo que apenas puede creerse hoy) que ignora todo lo relativo al fenómeno: pues, en el sentido propio del término, hay aquí evolución, pero de ninguna manera composición.

Más adelante aclararemos el sentido que el señor Duhring da a la palabra *vida*. Veamos lo que representa con la denominación de vida.

"El mundo inorgánico es igualmente un sistema de movimientos que se realizan por sí mismos; mas no debe comenzarse a hablar de vida propiamente dicha, en el sentido estricto y riguroso del término, sino allí donde nace una diferencia verdadera, donde la circulación de sustancias se hace por canales especiales desde un punto inferior de un esquema de germen transmisible a una forma más pequeña".

Esta frase es, en sentido estricto y riguroso, un sistema de movimientos (¡Dios mío!, ¿qué hay en todo esto?) de ineptitud que se realizan por sí mismos, sin hablar del caos reinante. Si la vida no comienza sino con la diferenciación propiamente dicha, es preciso situar en el reino de la muerte todos los protistas de Haeckel y acaso todavía más, según el sentido que se atribuye a la idea de diferenciación. Si la vida sólo comienza allí donde esta diferenciación es transmisible por medio de un germen más pequeño, esto son por lo menos todos los organismos, remontándonos hasta los unicelulares y comprendidos aquellos de estos últimos que no son vivos. Si la característica de la vida es la circulación de las sustancias por medio de canales especiales, es necesario borrar de la lista de los seres vivos, además de aquellos de que acabamos de hablar, toda la clase superior de los celentéreos, a excepción de las medusas, y, por lo tanto, todos los pólipos y restantes fitozoarios. En fin, si la circulación de las sustancias por canales especiales a partir de un punto inferior es el criterio esencial de la vida, debemos declarar muertos a todos los animales que carecen de corazón o que poseen más de uno, o sea, además de los seres anteriormente citados, los gusanos, las estrellas de mar y los rotíferos (*anuloida* y *annulosa*, según la clasificación de Huxley), una parte de los crustáceos (cangrejos) e incluso un no vertebrado, el anfioxo. Esto sin contar todo el reino vegetal.

Por lo tanto, cuando el señor Duhring pretende caracterizar la vida propiamente dicha en el sentido estricto y riguroso del término da de la vida cuatro criterios enteramente contradictorios, de los cuales uno condena a muerte eterna no solamente a la totalidad del reino vegetal, sino también a la mitad casi del reino animal. ¡Verdaderamente no puede decirse que nos engañe prometiéndonos "resultados completamente nuevos y concepciones esencialmente originales"!

En otro lugar se lee: "Igualmente en la naturaleza todos los organismos, desde el más inferior hasta el más elevado, tienen un tipo simple en la base", y este tipo puede ser descubierto íntegramente en sus rasgos esenciales en el movimiento más secundario de la planta "menos perfecta". También esta afirmación en su integridad "es una tontería". El tipo más simple que puede descubrirse en toda la naturaleza orgánica es la célula, siendo ésta la base de los organismos superiores. Pero entre los organismos menos desarrollados se encuentran una multitud de seres inferiores a la célula protoamibo, un simple núcleo albuminoide, sin ninguna diferenciación, toda una serie de maneras y todos los sifoneos. La totalidad de estos seres no tienen nada de común con los organismos superiores, sino que su elemento esencial es la albúmina, y que realizan en consecuencia las funciones de la albúmina, o sea que viven y mueren.

El señor Duhring nos dice todavía: "Fisiológicamente, la sensación se halla ligada a la existencia de un aparato nervioso, por simple que sea. La característica de todos los seres animales, por lo tanto, es la de ser capaces de sensaciones, o sea de una percepción subjetiva consciente de sus estados interiores. El límite preciso entre la planta y el animal reside allí donde se realiza el salto hacia la sensación. Y, lejos de borrarse por las formaciones intermediarias conocidas, se hace necesario para estas formaciones indecisas e indistintas, convirtiéndose para ellas en una necesidad lógica". Y más adelante dice: "Las plantas, por el contrario, están absolutamente desprovistas de todo rastro de sensación y carecen de las condiciones necesarias".

Fue Hegel quien dijo en su *Filosofía de la naturaleza* que "la sensación es la diferencia específica, el signo absolutamente distintivo del animal" (!). Vemos una vez más otra "grosería" de Hegel, que, por el hecho solo de adoptarla Duhring, queda elevada a la dignidad de verdad definitiva y sin apelación.

Segundo. Oímos hablar ahora por vez primera de formaciones intermedias indecisas e indistintas (¡qué enjuague!) entre el animal y la planta. Estas formas intermedias existen; hay organismos de los cuales no podemos decir con carácter absoluto si son plantas o animales, ni podemos establecer rigurosamente el límite entre la planta y el animal... ¡Todo lo cual crea en Duhring la necesidad lógica de fijar un criterio que al mismo tiempo reconoce como inadmisible!

No tenemos necesidad de remontarnos hasta este reino oscuro intermediario entre el reino vegetal y animal. ¿Puede afirmarse que las sensitivas, que al contacto más leve despliegan sus hojas y cierran sus corolas, o que las plantas insectívoras estén desprovistas del menor rastro de sensación y no posean las condiciones necesarias? El propio señor Duhring no se atrevería a intentarlo.

Tercero. Es una fantasía pura pretender, como Duhring, que la sensación está ligada fisiológicamente a la existencia de un aparato nervioso cualquiera. No sólo la totalidad de los seres primitivos, sino también les fitozoarios, o por lo menos la gran mayoría de ellos, carecen del menor rastro de aparato nervioso. Sólo a partir de los gusanos se encuentra, y el señor Duhring es el primero en pretende que estos animales no tienen sensaciones porque carecen de nervios. La sensación no se halla ligada necesariamente a los nervios, sino a ciertos cuerpos albuminoides que aún no han sido determinados con precisión.

Por lo demás, los conocimientos biológicos del señor Duhring están caracterizados suficientemente por la siguiente pregunta, que no vacila en formular a Darwin: "¿Será igualmente la planta el punto de partida de la evolución animal?" Esta pregunta sólo puede ser formulada por un hombre que no sabe nada de animales ni plantas.

De la vida en general, Duhring nos dice solamente: "El cambio de sustancias que se efectúa por medio del esquematismo plástico y creador (¡en nombre del cielo!, ¿qué es esto?) continúa siendo en todo momento el carácter distintivo del proceso vital propiamente dicho".

Esto es todo lo que nos enseña acerca de la vida, y permanecemos encharcados hasta las rodillas con "este esquematismo plástico y creador" en el inepto galimatías de la más pura jerga duhringiana. Si, a pesar de todo, queremos saber qué es la vida deberemos averiguarlo con nuestros propios recursos.

El cambio orgánico de sustancia es el fenómeno más general y característico de la vida. Esto se ha dicho desde hace treinta años millones de veces por los autores de libros de química biológica o de biología química, y el señor Duhring se limita a traducir esta verdad en su lenguaje, tan elegante y claro como se sabe. Pero definir la vida como cambio orgánico de sustancia es definirla... como vida, pues el cambio orgánico de sustancia o el cambio de sustancia con "esquematismo plástico y creador" son expresiones que tienen necesidad a su vez de una explicación por la vida, de una explicación por la diferencia entre lo que es orgánico e inorgánico, o sea entre lo que vive y lo que no vive. Esta explicación no nos permite, pues, avanzar un solo paso.

El cambio de la sustancia como tal se produce también fuera de la vida. Existen una serie de procesos químicos en los cuales se ve a un cuerpo engendrar siempre sus condiciones siempre que se le provea de suficiente materia bruta. Así, cuando se fabrica ácido sulfúrico por la combustión del azufre, se produce el anhídrido sulfuroso SO_2, y si se le agrega vapor de agua y ácido nítrico, el anhídrido sulfuroso absorbe el vapor de agua y el oxígeno y se transforma en ácido sulfúrico ($SO_4 H_2$). Eliminando el oxígeno, el ácido nítrico se convierte en ácido nitroso, el cual, tomando inmediatamente del aire oxígeno nuevo, pasa a un grado más elevado de oxidación, devolviendo después este oxígeno y recomenzando nuevamente este mismo proceso, de tal manera que teóricamente una cantidad infinitamente pequeña de ácido nítrico es suficiente para cambiar en ácido sulfúrico una cantidad ilimitada de anhídrido sulfuroso, oxígeno y agua.

El cambio de sustancia se produce, además, por el paso del líquido a través de las membranas orgánicas muertas e incluso de las membranas inorgánicas, así como de las células artificiales de Traube. No nos damos cuenta todavía de que el cambio de sustancia no nos permite avanzar un paso, pues el cambio particular de sustancia que debe explicar la vida tiene a su vez necesidad de ser explicado por la vida. Se precisa, pues, buscar otra cosa.

La vida es el modo de existencia de los cuerpos albuminoides, el cual consiste esencialmente en que estos cuerpos renueven constantemente por sí mismos sus elementos químicos.

Interpretamos aquí la definición de cuerpos albuminoides en el sentido que le da la ciencia moderna, la cual comprende con este nombre todos aquellos cuerpos cuya composición es análoga a la de la albúmina ordinaria. La denominación es desafortunada, porque la albúmina ordinaria es, de las sustancias análogas, la menos viva, la más pasiva, puesto que es en la yema del huevo simple sustancia nutritiva para que el germen se desarrolle.

Pero, mientras no podamos avanzar más respecto a la composición química de los cuerpos albuminoides, este nombre será el mejor, por ser el más general.

En todo lugar en que encontremos vida la hallamos ligada a un cuerpo albuminoide, y allí donde encontramos un cuerpo albuminoide que no esté en descomposición tenemos sin excepción fenómenos vitales. Indudablemente, la presencia de otras síntesis químicas es necesaria en un cuerpo vivo para llegar a las variaciones determinadas de estos fenómenos vitales, para que se diferencien; pero no son necesarios a la vida pura y simple sino en la medida en que son asimilados como alimento y transformados en albúmina. Los seres vivos menos desarrollados que conocemos son precisamente los simples núcleos albuminoides, los cuales manifiestan ya todos los fenómenos vitales esenciales.

¿En qué consisten estos fenómenos vitales que aparecen en todas partes y que se encuentran en todos los seres vivos? Ante todo, en que los cuerpos albuminoides toman de su alrededor otras sustancias convenientes, las absorben y asimilan, al mismo tiempo que las partes gastadas de este cuerpo se descomponen y son desasimiladas. Otros cuerpos no vivientes cambian, se descomponen y combinan también en el curso natural de las cosas, pero entonces cesan de ser lo que eran anteriormente. La roca descompuesta en polvo no es ya una roca; el metal que se oxida se transforma en herrumbre. Pero lo que en la materia muerta es causa de desaparición, en la albúmina es *condición esencial de existencia*.

A partir del momento en que cesa esta metamorfosis ininterrumpida en los cuerpos albuminoides y este cambio permanente de elementos asimilados, a partir de este momento cesa de vivir el cuerpo albuminoide: se descompone, muere. La vida, el modo de existencia de este cuerpo albuminoide, consiste ante todo en que es al *mismo tiempo el mismo y otro*, y esto no como consecuencia de la influencia exterior, como puede suceder con las materias no vivientes. La vida, por el contrario, el cambio de sustancias por medio de la alimentación y eliminación, es un proceso que se realiza por sí mismo, que es inmanente, innato a su sustratum, la albúmina, y no puede producirse sin él. Se deduce de esto que si la química lograse producir alguna vez albúmina artificialmente, esta albúmina manifestaría fenómenos vitales, por débiles que fuesen. Indudablemente, puede preguntarse si la química descubriría al mismo tiempo los alimentos convenientes a esta albúmina.

De este cambio de sustancia por vía alimenticia y eliminatoria, considerado como función esencial de la albúmina y de la plasticidad que le es propia, se deducen los restantes factores simples de la vida: la irritabilidad, implicada ya en la acción recíproca entre la albúmina y su nutrición; la contracción, que se manifiesta en un grado muy inferior de la escala por medio de la absorción de los alimentos; la facultad de crecimiento, que en los grados más inferiores comprende la generación por división; en fin, el movimiento interno, sin el cual no serían posibles la absorción ni la asimilación de los alimentos.

Nuestra definición de la vida es, ciertamente, muy insuficiente, y, lejos de comprender *todos* los fenómenos vitales, se limita necesariamente a aquellos que son más generales y sencillos. Científicamente, todas las definiciones tienen poco valor. Para poseer un conocimiento completo de lo que es la vida, haría falta recorrer todas las formas en que se manifiesta, desde la más inferior a la más elevada. Mas para el uso diario, las definiciones son muy cómodas y hay casos en que es difícil prescindir de ellas; tienen sus inconvenientes mientras no se olvidan sus defectos inevitables.

Volvamos ahora al señor Duhring. Cuando se halla mal acomodado en el dominio de la biología terrestre, sabe consolarse refugiándose en su cielo estrellado. "No sólo la constitución particular de un órgano de sensación, sino todo el mundo objetivo, tiene por fin la aparición del placer y del dolor. Y la significación de este acuerdo universal, *lejos de ser mediocre, es la llave del universo de las sensaciones.* De esta manera, el universo cósmico objetivo no nos es mucho más extraño que el universo subjetivo. La constitución de ambos reinos debe ser concebida como un modelo único, con lo cual obtenemos las bases de una fisiología que tiene una trascendencia ultraterrestre".

¿Qué pueden pesar algunas faltas groseras en la ciencia terrestre para quien tiene en su bolsillo la llave del universo de las sensaciones? *Allons donc!*

VII

MORAL Y DERECHO: VERDADES ETERNAS

Nos abstenemos de reproducir los botones de muestra de tonterías, sentencias y oráculos que abundan en las cincuenta páginas que el señor Duhring ofrece a sus lectores como ciencia profunda de los elementos de la conciencia.

Citamos solamente el siguiente: "quien no es capaz de pensar más que con ayuda del lenguaje nunca supo lo que es el pensamiento abstracto aislado, pensamiento verdadero". Siendo así, los animales son los pensadores más abstractos y verdaderos, pues nunca se turba su pensamiento por la intervención del lenguaje. Vemos bien por los pensamientos de Duhring y el lenguaje con que los expresa que no están hechos para una lengua cualquiera, como tampoco nuestro lenguaje para estos pensamientos.

Por fin, en la cuarta parte, además de estos discursos vacíos, presenta opiniones tangibles respecto a *la moral y el derecho*. Desde el principio se nos invita a hacer un viaje por otros planetas; los elementos de la moral "deben encontrarse de una manera concordante entre todos los seres no humanos, entre los cuales la inteligencia activa debe establecer un orden consciente en sus movimientos vitales e instintivos"… A pesar de todo, no es preciso preocuparse mucho por estas inferencias… Pero siempre será una idea adecuada *a ampliar de una manera provechosa nuestro* horizonte representarnos la vida individual y social en otros planetas sometida a un plan tal que no puede ni abolir la constitución general y esencial de un ser que obra de una manera razonable, escapar a sus leyes".

Por excepción en ese caso es al comienzo y no al final del capítulo donde se afirma el valor de las verdades del señor Duhring para todos los mundos posibles, lo mismo que para el nuestro; existe para esto una razón excelente. Cuando se ha establecido que las ideas de Duhring sobre la moral y la justicia valen para todos los mundos, será muy fácil extender de "una manera provechosa" a todos los tiempos el dominio para el cual son valederas. Nuevamente se trata nada menos que de verdades definitivas y sin apelación. El mundo moral "como el de la ciencia general tiene sus principios permanentes y sus elementos simples"; los principios morales son "superiores a la historia y a las diferencias actuales entre los caracteres étnicos". Las verdades particulares de que se compone en el curso de la evolución la conciencia moral pueden, por poco que se las investigue en sus orígenes, pretender un valor y una extensión análogas a las de las nociones y aplicaciones matemáticas. Por regla general, las verdades auténticas son siempre verdades inmutables... de manera que supone una estupidez pretender hacer creer que el tiempo y los cambios en la realidad afectan a la realidad del conocimiento. La "certeza del saber riguroso y el valor del conocimiento común son de tal naturaleza que por poco que reflexionemos no podremos dudar del valor absoluto de los principios del saber".

"Por eso mismo la duda que persiste es sólo una debilidad y el síntoma de una confusión caótica, que en ocasiones quiere revestirse aparentemente de una cierta solidez por la conciencia sistemática que toma de *su nada*. En materia moral la negación de los principios universales se aferra a la diversidad geográfica e histórica de las costumbres y principios, y por poco que se admita la existencia necesaria, inevitable, del mal moral cree haber terminado con la realidad de los instintos morales unánimes, con su valor y eficacia. Este *escepticismo disolvente* que se ejerce no contra una determinada teoría falsa, sino contra la misma facultad que el hombre posee de llegar a una moralidad consciente, conduce en definitiva a una nada verdadera, incluso a algo peor que el puro nihilismo... Se jacta de reinar sin esfuerzo en medio del caos *confuso* de las ideas morales disueltas y de poder abrir de par en par las puertas al capricho sin ley. Pero su error es inmenso, basta señalar lo que sucede necesariamente al entendimiento cuando se trata de la verdad y el error para hacer comprender, sólo por medio de esta analogía, que la falibilidad natural no excluye para nada la posibilidad del éxito".

Hemos aceptado hasta aquí todas las declaraciones pomposas del señor Duhring respecto a las verdades definitivas y sin apelación, la soberanía del pensamiento, la absoluta certeza del conocimiento; pero hemos llegado a un punto en que el problema debe ser examinado. Hasta ahora bastaba con investigar en qué medida tal proposición de la filosofía de la realidad "posee un valor absoluto" y contiene "una verdad incondicionada"; hoy se trata de saber de una manera general si existen productos del conocimiento humano que puedan pretender un valor absoluto y el carácter de verdad incondicionada. Cuando digo del conocimiento humano, carezco de intención ofensiva para los habitantes de los demás planetas a quienes no tengo el honor de conocer; si lo digo es porque los animales también poseen la facultad de conocer, aunque nunca su conocimiento es soberano. El perro reconoce a su dueño como a un dios, aunque aquél pueda ser un granuja.

El pensamiento humano ¿es soberano? Antes de responder, afirmativa o negativamente es preciso analizar lo que es el pensamiento humano. ¿Es el pensamiento de un hombre solo? No. Pero sólo existe como el pensamiento aislado de muchos millares de hombres pasados, presentes y futuros. Bien. Cuando digo que este pensamiento de todos les hombres, comprendidos los del futuro, de los cuales yo hago la síntesis en mi espíritu; cuando digo que este pensamiento es soberano, capaz de conocer el mundo, por poco que la humanidad subsista, y que no se produce en los órganos ni en los objetos del conocimiento modificación susceptible de limitarlo, afirmo una banalidad, completamente inútil además. El resultado más precioso de esta idea sería hacernos desconfiados en exceso respecto a nuestro conocimiento actual; pues es infinitamente probable que estemos muy poco alejados del comienzo de la historia humana y que las generaciones que nos corregirán serán mucho más numerosas que aquellas a las que tenemos ocasión de corregir (no sin gran desdén por nuestra parte).

El propio señor Duhring confiesa que la conciencia y, por lo tanto, el pensamiento y el conocimiento, sólo pueden manifestarse en una serie de seres individuales. El pensamiento de cada uno de estos seres no puede denominarse soberano más que en la medida en que no conocemos un poder capaz de imponerle por la fuerza ningún pensamiento. Mas en lo que concierne al valor soberano de los conocimientos de cada ser individual, sabemos que no hay cuestión, y todas nuestras experiencias pasadas nos demuestran que estos conocimientos, sin excepción alguna, son bastante más ricos en elementos perfectibles que en elementos imperfectibles y perfectamente exactos.

En otros términos, la soberanía del pensamiento se realiza en una cadena de seres humanos cuyo pensamiento es extremadamente poco soberano; y el conocimiento que aspira incondicionalmente a la verdad, en una serie de errores relativos, no pudiendo ninguno ser plenamente realizado más que por la humanidad en el curso de una vida de duración infinita.

Nuevamente estamos ante una contradicción parecida a la que hemos señalado entre el carácter del pensamiento humano que nos representamos como absoluto y la realidad de este pensamiento en una multitud de seres humanos individuales de pensamiento limitado, la cual no puede resolverse sino en el progreso infinito, en la serie prácticamente infinita de las generaciones humanas sucesivas. En este sentido el pensamiento humano posee la soberanía y no la posee, y su capacidad de conocer es tan limitada como ilimitada. Soberana e ilimitada por su naturaleza, su vocación potencial y su objetivo final en la historia; pero sin soberanía y limitada en cada una de sus realizaciones y en cualquiera de sus estados.

Lo mismo sucede con las verdades eternas. Si alguna vez la humanidad sólo tuviera que preocuparse de verdades eternas, resultados del pensamiento soberano en cuanto a su valor e incondicionados en su verdad, habría llegado al punto en que la infinitud intelectual del mundo estaría agotada en potencia como en acción, habiéndose realizado así el milagro de lo innumerable numerado.

Sin embargo, hay verdades tan bien establecidas que la menor duda respecto a ellas nos parece sinónimo de locura: dos y dos son cuatro, los tres ángulos de un triángulo son iguales a dos rectos. París está en Francia, un hombre privado de alimentación se muere de hambre, etc., ¿Existen, pues, a pesar de todo, verdades eternas sin apelación?

Ciertamente. Podemos, siguiendo una antigua tradición, dividir en tres partes el dominio, el conocimiento. La primera comprende todas las ciencias de la naturaleza no viviente, más o menos susceptibles de ser tratadas matemáticamente; matemáticas, astronomía, física, mecánica, química. Si hay alguien a quien le agrade utilizar palabras pomposas para cosas muy sencillas puede decir que *ciertos* resultados de estas ciencias, llamadas por eso *exacta*, son verdades eternas, verdades definitivas y sin apelación; ciertos resultados, pero no todos, y ya es bastante. La introducción de las magnitudes variables, la extensión de su variabilidad a lo infinitamente pequeño y a lo infinitamente grande ha hecho incurrir a los matemáticos más austeros en el pecado original: comieron el fruto del árbol de la sabiduría, abriéndose de esta manera la vía de los progresos gigantescos, pero también la de los errores. Perdido para siempre el estado virginal en el que todo lo que era matemático tenía un valor absoluto y quedaba demostrado de una manera irrefragable, se abrió el reinado de las controversias y en el punto en que nos encontramos la mayor parte diferencian e integran sin comprender lo que hacen, por un acto puro de fe, porque hasta ahora siempre obtuvieron buen resultado. El estado de la astronomía y de la mecánica es aún peor. Y en la física y química se está en medio de hipótesis como en un enjambre de abejas. Y no puede ser de otra manera.

En física tenemos un movimiento de moléculas; en química, a las moléculas formadas de átomos, y si la interferencia de las ondas luminosas no es un mito no tenemos posibilidades de ver nunca con nuestros ojos estas cosas interesantes. Las verdades definitivas y sin apelación son en este dominio notablemente raras según pasa el tiempo.

Peor aún es lo que sucede en geología. Por su naturaleza se ocupa esta rama de la ciencia de fenómenos a los cuales no sólo nosotros, sino ningún hombre ha asistido. En este dominio es muy difícil cazar verdades definitivas y sin apelación.

La segunda categoría de las ciencias es aquella que comprende el estudio de los organismos vivos. Aquí se desarrolla una vegetación tan lujuriosa de relaciones de causalidad recíproca, que cada cuestión que se resuelve plantea una infinidad de problemas nuevos. Más todavía. Cada cuestión particular sólo puede resolverse de una manera fragmentaria por una serie de investigaciones que en ocasiones exigen siglos. Al mismo tiempo la necesidad de obtener la generalidad, de sistematizar, obliga incesantemente a recubrir algunas verdades definitivas y sin apelación de una exuberante floración de hipótesis.

¡Cuántos intermediarios no han sido necesarios, desde Galeno a Malpighi, para establecer exactamente un hecho tan sencillo como la circulación de la sangre en los mamíferos! ¿Qué sabemos del origen de los glóbulos de la sangre, ni cuántos eslabones nos faltan para establecer una ligazón racional entre los síntomas de una enfermedad y sus causas? De otra parte, vemos producirse con bastante frecuencia descubrimientos como el de la célula, que nos obligan a someter a una revisión total todas las verdades biológicas definitivas y sin relación, y a eliminar de una vez para siempre un buen número de ellas. Quien, por lo tanto, quiera establecer verdades auténticas, invariables, habrá de contentarse con vulgaridades como las siguientes: Todos los hombres son mortales, todos los mamíferos hembras tienen mamas, etc., y no podrá siquiera decir que todos los animales superiores digieren con el estómago y el intestino y no con la cabeza, puesto que la actividad nerviosa centralizada en la cabeza es necesaria a la digestión.

Las verdades eternas tienen todavía una parte menos brillante en el tercer grupo de ciencias, en las ciencias históricas que estudian las condiciones de la existencia humana, los estados sociales, formas jurídicas, y políticas, así como la superestructura ideológica, la filosofía, religión, arte, etc., en su evolución histórica y en su estado actual. En la naturaleza orgánica tenemos por lo menos una serie de fenómenos que, en tanto que los observamos inmediatamente se repiten de una manera bastante regular y en límites muy amplios.

Las especies orgánicas han continuado siendo las mismas, en general, desde Aristóteles. En la historia de la humanidad, al contrario, desde que superamos el estado, primitivo de la humanidad, la edad de piedra, la repetición constituye la excepción y no la regla, e incluso allí donde el fenómeno se repite no lo hace nunca exactamente en las mismas circunstancias: la presencia de la propiedad común primitiva del suelo entre los pueblos civilizados y la forma de su disolución. En el dominio de la historia de la humanidad nuestra ciencia está bastante menos avanzada que en biología. Más aún, cuando excepcionalmente se llega a reconocer la ligazón íntima entre las formas y las instituciones políticas y sociales de una época es regularmente cuando estas formas caminan hacia su decadencia. El conocimiento en este aspecto es, por lo tanto, esencialmente relativo, en el sentido que queda reducido a conocer las relaciones y las formas políticas y sociales determinadas que son su consecuencia, las cuales sólo existen para una época y un pueblo dados, y que poseen un carácter perecedero. Aquel que aspira a la caza de verdades definitivas y sin apelación, de verdades auténticas e inmutables, volverá con el zurrón vacío u obtendrá una colección de lugares comunes de la más baja cualidad, como los siguientes, por ejemplo: generalmente los hombres no pueden vivir sin trabajar; corrientemente están divididos en dominadores y dominados; Napoleón murió el 5 de mayo de 1821, etc.

Merece señalarse que es precisamente aquí donde se encuentra mayor número de pretendidas verdades eternas, verdades definitivas, sin apelación, etc. No se proclaman verdades eternas las siguientes proposiciones: dos y dos son cuatro, los pájaros tienen pico, etc., sino que se tiene el propósito de deducir, de la existencia de verdades eternas en general, que también en el dominio de la historia de la humanidad existen esta clase de verdades, una moral eterna, una justicia eterna, etc., las cuales tienen un valor y trascendencia análogos a las verdades y aplicaciones matemáticas. Podemos suponer que en la ocasión primera el mismo amigo de los hombres declarará que todos los fabricantes de verdades eternas, anteriores a él, son en mayor a menor grado asnos o charlatanes, que se hallan equivocados, que su error y falibilidad son naturales y demuestra la verdad adecuada para él, y que el profeta que ha surgido al fin posee la verdad definitiva y sin apelación, la moral eterna, la justicia eterna, definitivamente creada. Todo esto se ha visto ya cientos y miles de veces, y hay que asombrarse de que todavía existan hombres lo suficientemente crédulos para creerlo, no de los demás, sino de sí mismos. A pesar de todo, nos encontramos nuevamente en presencia de un profeta semejante, que, siguiendo la costumbre, se encoleriza cuando alguien niega que un solo hombre sea capaz de concedernos la verdad definitiva y sin apelación. Negarlo, emitir siquiera una duda, supone debilidad, confusión caótica, escepticismo disolvente, algo peor que el nihilismo puro, y otros cumplimientos análogos. Como todos los profetas, en lugar de un estudio y juicio científico y crítico, se recurre a los anatemas morales. Podíamos haber citado las ciencias que estudian las leyes del pensamiento humano, la lógica y la dialéctica. Pero tampoco aquí salen mejor paradas las verdades eternas. La dialéctica propiamente dicha no es para el señor Duhring más que un contrasentido, y las obras numerosas que se han escrito y todavía se escriben sobre lógica demuestran suficientemente que las verdades definitivas y sin apelación son bastante más raras de lo que se cree.

Por otra parte, no hay motivo para asustarnos porque el grado de conocimientos a que hemos llegado sea tan poco definitivo como los que le han precedido. Poseemos ya un material enorme de ideas y hechos que exige una especialización muy grande en los estudios para quien quiera familiarizarse con cualquier rama de la ciencia. Aquel que aplica la medida de una verdad inmutable definitiva y sin apelación a conocimientos que por la naturaleza de su objeto o bien permanecen relativos para una larga serie de generaciones, completándose sólo fragmentariamente, o bien, como sucede en la cosmogonía, geología, historia, permanecerán siempre, dada la insuficiencia de los materiales, incompletos y llenos de lagunas; el que hace esto, digo, demuestra sOlamente su propia ignorancia e incomprensión, aún en el caso de que el fondo real de sus declaraciones no sea, como en este caso, la pretensión a la infalibilidad personal. La verdad y el error, como todas las determinaciones del pensamiento que se oponen radicalmente, sólo tienen valor absoluto en los límites estrechos, según hemos visto, y el señor Duhring lo sabría también si conociera rudimentariamente los primeros elementos de la dialéctica, que demuestran precisamente que todas las antítesis absolutas son inadecuadas. Desde que trasladamos fuera de este dominio estrecho que hemos delimitado la antítesis de la verdad y el error deviene relativo, ya no puede ser utilizada en el lenguaje riguroso de la ciencia. Si pretendemos aplicar la fuerza de este dominio dándola un valor absoluto, nuestro fracaso es completo: los dos polos de la antítesis se convierten en sus contrarios, la verdad se transforma en error, y el error, en verdad. Tomemos, por ejemplo, una ley bien conocida, la ley de Boyle, según la cual para una temperatura constante el volumen de los gases es inversamente proporcional a la presión a que están sometidos. Regnault descubrió que esta ley no es exacta en todos los casos. Si hubiera sido un "filósofo de la realidad", como el señor Duhring, se hubiera visto obligado a decir: la ley de Boyle no es inmutable, por lo tanto, no es una verdad, es un error. Pero si hubiera dicho esto habría cometido un error bastante mayor que el contenido en la ley de Boyle; su grano de verdad habría desaparecido en un montón de errores; de su resultado primitivo, exacto, habría deducido un error, comparado al cual la ley de Boyle con el pequeño error que contenía parecería una verdad. Pero Regnault, espíritu científico, antes que incurrir en tales puerilidades, continuó sus investigaciones descubriendo que la ley de Boyle sólo es aproximadamente exacta y que principalmente tiene valor para los gases liquidados por la presión, desde que la presión se aproxima al punto de producción de la licuefacción.

¿Es cierta de una manera absoluta, definitiva en el interior de esos límites? Ningún físico lo pretenderá. Dirá que vale para ciertos gases en límites determinados de temperatura y presión, e incluso en estos límites restringidos no excluirá la posibilidad de una limitación aún más estrecha, o de una modificación de la fórmula como consecuencia de investigaciones posteriores. Así es como se presentan en física, por ejemplo, las verdades definitivas y sin apelación. Por esto en los trabajos verdaderamente científicos se evitan por regla general las expresiones dogmáticas y morales de verdad y error, mientras que abundan en los libros semejantes a la *Filosofía de la realidad*, en los cuales se pretende imponer un verbalismo vacío como supremo resultado del pensamiento supremo.

Los lectores ingenuos preguntarán quizá dónde ha declarado expresamente el señor Duhring que el contenido de su filosofía de la realidad es una verdad definitiva y sin apelación. ¿Dónde lo hace? Por ejemplo, en el ditirambo que consagra a su sistema, del cual hemos dado algunos extractos en el capítulo II. O cuando dice en la frase citada anteriormente: "Las verdades morales, por poco que se examinen hasta sus raíces últimas, pueden aspirar a un valor análogo al de las verdades matemáticas". Y ¿no tiene el señor Duhring la pretensión de haber obtenido por su punto de vista puramente crítico y su análisis penetrante estas razones últimas, estos esquemas esenciales, y haber conferido, por lo tanto, a las verdades morales el carácter de verdades definitivas y sin apelación? O bien, si no ha definido tal pretensión ni para sí ni para su época y sólo quiso decir que acaso un día no lejano podrán ser establecidas verdades definitivas y sin apelación, si se contenta con decir lo mismo casi que "el escepticismo disolvente" y "los espíritus en lo que reina una confusión caótica"; ¡ah, entonces!, ¿para qué tanto escándalo? ¿Y qué pretende el señor Duhring?

Si no avanzamos mucho cuando se trata de verdad y error, ¿qué será cuando nos ocupemos del bien y del mal? Esta oposición pertenece exclusivamente al dominio moral, o sea a un dominio que pertenece a la historia de la humanidad, en el cual precisamente escasean más las verdades definitivas y sin apelación. Las ideas del bien y del mal han variado tanto de pueblo a pueblo y de siglo a siglo, que incluso se han encontrado frecuentemente en contradicción. Se objeta que el bien no es, sin embargo, el mal, y el mal no es el bien; que si se confunden ambos desaparece toda moralidad, y cada cual puede admitir y desear lo que quiera. Éste es, despojándole del tono de oráculo con que le reviste, el pensamiento de Duhring. La cuestión no es tan sencilla; si fuera tan poco complicada no se disputaría nunca sobre el bien y el mal, pues cada cual conocería lo que es bueno o malo. ¿Cuál es la situación actual? ¿Qué moral se nos predica? Tenemos primero la moral cristiana, feudal, heredada de los siglos creyentes; la cual se divide esencialmente en moral católica y protestante, sin perjuicio de subdivisiones nuevas desde la moral de los jesuitas y del protestantismo ortodoxo hasta la moral "avanzada".

A su lado tenemos la moral burguesa moderna, y también la moral proletaria del porvenir, de tal suerte, que en los países europeos de civilización más avanzada el pasado, el presente y el futuro ofrecen tres grandes tipos de teorías morales que están en vigor simultáneamente.

¿Cuál es la verdadera? Ninguna, en el sentido absoluto de la verdad definitiva. Pero con seguridad la moral que contiene más elementos durables y la que actualmente representa la negación del presente, el porvenir, es la moral proletaria. Cuando vemos que cada una de las tres clases de la sociedad moderna, aristocracia feudal, burguesía y proletariado, tienen su moral propia, sólo podemos deducir una conclusión y es que, consciente o inconscientemente, las ideas morales de los hombres, en último análisis, derivan de la situación práctica de su clase, del estado económico de su producción y cambio.

Existen, sin embargo, bastantes elementos comunes a estas tres teorías morales. ¿No serán estos elementos por lo menos una parte de la moral fijada para siempre, de la moral eterna? Estas teorías morales representan tres grados diferentes de una misma evolución histórica, teniendo, por lo tanto, un substratum histórico común, y por ello, necesariamente bastante rasgos comunes. Más aún: a grados idénticos o aproximadamente idénticos de la evolución económica deben corresponder teorías morales que necesariamente concuerdan con ellos en mayor o menor grado. A partir del momento en que se desarrolla la propiedad privada de los objetos mobiliarios, una ley moral surge como común a todas las sociedades que admiten la propiedad privada: No robarás. Esta ley por sí misma, ¿es una ley moral eterna? De ninguna manera. En una sociedad en la cual no existan motivos de robo, o que sólo se pueda ser robado por un enfermo, ¡qué carcajadas no acogerían al predicador moral que quisiera solemnemente proclamar la verdad eterna: No robarás!

Por lo tanto, rechazamos toda tentativa de imponernos un sistema cualquiera de moral dogmática como la ley moral eterna, definitiva, inmutable, con el pretexto de que también el mundo moral, tiene sus principios permanentes superiores a la historia y a las diversidades étnicas. Afirmamos, por el contrario, que toda teoría moral ha sido hasta ahora producto, en último análisis, del estado económico de la sociedad en la época correspondiente. Y como la sociedad hasta ahora se ha desenvuelto dentro de los antagonismos de clase ha sido por lo mismo una moral de clase, que bien ha justificado la denominación y los intereses de la clase reinante, o bien ha representado, cuando la clase oprimida ha sido capaz para ello, la revuelta contra esta dominación y los intereses futuros de los oprimidos.

Es indudable que, en general, se haya producido un progreso de la moral, lo mismo que ha sucedido en las demás ramas del conocimiento humano. Pero aún no hemos superado la moral de clase. Una moral verdaderamente humana, superior a los antagonismos de las clases y sus supervivencias, sólo será posible en una sociedad que haya no solamente superado, sino incluso olvidado en la vida práctica la oposición de las clases. Puede medirse ahora la presunción del señor Duhring que desde el centro de la vieja sociedad dividida en clases pretende, en vísperas de la revolución social, imponer a la sociedad futura que no reconocerá las clases una moral eterna, independiente del tiempo y de los cambios de la realidad. Suponiendo incluso, lo que ignoro todavía, qué comprende la estructura de esta sociedad futura, por lo menos, en sus líneas esenciales.

Para terminar, veamos todavía una revelación "absolutamente original", que penetra también "hasta el fondo de las cosas". Desde, el punto de vista del origen del mal, "el hecho de que el tipo gato con su doblez característica se dé en una forma animal debe colocarse en el mismo plano que la existencia de un carácter análogo en el hombre. El mal no es, pues, nada misterioso, a no ser que se quiera ver algo misterioso en la existencia del gato, o en general de las fieras". El mal es... el gato. El diablo no tiene ya cuernos y pezuñas, sino uñas y ojos verdes. Goethe cometió una falta imperdonable haciendo aparecer a Mefistófeles en forma de perro negro y no de gato. ¡El mal es el gato! He aquí una moral adecuada, no sólo para todos los mundos posibles, sino también... ¡para los gatos!

VIII

MORAL Y DERECHO: LA IGUALDAD

En diferentes ocasiones hemos señalado el método del señor Duhring, que consiste en descomponer cada grupo de objetos del conocimiento en sus supuestos elementos simples, en aplicar a estos elementos axiomas igualmente simples y evidentes, y en continuar la operación con los resultados obtenidos de esta manera. Un problema de la vida social "debe resolverse de una manera axiomática, según fórmulas aisladas, simples y fundamentales, como si se tratara de las formas simples y fundamentales de las matemáticas". La aplicación del método matemático a la historia, a la moral y al derecho debe demostrarnos también la certidumbre matemática de la verdad de los resultados obtenidos y darles el carácter de verdades auténticas e inmutables.

Esto no es más que otra forma del viejo y consuetudinario método ideológico, llamado también *a priori*, que consiste no en conocer las propiedades de los objetos por el estudio de éstos, sino en derivarlas deductivamente del concepto de este objeto. Primero se deriva de un objeto su concepto; después se invierte el todo y se mide el objeto por su copia, el concepto. No es el concepto el que debe adaptarse al objeto, sino éste al concepto.

Para Duhring, los elementos más simples las abstracciones últimas a las que se puede llegar, desempeñan el oficio de conceptos, lo que no cambia en nada la cuestión, pues los elementos más simples son, en el mejor de los casos, de naturaleza puramente conceptual. La filosofía de la realidad se manifiesta todavía como una ideología pura, en la cual la realidad es derivada no de sí misma, sino de la representación.

Cuando una ideología de esta especie construye la moral y el derecho deduciéndolas no de la verdadera situación de los hombres, sino del concepto o de los supuestos elementos simples de la "sociedad", ¿qué materiales se le ofrecen para esta construcción? Los hay, evidentemente, de dos clases: de una parte, los escasos restos de realidad que pueden quedar todavía en estas abstracciones consideradas como punto de partida, y segundo lo que nuestro ideólogo pone de su propia conciencia. ¿Qué hay en esta conciencia? Para la mayoría, ideas morales y jurídicas, que son la expresión más o menos adecuada (positiva o negativa, según que las apruebe o combata) de las realidades sociales y políticas que le rodean; después quizá ideas tomadas de la literatura del problema correspondiente; finalmente, lo que no es imposible, un conjunto de opiniones personales. Nuestro ideólogo puede hacer cuantas contorsiones le plazca, pero la realidad histórica que arrojó por la puerta volverá a entrar por una ventana, y mientras que imagina dictar una moral y una teoría del derecho para todos los mundos y épocas no realiza de hecho más que una imagen deformada, una imagen invertida, como la que da el espejo cóncavo, de las tendencias conservadoras o revolucionarias de su época.

El señor Duhring descompone, pues, la sociedad en sus elementos más simples, y descubre entonces que la sociedad más elemental se descompone por lo menos en dos hombres. Opera entonces con estos dos hombres según el modo axiomático. Y en este caso se ofrece con absoluta naturalidad el axioma moral fundamental: "Dos voluntades humanas son, como tales, *absolutamente iguales* y una no puede exigir positivamente nada de la otra". De esta manera queda formulada "la justicia moral en lo que tiene de esencial"; y asimismo la equidad jurídica, pues "para desarrollar los conceptos jurídicos fundamentales no tenemos necesidad más que de examinar la relación completamente simple y elemental de *dos hombres*".

No es axiomático que dos hombres o dos voluntades humanas sean como tales *absolutamente iguales* entre sí; esto es una exageración excesiva. Dos seres humanos pueden, en primer lugar, ser desiguales, incluso como tales, por el sexo, y esto nos conduce inmediatamente a decir que los elementos más simples de la sociedad (prestémonos por un instante a esta puerilidad) no son dos hombres, sino un macho y una hembra, que fundan *una familia*, forma la más simple y primaria de la asociación con vistas a la producción. Pero esto no conviene de ninguna manera a Duhring, que, de una parte, necesita que los dos hombres estén igualados en lo posible, y segundo, el propio Duhring no conseguirá derivar de la familia primitiva la igualdad moral y jurídica de la mujer y el hombre. De dos cosas una: o bien la molécula social de Duhring, cuya multiplicación debe permitir la construcción de la sociedad entera, está destinada anticipadamente a morir, pues los dos hombres no podrán nunca procrear un hijo, o bien debemos representárnoslos como dos jefes de familia. En cuyo caso todo el esquema fundamental se transforma en su contrario; en lugar de la igualdad de los hombres prueba, a lo sumo, la igualdad de los jefes de familia, y como no se pide la opinión de las mujeres, demuestra además la subordinación de éstas.

Necesitamos hacer al lector la revelación desagradable de que en lo sucesivo no podrá desembarazarse de estos dos famosos individuos. En el dominio de las relaciones sociales desempeñan un papel análogo al "de los habitantes de los otros planetas" con los cuales esperamos haber terminado.

Desde que se trata de resolver una cuestión económica, política, etc., inmediatamente tenemos a nuestros dos hombres que acuden y resuelven la cuestión en un abrir y cerrar de ojos, según el método "axiomático". ¡Admirable descubrimiento, creador y generador del sistema de nuestro filósofo de la realidad! ¡Para ser verídicos no ha sido él quien ha descubierto a los dos, hombres! Estos son comunes a todo el siglo XVIII. Se les encuentra ya en el *Discurso sobre la desigualdad*, de Rousseau (1754), donde prueban, digámoslo de paso, de una manera axiomática lo contrario de lo que anticipa el señor Duhring. Desempeñan un papel capital entre los economistas, desde Adam. Smith hasta Ricardo, pero aquí son desiguales, al menos en el sentido de que cada uno ejerce una profesión distinta—frecuentemente, uno es cazador, y el otro, pescador, cambiando mutuamente sus productos—. Durante todo el siglo XVIII sirven también principalmente como ejemplo o simple ilustración, y la originalidad de Duhring consiste sólo en haber elevado este método a la dignidad de método fundamental de toda ciencia social y de medida de todas las formas históricas. En verdad que no pueden hacerse más asequibles "las concepciones estrictamente científicas de los hombres y las cosas".

Para establecer el axioma fundamental de que dos hombres y sus voluntades son absolutamente iguales entre sí, de manera que ninguna de ellas tiene que ordenar a la otra, no podemos tomar dos hombres cualesquiera. Se necesitan dos hombres suficientemente liberados de toda realidad, de todas las situaciones nacionales, económicas, políticas y religiosas que existen en la tierra, de todas las particularidades sociales y personales, que de ambos no quede más que el concepto desnudo de *hombre*, y entonces con seguridad que son "absolutamente iguales". Son, pues, absolutamente dos fantasmas, evocados por este mismo señor Duhring, que por todas partes acecha y denuncia manejos "espiritistas". Naturalmente, estos dos fantasmas están obligados a hacer cuanto les exige quien les evoca, y justamente por esto todas sus manipulaciones son indiferentes a todo el mundo.

Penetremos, a pesar de todo, en la "axiomática" del señor Duhring. Las dos voluntades no pueden positivamente exigirse nada mutuamente. Si una de ellas lo hace, sin embargo, e impone violentamente sus exigencias, resulta una situación injusta. Por medio de este esquema fundamental explica Duhring la injusticia, la violencia, la servidumbre, en una palabra, toda la lamentable historia que nos precede. Y bien, Rousseau probó en la obra citada anteriormente, con ayuda de los dos hombres, y también de una manera axiomática, lo contrario, o sea que de dos individuos, A no puede someter a B por la violencia, si no es colocando a éste en una situación en la cual no puede prescindir de A, lo que es indudablemente para Duhring una manera demasiado materializada de comprender las cosas. Tomemos otro ejemplo: dos náufragos están solos en una isla y forman una sociedad. Desde el punto de vista formal, sus voluntades son absolutamente iguales, siendo este principio reconocido por los dos. Pero entre ellos existe materialmente una gran desigualdad: A es decidido y enérgico; B, indeciso, perezoso y vago; A es inteligente; B, ignorante. ¿Cuánto tiempo sería preciso para que A imponga su voluntad a B, primero por la persuasión, después por la costumbre, pero siempre en forma libre? Pero que esta forma de libre consentimiento sea salvaguardada o pisoteada, la esclavitud es esclavitud: el paso voluntario a la servidumbre ha durado toda la Edad Media y en Alemania hasta la guerra de los Treinta años. Cuando en Prusia, después de las derrotas de 1806 y 1807 se abolió la servidumbre y con ella la obligación que tenían los señores de cuidar a sus vasallos en la miseria, enfermedades o vejez, los campesinos suplicaron al rey que se les permitiera continuar en servidumbre, pues ¿quién iba a cuidarles cuando padecieran? El esquema de los dos hombres tiene tanto valor, considerado en el sentido de la desigualdad y servidumbre, como en el de la igualdad y asistencia recíprocas. Y siendo necesario considerarlos, bajo pena de muerte o extinción, como jefes de familia, la servidumbre hereditaria queda probada previamente.

Dejemos esto por un instante. Admitamos que nos hayan convencido los axiomas del señor Duhring, que estemos entusiasmados por los derechos absolutamente iguales de las dos voluntades, por la "soberanía humana general", por la "soberanía del individuo", verdaderos colosos verbales, frente a los cuales el "Único" de Stirner con su propiedad no es más que un muchachuelo, aunque tenga derecho a reivindicar su ínfima parte. Henos ya a todos *absolutamente iguales e independientes*. ¿Todos? No; todos, no. Existen también "subordinaciones admisibles", que se explican por razones que no son inherentes a la actividad de las dos voluntades como tales, sino que es preciso buscar "en una tercera esfera, por ejemplo, tratándose de niños, en la insuficiencia de determinación por ellos mismos".

Efectivamente. ¡No hay necesidad de buscar las razones de subordinación en la actividad de las dos voluntades como tales! ¡Naturalmente que no es necesario, pues la voluntad de una está impedida por la otra! ¡Hay que buscarla en una tercera esfera! ¿Cuál es ésta? ¡La determinación concreta de la voluntad oprimida como insuficiente! Nuestro filósofo de la realidad se ha alejado tanto de la realidad que para él, frente a la fórmula abstracta y vacía de la *voluntad*, el contenido real, la determinación característica de esta voluntad corresponde sólo a una "tercera esfera".

Sea lo que fuere, hay que destacar que la igualdad de derechos tiene su excepción, y no es efectiva en una voluntad afectada de insuficiencia en su autodeterminación: *primer retroceso.*

Después, "cuando la bestia y el hombre se han mezclado en una persona puede preguntarse, en nombre de una segunda persona plenamente humana, si su conducta puede ser igual que si no hubiera presentes, por decirlo así, más que personas humanas. Nuestra hipótesis de dos personas moralmente desiguales, una de las cuales participa en cualquier sentido del carácter propio de las bestias, es, por lo tanto, la forma típica y fundamental de todas las situaciones semejantes que pueden existir entre los grupos humanos o en el interior de uno de ellos". Que el propio lector vea ahora la piadosa diatriba que sigue a esta evasiva, y en la cual el señor Duhring se agita como un jesuita para formular casuísticamente hasta qué punto puede servir el hombre humano contra el hombre bestial, en qué medida puede emplearse contra él la desconfianza, la astucia guerrera, los métodos de engaños verdaderamente aterrorizadores sin apartarse de la eterna moral.

Así, pues, la igualdad cesa también allí donde dos personas son "moralmente desiguales". Entonces no valía la pena de evocar a los dos hombres absolutamente iguales entre sí, ya que no hay dos personas que sean absolutamente iguales moralmente. Se dice que la desigualdad consiste en que una es una persona humana, mientras la otra posee algo de bestia. Mas por el solo hecho de que el hombre descienda del reino animal resulta que no se liberará nunca completamente de la bestia, de manera que se trata sólo del más o del menos, de una diferencia en la relación entre la bestialidad y la humanidad.

La división de los hombres en dos grupos rigurosamente delimitados, en hombres humanos y hombres bestias, en buenos y malos, en corderos y locos, no se encuentra fuera de la filosofía de la realidad más que en el cristianismo, que, lógicamente, tiene también su Juez supremo, encargado de hacer la separación entre unos y otros. ¿Quién, sin embargo, en la filosofía de la realidad, será el encargado de pronunciar el juicio último? Sucederá como en la práctica cristiana, en la cual los piadosos corderos se encargan ellos mismos, ignoramos con qué resultado, de ejercer el oficio de jueces supremos contra sus parientes, los lobos profanos.

La secta de los filósofos de la realidad no permanecerá en este punto de vista de los "dulces" y de los "pacíficos". Claro es que esto debe sernos indiferente, pues lo que nos interesa es que se reconozca que, a causa de la desigualdad moral que existe entre los hombres, la igualdad queda nuevamente reducida a la nada: *segundo retroceso.*

Sigamos leyendo. Si uno de los dos obra con arreglo a la verdad y la ciencia, y el otro según supersticiones y prejuicios de cualquier género, se producirán necesariamente choques en sus relaciones recíprocas. En todo caso, en cierto grado de incapacidad, brutalidad o perversidad de carácter, el conflicto será inevitable. No sólo para los niños y los insensatos es *la fuerza* el último recurso. La naturaleza de grupos enteros y de clases sociales puede hacer ineluctablemente necesario *someter* esta voluntad perversa y hostil, por lo tanto, o sea reducirla al poder de los lazos sociales. Aún en este caso, la voluntad extraña es considerada *como dotada de derechos iguales*; pero la perversidad de sus acciones hostiles y nocivas ha hecho necesaria *una sanción compensadora*, sufriendo de rechazo el choque de su propia injusticia.

Así, pues, no solamente la desigualdad moral, sino también la intelectual basta para "eliminar la igualdad plena e íntegra" de las dos voluntades y para instituir una moral que justifica todos los crímenes de los pueblos civilizados expoliadores contra los pueblos atrasados, incluso las crueldades de los rusos en el Turkestán. Cuando, en el verano de 1873, el general Kaufman sorprendió a la tribu tártara de los jomudos, mandó quemar sus tiendas y asesinar, en "buen caucasiano" y como correspondía a su categoría, a las mujeres y niños, pretendiendo la sumisión de la voluntad perversa y, por lo tanto, hostil de los jomudos, o sea que la sumisión al yugo de las relaciones sociales era una necesidad ineluctable, como los medios empleados eran los más adecuados al fin, y quien quiere el fin quiere los medios. Pero al menos no tuvo la crueldad de burlarse de los jomudos diciendo que haciendo con ellos una carnicería compensadora respetaba precisamente su voluntad, como dotada de derechos iguales. Nuevamente se presenta un conflicto ante los elegidos, que obran según la verdad y la ciencia, es decir, en última instancia "los filósofos de la realidad", que tendrán que decidir lo que es superstición, prejuicio, brutalidad, carácter perverso, y cuándo se necesita utilizar la violencia compensadora y proceder a una sumisión del mismo carácter. La igualdad es ahora, por lo tanto..., la violencia compensadora, y la segunda voluntad ve reconocidos por la primera sus derechos iguales siempre que se somete. *Tercer retroceso* que degenera aquí en fuga poco gloriosa.

Digamos de paso que la afirmación de que precisamente en esta compensación por la violencia la voluntad extraña es considerada como dotada de derechos iguales, no es más que la falsificación de la teoría de Hegel, según la cual la pena es un derecho del criminal; "la pena es considerada como conteniendo el derecho propio del criminal; y en esto consiste que el criminal sea honrado como persona razonable". (*Filosofía del Derecho*, párrafo 100.)

Podemos detenernos aquí. Resultaría superfluo seguir al señor Duhring viéndole despedazar su igualdad presentada como axioma, su soberanía humana general, etc.; verle poner en pie la sociedad con sus dos hombres, sin conseguir construir el Estado sin un tercer individuo, pues, abreviando, no pueden tomarse sin él decisiones por mayoría, sin lo cual, la dominación de la mayoría sobre la minoría, el Estado no puede subsistir, como sucede lentamente en la región menos agitada en que construye su Estado "social" del porvenir, al cual tendremos el honor de hacerle una visita una hermosa mañana.

Hemos visto suficientemente que la igualdad plena de las dos voluntades sólo subsiste mientras estas dos voluntades *no quieren nada*, que cuando cesan de ser voluntades humanas "como tales" para transformarse en voluntades reales, individuales, de dos hombres reales, la igualdad se extingue; que la infancia, la demencia, "la bestialidad", "la superstición", "los prejuicios" que *se* le atribuyen, la incapacidad que *se* le supone, y de otra parte, la humanidad, el conocimiento de la verdad, la posesión de la ciencia que *se* les atribuye, que toda diferencia de cualidad entre estas dos voluntades y las inteligencias ligadas a aquéllas justifican una desigualdad de trato que puede llegar hasta la sumisión. ¿Qué más podemos pedir cuando vemos al señor Duhring destruir tan conscientemente todo el monumento de igualdad que había edificado él mismo?

Pero haber terminado con la chabacana interpretación dada por Duhring de la idea de igualdad no significa haber terminado con esta idea en sí misma, que desempeña, gracias a Rousseau, un papel teórico tan importante, y en la Revolución y después de ella, un papel político tan considerable, y que todavía hoy es un elemento considerable de agitación socialista en casi todos los países. Establecer su contenido científico es determinar igualmente su valor para la agitación proletaria.

La idea de que todos los hombres tienen como tales algo común, y que en la medida de esta naturaleza común son iguales, es naturalmente muy antigua. Pero esta idea no tiene nada de común con el movimiento moderno en favor de la igualdad; ésta consiste más bien en deducir de estas cualidades comunes a los seres humanos, de esta igualdad de los hombres como tales, la afirmación del valor político y social igual de todos los hombres, o, por lo menos, de todos los ciudadanos de un Estado, de todos los miembros de una sociedad. Para que de la idea primitiva de igualdad relativa se pasara a la idea de los derechos iguales en el Estado y la sociedad, para que esta extensión pudiera incluso parecer natural, hubo necesidad de que transcurrieran miles de años. En las sociedades más antiguas, en las más próximas al estado natural, podía tratarse de igualdad a lo sumo entre los miembros de la sociedad; las mujeres, los esclavos y extranjeros estaban excluidos naturalmente. Para los griegos y los romanos, las desigualdades de los hombres poseían una importancia muy superior a la de una igualdad cualquiera. A los antiguos les hubiera parecido insensato que griegos y bárbaros, hombres libres y esclavos, ciudadanos y protegidos, ciudadanos romanos y súbditos de Roma (empleando una expresión muy general), pretendieran tener los mismos derechos políticos. Bajo el Imperio romano vieron desvanecerse poco a poco todas estas distinciones, exceptuando la distinción entre hombres libres y esclavos, y de ahí, al menos para los hombres libres, la igualdad de todos los particulares, sobre cuya base se desarrolla el derecho romano, que es, de todos los derechos que descansan sobre la propiedad privada, el más perfecto que conocemos. Pero mientras subsistiese la oposición entre hombres libres y esclavos, no podía tratarse de sacar consecuencias jurídicas de la igualdad general de los *hombres*; lo hemos visto todavía recientemente en los Estados esclavistas de la Unión Americana.

El cristianismo no ha conocido más que una igualdad: la del pecado original igual entre todos los hombres; lo cual respondía perfectamente a su carácter, pues era la religión de los esclavos y de los oprimidos. Más allá de ésta no conocía otra igualdad que la de los elegidos, a lo sumo; incluso ésta no fue afirmada más que al comienzo. Los rasgos de comunidades de bienes que se encuentran igualmente en los comienzos de la nueva religión se explican más por la solidaridad de los proscriptos que por verdaderas ideas igualitarias. Rápidamente se agudizó la oposición entre sacerdotes y laicos, que puso fin incluso a estas veleidades de igualdad cristiana. La invasión germana, extendiéndose como una inundación por toda la Europa occidental, eliminó por varios siglos toda idea de igualdad. Poco a poco se formó una jerarquía política y social, la más complicada que se había visto hasta entonces. Pero al mismo tiempo esta invasión hacía entrar en el movimiento histórico a la Europa occidental y central, creaba por primera vez un territorio continuo de civilización homogénea y por primera vez también se alzaba sobre estos dominios un sistema de Estados de carácter nacional, principalmente, los cuales se influían y equilibraban recíprocamente. Asimismo preparaba el terreno sobre el cual únicamente era posible un día la reivindicación de la igualdad humana, de los derechos del hombre.

La Edad Media feudal desarrollaba en su seno la clase cuya misión histórica, en un grado superior de su desenvolvimiento, consistía en representar la reivindicación moderna de la igualdad: la "burguesía". Ésta, que comenzó siendo un estamento de la feudalidad, había elevado a un grado relativamente alto en el seno de la sociedad feudal la industria (sobre todo, la industria de oficio) y el cambio de productos, cuando a finales del siglo xv los grandes descubrimientos marítimos la abrieron una nueva y más amplia carrera. El comercio, que hasta entonces se efectuaba solamente entre Italia y Levante, se extendió en lo sucesivo hasta la América y las Indias, superando muy pronto en importancia, tanto en el cambio entre los diversos países de Europa como en la circulación interior de cada país. El oro y la plata de América inundaron Europa, penetrando, como fermentos de descomposición, en todos los poros, grietas y fisuras de la sociedad feudal. La producción artesana no podía ya ser suficiente a las necesidades, cada día mayores, dejando el puesto a la manufactura en las ramas más importantes de la industria de los países más avanzados.

Pero este esplendor considerable y esta revolución en las condiciones económicas de la vida social no fueron inmediatamente seguidos de un cambio correspondiente de la jerarquía política. El orden político permanece feudal, mientras que la sociedad se transformaba más cada día en burguesa. El comercio en gran escala, el comercio internacional, y aún más el comercio mundial, exige poseedores de mercancías que sean libres, independientes en sus movimientos, y que, dotados como tales de derechos iguales, cambien sus productos sobre la base de un derecho idéntico para todos ellos, por lo menos en un lugar determinado. El tránsito del artesanado a la manufactura supone la existencia de una cantidad de trabajadores libres—libres de una parte, de las trabas corporativas; de otra, de los medios que les hubieran permitido convertir en valor su fuerza de trabajo—, de trabajadores capaces de alquilar a los fabricantes su fuerza de trabajo, por contrato, y que, por lo tanto, gocen como contratantes de derechos iguales a los de los fabricantes. Finalmente, la igualdad y el valor iguales de todos los trabajos de los hombres, pues en la medida en que son trabajo *humano* en general encontraron su expresión más enérgica, aunque inconsciente, en la ley del valor de la economía burguesa, según la cual el valor de un objeto se mide por el trabajo socialmente necesario para producirlo y que está contenido en él. Pero mientras la situación económica exigía la libertad e igualdad de derechos, el orden político oponía a cada paso trabas corporativas y privilegios. Privilegios locales, tarifas aduaneras diferenciales, leyes de excepción de todo género, gravando el comercio, no sólo entre el extranjero y el habitante de las colonias, sino con frecuencia a categorías enteras de súbditos del Estado; la acumulación de los privilegios corporativos cerraba siempre y por todas partes el camino al desenvolvimiento de la manufactura. En ninguna parte la vía estaba libre ni las posibilidades eran idénticas para los concurrentes burgueses, siendo ésta precisamente la primera y más apremiante exigencia.

Reclamábase la liberación de las trabas feudales, la instauración de la igualdad ante la ley por la abolición de las desigualdades feudales, reivindicación que, desde el momento en que el progreso de la sociedad la ponía a la orden del día, debía muy pronto adquirir nuevas proporciones. Desde el momento en que beneficiaba los intereses de la industria y del comercio, era necesario reclamar la misma igualdad para la gran masa de campesinos, quienes en todos los grados de la servidumbre (desde aquel en que el siervo no era propietario de su cuerpo) debían suministrar gratuitamente al señor feudal la mayor parte de su trabajo y pagar además al Estado innumerables tributos.

Tampoco era posible reclamar la abolición de los privilegios feudales, sin reclamar la exención del impuesto pagado a los nobles, y los privilegios políticos de los "estados". Y no viviendo ya en una monarquía universal, como fue el Imperio romano, sino en un sistema de Estados independientes que trataban conjuntamente en condiciones iguales y en un grado casi análogo de la evolución de la burguesía, era evidente que esta reivindicación debía adquirir un carácter general, sobrepasar a un Estado particular, y que la libertad y la igualdad debían proclamarse derechos del *hombre*. Pero lo que demuestra el carácter específicamente burgués de estos derechos del hombre es que la Constitución americana, la primera en reconocer los derechos del hombre, sancionara al mismo tiempo la esclavitud de los negros que había en América. Los privilegios de clases eran abolidos; los de raza, confirmados.

Se sabe que, a partir del instante en que la burguesía sale del sistema feudal, como la mariposa de la crisálida, a contar desde el instante en que el "estado" medieval se convierte en una clase moderna, va siempre e inevitablemente acompañado de la reivindicación proletaria de la igualdad. Apenas se plantea la reivindicación burguesa de la abolición de los *privilegios* de clase, se ve surgir a su lado la reivindicación proletaria de la *abolición* de las clases, primero en forma religiosa, heredada del cristianismo primitivo, y después, fundada en las teorías igualitarias de la misma burguesía.

Los proletarios cogen la palabra a la burguesía: la igualdad no debe ser puramente aparente, no debe realizarse sólo en el dominio del Estado, sino en la realidad, es decir, sobre el terreno social, económico. Principalmente, desde que la burguesía francesa colocó en primer plano en la gran Revolución la igualdad civil, el proletariado francés le respondió, paso a paso, reclamando la igualdad social, económica. "¡Igualdad!", tal era el grito de guerra particular del proletariado francés.

La reivindicación de la igualdad posee un doble sentido en boca del proletariado. Unas veces es —como sucedió principalmente en los comienzos de la guerra de los campesinos— la reacción espontánea, natural, contra las desigualdades sociales manifiestas, contra el contraste entre la riqueza y la pobreza, entre la dominación y la servidumbre, el despilfarro y el hambre, siendo en este caso simplemente la expresión del instinto revolucionario, poseyendo en esto y sólo en ello su justificación. Otras veces nace de una reacción contra la reivindicación burguesa de la igualdad, de la cual saca consecuencias más o menos exactas, y más avanzadas desde luego, sirviendo de medio de agitación para excitar a los trabajadores contra los capitalistas por medio de las propias afirmaciones de éstos, siendo en este caso solidaria de la igualdad burguesa. En ambos casos, el verdadero contenido de la reivindicación proletaria de la igualdad es *la abolición de las clases*. Toda reivindicación igualitaria que va más allá cae necesariamente en el absurdo. Ya hemos presentado ejemplos y aún encontraremos bastantes más cuando lleguemos a las fantasías proféticas del señor Duhring.

Así, pues, la idea de igualdad, tanto su forma burguesa como proletaria, es un producto de la historia, supone necesariamente circunstancias históricas determinadas, las cuales, a su vez, suponen una larga prehistoria. Esta idea será todo lo que se quiera, menos una verdad eterna. Y si hoy, en cualquiera de sus significaciones, está perfectamente clara para el gran público, si tiene, hablando como Marx, la "consistencia de un prejuicio popular", no es por ser el efecto de una verdad "parecida a la de los axiomas", sino porque proviene de la extensión general y de la actualidad persistente de las ideas del siglo XVIII. Por lo tanto, cuando el señor Duhring da vida desde el principio a sus dos ilustres compañeros en el terreno de la igualdad, es porque ello parece completamente natural al prejuicio popular. Y de hecho Duhring denomina a su filosofía "filosofía natural", porque parte de cosas que le parecen naturales a Duhring. Mas el porqué se lo parecen, eso no se lo pregunta.

IX

MORAL Y DERECHO: LIBERTAD Y NECESIDAD

"Los principios expuestos en estos *Cursos* para las materias políticas y jurídicas están basados en los estudios *profesionales más completos*. Sería necesario, por lo tanto, partir de que se ha tratado de exponer en este libro de una manera coherente los últimos resultados de los estudios jurídicos y políticos. Mi primer estudio fue justamente la jurisprudencia, a la cual consagré no solamente los tres años corrientes de preparación teórica en la universidad, sino tres nuevos años de práctica judicial, en la que me preocupé sobre todo de *profundizar en el contenido* científico... Y sin duda no hubiera podido entregarme con la misma confianza a la crítica del derecho privado y de las imperfecciones jurídicas que le son anexas, si no hubiera tenido conciencia de que *conocía totalmente* esta materia, tanto sus debilidades como sus lados fuertes".

Un hombre que tiene derecho a hablar así de sí mismo debe inspirar confianza desde el primer momento, sobre todo si se piensa en los estudios jurídicos que el señor Duhring hizo antiguamente, y que confiesa haber descuidado". Debemos, pues, asombrarnos de que una crítica del-derecho privado que tan audazmente hace su presentación se limite a referirnos que "la jurisprudencia no es nunca científica"; que el derecho privado vigente es una injusticia, ya que sanciona la propiedad nacida de la violencia, y que el "fundamento natural" del derecho criminal es la *venganza*, afirmación cuya única novedad consiste en su ropaje místico de "fundamento natural". Los resultados políticos se reducen a las negociaciones y relaciones entre los tres hombres que conocemos, de los cuales, hasta ahora, uno ha sometido a los otros dos por la violencia; el señor Duhring trata muy seriamente de averiguar si es el segundo o el tercero quien introdujo la violencia y la servidumbre.

Prosigamos los penetrantes estudios especiales y la ciencia (profundizada durante tres años de práctica judicial) de nuestro jurista tan confiado. El señor Duhring nos dice que Lassalle fue acusado por "incitación a una tentativa de robo de una arqueta, sin que se le impusiera condena judicial; pues entonces era posible todavía conceder la *liberación a instancia...*, que equivalía a *una semiabsolución*".

El proceso de Lassalle a que se alude tuvo lugar en el verano de 1848, ante el Jurado de Colonia, donde, al igual que en casi todas las provincias renanas, se hallaba vigente el derecho criminal francés. Solamente se había introducido con carácter de excepción el Landrecht prusiano para los delitos y crímenes políticos. Incluso esta medida había sido aplazada desde abril de

1848 por el ministro Camphausen. El derecho francés no conocía la absurda categoría establecida en el *Landrecht* prusiano de "incitación al crimen" y menos aún "la incitación a una tentativa de crimen". Sólo conocía la excitación al crimen, la cual, para ser punible, debía haber provocado la acción "por medio de donativos, promesas, amenazas, abuso de autoridad o poder, maquinaciones o artificios culpables" (Código penal, artículo 60). El fiscal, absorbido por el *Landrecht* prusiano, no veía, lo mismo que Duhring, la diferencia esencial entre las disposiciones claras y terminantes del derecho francés y la imprecisión vaga y confusa del *Landrecht* prusiano, incoando a Lassalle un proceso tendencioso, que fracasó completamente. No puede decirse que el procedimiento penal francés conocía "la liberación a instancias" *del Landrecht*, esta semiabsolución, sin demostrar con esto que se ignora completamente el derecho francés moderno. Este derecho no conoce en el procedimiento penal más que la condena o la absolución, sin fórmulas intermedias.

Estamos obligados, por lo tanto, a decir que el señor Duhring no hubiera podido aplicar ciertamente a Lassalle su "método histórico de gran estilo", con la misma confianza que si jamás hubiera hojeado el Código de Napoleón. Necesitamos destacar que Duhring ignora completamente el *uínico* Código burgués moderno basado en las conquistas sociales de la gran Revolución francesa, traducidas al lenguaje político.

Asimismo, a propósito de una crítica de los jurados establecidos según el tipo francés en todo el continente europeo y que deciden por mayoría de votos, se nos expone la siguiente lección: "Sí; se precisa *incluso* familiarizarse con la idea, no sin ejemplo en la historia, de que una condena, *cuando los sufragios son contradictorios*, sería una institución imposible en una sociedad perfecta... Sin embargo, esta idea, *profunda e ingeniosa*, no conviene, según hemos hecho ver anteriormente, a las formas políticas tradicionales, *demasiado buenas* para éstas".

Otra vez el señor Duhring ignora que la unanimidad de los jurados es necesaria e indispensable, según el derecho común inglés, no solamente para las condenas penales, sino para las sentencias en procesos civiles; es decir, según un derecho consuetudinario, no escrito, que rige desde tiempo inmemorial, por lo menos desde el siglo XIV. Por lo tanto, el pensamiento profundo e ingenioso de Duhring, "demasiado bueno" para el mundo actual, ha tenido fuerza legal en Inglaterra desde los siglos más oscuros de la Edad Media, habiéndose llevado de Inglaterra a Irlanda, a los Estados Unidos de América y a todas las colonias inglesas, sin que sus penetrantes estudios especiales le hayan descubierto una sola palabra de esto. En consecuencia, el dominio en el cual reina la unanimidad de los jurados, no sólo es infinitamente grande con relación al minúsculo territorio donde rige el Landrecht prusiano, sino que es más extenso que la totalidad de los países en donde decide la mayoría de los jurados. No solamente ignora Duhring el unido derecho moderno, el derecho francés, sino también el único derecho germano, que, independientemente del derecho romano, se ha desarrollado hasta nuestros días, extendiéndose a todas las partes del mundo, el derecho inglés. ¿Por qué? Porque el pensamiento jurídico inglés no puede hacer frente a la cultura alemana, al estudio de los conceptos puros de los juristas romanos de la época clásica, dice Duhring, y agrega: "¿Qué es el mundo que habla inglés con la pueril amalgama de su lenguaje comparado con nuestra lengua formada con arreglo a un desarrollo natural y espontáneo?" A lo que podemos responder con Espinoza: *Ignoramtio non est argumemtum*; la ignorancia no es una prueba.

El resultado final de nuestra investigación sólo puede ser éste: los penetrantes estudios de Duhring han consistido en sumirse tres años en el estudio teórico del *Corpus juri* y otros tres en el estudio práctico del noble *Landrecht* prusiano. Lo cual, ciertamente, es muy loable y suficiente para ser un juez respetable o un abogado prusiano. Pero cuando se emprende la tarea de constituir una filosofía del derecho para todos los mundos y épocas, sería necesario también conocer la situación jurídica de pueblos como el francés, inglés y americano, que han desempeñado en la historia un papel diferente que el rincón en donde florece el *Landrecht prusiano*.

"Esta mezcla abigarrada de derechos locales, provinciales, nacionales, que se cruzan arbitrariamente y en todas direcciones, tan pronto como derecho consuetudinario o como derecho escrito, y en las materias más importantes en forma puramente reglamentaria, modelo típico del desorden y la contradicción, donde los casos particulares anulan las reglas generales, y con frecuencia, en cambio, los principios generales transforman las disposiciones especiales; todo esto no se hizo verdaderamente para hacer posible una conciencia jurídica clara y neta". Pero ¿dónde reina semejante confusión? Siempre en el dominio en el cual se aplica el *Landrecht* prusiano, donde, al lado, sometiendo o sometido al "derecho del país" los derechos provinciales, los estatutos legales, y aquí y allá el derecho común se confunden en todos los grados y provocan en todos los prácticos la alarma y desesperación que Duhring repite ahora. No hubiera tenido necesidad de abandonar siquiera su querida Prusia; le hubiera bastado con venir a las orillas del Rin para convencerse de que allí no hay tal problema desde hace setenta años, sin hablar de otros países civilizados en los cuales se ha resuelto desde hace ya mucho más tiempo.

Más adelante dice: "Vemos aparecer el debilitamiento de la responsabilidad individual, fundada, naturalmente, para los juicios y actos colectivos, secretos y, por lo tanto, anónimos de los colegios y otras autoridades administrativas que ocultan la iniciativa personal de cada uno de sus miembros".

En "el estado actual de cosas es exigir algo muy *extraordinario* rechazar la acción de los colegas y los consejos que atenúan u ocultan la responsabilidad individual". Quizá para Duhring sea una sorprendente revelación saber que allí donde reina el derecho inglés cada miembro del tribunal debe emitir y justificar en sesión pública su propia opinión; que los colegios administrativos no electivos, sin publicidad de debates ni votos, son una institución *peculiar sobre todo a Prusia* y desconocida en la mayoría de los demás países, por cuya razón lo que Duhring pide no puede asombrar más que... en *Prusia*. De igual manera, sus lamentaciones respecto a las injerencias obligatorias de la religión en el nacimiento, en el matrimonio, muerte y entierros no afectan a todos los grandes países civilizados, sino sólo a Prusia, y a ésta después de la introducción del registro civil. Lo que el señor Duhring no consigue establecer sino por medio del Estado "socialista" futuro, Bismarck lo ha resuelto por una simple medida legislativa. Sus quejas respecto "a la insuficiente preparación de los juristas para su oficio..."—quejas que no puede extender a los "funcionarios de la administración"—son una jeremiada específicamente prusiana. Y lo mismo la judeofobia llevada hasta el ridículo es una cualidad que, si no es específicamente prusiana, tiene por lo menos el sabor propio del terruño, de los países situados al este del Elba. Y el filósofo de la realidad, que mira despreciativamente todos los prejuicios y supersticiones, se halla tan profundamente imbuido de las extravagancias y rencores personales, que convierte el prejuicio popular contra los judíos, heredado de la mojigatería medieval, en un "juicio natural" basado en una razón natural, llegando a emitir esta afirmación piramidal: "El socialismo es el único poder capaz de oponerse a situaciones en las cuales la población está muy mezclada con los judíos". (¡Situaciones en las cuales la población está muy mezclada con los judíos! ¡Admirable lenguaje natural!)

Esto basta. Todas aquellas jactancias de erudición jurídica sólo se basan, a lo sumo, en los conocimientos más vulgares que se exigen al primer jurista prusiano. El dominio jurídico y político "cuyos resultados expone Duhring de una manera coherente" coincide con el dominio en el cual se aplica el *Landrecht* prusiano. Fuera del derecho romano, tan familiar hoy a todos los juristas, incluso en Inglaterra, sus conocimientos jurídicos se reducen pura y simplemente al *Landrecht* prusiano, a este código del despotismo ilustrado y patriarcal, escrito en un alemán tal que se diría que había pasado por la escuela de Duhring; a este código que, con sus glosas morales, su indecisión jurídica y sus inconsecuencias, sus latigazos como instrumento de tortura y penalidad, pertenece completamente a la época prerrevolucionaria. Todo aquello que lo supera constituye una desgracia para Duhring—, tanto el derecho burgués francés moderno como el derecho inglés, con su evolución completamente particular y garantías de la libertad individual desconocidas en el continente. Esta filosofía, que, lejos de admitir un horizonte puramente *aparente*, desarrolla en un movimiento poderoso todos los países y cielos del mundo exterior e interior", posee por *horizonte* real... las fronteras de las seis provincias orientales de la vieja Prusia y algunas porciones del territorio en donde rige el noble *Landrecht*, más allá de cuyo horizonte no se desarrollan ni tierras, ni cielos, ni mundo exterior ni interior, sino solamente la más crasa ignorancia respecto a lo que pasa en el mundo tras de estas fronteras.

No puede tratarse de moral y derecho sin llegar a la cuestión del pretendido libre arbitrio, de la responsabilidad humana, de la relación entre libertad y necesidad. La filosofía de la realidad resuelve también este problema, incluso le da dos soluciones.

"En el puesto de todas las famosas doctrinas de la libertad hay que colocar la naturaleza de la relación comprobada por la experiencia entre la representación racional, de una parte, y de otra, las determinaciones del instinto, según la cual se las ve unirse, *por decirlo así*, en una fuerza media. Los hechos esenciales de esta especie de dinámica, deben ser tomados de la observación y apreciados en general, *en la medida de lo posible*, en cuanto a su naturaleza y entidad para permitir la previsión de los hechos que no se han producido aún. Por esto se eliminan las estúpidas imaginaciones de libertad interior sobre las cuales han pasado decenas de siglos; y no sólo se las elimina para siempre, sino que se las reemplaza por un conocimiento positivo, utilizarle para la organización práctica de la vida". Según estas palabras, la libertad consistiría en que las representaciones racionales conducen al hombre hacia la derecha; y las irracionales, hacia la izquierda, y en este paralelogramo de fuerzas, el movimiento real se produce en la dirección de la diagonal. La libertad sería entonces la línea media entre la razón y el instinto, lo racional y lo irracional; y el grado de esta libertad pudiera establecerse experimentalmente para cada individuo por "una ecuación personal", empleando la expresión de los astrónomos.

Unas páginas más adelante escribe el señor Duhring: "Basamos la responsabilidad moral en la libertad, que no es, según nosotros, más que el hecho de ser accesible a motivos conscientes en la medida de la razón heredada o adquirida que se poseed. Todos estos motivos actúan sobre las pasiones, a pesar de una oposición probable, de una forma necesaria; y justamente contamos con esta ineluctable necesidad cuando hacemos intervenir los motivos morales".

Esta segunda definición de la libertad, que está en contradicción grosera con la primera, no es, a su vez, más que un empobrecimiento extremo de la teoría de Hegel. Fue éste el primero en dar una representación exacta de la relación entre libertad y necesidad. *"La necesidad no es ciega más que en tanto que no es comprendida"*. No consiste, pues, la libertad en la fantasía de una acción independiente de las leyes naturales, sino en el conocimiento de estas leyes, que permite dirigirlas sistemáticamente con vistas a determinados fines. Igualmente es cierto esto tanto para las leyes del mundo exterior como para las que rigen la existencia física y psicológica del hombre, dos clases de leyes que pueden a lo sumo separarse en el pensamiento; pero que, en la realidad, son inseparables. La libertad de la voluntad no es, pues, otra cosa que la capacidad de decidirse con conocimiento de causa. Resulta que cuanto más *libre* es el juicio de un hombre con relación a una cuestión determinada, mayor es la *necesidad* que determina el contenido, la materia de este juicio; mientras que la incertidumbre originada por la ignorancia, la incertidumbre que parece elegir arbitrariamente entre un gran número de decisiones, posibles, diversas y contradictorias, prueba por esto mismo que no es libre, que se halla dominada por el mismo objeto que debe dominar. La libertad consiste en la soberanía sobre nosotros mismos y sobre el mundo exterior, basada en el conocimiento de las leyes necesarias de la naturaleza; es, por lo tanto, un producto de la evolución histórica. Los primeros hombres que se diferenciaron del reino animal eran bajo todos los aspectos tan poco libres como los mismos animales; pero todo progreso de la civilización fue un paso hacia la libertad. En el umbral de la historia humana aparece el descubrimiento de la transformación del movimiento mecánico en calor, el fuego por frotación; como término de toda la evolución anterior a nosotros, tenemos el descubrimiento de la transformación del calor en movimiento mecánico, la máquina de vapor. Y a pesar de la revolución inmensa y liberadora que la máquina de vapor ha realizado en el mundo social (la cual no está aún ni medio terminada), es indudable, sin embargo, que el descubrimiento del fuego por frotación le es muy superior en su acción universalmente liberadora. Este descubrimiento permitió al hombre por ver primera dominar a una fuerza natural, y con ello quedó separado para siempre del reino animal. La máquina de vapor no hará nunca dar a la humanidad un salto tan enorme, aunque ante nosotros represente todas las fuerzas productivas colosales que le son anexas, únicas que hacen posible un estudio social en el que no habrá distinciones de clases, preocupaciones de existencia individual, un estado social en el cual por vez primera será posible la libertad humana verdadera y una vida en armonía con las leyes naturales conocidas. Pero lo reciente que es la historia entera de la humanidad y lo ridículo que sería querer atribuir un valor absoluto a nuestras ideas de hoy se demuestra por el simple hecho de que toda la historia hasta hoy es la historia de una época que se extiende desde el descubrimiento de la transformación del movimiento mecánico en calor al de la transformación del calor en movimiento mecánico.

El señor Duhring, sin duda, se ocupa de historia de manera muy distinta. Aquélla es en bloque la historia de los errores, de la ignorancia, grosería, brutalidad y servidumbre, y en concepto de tal un motivo desagradable para la "filosofía de la realidad"; pero en su aspecto particular se divide en dos grandes épocas: 1.ª La que va del estado de la materia idéntica a sí misma a la Revolución francesa; y 2.ª, de la Revolución francesa al señor Duhring; de otra parte, el siglo XIX queda esencialmente tan reaccionario, intelectualmente considerado, como el siglo XVIII, pero lleva en su seno el socialismo y, por lo tanto, el germen de una transformación tan poderosa como nunca pudo ser soñada por los precursores y héroes de la Revolución francesa. Justifica el desprecio de la filosofía de la realidad hacia toda la historia pasada de la siguiente manera: "Varios millares de años de los cuales los documentos originales nos transmiten el recuerdo histórico, son con toda la naturaleza humana muy poca cosa cuando se piensa en la serie de millares de años que han de sucedemos... El género humano considerado como un todo es aún muy joven, y cuando un día la memoria de la historia deba contar por decenas de millares, y no por millares de años, la infancia de nuestras instituciones moralmente muy jóvenes aparecerá con absoluta claridad, y es de suponer, naturalmente, que nuestro tiempo será considerado entonces como sumido en las tinieblas de la antigüedad más remota".

Sin detenernos, en efecto, por más tiempo en la "lengua verdaderamente espontánea y en la forma natural de esta última frase", vamos a señalar sólo dos cosas: en primer lugar, que "la antigüedad remota" continuará siendo de todos modos una época ¡histórica del mayor interés para las generaciones futuras, pues constituye la base de toda la evolución ulterior y superior, que tiene como punto de partida el momento en que el hombre se separa del animal, y como materia al hombre triunfando de obstáculos tales como nunca han de presentarse a los hombres futuros, a los hombres asociados. Y segundo, que al final de "esta antigüedad remota", en comparación de la cual los períodos de la historia futura, que ya no encontrarán análogas dificultades y obstáculos, nos prometen otros éxitos científicos, técnicos y sociales, que en todo caso este término es un momento arbitrariamente elegido para dirigir órdenes a esos millares de siglos que han de llegar, para imponerles verdades definitivas y sin apelación, verdades inmutables y concepciones decisivas, descubiertas y sacadas del seno de este siglo "infantil, pueril, inmaduro"; de este siglo "reaccionario y regresivo" como el nuestro. Y se necesita ser el Ricardo Wagner de la filosofía—sin el talento de Wagner—para no ver que todo el desprecio que se lanza sobre la evolución histórica pasada recae también sobre su supuesto resultado supremo, sobre la pretendida filosofía de la realidad.

Uno de los trozos más significativos de la nueva ciencia es la parte consagrada a la "individualización y perfeccionamiento de la vida". Vemos aquí brotar como de una fuente inagotable, a lo largo de tres grandes capítulos, los lugares comunes en estilo altisonante.

Desgraciadamente, hemos de contentarnos con breves ejemplos:

La esencia profunda de toda sensación y, por lo tanto, de todas las formas de la vida subjetiva consiste en la *diferencia* de estado. Por lo que se refiere a la vida en su plenitud, puede demostrarse inmediatamente que no es la permanencia de una situación, sino el paso de una a otra situación lo que aumenta el sentimiento de la vida y la intensidad del *estímulo* vital... El estado que permanece casi idéntico asimismo, pudiéramos decir que en permanencia inerte y como en estado de equilibrio, no puede servir para demostrar el valor de la vida. La costumbre y el hecho de haber reducido a este estado la sustancia de nuestra vida la convierte en algo indiferente e insignificante que no se distingue mucho de la muerte... A lo sumo, puede encontrarse en el suplicio del hastío una especie de movimiento vital negativo... Una vida sedentaria hace extinguirse en los individuos y en los pueblos la pasión y el interés por la existencia. *Pero nuestra ley de diferencia explica todos estos fenómenos".*

Supera todas las previsiones ver con qué rapidez el señor Duhring formula sus resultados esencialmente originales. Primero es un lugar común, traducido al lenguaje de la filosofía de la realidad, que la excitación repetida del mismo nervio, o la misma excitación continuada fatiga a cada nervio y al sistema nervioso en general, siendo necesario, por lo tanto, en el estado normal una interrupción o cambio en las excitaciones nerviosas; esto puede leerse desde hace años en todos los manuales de fisiología, y por experiencia lo sabe el primer filisteo. Apenas traducimos esta vieja vulgaridad a una lengua misteriosa ("la esencia profunda de toda sensación consiste en la diferencia de estados"), cuando se transforma inmediatamente en nuestra "ley de diferencia". Ley que explica "perfectamente" toda una serie de fenómenos que no son otra cosa que ilustraciones y ejemplos del placer de los cambios, ejemplos que, incluso para el entendimiento más vulgar de un filisteo, no tienen necesidad de explicación, ni se aclaran más porque se refieran a esta pretendida ley de la diferencia.

No agota esto toda la profundidad de "nuestra ley de la diferencia". "Las sucesivas épocas de la vida y la aparición de los cambios naturales ligados a ellas ofrecen un ejemplo muy claro y propio para percibir nuestro principio diferencial. Niño, joven, adolescente, adulto, experimentan la intensidad de su sentimiento de la vida en cada uno de estos momentos mucho menos en los estados fijos en que se encuentran que por el paso de uno a otro: *"Nuestra ley* diferencial se aplica aún al hecho de que la repetición de lo que se ha sentido no ofrece ya atractivo" Imagine el propio lector las vaciedades en estilo oracular que pueden suscitar proposiciones de esta profundidad y penetración. Cierto que Duhring puede triunfalmente gritar al final de su libro:

"Para la apreciación y aumento del precio de la vida, la ley de la diferencia fue un principio dominante de la práctica y de la teoría". Desde luego, esto es cierto para la apreciación que Duhring hace del valor intelectual de su público. Sin duda debe creer que este público se compone exclusivamente de asnos o filisteos.

Más lejos recibimos los preceptos de la vida esencialmente prácticos, que son los siguientes "Los medios para despertar interés total por la vida (bonito trabajo para los filisteos y para quienes aspiren a serlo), consisten en desarrollar y hacer que se sucedan en los intervalos queridos los gustos particulares y *pudiéramos* decir elementales de que se compone este interés total. Al mismo tiempo, se utilizará la escala según la cual los apetitos inferiores y fácilmente satisfechos pueden sustituirse por gustos superiores y de tendencia más durable; evitándose que se produzcan lagunas desprovistas totalmente de motivos de enlace.

"De otra parte, se tratará de evitar que las excitaciones que nacen naturalmente en el curso normal de la vida social sean artificialmente multiplicadas, exageradas o, lo que significa la falta contraria, satisfechas desde que comienzan a manifestarse, e impedidas por esto de llegar a la necesidad, única que verdaderamente es susceptible de satisfacción. Aquí, como en todo, observar el ritmo natural es la condición previa de todo movimiento armónico y agradable. Sería aspirar a lo imposible pretender extender las satisfacciones de una situación cualquiera más allá de los límites de duración que le están asignados por la naturaleza o las circunstancias...", etc. El hombre capaz de adoptar por regla de vida estas sentencias solemnes y filisteas de un pedante que disparata sobre las más chabacanas vulgaridades no puede indudablemente lamentarse de las "lagunas desprovistas en absoluto de atractivo". Tendrá necesidad de todo su tiempo para preparar y ordenar sabiamente sus placeres de tal manera que no le quede ya un instante libre para gozar. Debemos gozar la vida en su plenitud. Sólo dos cosas nos están prohibidas: primero, la impropiedad del uso del tabaco; segundo, las bebidas y alimentos que tengan "propiedades desagradables o, en general, repugnantes para las naturalezas sensibles". Pero el señor Duhring, que en su Curso de Economía política celebra la destilación del aguardiente con estilo ditirámbico, no puede incluirle entre aquellas bebidas, estando, por lo tanto, obligados a afirmar que su prohibición se extiende sólo al vino y a la cerveza. ¡Que prohíba también el uso de la carne, y habrá elevado la filosofía de la realidad a las alturas en que se movía con tanto éxito Gustavo Struve, a las alturas de la simple puerilidad!

Por lo demás, Duhring puede ser más liberal cuando trata de bebidas espirituales. Un hombre que, según propia confesión, no ha podido encontrar el puente entre lo estático y lo dinámico, tiene razón para ser indulgente con los pobres diablos que, por haber acariciado un día con exceso la botella, buscan también sin éxito el puente... entre lo dinámico y lo estático.

X

DIALÉCTICA: CANTIDAD Y CALIDAD

"La primera y más importante proposición sobre las propiedades lógicas esenciales del ser consiste *en la exclusión de la contradicción*. Lo contradictorio es una categoría que sólo puede pertenecer a la combinación de los pensamientos; pero nunca a una realidad cualquiera. En las cosas no existe contradicción o, dicho de otra manera, la contradicción presentada como real es el colmo del absurdo... El antagonismo de las fuerzas que se miden en dirección contraria es también la forma fundamental de todas las acciones en la existencia del mundo y de los seres de que forma parte. Pero esta oposición en las direcciones de las fuerzas de los elementos e individuos, no se confunde, ni mucho menos, con la idea de la realización de los absurdos de la contradicción. Contentémonos aquí con haber disipado por medio de una imagen clara del verdadero absurdo de la contradicción real, las brumas que se separan corrientemente de los pretendidos misterios de la lógica, y de haber puesto en evidencia la inutilidad del incienso que se ha prodigado aquí y allá alrededor de este fetiche de madera tan groseramente tallado, y con el cual se ha sustituido el esquematismo antagónico del mundo, la dialéctica de las contradicciones".

Esto es aproximadamente lo que encontramos en el *Curso de la Filosofía* acerca de la dialéctica. En la *Historia crítica*, por el contrario, la dialéctica de los contradictores, y con ésta principalmente Hegel, es considerada con otra viveza: "La contradicción efectivamente, según la *Lógica* (o mejor, según la teoría del Logos) de Hegel, se encuentra, no en el pensamiento, que no puede ser representado según su naturaleza más que como subjetivo y consciente, sino objetivamente, encarnado, por decirlo así, en las mismas cosas y fenómenos, de tal manera que el absurdo no queda como una combinación imposible del pensamiento, sino que se convierte en una fuerza efectiva. La realidad del absurdo es el primer artículo de fe de la unidad hegeliana de la lógica y la ilógica. Cuanto más contradictorio es, más cierto, o, en otros términos, cuanto más absurdo, más digno de fe; esta máxima, que no es nueva, sino que ha sido tomada de la teología de la Revelación y de la mística, es la expresión sin disfrazar del pretendido principio dialéctico".

El pensamiento contenido en los dos párrafos citados se resume en la proposición de que contradicción es igual al absurdo y de que, por lo tanto, no puede hallarse en el mundo real. Esta proposición puede tener, para personas de razón sana, el mismo valor evidente que aquella otra según la cual lo que está derecho no puede hallarse torcido, ni lo que está curvado puede ser recto. Sin embargo, el cálculo diferencial, a pesar de todas las protestas de la sana razón, presenta como idénticos lo recto y lo curvo en determinadas circunstancias, obteniendo así éxitos que no consigue la sana razón, que protesta contra su identidad. Y después del papel importante que ha desempeñado la "dialéctica de los contradictorios" en la filosofía desde los más antiguos griegos hasta hoy, incluso un adversario más fuerte que Duhring hubiera debido oponerse con argumentos distintos a una sola afirmación y muchas injurias.

Indudablemente, mientras consideramos las cosas en reposo y como sin vida, cada una aparte, unas al lado de otras, no tropezamos con ninguna contradicción. Encontramos aquí ciertas propiedades, unas comunes y otras diferentes, incluso contradictorias entre sí, pero que en último caso están repartidas sobre objetos diferentes y exentas, por lo tanto, de contradicción. Dentro de los límites de este orden de cosas deducimos con el modo de pensamiento habitual, metafísico. Pero cambia la cuestión cuando consideramos las cosas en movimiento, en su cambio, en su vida, en su acción recíproca; caemos entonces inmediatamente en las contradicciones. El movimiento mismo es una contradicción; ya el simple cambio mecánico de lugar no puede realizarse más que porque un cuerpo, en un solo e idéntico momento del tiempo, está en un lugar y al mismo tiempo en otro, en un solo y mismo lugar y no en este lugar. Y la posición constante y la solución simultánea de esta contradicción es justamente el movimiento.

Tenemos aquí una contradicción que se "encuentra objetivamente" y "encarnada en las mismas cosas y fenómenos". ¿Qué dice a esto Duhring? Declara que no hay, en resumen, hasta ahora, "en la mecánica racional, puente entre lo que es dinámico y lo rigurosamente estático". Ahora vea el lector lo que se oculta detrás de la frase favorita de Duhring; nada más que lo siguiente: el entendimiento que piensa metafísicamente es absolutamente incapaz de pasar de la idea de reposo a la de movimiento, porque la contradicción a que nos hemos referido anteriormente le cierra el paso. Para él el movimiento, por ser una contradicción, es completamente incomprensible. Y mientras que afirma que el movimiento es incomprensible, admite que hay en las cosas y en los denómenos mismos, objetivamente, una contradicción que es otra fuerza efectiva.

Si ya el simple cambio mecánico de lugar implica una contradicción, es todavía más cierto referido a las formas superiores del movimiento de la materia, y particularmente a la vida orgánica y a su evolución. Vimos anteriormente que la vida consiste ante todo en lo siguiente: en que un ser es en cada instante el mismo y otro al mismo tiempo. La vida es, pues, una contradicción "existente en las cosas y fenómenos mismos", una contradicción que constantemente se plantea y resuelve, y apenas la contradicción cesa, cesa también la vida, lo cual significa la muerte. Igualmente hemos visto cómo en el dominio del pensamiento no podemos escapar a las contradicciones, y cómo, por ejemplo, la contradicción entre la facultad interiormente ilimitada de conocer al hombre y de otra parte la existencia real del conocimiento entre una multitud de hombres exteriormente limitados, y conociendo de una manera ilimitada, se resuelve en la serie de generaciones (la cual, para nosotros por lo menos, es infinita prácticamente) en el progreso infinito.

Ya hemos señalado que las matemáticas superiores tienen entre sus bases esenciales la contradicción según la cual recto y curvo deben ser idénticos en ciertas circunstancias. Realizan también la contradicción, de que las líneas que se cortan ante nuestra mirada deben, sin embargo, a partir de los cinco o seis centímetros de su intercesión, pasar a ser paralelas, líneas que no pueden cortarse aunque se las prolongue hasta el infinito. No obstante, las matemáticas superiores obtienen con estas y otras contradicciones excelentes resultados, no solamente exactos, sino totalmente inaccesibles para las matemáticas inferiores.

Éstas también abundan en contradicciones. Por ejemplo, es una contradicción que una raíz de a deba ser una potencia de a, y, sin embargo a $\frac{1}{2} = \sqrt{a}$. Es una contradicción que una magnitud negativa sea el cuadrado de algo, pues toda magnitud negativa multiplicada por sí misma da un cuadrado positivo. La raíz cuadrada de *menos uno* es no solamente una contradicción, sino una contradicción absurda, un verdadero contrasentido. Sin embargo, $\sqrt{-1}$ es en muchos casos el resultado necesario de operaciones matemáticas exactas; más aún: ¿donde estarían las matemáticas, tanto las inferiores como las superiores, si se las prohibiera operar con $\sqrt{-1}$.

Las matemáticas mismas penetran, operando con magnitudes variables, en el terreno dialéctico, y cosa significativa, fue un filósofo dialéctico, Descartes, quien introdujo en ellas este progreso. La relación de la matemática de las magnitudes variables con la de las magnitudes constantes es la misma que la del pensamiento dialéctico en general con el pensamiento metafísico. Lo cual no impide de ninguna manera a la gran mayoría de los matemáticos no reconocer la legitimidad de la dialéctica más que en el terreno de las matemáticas, y a un buen número de ellos continuar operando con los métodos dialécticamente obtenidos, según la vieja costumbre, limitada y metafísica.

Podríamos extendernos sobre "el antagonismo de los fuerzas" de Duhring y su "esquematismo" antagónico del mundo, si nos hubiera dado respecto a esto algo más que una simple *frase*. Después de haber hecho esto, no nos enseña ni una sola vez este antagonismo en acción en la esquemática del mundo, ni en la filosofía de la naturaleza; es la mejor prueba de que Duhring no puede obtener nada positivo con "esta forma fundamental de todas las acciones en la existencia del mundo y de los seres". De hecho, cuando se ha rebajado la "teoría del ser" de Hegel hasta la vulgaridad de las fuerzas que se mueven en direcciones opuestas, pero no en las contradicciones, lo mejor consiste en evitar toda aplicación de este lugar común.

El Capital, de Marx, ofrece al señor Duhring nueva ocasión para dar libre curso a su cólera antidialéctica: "falta de lógica natural e inteligible que caracteriza estos laberintos de dialéctica embrollada y estos arabescos de ideas..., a la parte ya aparecida es necesario aplicar el principio de que desde un cierto punto de vista y, en general, con arreglo a un prejuicio filosófico que conocemos, hay que buscar el todo en cada cosa, y cada cosa en el todo, y que con arreglo a esta idea impropia, al final todo es uno". Esta penetración "respecto al conocido prejuicio filosófico" permite también al señor Duhring predecir con seguridad lo que será "el fin" de la especulación económica de Marx, y, por lo tanto, cuál será el contenido del volumen siguiente de El Capital, hasta que siete líneas más adelante declara "que en realidad no puede adivinarse lo que seguirá en los dos volúmenes últimos".

De otra parte, no es la primera vez que los escritos del señor Duhring se presentan ante nosotros "como cosas en las cuales la contradicción se encuentra, por decirlo así, objetivamente encarnada". Lo que no le impide continuar con tono victorioso: "Sin embargo, puede preverse, la sana lógica triunfará de su caricatura... Las pretensiones y jactancias dialécticas no darán, a quien conserve todavía el juicio sano, la tentación de aventurarse en las deformidades de estas ideas y estilo. Con la muerte de los últimos restos de las locuras dialécticas, este medio de engañar perderá su influencia y nadie se creerá obligado a atormentarse para descubrir una verdad profunda allí donde el núcleo puesto al desnudo de estas cosas embrolladas presenta en el mejor de los casos los rasgos de teorías comunes, de lugares comunes, mejor dicho... Es absolutamente imposible reproducir los laberintos de Marx, conformes con la teoría del Logos, sin prostituir la sarta lógica". El método de Marx consiste en "manejar para sus fieles milagros dialécticos", etc.

No tratamos ahora de ocuparnos de la exactitud o inexactitud de los resultados económicos de las investigaciones de Marx, sino solamente del método dialéctico aplicado por él.

Solamente una cosa es segura: la mayoría de los lectores de El Capital comenzarán ahora, gracias a Duhring, a comprender lo que verdaderamente han leído; y entre ellos el propio señor Duhring, que en 1867 era todavía capaz de escribir un análisis de este libro relativamente razonable para un pensador de su calibre, sin estar obligado, como hoy lo cree inevitable, a traducir previamente los raciocinios de Marx al lenguaje de Duhring. Aunque entonces cometiera ya el desliz de identificar la dialéctica de Marx con la dialéctica hegeliana, no había perdido la capacidad de distinguir entre el método y los resultados obtenidos gracias a él, y de comprender que para refutarlos no basta con destruir los primeros en general.

En todo caso, la declaración más sorprendente del señor Duhring es ésta: que, desde el punto de vista de Marx, "finalmente todo es uno". Así, para Marx, capitalistas y asalariados, por ejemplo, modos de producción feudal, capitalista y socialista, "todo es uno", y, finalmente, también Marx y el señor Duhring "son uno". Para explicar la posibilidad de semejante locura, sólo podemos admitir que la sola palabra de dialéctica pone al señor Duhring en un estado de irresponsabilidad en el cual, conforme a una mezcolanza de ideas, todo cuanto dice y hace "es todo uno".

Tenemos un espécimen de lo que el señor Duhring llama "mi método histórico de gran estilo", o del "método sumario que arregla su cuenta con la especie y el tipo sin descender a honrar lo que Hume llama la plebe erudita, el método de un estilo elevado y noble es el único compatible con los intereses de la plena verdad y los deberes que se tienen para el público, libres de las trabas de casta". El "método historiador de gran estilo y el método sumario que se relaciona con la especie y el tipo" son, en efecto, muy cómodos para Duhring, ya que puede en lo sucesivo desdeñar como "micrológicos" todos los hechos concretos, presentarlos como nulos, no demostrando nada y limitándose a lanzar frases generales y palabras gruesas. Tiene también la ventaja de no ofrecer al adversario ningún punto de apoyo efectivo y no dejarle, por lo tanto, otro medio que responder a su vez con frases generales y oponiendo otras palabras gruesas a las de Duhring, o sea a devolver el balón, lo cual no agrada a todo el mundo.

Debemos estar reconocidos al señor Duhring de que excepcionalmente abandone el estilo noble y elevado para darnos, por lo menos, dos ejemplos de la detestable "teoría del Logos" de Marx.

"Produce un efecto cómico, por ejemplo, la referencia a la nebulosa y confusa idea hegeliana de que la cantidad se transforma en calidad, por cuya razón una cantidad anticipada se transforma en capital por la sola virtud de este aumento cuantitativo".

Es indudable que esto produce un efecto bastante extraño en la forma "corregida" por el señor Duhring. Veamos cómo se presenta esto en el original, en Marx. En la página 313 de la segunda edición de *El Capital*, Marx deduce del estudio precedente del capital constante y variable y de la plusvalía la conclusión de "que una suma de dinero o de valor no es transformable en capital, que a esta transformación precede una condición previa, o sea que un mínimo determinado de dinero o de valor de cambio está en manos del único poseedor de dinero u objetos".

Toma como ejemplo que, en una rama cualquiera de la industria, el trabajador trabaja todos los días ocho horas para sí mismo, es decir, para producir el valor del salario de su trabajo, y las cuatro horas siguientes para el capitalista, o sea para producir la plusvalía que irá a parar inmediatamente al bolsillo de aquél. Se necesita entonces que un hombre disponga de una suma de valores que le permitan suministrar a dos trabajadores la materia prima, los instrumentos de trabajo y el salario, para embolsarse diariamente una plusvalía que le permita vivir tan bien como a uno de sus obreros. Y como la producción capitalista tiene como fin, no la simple y pura conservación de la existencia, sino el aumento de la riqueza, nuestro hombre con sus dos trabajadores no será todavía un capitalista. Para poder vivir, pues, dos veces mejor que un trabajador corriente y retransformar en capital la mitad de la plusvalía producida se necesita ocupar ocho trabajadores y poseer, por lo tanto, el cuádruple de la suma de valor supuesta anteriormente. Y sólo después de esto, en el curso de otras argumentaciones destinadas a probar el hecho de que una pequeña suma cualquiera de valor no es suficiente para transformarse en capital, y que esta transformación tiene límites mínimos para cada período de la evolución y cada rama de la industria, Marx señala: "Aquí, como en las ciencias, se comprueba la exactitud de la ley descubierta por Hegel en su *Lógica* de que los cambios puramente cuantitativos se transforman frecuentemente y en un cierto grado en diferencias cualitativas". ¡Admirad ahora el estilo noble y elevado que conduce a Duhring a atribuir a Marx precisamente lo contrario de lo que ha dicho en realidad! Marx dice: "El hecho de que una suma de valores no pueda transformarse en capital más que cuando ha obtenido una grandeza mínima, variable según los casos, pero determinada para cada caso particular, prueba la exactitud de la ley formulada por Hegel". El señor Duhring le hace decir: *porque con arreglo a la ley de Hegel la cantidad se transforma en calidad*, "*por esta razón* un anticipo, cuando ha obtenido un límite determinado, se transforma en capital". ¡Todo lo contrario, en consecuencia!

La costumbre de citar falsamente en "interés de la verdad" y a causa de "los deberes contraídos hacia el público libre de las trabas de casta" la hemos aprendido ya en la discusión de Duhring a propósito de Darwin. Cada vez aparece más como una necesidad interna de la "filosofía de la realidad", siendo sin duda "un método sumario". Sin hablar de lo que Duhring atribuye a Marx de un "anticipo" cualquiera convertido en materia prima, instrumento de trabajo, salario, y de lo que Duhring consigue hacer decir a Marx. ¡Y entonces tiene la osadía de considerar *cómico* el absurdo confeccionado por él mismo! Lo mismo que se forjó un

Darwin fantástico para ensayar contra él sus fuerzas, crea ahora un Marx imaginario. ¡"Métodos historiadores de gran estilo", indiscutiblemente!

Hemos visto anteriormente, a propósito del esquematismo del universo y de la línea nodal de relaciones de medida imaginada por Hegel, en la cual, en ciertos grados de cambio cuantitativo interviene frecuentemente una conversión cualitativa, que Duhring tuvo la desgracia de haber reconocido y aplicado en una hora de debilidad. Hemos presentado un ejemplo de los más conocidos: el de la transformación de los estados de agregación del agua, que, bajo la presión atmosférica normal, pasa a la temperatura de cero grados centígrados del estado líquido al sólido, y a la temperatura de 100 grados del estado líquido al estado aeriforme, de manera que en cada uno de estos dos puntos la transformación puramente cuantitativa de la temperatura conduce a un estado cuantitativamente modificado del agua.

Podríamos citar en la naturaleza como en la sociedad humana centenares de hechos semejantes para demostrar esta ley. Así, en *El Capital*, de Marx, toda la cuarta sección ("Producción de la plusvalía relativa en el terreno de la cooperación, división del trabajo y manufactura, maquinismo y gran industria") trata de innumerables casos en los que un cambio cuantitativo cambia la cualidad, y de la misma manera un cambio cualitativo la cantidad de las cosas de que se trata, o, empleando la expresión tan detestada por Duhring, la cantidad se convierte en calidad, y recíprocamente. Así, por ejemplo, el hecho de que la cooperación de muchos hombres, la fusión de muchas fuerzas en una fuerza total, engendra, hablando como Marx, una "nueva potencia de la fuerza" esencialmente diferente de la suma de estas fuerzas individuales.

Marx había hecho en el párrafo falseado por el señor Duhring la siguiente observación: "La teoría molecular aplicada en la química moderna y desarrollada primero científicamente por Laurent y Gerhardt, no descansa sobre otra ley". Mas ¿qué podía agradarle a Duhring? No sabía que "los elementos de educación eminentemente modernos indispensables al pensamiento científico faltan precisamente en aquellos que, como Marx y su rival Lassalle, han hecho de una ciencia insuficiente y de una mala filosofía el débil pretexto para su sabiduría afectada", mientras que en Duhring son los principios fundamentales establecidos por las ciencias exactas en "mecánica, física y química", etc., los que están en la base (según hemos visto).

Pero para que terceras personas se hallen en condiciones de decidir, consideremos desde algo más cerca el ejemplo citado en la nota de Marx.

Se trata de series homologas de combinaciones del carbono, de las cuales se conoce ya un gran número, y cada una de las cuales tiene una fórmula algebraica de combinación propia. Si, por ejemplo, exponemos, como sucede en química, un átomo de carbono por C, un átomo de hidrógeno por H, uno de oxígeno por O y el número de átomos de carbono contenidos en cada combinación por n, podemos representar de la siguiente manera las fórmulas moleculares de algunas de estas series:

Cn $H^2n +^2 O$, serie de la parafina normal.
Cn $H^2n +^2 O$, serie de los alcoholes primarios.
Cn $H^2n O^2 O$, serie de los ácidos grasos monobásicos.

Tomamos como ejemplo la última de estas series y exponemos sucesivamente n.= I, n = 2, n = 3, etc., y obtenemos los resultados siguientes (haciendo caso omiso de los isómeros):

C $H^2 O^2$, ácido fórmico: punto de ebullición, 100°; punto de fusión, 1°.
$C^7 H^4 O^2$, ácido acético: punto de ebullición, 118°; punto de fusión, 17°.
$C^8 H^6 O^7$, ácido propiónico: punto de ebullición, 140°; punto de fusión, 17°.
$C^4 H^8 O^2$, ácido butírico: punto de ebullición, 162°; punto de fusión, 17°.
$C^5 H^{10} O^2$, ácido valeriánico: punto de ebullición, 175°; punto de fusión, 17°.

Y así sucesivamente hasta $C^{30} H^{60} O^2$, ácido melísico, que no funde hasta los 80° y que carece de punto de ebullición, pues no puede volatilizarse sin descomponerse.

Vemos, pues, toda una serie de cuerpos cualitativamente diferentes, formados por la simple adición cualitativa de los elementos y siempre en igual relación. Este hecho aparece con más claridad allí donde todos los elementos de la combinación cambian su cantidad en la misma relación, o sea en las parafinas normales C H: la menos elevada es el metano CH^4, un gas; la más elevada que se conoce, el hendecano, cuerpo sólido formado de cristales incoloros que funde a los 21° y no hierve hasta los 278°. En ambas series todo miembro nuevo nace de la adición de CH^2 (de un átomo de carbono y dos de hidrógeno) a la fórmula molecular del miembro precedente, y este cambio cuantitativo de la fórmula molecular da cada vez un cuerpo cualitativamente diferente.

Pero estas series son sólo un ejemplo particular palpable. Casi siempre en química, empezando por los diversos óxidos del nitrógeno hasta los distintos oxácidos del fósforo o del azufre, puede verse cómo la cantidad se convierte en "calidad", y cómo esta pretendida "idea nebulosa y confusa de Hegel" aparece como encarnada en las cosas y fenómenos, sin que exista la menor confusión o nebulosidad, como no sea en la cabeza del señor Duhring. Y si Marx fue el primero en llamar la atención sobre este punto, y si Duhring leyó esta indicación, aunque sin comprenderla (sin lo cual no hubiera cometido esta atrocidad enorme), es suficiente para demostrar a quién, si a Marx o a Duhring, le faltan los elementos "de educación eminentemente modernos del pensamiento científico" y el "conocimiento de las leyes fundamentales establecidas por la química". (Sin dirigir, claro está, una mirada retrospectiva hacia la gloriosa filosofía de la naturaleza del señor Duhring.)

Para terminar, invocaremos todavía un testigo a favor de la conversión de la cantidad en cualidad, y este testigo será Napoleón. Napoleón describe de la siguiente manera el combate de la caballería francesa, mal montada, pero disciplinada, con los mamelucos, la mejor caballería indiscutiblemente para el combate individual, pero indisciplinada: "Dos mamelucos son absolutamente superiores a tres franceses; cien mamelucos y cien franceses se equilibran; trescientos franceses vencen corrientemente a trescientos mamelucos, y mil franceses ponen siempre en fuga a mil quinientos mamelucos". De igual manera que para Marx una cantidad mínima determinada, aunque variable, de valor de cambio era necesaria para hacer posible su transformación en capital, para Napoleón se necesita una grandeza mínima determinada de la división de caballería para permitir a esta fuerza la disciplina que consiste en el orden cerrado y la utilización sistemática de manifestarse y crecer hasta superar incluso a las masas más considerables de caballería irregular mejor montadas, más hábiles en el caballo y en el combate y tan valientes por lo menos. Pero ¿qué demuestra esto contra Duhring? ¿No ha sucumbido miserablemente Napoleón en su lucha contra Europa? ¿No sufrió derrota tras derrota? ¿Por qué? Sólo por haber introducido las concepciones nebulosas y confusas de Hegel en la táctica de la caballería.

XI

DIALÉCTICA. NEGACIÓN DE LA NEGACIÓN

"Este bosquejo histórico de la génesis de la pretendida acumulación primitiva del capital en Inglaterra es todavía relativamente lo que tiene mejor el libro de Marx, y lo seria aún más si no se apoyara en la agudeza erudita y dialéctica. La negación de la negación de Hegel desempeña, en efecto, a falta de mejores y más claros medios, el papel de comadrona que hace salir el porvenir del seno del pasado. La abolición de la propiedad individual, que se realiza de la manera indicada desde el siglo XVI, es ya la primera negación. Ésta sería seguida de una segunda abolición que se caracteriza como la negación de la negación, y, por lo tanto, como la restauración de la "propiedad individual", pero en una forma más elevada, basada en la posesión colectiva del suelo y de los instrumentos de trabajo. Esta nueva "propiedad individual" es denominada por el señor Marx "propiedad social": aquí aparece la unidad superior de Hegel, en cuyo seno la contradicción es *aufgehoben*, es decir, según el juego de palabras de Hegel, negada y conservada a la vez. La expropiación de los expropiadores es, por decirlo así, el resultado automático de la realidad histórica en sus aspectos materiales y exteriores... Un hombre sensato se dejará difícilmente convencer, fiado en las vaciedades de Hegel como la negación de la negación, de la necesidad de la propiedad común del suelo y del capital... La nebulosa confusión de concepciones de Marx no asombrará, desde luego, a quien es capaz de saber lo que puede imaginarse tomando como base la dialéctica de Hegel, o mejor dicho, lo que debe resultar de estas extravagancias. Señalemos expresamente, para quien no conoce estas finuras, que para Hegel la primera negación es la idea de la caída original tomada del catecismo, y la segunda, la idea de una unidad superior que conduce a la redención. ¡Cómo puede fundarse la lógica de los hechos sobre una artimaña analógica hurtada a la religión! El señor Marx permanece tranquilamente en el mundo nebuloso de su propiedad a la vez individual, dejando a sus adeptos el cuidado de resolver por sí mismos este profundo enigma dialéctico". Así habla el señor Duhring.

Así, pues, Marx no puede probar la necesidad de la revolución social, del establecimiento de una sociedad basada en la propiedad común de la tierra y de los medios de producción creados por el trabajo, y no la puede probar más que invocando la negación de la negación de Hegel; y fundando su teoría socialista sobre una artimaña analógica tomada de la religión llega al resultado de que reinará en la sociedad futura una propiedad a la vez individual y social como unidad superior hegeliana de la contradicción resuelta.

Prescindamos ahora de la negación de la negación y consideremos la "propiedad individual y social a la vez". Duhring la denomina reino nebuloso, en lo cual, cosa verdaderamente notable, tiene razón. Pero la desgracia es que no es Marx quien se encuentra en él, sino el propio señor Duhring en persona. Lo mismo que anteriormente podía éste, gracias a su virtuosidad en el método hegeliano del "delirio", establecer sin esfuerzo lo que debían contener los volúmenes aún inacabados de *El Capital*, puede también ahora sin mucho trabajo corregir a Marx según Hegel, atribuyéndole una unidad superior de la propiedad sobre la cual Marx no ha dicho una sola palabra.

Marx dice: "Es la negación de la negación: restablece la propiedad individual, pero sobre la base de una conquista de la era capitalista, la cooperación de los trabajadores libres y su propiedad común de la tierra y de los medios de producción creados por el trabajo mismo. La transformación de la propiedad privada del individuo, parcelada y fundada sobre su trabajo personal, en propiedad capitalista, es naturalmente un proceso infinitamente más largo, penoso y difícil que la transformación de la propiedad privada capitalista, que descansa ya de hecho sobre el ejercicio social de la producción, en propiedad social". Esto es todo. El estado de cosas creado por la expropiación de los expropiadores está caracterizado como el restablecimiento de la propiedad privada, pero *sobre la base* de la propiedad social de la tierra y de los medios de producción creados por el trabajo mismo. Para quien sepa comprender, esto significa que la propiedad social se extiende a la tierra y a los demás medios de producción, y la propiedad individual, a los productos, a los objetos de consumo. Y para que la cosa sea comprensible hasta para los niños de seis años, Marx supone, página 56, "una asociación de hombres libres trabajando con medios de producción comunes y gastando conscientemente sus fuerzas individuales de trabajo como una fuerza de trabajo social", una asociación organizada según "un plan socialista", y dice: "El producto total de la asociación es un producto social. Una parte de este producto sirve de nuevo de medios de producción: conserva su carácter social. Pero otra parte es consumida como medios de existencia por los miembros de la asociación: *debe, por lo tanto, repartirse entre ellos*". ¿No está esto suficientemente claro, incluso para la cabeza hegelianizada del señor Duhring?

La propiedad individual y social a la vez, esta representación confusa, esta extravagancia inevitable con la dialéctica de Hegel, este profundo enigma dialéctico cuya solución dejó Marx encomendada a sus adeptos, es una nueva y libre creación y suposición de Duhring. Marx, en su calidad de presunto hegeliano, debe proponernos, como resultado de la negación de la negación, una unidad superior verdadera; pero como no lo hace a gusto de Duhring, recurre éste a su "estilo noble y elevado" y atribuye a Marx, en "interés de la verdad plena", cosas que son de la exclusiva fabricación de aquél. Un hombre tan incapaz de citar con exactitud, ni siquiera a título de excepción, puede muy bien experimentar una indignación moral contra "la erudición chinesca" de otras personas que citan siempre exactamente, y por esto "ocultan mal la falta de penetración en el sistema de las ideas de los escritores a quienes citan". ¡Viva la historia de gran estilo!

Hasta ahora hemos partido de la suposición de que si Duhring se obstina en citar falsamente lo hace al menos con buena fe, proviniendo esto de la incapacidad total para comprender que le es peculiar, o también de una costumbre adecuada a la historia de gran estilo, costumbre llamada corrientemente negligencia, y que consiste en citar de memoria. Pero parece que hemos llegado al punto en que para Duhring la cantidad se convierte en calidad. Pues cuando consideramos que: primero, el párrafo de Marx es por sí mismo completamente claro y está, además, completado por otro párrafo del mismo libro, el cual no merece ningún desprecio; segundo, ni en la crítica de los *Ergänzungsblätter* citada anteriormente, ni en la primera edición de la *Historia crítica* del señor Duhring ha descubierto esta monstruosidad de "la propiedad social e individual a la vez", sino solamente en la segunda edición; por lo tanto, en la tercera lectura; que en esta segunda edición modificada en el sentido socialista, Duhring hace decir a Marx las mayores extravagancias posibles sobre la organización de la futura sociedad para poder oponerle triunfalmente "la comuna económica cuyo esquema jurídico y económico he dado en mi curso"; cuando consideramos todo esto, estamos obligados a afirmar que el señor Duhring casi nos obliga a admitir que premeditadamente ha ampliado aquí obligadamente el "pensamiento" de Marx, obligadamente para aquél.

¿Qué papel desempeña para Marx la negación de la negación? En las páginas 791 y siguientes resume el resultado final de las investigaciones económicas e históricas de las cincuenta páginas precedentes sobre lo que denomina acumulación primitiva del capital. "Antes de la era capitalista existía la pequeña industria, por lo menos en Inglaterra, poseyendo el trabajador la propiedad individual de sus medios de producción. Lo que denomina acumulación primitiva del capital consiste en una expropiación de estos productores inmediatos, es decir, en la disolución de la propiedad privada basada en el trabajo propio del propietario. Esto fue posible porque la pequeña industria a que nos referimos no era compatible más que con una producción y una sociedad limitada estrechamente por condiciones naturales, y porque en un cierto grado de su desarrollo crea los medios materiales de su propia destrucción. Esta destrucción, la transformación de los medios de producción individuales y dispersos en medios de producción socialmente concentrados, constituye la prehistoria del capital. Desde que los trabajadores se han convertido en proletarios y las condiciones necesarias de su trabajo en capital; desde que el modo de producción capitalista descansa sobre su base, se ve revestir una forma nueva a la socialización del trabajo que se desarrolla, así como a la transformación de la tierra y los restantes medios de producción, y por esto a la expropiación de los propietarios de propiedades privadas: lo que queda por expropiar no es ya al trabajador que produce por cuenta propia, sino al capitalista que explota a numerosos trabajadores. Esta expropiación se realiza por el juego de las leyes inmanentes de la producción capitalista, por la concentración de capitales. Cada capitalista mata a varios. Paralelamente a esta concentración o expropiación de numerosos capitales por algunos se desarrollan la forma cooperativa del trabajo en un grado cada vez mayor, la aplicación técnica consciente de la ciencia, la explotación sistemática del suelo, la metamorfosis de los medios de trabajo en instrumentos de trabajo que sólo pueden utilizarse en común y todos los medios de producción economizados como medios de producción comunes de un trabajo social combinado. En tanto que disminuye de una manera constante el número de los magnates del capital, que usurpan y monopolizan todas las ventajas de esta metamorfosis, se ve aumentar el volumen de miseria, opresión, servidumbre, degradación, y al mismo tiempo la revuelta de los trabajadores, que aumenta sin cesar, y que por el mecanismo mismo de la producción capitalista se halla dirigida, unida y organizada. El capital se convierte en un obstáculo para el modo de producción que ha florecido con él y en su seno. La concentración de los medios de producción y la socialización del trabajo alcanzan un grado en el que resultan incompatibles con su envoltura capitalista; ésta queda rota; la hora de la propiedad privada capitalista ha sonado; los expropiadores son expropiados".

Ahora pregunto al lector: ¿Dónde están los "laberintos de dialéctica embrollada"; dónde los "arabescos de ideas", "las ideas confusas e impropias según las cuales "finalmente todo es uno"; dónde "los milagros dialécticos destinados a los fieles", "el baratillo dialéctico" y "las contorsiones hegelianas" del "logos", sin las cuales, a juicio de Duhring, no hubiera sido posible que Marx realizara su "evolución"? Marx demuestra simplemente, resumiéndolo en el párrafo citado, lo siguiente: lo mismo que anteriormente la pequeña industria engendró por su propia evolución las condiciones de su destrucción, o sea la expropiación de los pequeños propietarios, hoy el modo de producción capitalista ha engendrado a su vez las condiciones materiales de que debe morir. Este proceso es un proceso histórico, y si al mismo tiempo es un proceso dialéctico, no es culpa de Marx por mucho que contraríe al señor Duhring.

Sólo después de haber terminado con su prueba histórica y económica, Marx continúa: "El modo de producción y apropiación capitalista, y, por lo tanto, la propiedad privada capitalista, es la primera negación de la propiedad individual fundada sobre el trabajo personal. La negación de la producción capitalista es engendrada por ella misma con la necesidad de un proceso natural. Es la negación de la negación..." (Sigue el párrafo citado más arriba.)

Así, pues, cuando Marx denomina este fenómeno negación de la negación, no piensa en demostrar con este medio la necesidad histórica. Al contrario, cuando ha probado por medio de La historia que en realidad el fenómeno se ha producido o debe producirse, lo designa al mismo tiempo como un fenómeno que se realiza según una ley dialéctica determinada. Esto es todo. El señor Duhring atribuye, por lo tanto, una vez más a Marx lo que éste jamás ha dicho, cuando pretende que la negación de la negación debe desempeñar aquí el papel de partera gracias a cuyos cuidados sale el porvenir de las entrañas del pasado, o que Marx exige, por la fe en la negación de la negación, se adquiera la convicción de la necesidad de la comunidad del suelo y del capital (comunidad que no es una contradicción encarnada del señor Duhring).

Supone no tener la menor idea de la naturaleza de la dialéctica considerarla, como hace Duhring, como un simple instrumento de prueba, según la idea limitada que pudiera tenerse de la lógica formal o de la matemática elemental. Incluso la lógica formal es, ante todo, un método para descubrir resultados nuevos, para progresar de lo conocido a lo desconocido, y esto a su vez sólo en un sentido mucho más elevado, que es la dialéctica, la cual, precisamente por evadirse del horizonte estrecho de la lógica formal, contiene el germen de una concepción más comprensiva del mundo. La misma relación se encuentra en la matemática. La matemática elemental, la matemática de las magnitudes constantes, se mueve en el cuadro de la lógica formal, al menos en general y a grandes rasgos, y la matemática de las magnitudes variables, cuya parte más importante es el cálculo infinitesimal, no es esencialmente otra cosa que la aplicación de la dialéctica a los problemas matemáticos. La simple preocupación de probar cede aquí a las aplicaciones múltiples del método a los nuevos objetos de investigación.

Pero casi todas las pruebas de las matemáticas superiores, partiendo del cálculo diferencial y de sus primeras demostraciones, son falsas, consideradas rigurosamente, desde el punto de vista de las matemáticas elementales. No puede ser de otra manera si se quieren demostrar por medio de la lógica formal los resultados obtenidos en el terreno dialéctico Pretender probar a un metafísico craso como el señor Duhring cualquier cosa por medio de la dialéctica pura sería perder el tiempo, lo mismo que cuando Leibnitz y sus discípulos quisieron probar a los matemáticos contemporáneos suyos los principios del cálculo infinitesimal. La diferencia produce en estos matemáticos las mismas convulsiones que a Duhring la negación de la negación, en la cual, como veremos, la diferencial desempeña su papel. Estos señores cedieron al fin refunfuñando (al menos los que no habían muerto mientras tanto), no porque estuviesen convencidos, sino porque los resultados eran siempre exactos. El señor Duhring, como él mismo dice, sólo tiene cuarenta años, y si alcanza la edad avanzada que le deseamos, conseguirá ver una cosa parecida.

¿Qué es esta horrible negación de la negación, que tan amarga hace la vida a Duhring, que aparece ante él como una falta imperdonable del mismo carácter que para el cristianismo el pecado contra el espíritu santo? Un procedimiento muy sencillo, aplicado en todas partes y diariamente, que cualquier niño puede comprender a poco que se le despoje del velo de misterio con que le envuelve la vieja filosofía idealista, y que tan útil es mantener oculto a los filósofos mediocres del calibre de Duhring. Tomemos un grano de cebada. Millones de granos semejantes son molidos, cocidos, fermentados y finalmente consumidos en forma de cerveza.

Pero si este grano encuentra aquellas condiciones que le son normales, si cae en un terreno favorable, experimenta, por la acción del calor y la humedad, una metamorfosis específica: germina, desaparece como tal, es negado, reemplazado por la planta nacida de él, que es la negación del grano; pero ¿cuál es el curso normal de la vida de esta planta? Ésta crece, florece, es fecundada y produce al fin nuevos granos de cebada, y cuando éstos han madurado, la espiga muere, siendo a su vez negada. Y como resultado de esta negación de la negación, tenemos nuevamente el grano de cebada primordial, pero multiplicado diez, veinte, treinta veces. Sin duda, los cereales varían muy lentamente, y por esto la cebada de hoy es casi igual a la de hace cien años. Pero tomemos una planta ornamental, fácil de modificar, una dalia, por ejemplo, o una orquídea; tratemos según los principios del arte del horticultor el germen y la planta nacida de él, y obtendremos como resultado de esta negación de la negación no sólo un mayor número de gérmenes, sino semillas cualitativamente mejoradas, que producirán flores más bellas; y cada renovación de este proceso, cada nueva negación de la negación, acentuará este perfeccionamiento. Este proceso se verifica en la mayoría de los insectos, por ejemplo, entre las mariposas, de igual manera que en el grano de cebada. Estos insectos nacen del huevo por la negación del huevo mismo, sufren su metamorfosis hasta la madurez sexual, se acoplan y son directamente negados: mueren una vez cumplido el proceso de generación y cuando la hembra ha depositado sus huevos numerosos. No nos importa por el momento que para otras plantas y animales el proceso no se verifique tan sencillamente, que estos seres antes de morir produzcan no una vez, sino muchas veces granos, huevos o crías. Sólo debemos probar aquí una cosa: que en los dos reinos del mundo orgánico la negación de la negación *existe realmente*. Además, toda la geología es una serie de negaciones negadas, una serie sucesiva de formaciones minerales antiguas que son destruidas y de nuevas formaciones que se depositan. Al principio la corteza terrestre primitiva, nacida del enfriamiento de la masa fluida, se rompe por la acción de las aguas, bajo la acción meteorológica y en virtud de la composición química de la atmósfera, y los materiales convertidos de esta manera en pedazos se estratifican en el fondo de los mares. Los alzamientos locales que en ciertos puntos elevan el fondo del mar por encima de la superficie de las aguas exponen nuevamente las partes de este yacimiento primitivo a la acción de la lluvia, del calor variable con las estaciones, del oxígeno y carbono de la atmósfera. Las mismas influencias actúan sobre las masas rocosas que, viniendo del interior de la tierra, atravesaron las capas sucesivas, fundiéndose y enfriándose después. Incesantemente, durante millones de años nuevas capas se forman, son destruidas en su mayoría y sirven directamente como materiales para las nuevas capas. El resultado de todo esto es muy positivo; es la constitución de un suelo mezclado, compuesto de elementos químicos más diversos y en un estado de pulverización mecánica que permite la vegetación más abundante y variada.

Lo mismo sucede en matemáticas. Sea una magnitud cualquiera cuya expresión algebraica es a. Al negaría tendremos $-a$ (menos a). Neguemos esta negación multiplicando $-a$ por $-a$, y tendremos $+a$, es decir, la magnitud positiva primera, pero elevada a un grado superior, a la segunda potencia. Importa poco en este caso que podamos obtener el mismo valor multiplicando la magnitud positiva a por sí misma, lo que da igualmente como resultado a^2, pues la negación negada es tan inherente a la magnitud a^2, que ésta tiene de todas maneras dos raíces cuadradas positivas, a y -a. Nuestra imposibilidad para eliminar del cuadrado la raíz negativa que está contenida en él adquiere una significación bien patente en las ecuaciones de los cuadrados.

De manera más evidente se manifiesta la negación de la negación en el análisis superior, en las "adiciones de magnitudes infinitamente más pequeñas", que son para el propio señor Duhring las más elevadas operaciones matemáticas, y a las cuales se las denomina en el lenguaje corriente el cálculo diferencial e integral. ¿Cómo se realiza esta clase de cálculos? Tengo, por ejemplo, en un problema dado dos magnitudes variables x e y, una de las cuales puede variar sin que la otra varíe al mismo tiempo en una proporción determinada para cada caso particular. Diferencio x de y, o sea que x e y son tan infinitamente pequeñas, que desaparecen con relación a toda magnitud, por pequeña que sea, por poco que se la suponga realmente existente, de tal manera que de x e y sólo subsiste su relación recíproca, por decirlo así, sin ningún fundamento material, una relación cuantitativa sin cantidad. La expresión dx/dy, es decir, la relación a de las dos diferenciales de x e y, es igual, por lo tanto, a o/o- ,pero éste es presentado como la expresión de x/y. Señalo sólo de paso que esta relación entre las dos magnitudes desaparecidas, la fijación del momento de la desaparición, implica una contradicción, contradicción que no puede inquietarnos más de lo que ha inquietado a los matemáticos desde hace cerca de doscientos años. ¿Qué he hecho sino negar x e y, negarlo, no como el metafísico que omite y desdeña lo que niega, sino negarlo de acuerdo con el caso presente? En el puesto de x e y tengo ahora su negación, es decir, dx y dy en sus fórmulas, o mejor en sus ecuaciones. Continúo, pues, mi cálculo con estas fórmulas; considero dx y dy como magnitudes reales sometidas solamente a ciertas reglas excepcionales y, llegando a un punto determinado, niego la negación, es decir, que integro la fórmula diferencial: en lugar de x e y obtengo nuevamente magnitudes reales x e y, pero ya no estoy en el punto de partida, pues he resuelto un problema ante el cual se habían estrellado la geometría y el álgebra corrientes.

No sucede de otra forma en la historia. Todos los pueblos civilizados comenzaron por la propiedad común del suelo. Una vez superada en cierto grado esta fase primitiva, la propiedad común se transforma, en el curso de la evolución de la agricultura, en un obstáculo para la producción en todos los pueblos. Es abolida, por lo tanto negada, transformada, después de fases intermediarias más o menos largas, en propiedad privada. Mas en una fase posterior del desarrollo de la agricultura, fase resultante justamente de la propiedad privada del suelo, es, por el contrario, la propiedad privada la que se convierte en una trata para la producción; éste es el caso en la actualidad, tanto para la pequeña como para la gran propiedad rústica. Se impone entonces como una fatalidad la necesidad de negarla a su vez, de convertirla de nuevo en bien común. Pero esta necesidad no implica el restablecimiento de la propiedad común originaria y primitiva; lo que significa más bien es el establecimiento de una forma mucho más superior, más desarrollada, de propiedad común, la cual, antes que ser un obstáculo para la producción, la dará mayor impulso y la permitirá utilizar íntegramente los descubrimientos químicos y las invenciones de la mecánica moderna.

Veamos otro ejemplo. La filosofía antigua fue un materialismo inmediato y espontáneo; por tal razón era incapaz de poner en claro las relaciones entre el pensamiento y la materia. La necesidad de darse cuenta de estas relaciones dio nacimiento a la doctrina de la separación del alma y el cuerpo, después a la afirmación de la inmortalidad del alma y, finalmente, al monoteísmo. El antiguo materialismo fue, pues, negado por el idealismo. Mas en el curso de la evolución ulterior de la filosofía, el idealismo resulta a su vez insostenible, siendo negado por el materialismo moderno. Éste, que es la negación de la negación, no es ya la simple restauración del antiguo materialismo; a los fundamentos durables de éste añade todo el pensamiento de la filosofía y de las ciencias naturales en el curso de una evolución de dos mil años y el producto mismo de esta dilatada historia. De otra parte, ya no es una filosofía propiamente dicha, sino una simple intuición del mundo que debe probarse y realizarse, no en una ciencia de las ciencias conducentes a una existencia aislada, sino en las diversas ciencias positivas. En este caso, por lo tanto, la filosofía es aufgehoben, es decir, "superada y conservada al mismo tiempo, superada en cuanto a su forma,, conservada en su contenido real. Allí donde Duhring solamente ve "juegos de palabras", se tiene, considerándole desde más cerca, un contenido positivo.

En fin, la propia teoría igualitaria de Rousseau, de la cual la teoría de Duhring es sólo un pálido reflejo, no hubiera podido prosperar si la negación de la negación en el sentido hegeliano—en realidad esto sucedía veinte años antes del nacimiento de Hegel—no le ayuda, cumpliendo el papel de comadrona, a venir al mundo.

Y, lejos de avergonzarse, esta doctrina ya en su primera exposición ostenta el sello de su origen dialéctico. En el estado natural, es decir, en estado salvaje, todos los hombres eran iguales; y comoquiera que Rousseau considera el lenguaje como una alteración del estado natural, tiene mucha razón de extender la igualdad perfecta de los animales de una especie determinada a esta especie hipotética de los hombres-animales, que Haeckel clasifica con el nombre de "álalos" (privados de lenguaje). Estos hombres-animales, iguales entre sí, eran superiores a los otros animales, superioridad que consistía en la perfectibilidad, es decir, en la facultad de desarrollarse ulteriormente; ésta fue la causa de la desigualdad. Rousseau ve, por lo tanto, en el origen de la desigualdad un progreso. Progreso que en sí era antagónico, siendo al mismo tiempo una regresión "Todos los progresos posteriores (alude a los que han superado el estado primitivo) fueron aparentemente otros tantos pasos hacia el *perfeccionamiento del individuo*, y en realidad *hacia la decrepitud de la especie*... La metalurgia y la agricultura fueron las dos artes cuya invención produjo esta revolución" (la transformación del bosque virgen en suelo cultivado, pero al mismo tiempo la introducción de la miseria y la servidumbre por medio de la propiedad). "Para el poeta es el oro y la plata, pero para el filósofo fueron el hierro y el trigo los que civilizaron a los *hombres* y perdieron al *género humano*. Cada nuevo progreso de la civilización es al mismo tiempo un nuevo progreso de la desigualdad. Todas las instituciones que se da la sociedad nacida de la civilización se cambian en lo contrario de su objetivo primitivo". "Es incontestable, y éste es el principio fundamental de todo el derecho político, que los pueblos se dieron jefes para defender su libertad y no para esclavizarlos". "Y, sin embargo, estos jefes se convierten necesariamente en opresores del pueblo y llevan su opresión hasta el punto en que la desigualdad llevada al extremo se cambia de nuevo en su contrario, se convierte en causa de igualdad; ante el déspota todos son iguales: iguales a nada". "Éste es el último término de la desigualdad y el *punto extremo que cierra el círculo y se une al punto del cual hemos partido*; aquí todas las particularidades se igualan, porque no son nada y porque los súbditos no tienen otra ley que la voluntad del dueño". Pero el déspota no es dueño sino mientras se halla en posesión de la fuerza, y, por lo tanto, "inmediatamente que se le puede expulsar no hay derecho a protestar contra la violencia"... Únicamente le mantenía la fuerza, y ésta le derriba. Todo sucede, pues, con arreglo al orden natural... Así, pues, la desigualdad se cambia directamente en igualdad, no en la antigua igualdad espontánea de los primeros hombres sin lenguaje, sino en la igualdad superior del contrato social. Los opresores soportan la opresión. Es la negación de la negación.

Encontramos, pues, en Rousseau un orden de pensamientos que hasta en los detalles más pequeños corresponden con los que Marx ha desarrollado en *El Capital* y con un gran número de razonamientos utilizados por él; son estos procesos antagónicos por su naturaleza, conteniendo en sí mismos una contradicción, la conversión de un extremo en su contrario; en fin, he aquí el centro de todo, la negación de la negación. Y si Rousseau no podía hablar todavía en 1754 la jerga de Hegel, no dejaba por eso de estar infectado, veintitrés años antes del nacimiento de Hegel, del contagio hegeliano, de la dialéctica de los contrarios, de la teoría del logos", del "teologismo", etc. Y el propio señor Duhring, cuando rebajando la teoría igualitaria de Rousseau opera con sus dos hombres, resbala ya sobre el plano inclinado desde el cual irremisiblemente cae en brazos de la negación de la negación. El estado en cuyo seno florece la igualdad de los dos hombres es descrito como un estado ideal, es calificado en la página 271 de la *Filosofía* de "estado primitivo" (*Urzunstand*). Este estado primitivo (me refiero a la página 279) es abolido necesariamente por el "sistema de la depredación" (*Raubsystem*), primera negación. Pero he aquí que ahora, gracias a la filosofía de la realidad, hemos llegado al punto en que abolimos el "sistema de la depredación", instaurando en su lugar la "comuna económica" descubierta por el señor Duhring, fundamentada en la igualdad: negación de la negación, igualdad superior. ¡Oh espectáculo regocijante, bienhechor, que amplía el horizonte visual, ver a Duhring cometer él mismo con su augusta persona el pecado supremo de la negación de la negación!

¿Qué es, pues, la negación de la negación? Una ley del desarrollo de la naturaleza, de la historia y del pensamiento, extraordinariamente general e importante, y, por esta misma razón, de la mayor extensión; una ley que, como hemos visto, tiene aplicación en la geología, matemáticas, historia, filosofía; una ley que Duhring mismo está obligado a reconocer a su manera sin saberlo, aunque se atrinchere y quiera defenderse contra ella.

Es evidente que nada digo respecto al proceso especial de evolución, al desarrollo experimentado por un grano de cebada desde la germinación hasta la muerte de la planta que contiene el nuevo fruto, contentándome con decir que este proceso es una negación de la negación. Pues como el cálculo integral es igualmente una negación de la negación, necesitaría, si afirmase lo contrario, pronunciar esta absurda proposición: El proceso biológico de una espiga de cebada es un cálculo integral, e incluso (¿por qué no?) el propio socialismo.

Esto es en el fondo lo que los metafísicos atribuyen frecuentemente a la dialéctica. Cuando refiriéndome a todos estos procesos digo que son la negación de la negación, los incluyo a todos en conjunto en esta ley única de la evolución, y por lo mismo prescindo de las particularidades de cada proceso especial en sí mismo. La dialéctica no es otra cosa que la ciencia de las leyes generales del movimiento y evolución de la naturaleza, de la sociedad humana y del pensamiento.

Se objetará que esta negación no es la verdadera negación; también niego un grano de cebada cuando lo muelo, al insecto cuando lo aplasto, a la magnitud positiva a si la borro. O bien niego la proposición "la rosa es una rosa" si digo: "La rosa no es una rosa". ¿Y qué resultará si negando a su vez esta negación digo: "Y, sin embargo, la rosa es una rosa"?

Son estas objeciones, en efecto, los principales argumentos de los metafísicos contra la dialéctica y dignos en absoluto de maneras tan limitadas de pensar. Negar en la dialéctica no es simplemente decir que no, o declarar que una cosa no existe, o, en fin, destruirla por un medio cualquiera. Ya dijo Espinosa: *"Omnis determinatio est negatio"*, es decir, toda limitación o determinación es al mismo tiempo una negación. De otra parte, la especie particular de negación se halla aquí determinada a la vez por el carácter general y la naturaleza especial de su proceso. Yo debo no solamente negar, sino *levantar* de nuevo la negación. Debo constituir la primera negación de tal manera que la segunda permanezca o sea posible.

¿Cómo? Según la naturaleza específica de cada caso particular. Si muelo un grano de cebada o aplasto un insecto, llevo a cabo la primera negación, pero hago imposible la segunda. Cada género de cosas supone, por lo tanto, un modo particular de negación para que un desenvolvimiento sea el resultado, y lo mismo cada género de representación o de conceptos. En el cálculo infinitesimal se niega de otra manera que para constituir potencias positivas por medio de raíces negativas. Es necesario aprender esto como otra cosa cualquiera. Si sólo sé que la espiga de cebada y el cálculo infinitesimal se hallan sometidos a la negación de la negación, esto no me permitirá ni cultivar cebada con éxito, ni diferenciarla, ni integrarla; lo mismo que no sé tocar el violín cuando mis conocimientos están limitados a las leyes según las cuales las dimensiones de las cuerdas determinan la naturaleza del sonido.

Es claro que el pasatiempo infantil consistente en escribir y borrar alternativamente a o afirmar sucesivamente de una rosa que no es rosa, no demuestra más que la estupidez de quien se entrega a ejercicios tan fastidiosos. Sin embargo, los metafísicos quisieran hacernos creer que desde que queremos realizar la negación de la negación sólo sabemos hacer cosas semejantes.

Una vez más, por lo tanto, es el señor Duhring quien mixtifica cuando afirma que la negación de la negación es una estúpida analogía inventada por Hegel a imitación de la religión, un plagio de la historia de la caída original y de la redención. Los hombres pensaron dialécticamente mucho tiempo antes de saber lo que era dialéctica, lo mismo que hablan en prosa antes de conocer este término. La ley de la negación de la negación, que se desarrolla inconscientemente en la naturaleza y en la historia, e incluso en nuestro propio cerebro hasta que conseguimos reconocerla, ha sido formulada y solamente formulada por Hegel por vez primera y con la mayor claridad. Y si el señor Duhring quiere seguir utilizándola sin que se sepa y sólo le resulta insoportable el nombre, que busque si quiere otro mejor. Pero si es a la cosa misma a la que pretende arrojar del pensamiento, comience primero por arrojarla de la naturaleza y de la historia, y que invente una matemática en la cual $-a = a$ no dé a^2, y en la cual se prohíba, con penas severas, diferenciar e integrar.

XII

CONCLUSIÓN

Hemos terminado con la *Filosofía*. Lo que pueda quedar aún de las fantasías proféticas en los cursos lo trataremos con ocasión de la revolución hecha por Duhring en el socialismo. ¿Qué nos prometió Duhring? Todo. ¿Qué ha cumplido de su promesa? Nada. "Los elementos de una filosofía real y, por lo tanto, orientada hacia la realidad en la naturaleza y la vida", "la concepción rigurosamente científica del mundo", "las ideas sistemáticas" y los restantes méritos de Duhring, que Duhring celebra con fórmulas rimbombantes, todo ha aparecido, allí donde lo hemos cercado, como una *pura locura*. El "esquematismo del universo", que, sin perder profundidad de pensamiento, había fijado con certeza los "aspectos esenciales del Ser", ha aparecido como un eco infinitamente empobrecido de la *Lógica* de Hegel, compartiendo con éste el prejuicio de que "estas formas esenciales", estas categorías lógicas, contienen ignoramos dónde una existencia misteriosa, antes del comienzo y fuera del mundo al cual han de "aplicarse". La filosofía de la naturaleza nos ofrece una cosmogonía cuyo punto de partida es "una materia en estado indiferente, idéntico a sí mismo"; un estado que no puede representarse más que haciendo una confusión desesperada contra la materia, el movimiento y su relación; un estado que no puede ser representado sino admitiendo la existencia de un Dios personal, transcendental, único que puede provocar el tránsito de este estado al movimiento.

En el estudio del mundo orgánico, la filosofía de la naturaleza debió, después de rechazar la lucha por la existencia y la selección darwiniana como "una brutalidad contraria a la humanidad", darle paso por una puerta trasera, admitir que existen como factores en la naturaleza, aunque sea de segundo orden. Y la filosofía de la realidad encuentra aún medio para atestiguar en el dominio biológico una ignorancia tal, que, imposibilitados de escapar a las "Conferencias científicas populares", se buscará vanamente el equivalente, aunque sea entre las señoritas de las clases "cultas". En lo que concierne a la moral y el derecho, la pobre y vulgar copia que hace de Rousseau es tan desgraciada como la hecha anteriormente de Hegel, y demuestra, pese a sus afirmaciones contrarias, una ignorancia de la ciencia jurídica que es rara incluso entre los más vulgares juristas de la antigua moda prusiana. Esta filosofía que "no admite ningún horizonte aparéate" se contenta, por lo que respecta al derecho, con un horizonte muy real, que confunde con el territorio en el cual se aplica el *Landrecht* prusiano. Todavía esperamos "las tierras y cielos del mundo exterior" que esta filosofía nos prometió desarrollar en poderoso movimiento en el curso de sus revoluciones, "las verdades definitivas e inaplicables", "los principios fundamentales y absolutos". El filósofo cuyo método "excluye toda concepción subjetiva y limitada del mundo" aparece ante nosotros limitado, subjetivamente, no sólo por sus conocimientos insuficientes completamente, según hemos demostrado, por su método metafísico, por su vanidad grotesca, sino también por las manías personales que le caracterizan. No puede dar por terminada su filosofía de la realidad sin imponer su antipatía contra el tabaco, los gatos y los judíos, como una ley universalmente válida para toda la humanidad, comprendidos los judíos. Su "punto de vista verdaderamente crítico" respecto a los demás consiste en atribuir constantemente a las personas cosas que jamás dijeron, y que son un producto propio de Duhring. Sus prolijas lucubraciones sobre temas dignos de un tendero, como "el valor de la existencia" y los mejores medios de gozar de la vida, anuncian al filisteo que se encoleriza contra el *Fausto* de Goethe. En efecto, es imperdonable que Goethe haya tomado como héroe a un ser inmoral como Fausto y no al grave filósofo de la realidad, Wagner.

En una palabra, la *Filosofía de la realidad*, considerada en su conjunto, demuestra, hablando como Hegel, el, más pobre empobrecimiento de la pobre filosofía de las luces, vano y transparente en su banalidad, turbado solamente por los fragmentos altisonantes con que ha sido mezclado. Cuando se ha terminado el libro quedamos como al principio, viéndonos obligados a confesar que el pensamiento nuevo, "los resultados y opiniones esencialmente originales" y las ideas sistemáticas nos han ofrecido mucha estupidez nueva, pero ni una sola palabra de la cual podamos sacar algún provecho instructivo. Y este hombre, que, como el más vulgar baratillero, alaba sus talentos y productos con ruido de timbales y trompetas, y que oculta tras de sus frases ampulosas su nulidad, este hombre se permite llamar charlatanes a hombres como Fichte, Schelling y Hegel, el más inferior de los cuales es un gigante a su lado. Charlatanes, en efecto; pero ¿quién?

SEGUNDA PARTE

ECONOMÍA POLÍTICA

I

OBJETO Y MÉTODO

La economía política, en el más amplio sentido de la palabra, es la ciencia de las leyes que rigen la producción y el cambio de los medios materiales de subsistencia en la sociedad humana. La producción y el cambio son dos funciones diferentes. La producción puede tener lugar sin el cambio; el cambio, al contrario, siendo necesariamente cambio de productos, no puede existir sin la producción. Cada una de estas funciones sufre la influencia de causas particulares en gran parte exteriores, y por dicha razón de las leyes que le son en gran parte propias, específicas. De otra parte, determínanse mutuamente en cada instante e influyen una sobre otra en una medida tan amplia, que se las puede designar como la abscisa y la ordenada de la curva económica.

Las condiciones bajo cuya influencia producen y cambian los hombres varían de un país a otro, y en cada país, de una generación a la siguiente. La economía política no puede ser, por lo tanto, la misma para todos los países y épocas históricas. Del arco y la flecha, del hacha de sílex y del cambio escaso y excepcional de los salvajes a la máquina de vapor de mil caballos, al taller mecánico, a los ferrocarriles y al Banco de Inglaterra, hay una distancia gigantesca. Los hombres de la Tierra del Fuego desconocen la producción en masa, el comercio mundial, las letras de cambio giradas al descubierto y las quiebras de Bolsa. Quien pretenda comprender en las mismas leyes la economía política de la Tierra del Fuego y la de Inglaterra actual, no producirá, evidentemente, más que lugares comunes de la mayor banalidad. La economía política es esencialmente una ciencia *histórica;* su materia es histórica, o sea que está sometida perpetuamente al cambio. Estudia primero las leyes particulares de cada fase de la evolución de la producción y el cambio, y solamente después de haber terminado su análisis podrá formular un corto número de leyes generales verdaderas para la producción y el cambio como tales. Es evidente, desde luego, que las leyes válidas para formar modos de producción y formas de cambio determinadas valen igualmente para todos los períodos históricos a los cuales son comunes estos modos de producción y formas de cambio. Por ejemplo, la introducción de la moneda metálica pone en vigor una serie de leyes que permanecen como ciertas para todos los países y épocas en que la moneda metálica sirva de intermediaria para el cambio.

Simultáneamente con el modo de producción y cambio de una sociedad dada en la historia, y con las condiciones históricas que dieron nacimiento a esta sociedad, se da también el modo de reparto de los productos. En la comunidad familiar o rústica con propiedad común del suelo, con cuya forma o con vestigios muy notables de ella entran en la historia todos los pueblos civilizados, un reparto casi uniforme de productos es evidente; la creciente desigualdad del reparto entre los miembros de la comunidad es ya por sí misma un signo de que la comunidad comienza a disolverse. Tanto el grande como el pequeño cultivo implican, según las circunstancias históricas que los han originado, diversas formas de reparto; pero es indudable que el gran cultivo determina siempre un reparto completamente distinto que el pequeño, que aquél supone o engendra un antagonismo de clases (propietarios de esclavos y esclavos, grandes propietarios y campesinos esclavizados, capitalistas y asalariados), mientras que el último no necesita diferenciación de clases entre los individuos que participan en la producción agrícola, y que este antagonismo, por el solo hecho de existir, señala el principio de la decadencia de la economía parcelaria.

El hecho de que la moneda metálica penetre y circule en un país donde hasta entonces reinaba exclusivamente o en su mayor parte la economía natural (*Naturalwirschaft*) está siempre unido a una revolución más o menos rápida del modo dominante de producción y orientado en el sentido del aumento constante de la desigualdad del reparto entre los individuos, de la oposición entre ricos y pobres. La industria local y corporativa de la Edad Media hace imposibles los grandes capitalistas y los trabajadores asalariados durante toda su vida, que crean necesariamente la gran industria moderna, el desarrollo actual del crédito y la evolución correspondiente de las formas de cambio, o sea la libre competencia.

Con las diferencias en el reparto aparecen *las distinciones de clase*. La sociedad se escinde en clases privilegiadas y frustradas, explotadas, opresoras y oprimidas, y el Estado, producto de la evolución de comunidades de la misma raza agrupadas espontáneamente para la defensa de sus intereses comunes (en Oriente, por ejemplo, de la irrigación) y la protección contra los enemigos exteriores, el Estado tiene desde entonces como finalidad mantener por la fuerza las condiciones de existencia y dominación de la clase dominante contra la clase dominada.

Pero el reparto no es un resultado meramente pasivo de la producción y el cambio; reacciona a su vez sobre ambos. Todo nuevo modo de producción, toda nueva forma de cambio es primero contrariada, no sólo por las formas antiguas y las instituciones políticas correspondientes, sino también por el antiguo modo de reparto. Sólo después de una larga lucha conquistan un reparto que les es adecuado. Cuando más móvil es un modo determinado de producción y cambio, más capaz es de desarrollarse y perfeccionarse y más rápidamente también obtiene el reparto un grado que supera al que le dio vida, y en el cual entra en lucha con el antiguo modo de producción y cambio. Las antiguas comunidades naturales, de que ya se ha tratado, pueden subsistir decenas de siglos, como sucedió entre los indios y todavía entre los esclavos, antes de que las relaciones comerciales con el mundo exterior engendren en su seno las diferencias de fortunas que provocarán su disolución. La producción capitalista moderna, por el contrario, nacida hace apenas trescientos años y que sólo después de la introducción de la gran industria se convierte en dominante, o sea desde hace treinta años, ha realizado en tan corto espacio de tiempo tales contradicciones en el reparto—de una parte, concentración de capitales en un corto número de manos, concentración en las grandes ciudades de masas desposeídas—, que necesariamente han de conducirla a la ruina.

La relación entre el reparto de una época dada y las condiciones materiales de existencia de la sociedad es tan evidente, que se refleja siempre en el instinto popular. Mientras que un modo de producción se halla pudiéramos decir en la rama ascendente de su evolución, le hacen una acogida entusiasta hasta aquellos que han de sufrir el modo correspondiente de producción: ésta fue la actitud de los obreros ingleses al advenimiento de la gran industria. Más aún, mientras este modo de producción sigue siendo el modo normal, se acepta, en suma, el reparto, y las protestas nacen entonces... del seno mismo de la clase dominante (Saint-Simon, Fourier, Owen), sin encontrar realmente eco en la masa laboriosa. Sólo cuando este modo de producción ha recorrido una gran parte de su rama ascendente, cuando las condiciones de su existencia han desaparecido en gran parte y su sucesor llama a la puerta, sólo entonces el reparto, cada vez más desigual, se considera injusto y se apela contra los hechos caducos ante una pretendida justicia eterna. Estos llamamientos a la moral y al derecho no nos permiten avanzar un solo paso en el campo de la ciencia. La ciencia económica no puede ver en la indignación moral, por justificada que esté, un argumento, sino sólo un síntoma; su tarea consiste mejor en demostrar que los abusos sociales que aparecen son las consecuencias necesarias del modo de producción subsistente y al mismo tiempo los signos de su disolución inminente, y en descubrir en el seno del movimiento económico que se descompone los elementos de una nueva organización futura de la producción y del cambio que pondrán fin a este abuso. La cólera inspiradora del poeta es adecuada cuando se trata de describir tales abusos y de atacar a quienes los niegan o atenúan, a los teóricos de la armonía, servidores de las clases dominantes; pero nada *prueba* para cada casa particular, lo cual es totalmente evidente si se piensa que en *cada* época de la historia hubo motivos de cólera.

Sin embargo, la economía política, concebida como ciencia de las condiciones y formas en que las diversas sociedades humanas han producido y cambiado, así como la manera correspondiente de repartir los productos, la economía política en toda su extensión, está aún por hacer. Lo que poseemos hasta ahora de la ciencia económica se reduce casi exclusivamente a la génesis y evolución del modo de producción capitalista. Esta ciencia comienza por la crítica de los vestigios de las formas feudales de producción y cambio, demuestra la necesidad de que sean sustituidas por las formas capitalistas, desarrolla a continuación las leyes del modo de producción capitalista y las formas de cambio correspondientes en su aspecto positivo, o sea en el sentido de que favorecen los fines generales de la sociedad, y termina por la crítica socialista al modo de producción capitalista, es decir, por la exposición de sus leyes en el aspecto negativo, probando que este modo de producción tiende por su evolución propia hacia el punto en que el mismo se hace imposible. Esta crítica demuestra que las formas capitalistas de producción y cambio se convierten más cada día en cadenas insoportables para la producción; que el modo de reparto necesariamente determinado por estas formas ha engendrado una situación de clase más insoportable cada día, el antagonismo diariamente más acusado entre capitalistas, menos numerosos cada vez, pero siempre más ricos, y asalariados desposeídos, más numerosos de día en día, y cuya situación en conjunto empeora constantemente; en fin, que las fuerzas productivas colosales engendradas en el seno del modo de producción capitalista, y el cual no puede ya contenerlas, sólo esperan la toma de posesión por una sociedad organizada para la cooperación sistemática, a fin de garantizar en una medida cada vez más amplia a todos los miembros de la sociedad los medios de vivir y desarrollar libremente sus facultades.

Para realizar plenamente esta crítica de la economía burguesa no basta con conocer la forma capitalista de producción, cambio y reparto. Es necesario asimismo considerar, al menos en sus grandes rasgos, como objetos de estudio y comparación las formas que precedieron al modo capitalista o subsistentes todavía con él en la actualidad en países menos avanzados en su evolución. Este estudio y comparación hasta ahora sólo fueron instituidos por Marx, por lo cual debemos casi exclusivamente a sus investigaciones lo que se ha comprobado acerca de la economía teórica preburguesa

Aunque hubiera nacido a finales del siglo XVII en algunos cerebros geniales, la economía política, en el sentido preciso de la palabra, tal como ha sido formulada de una manera positiva por los fisiócratas y Adam Smith, es, sin embargo, esencialmente hija del siglo XVII y debe colocarse en el mismo nivel que las conquistas de los grandes "filósofos" franceses contemporáneos, con las cuales comparte todas las cualidades y defectos de su época. Lo que hemos dicho de los "filósofos" de *Aufklarung* es también cierto para los economistas de su época. La nueva ciencia no era para ellos la expresión de la situación y necesidades de una época, sino de la razón eterna; las leyes de la producción y el cambio que formulaban no eran leyes correspondientes a una forma histórica determinada de estas actividades, sino leyes eternas de la naturaleza, deducidas de la naturaleza del hombre. Hombre que, bien considerado, era el ciudadano de la clase media de la época, en vías de transformarse en burgués, y cuya naturaleza consistía en fabricar y negociar conforme a la situación de entonces, determinada por la historia.

Quienes hemos conocido suficientemente a "nuestro fundador crítico" señor Duhring y a su método por su filosofía, podemos sin dificultad prever la concepción que tendrá de la economía política. En filosofía, cuando no se contenta con disparatar, como hace en su *Filosofía de la naturaleza*, sus concepciones eran tan sólo la caricatura de las del siglo XVIII; no se trataba allí de las leyes de la evolución histórica, sino de las leyes eternas, de verdades eternas. Cuestiones sociales, como los problemas de la moral y el derecho, eran resueltas no según las condiciones reales históricas, de cada época, sino por medio de los "dos hombres" famosos, uno de los cuales puede o no oprimir al otro, lo que desgraciadamente no ha sucedido hasta ahora. No nos engañaremos, por lo tanto, en esta ocasión si afirmamos que el señor Duhring reducirá igualmente la economía política a verdades definitivas e inapelables, a las leyes eternas de la naturaleza, a los axiomas tautológicos de un desolador vacío, aunque pasando de contrabando por la puerta trasera todo el contenido positivo de la economía en la medida que lo conoce; y que, lejos de derivar el reparto, fenómeno social, de la producción y el cambio, lo remitirá, para una decisión definitiva, a "sus dos hombres" ilustres. Como todos estos juegos de manos son ya bastante conocidos por nosotros, seremos más breves.

En efecto, el señor Duhring nos dice en la página 2 que su economía se relaciona con lo que ha "formulado" en su filosofía, y "descansa, para un cierto número de cuestiones esenciales, en las *verdades* superiores *obtenidas* ya en un dominio de estudios más elevado". En todas partes tenemos el mismo elogio indiscreto de sí mismo; siempre triunfa el señor Duhring de lo que el señor Duhring ha formulado y arreglado.

Inmediatamente encontramos "las *leyes naturales* más generales de toda economía". ¡Lo habíamos adivinado, por lo tanto! Pero estas leyes naturales no permiten una comprensión justa de la historia pasada más que si se las estudia en las determinaciones precisas sufridas por sus resultados bajo la acción de las formas políticas de subordinación y agrupamiento. Instituciones como la esclavitud y la servidumbre, a las cuales hay que unir como análoga la propiedad fundada sobre la violencia, deben

considerarse como formas de la constitución económica y social de
naturaleza puramente política, habiendo sido hasta ahora en la historia los
cuadros dentro de los cuales únicamente se podía manifestar la acción de
las leyes económicas naturales".

Esta proposición es la fanfarria que, como un *leit motiv* de Wagner,
anuncia la aproximación de los "dos hombres" tan famosos. Es todavía
algo más: el tema fundamental de todo el libro del señor Duhring. Éste, en
lo que concierne al derecho, sólo nos había dado una mala traducción de la
teoría igualitaria de Rousseau en lenguaje socialista, de tal naturaleza, que
pueden verse bastante mejores desde hace años en las tabernas de los
obreros parisinos. Aquí nos da una traducción socialista igualmente mala
de las lamentaciones de los economistas sobre la falsificación de las leyes
económicas naturales y eternas y de su acción por la intervención del
Estado, de la fuerza. En este dominio el señor Duhring se halla
merecidamente completamente solo entre los socialistas. Un obrero
socialista, sea cual fuere su nacionalidad, sabe muy bien que la fuerza se
limita a proteger la explotación, pero que no es su causa; que la razón de
su explotación consiste en la relación entre el capital y el trabajo
asalariado, relación constituida de una manera puramente económica y no
por la acción de la violencia.

Más adelante nos enseña que en todas las cuestiones económicas
"pueden distinguirse dos procesos: el de la producción y el de la
distribución", a los cuales el célebre J. B. Say, autor superficial, ha
añadido un tercer proceso, el del consumo, aunque sin poder decir nada
sensato sobre él, como tampoco sus sucesores; que el cambio y la
circulación no son más que una subdivisión de la producción que
comprende todas las operaciones necesarias para hacer llegar los
productos al último y verdadero consumidor.

Ahora bien: confundiendo los dos procesos de la producción y
circulación, procesos esencialmente distintos aunque se condicionen
recíprocamente, afirmando audazmente que disipar esta confusión
significa "crear la confusión", demuestra el señor Duhring que no conoce
ni comprende el desarrollo colosal sufrido precisamente por la circulación
en los últimos cincuenta años; confirmando su libro, desde luego, esta
suposición. No es esto todo; después de comprender así la producción y el
cambio bajo la denominación única de producción, yuxtapone *al lado* de
la producción la distribución como un segundo proceso completamente
exterior y sin ninguna relación con el primero. Ya hemos visto que es
siempre en sus rasgos esenciales el resultado de la situación de la
producción y el cambio en una sociedad determinada, así como de los
antecedentes históricos de esta sociedad, de tal manera que, conociendo
estos últimos, podemos afirmar con precisión cuál es el modo de

distribución que reina en esta sociedad.

Vemos igualmente que si Duhring no quiere ser infiel a los principios "establecidos" en su filosofía de la moral, el derecho y la historia está obligado a negar este hecho económico elemental, sobre todo cuando pretende introducir de contrabando sus "dos hombres" inevitables en la economía, pues, librada felizmente la distribución de toda relación con la producción y el cambio, el gran acontecimiento podrá al fin producirse.

Recordemos cómo han pasado las cosas en la moral y en el derecho. El señor Duhring comenzaba con un solo hombre. Decía: "Un hombre, en la medida que se le representa como único, o lo que es lo mismo, sin relación alguna con otro, no puede tener *deberes*; no existe para él *deber*, sino querer".

Pero ¿qué es este hombre único sin deberes sino el fatal "Adán" en el paraíso, donde está sin pecado por la excelente razón de que es incapaz de cometerlo? Mas este Adán de la filosofía de la realidad conoce también la caída. A su lado surge súbitamente, no una Eva de largos cabellos, sino un segundo Adán. Inmediatamente tiene deberes y los viola.

En lugar de considerar a su hermano como dotado de derechos iguales y de estrecharle en sus brazos, lo somete a su poder, lo esclaviza, y las consecuencias de este pecado original de sumisión han corrompido a toda la historia universal hasta nuestros días, por lo cual, a juicio del señor Duhring, esta historia no vale una perra chica.

Así, pues, recordemos incidentalmente que el señor Duhring consideraba suficiente expresar su desprecio "hacia la negación de la negación" representándola como eco de la antigua historia de la caída y redención. ¿Qué diremos ahora de *su* nueva edición de la misma historia? (Más adelante encontraremos también la redención.) A pesar de todo, preferimos la vieja leyenda semítica, en la que, por lo menos, el hombre y la mujer eran beneficiados abandonando el estado de inocencia. El señor Duhring triunfa, y conquista sin rivales la gloria de haber construido su caída original con dos hombres.

Veamos la traducción del pecado original en lenguaje económico: "Para el concepto de la producción se tendrá un esquema muy conveniente si se representa a un Robinsón, aislado con sus fuerzas propias, enfrente de la naturaleza, sin compartir nada con nadie... Igualmente adecuado a la representación de lo que hay de esencial en la idea de la distribución es el esquema de las dos personas cuyas fuerzas económicas se combinan y que necesariamente deben entenderse de cualquier manera respecto a la parte que recíprocamente les corresponde. No hay necesidad de otra cosa que de este simple dualismo para exponer rigurosamente algunas de las más importantes relaciones de reparto y para estudiar las leyes en estado embrionario en su necesidad lógica... Podemos también suponer la cooperación en un plano de igualdad con la combinación de fuerzas para la sumisión total de una de las partes, que entonces se halla sometida en calidad de esclavo o de puro instrumento para servicios económicos, y que es mantenido sólo como tal instrumento... Entre el estado de igualdad y nulidad, de una parte, y de omnipotencia, de la otra, con una actividad absolutamente unilateral, se insertan una serie de escalones ocupados por los fenómenos de la historia universal en su rica diversidad. Para esto se precisa lanzar una ojeada universal sobre las diversas instituciones *jurídicas* e *injustas* de la historia"; en fin, toda la distribución se convierte en un "derecho a la distribución económica".

Al fin el señor Duhring ha encontrado un terreno sólido para sostenerse. Mano a mano con sus "dos hombres", puede llamar a capítulo a su siglo. Pero detrás de esta trinidad surge todavía una incógnita:

"El capital no ha inventado la plusvalía. Allí donde una parte de la sociedad se halla en posesión del monopolio de los medios de producción, el trabajador, libre o no, está obligado a añadir al tiempo de trabajo necesario a su propia conservación un tiempo de trabajo suplementario para procurar los medios de existencia a los propietarios de medios de producción, bien que este propietario sea el *kaloskagathos* ateniense, el teócrata etrusco, el *civis romanus* (ciudadano romano), el barón normando, el propietario de esclavos americano, el boyardo valaco, el *landlord* o el capitalista moderno.

Reconociendo el señor Duhring por este procedimiento en qué consiste la forma esencial de explotación común a todas las formas de producción, en la medida en que se desarrollan entre los antagonismos de clase, no se trata ya para él más que de aplicarlas a "los dos hombres", colocando de esta manera "los fundamentos" de la economía de la realidad. No vacila un instante en desarrollar esta "idea creadora de un sistema". Trabajo sin remuneración, superior al tiempo necesario al trabajador para su propia manutención: ésta es la cuestión. Adán, llamado aquí Robinsón, obliga a trabajar a su segundo Adán, llamado Viernes. Mas ¿por qué Viernes trabaja más de lo que es necesario para su manutención? Marx no deja de responder parcialmente a esta pregunta; pero esta respuesta es para nuestros dos buenos mozos algo excesivamente trivial. La cuestión se arregla rápidamente: Robinsón "oprime" a Viernes, lo somete en "calidad de esclavo o de instrumento económico", y solamente le conserva "en calidad de instrumento". Con este nuevo "pensamiento creador", el señor Duhring mata dos pájaros de un tiro: primero se evita el trabajo de explicar las diversas formas revestidas por la distribución hasta nuestros días, sus diferencias y causas; consideradas en bloque, no tienen ningún valor, se apoyan en la opresión, en la violencia; volveremos a tratar sobre esto. En segundo lugar, traslada de este modo toda la teoría de la distribución del terreno económico al de la moral y el derecho, o sea del terreno de los hechos materiales al de las opiniones y sentimientos. Por lo tanto, no hay necesidad de estudiar y demostrar, basta con protestar: puede exigir que la distribución de productos se regule no según sus causas reales, sino con arreglo a aquello que a él le parece justo.

Ahora bien: lo que considera justo el señor Duhring no es nunca invariable, y, por lo tanto, tampoco ha de ser una verdad de buena ley, ya que estas últimas, a juicio suyo, son "esencialmente invariables". En 1868 Duhring afirmaba que la tendencia de toda civilización superior es la de *acentuar cada vez más la propiedad*, siendo aquí y no en la confusión de derechos y de sus esferas de soberanía donde radica "la esencia y el porvenir de la evolución moderna". Y más adelante decía que "no veía cómo una transformación del trabajo asalariado en otra forma de ganancia podía nunca conciliarse con las leyes de la naturaleza humana y la jerarquía natural y necesaria del cuerpo social". Así, pues, en 1868 la propiedad privada y el salariado son necesarios, basados en la naturaleza y, en consecuencia, justos; en 1876 uno y otro son producto de la violencia y la rapiña y, por lo tanto, injustos. No podemos prever lo que pasados algunos años podrá parecer justo y moral a un carácter tan impetuoso; por lo cual consideramos preferible atenernos a las leyes económicas reales y objetivas mejor que a las ideas subjetivas, fugaces y variables, del señor Duhring acerca de lo justo e injusto.

Si no tuviéramos respecto a la revolución inminente del modo actual de distribución de los productos del trabajo, con su contraste irritante de miseria y opulencia, hambre y orgía, más que la conciencia de su injusticia y la convicción de la victoria final del derecho, no estaríamos muy avanzados, y podríamos esperar aún largo tiempo. Los místicos de la Edad Media que soñaban con la proximidad del reino milenario tenían ya conciencia de la injusticia y de los antagonismos de clase: en el umbral de la historia moderna, hace trescientos cincuenta años, Tomás Munzer clamó contra esta injusticia. El mismo grito resuena en la revolución de Inglaterra, en la revolución francesa burguesa y... expira. Y si hoy el grito de abolición de los antagonismos y distinciones de las clases, que hasta 1830 dejaba indiferentes a las masas laboriosas y oprimidas, es repetido por millones de ecos; si domina a un país después de otro, en la medida y proporción en que se desarrolla la gran industria, y en una generación ha conquistado una fuerza capaz de desafiar a todos los poderes coligados contra él y se tiene la seguridad de una victoria próxima, ¿a qué se debe? Obedece, de una parte, a que la gran industria moderna ha creado un proletariado, una clase que por vez primera en la historia puede reivindicar la supresión, no de tal o cual organización de clase particular, o de un determinado privilegio de clase, sino de las mismas clases; una clase colocada en una situación tal, que debe hacer triunfar esta reivindicación bajo pena de caer en una esclavitud semejante a la de los *coolíes* chinos. De otra parte, esta misma gran industria, al crear la burguesía, crea una clase que posee el monopolio de todos los instrumentos de producción y de los medios de existencia, pero que demuestra, en cada período de vértigo y en las quiebras correspondientes, que resulta incapaz de dominar por más tiempo las fuerzas productivas que, a causa de su crecimiento, han escapado a su poder; una clase bajo cuya dirección la sociedad corre hacia su ruina como una locomotora cuyo conductor fuere demasiado débil para abrir la válvula de escape. En otros términos: proviene de que las fuerzas productivas engendradas por el modo moderno de producción capitalista y por el sistema de distribución engendrado por él han entrado en contradicción flagrante con este modo de producción, hasta tal punto, que hay necesidad de que se produzca una revolución en el modo de producción y distribución, revolución que suprimirá todas las distinciones de clase, si no se quiere que perezca la sociedad. En este hecho tangible, material, que se impone con más o menos claridad, pero como una necesidad invencible, al espíritu de los proletarios explotados, en él y no en las ideas de tal o cual erudito a propósito de lo justo y lo injusto, es donde reside la certeza de la victoria del socialismo moderno.

II

TEORÍA DE LA VIOLENCIA

"La relación entre la política general y las formas del derecho económico está determinada en mi sistema de una manera tan decisiva y original al mismo tiempo, que no resulta superfluo, a fin de facilitar el estudio, llamar la atención especialmente sobre este punto. Lo *fundamental en la historia* es la formación de las relaciones políticas, no siendo las dependencias *económicas* más que el *efecto* o el caso particular, y siempre son, por lo tanto, *hechos de orden secundario*. Algunos sistemas socialistas recientes toman como principio director la idea evidentemente falsa de una relación inversa en absoluto; para éstos, las dependencias políticas nacen, por decirlo así, de las situaciones económicas. Sin duda, estos efectos de orden secundario poseen una existencia propia, siendo hoy los más sensibles; pero *el hecho primitivo debe buscarse en la fuerza política inmediata* y no en el poder económico indirecto". Asimismo en otro párrafo el señor Duhring toma como punto de partida la proposición de que "el estado político es la causa determinante del estado económico y que la relación inversa no es más que una relación de orden secundario...; en tanto que no se toma como punto de partida el agrupamiento político concebido como algo que tiene su fin en sí, como un medio con vistas a la nutrición, es porque se tiene todavía dentro de sí, por muy radicalmente socialista y revolucionario que se pueda parecer, una buena dosis de reaccionarismo".

Ésta es la teoría del señor Duhring. Como en otros párrafos, también se limita aquí a imponerla, a decretarla, pudiéramos decir, pura y simplemente. Respecto a presentar la menor prueba o a refutar la opinión contraria, no hay para qué ocuparse en los tres gruesos volúmenes. Incluso si los argumentos abundaran tanto como las moras no nos daría ningún argumento. ¿No está ya demostrada la cuestión con el famoso pecado original, cuando es reducido Viernes a la esclavitud por Robinsón? Aquí existe un acto de violencia, y, por lo tanto, un acto político. Y constituyendo esta sumisión el punto de partida y el hecho esencial de la historia hasta nuestros días, le ha inoculado el pecado original de la injusticia de tal manera que en los períodos sucesivos sólo ha sido "atenuado" y "transformado en las formas más indirectas de dependencia económica", y como toda "la propiedad basada en la violencia" que ha dominado hasta ahora descansa en esta sumisión primitiva, es evidente que todos los fenómenos económicos deben ser explicados por causas políticas, o sea por la violencia. Y a quien esto no le sea suficiente es un reaccionario disfrazado.

Señalemos ante todo que hay que estar tan enamorado de sí mismo como el señor Duhring para considerar "original" la anterior opinión, la cual no lo es de ninguna manera. El concepto de que los actos políticos del Estado son los motores determinantes de la evolución histórica es tan antiguo como la historia misma; y es al mismo tiempo la causa por la cual conocemos tan poco la evolución silenciosa que tiene lugar en el fondo de estas escenas brillantes y que son las que impulsan el progreso de los pueblos. Esta idea ha dominado toda la concepción de la historia sustentada hasta aquí, y sólo ha sido quebrantada por los historiadores franceses burgueses de la época de la Restauración, y la única cosa original en esta cuestión es que una vez más el señor Duhring no sabe nada de esto.

Admitamos por un instante que el señor Duhring tenga razón, que toda la historia se reduzca a la sumisión de un hombre por otro; estaremos todavía muy lejos de haber llegado al fondo del problema. Pues inmediatamente se planteará este problema: ¿Cómo Robinsón ha logrado someter a Viernes? ¿Sólo por placer? De ninguna manera. Vemos, al contrario, que Viernes es sometido como esclavo, como simple instrumento de trabajo, a "servicios económicos" y que no es conservado más que como "instrumento de trabajo". Robinsón esclaviza a Viernes para que trabaje en su provecho. ¿Cómo Robinsón puede obtener alguna ventaja del trabajo de Viernes? Únicamente porque Viernes produce por medio de su trabajo más medios de subsistencia de los que Robinsón está obligado a darle para que Viernes sea capaz de continuar trabajando. Robinsón, contrariando "la orden expresa del señor Duhring", ha tomado el agrupamiento político no en sí mismo y como punto inicial, sino exclusivamente *como medio* para la nutrición, y allá que él vea cómo se las arregla su dueño y señor.

Por lo tanto, el ejemplo infantil elegido para demostrar que la violencia "es el hecho fundamental en la historia" demuestra que la fuerza es sólo el medio, mientras que la ventaja económica es el fin perseguido. En la medida que el fin es "más fundamental que el medio empleado", el aspecto económico de la relación es más fundamental que el aspecto político. El ejemplo demuestra, pues, lo contrario de lo que se proponía. Y lo mismo que para Robinsón y Viernes es para cuantos casos de dominación y servidumbre han sido presentados hasta hoy. El avasallamiento ha sido, empleando la elegante expresión del señor Duhring, "medio para fines nutritivos" (considerados éstos en el sentido más amplio de la palabra), pero nunca y en parte alguna "agrupamiento político instaurado para sí mismo". Hay que ser Duhring para concebir que los impuestos no son en el Estado otra cosa que "efectos de orden secundario", o que el agrupamiento político actual de la burguesía dominante y del proletariado dominado "sólo existe para sí mismo" y no con vistas a "alimentar" a los burgueses reinantes, o sea con vistas al provecho y acumulación del capital.

Volvamos a nuestros dos hombres. Robinsón, "espada en mano", convierte a Viernes en esclavo suyo. Mas para conseguirlo Robinsón tiene necesidad de algo más que de su espada. Cualquier persona puede utilizar a un esclavo. Para hallarse en disposición de ello hay que disponer de dos cosas: primero, de instrumentos de trabajo, de objetos que sirvan al esclavo para el trabajo, y en segundo lugar, de lo necesario para su manutención. Por lo tanto, antes de que la esclavitud sea posible se necesita haber obtenido un cierto grado de desarrollo en la producción y una cierta desigualdad en la distribución. Y para que el trabajo servil se convierta en el medio dominante de producción en una sociedad entera, es preciso un crecimiento mucho más considerable de la producción, del comercio y acumulación de las riquezas.

En las comunidades primitivas, donde reina la propiedad común del suelo, o no existe totalmente la esclavitud o desempeña un papel secundario. Igual sucede en la Roma primitiva, ciudad de campesinos; pero cuando Roma se convierte en una "ciudad universal" y la propiedad rústica se concentra cada vez más en las manos de una clase poco numerosa de propietarios colosalmente ricos, esta población campesina fue sustituida por la población servil. Si en la época de las guerras médicas el número de esclavos ascendía en Corinto a 450.000, en Egina a 470.000, hallándose en la proporción de 10 por cada hombre libre, se necesitaba, no obstante, la existencia de otra causa que la "fuerza", o sea una industria muy desarrollada y un comercio extenso. La esclavitud en los Estados Unidos de América se basaba menos en la violencia que en la industria textil inglesa; en las regiones en las cuales no se cultivaba el algodón, y, por lo tanto, no se consagraban, como en los Estados limítrofes, al reclutamiento de esclavos por cuenta de los Estados algodoneros, la esclavitud murió por sí misma, sin intervención de la fuerza, por no ser remuneradora

Por lo tanto, cuando el señor Duhring considera la propiedad actual como una propiedad fundada en la violencia, definiéndola "como la forma de dominación que tiene *su base* no solamente en la exclusión de los demás hombres del disfrute de los medios naturales de existencia, sino, lo que es distinto, en la sumisión del hombre", invierte por completo la relación. El avasallamiento del hombre, en todas sus formas, supone que quien lo avasalla dispone de los instrumentos de trabajo con los cuales puede utilizar al avasallado, y en el caso de la esclavitud supone, además, que el propietario dispone de los medios de existencia necesarios para que el esclavo pueda vivir; en todo caso, por lo tanto, la posesión de una cierta fortuna que es superior a la media. ¿Cuál es el origen de esta posesión? En todo caso, es evidente que si pudo ser hurtada y, por lo tanto, basarse en la *violencia*, no es indispensable que así sea. Pudo ser adquirida por el trabajo, por el robo, el comercio o la astucia. En todo caso, tuvo que producirse por medio del trabajo antes de ser sustraída.

De otra parte, la propiedad privada no aparece de ninguna manera en la historia como resultado de la rapiña y la violencia. Al contrario, existe ya, aunque limitada a un cierto número de objetos, en la antiquísima comunidad primitiva de todos los pueblos civilizados. En el seno de esta comunidad y en el cambio con los extranjeros tiene la forma de mercancía. Cuando más revisten el carácter de mercancía los productos de la comunidad, es decir, cuanto menor es el número de los que se producen para el propio uso del productor y más numerosos los creados con vistas al cambio; cuanto más ampliamente suplanta el cambio en el interior de la comunidad misma a la antigua división primitiva y natural del trabajo, más desigual resulta también el estado de fortuna de los diferentes miembros de la comunidad, tanto más se disuelve la antigua posesión común del suelo y más rápidamente tiende la comunidad a disolverse en una aldea de campesinos propietarios de parcelas de terreno. El despotismo oriental y la dominación inestable de los pueblos nómadas conquistadores no pudieron durante millares de años imponerse a estas comunidades; fue la destrucción gradual de su industria doméstica primitiva, a causa de la competencia de los productos de la gran industria, lo que las destruía más cada día. La fuerza no desempeña aquí papel más importante que el que tiene en la posesión comunal de los campos por los *Gehöferschaften* del Mosa y Hochwald, cuya disolución por el reparto continúa ante nuestros ojos. Los campesinos simplemente consideran como una conveniencia que la propiedad privada del suelo sustituya a la propiedad común. Incluso la formación de una aristocracia primitiva, como sucedió entre los celtas, germanos y en el Penjab, basada en la propiedad común del suelo, no descansa al principio sobre la fuerza, sino sobre la costumbre; es espontánea. En todas las partes donde se constituye la propiedad privada es a consecuencia de un cambio en las relaciones de producción y cambio, a causa del crecimiento de la producción y el esplendor del comercio; por lo tanto, obedeciendo a causas económicas. La fuerza no desempeña ningún papel. Es claro que la institución de la propiedad privada debe existir antes de que el bandolerismo pueda *apropiarse* el bien de otro, y que, por lo tanto, la fuerza puede muy bien llevar a cabo un traspaso de posesión, pero nunca crear la propiedad privada como tal.

Asimismo, para explicar "el avasallamiento del hombre" en su forma más reciente, el trabajo asalariado, no podemos invocar ni la violencia ni la propiedad fundada en ella. Ya hemos mencionado el papel desempeñado en la disolución de las comunidades primitivas y, por lo tanto, en la generalización directa e indirecta de la propiedad privada por la transformación de los productos del trabajo en mercancías producidas, no para el consumo propio del productor, sino para el cambio. Ahora bien: Marx ha demostrado en *El Capital* con la claridad de la evidencia—y Duhring se guarda mucho de tocar esta cuestión—que en un cierto grado de la evolución la producción mercantil se transforma en producción capitalista; en este grado, "la ley de apropiación o ley de la propiedad privada, que se basa en la producción y circulación de mercancías, en virtud de una dialéctica que le es propia, inmanente e ineluctable, se transforma en su contrario: el cambio de equivalente, que aparecía como la operación primitiva, gira de tal manera que el cambio no es ya más que aparente. En efecto, primeramente la porción de capital cambiada contra la fuerza de trabajo no es ella misma más que un producto del trabajo ajeno apropiado sin equivalente; y en segundo lugar, esta porción de capital no sólo es reemplazada para quien la ha producido, el trabajador, sino que debe serlo con un nuevo excedente... Originariamente, la propiedad aparecía ante nosotros como basada en el trabajo propio... La propiedad se nos presenta ahora (al final de la exposición hecha por Marx), del lado del capitalista, como el derecho de apropiarse el trabajo no pagado de otro, y del lado del trabajador, como la imposibilidad de apropiarse aquello mismo que ha producido... El divorcio entre la propiedad y el trabajo resulta la consecuencia necesaria de una ley que tenía por origen evidente su identidad".

En otros términos, excluyendo toda posibilidad de rapiña, cualquier acto de violencia o de astucia; suponiendo incluso que toda propiedad privada provenga originariamente del trabajo personal del poseedor y que jamás se cambiaron entre sí valores iguales, llegamos necesariamente, con el desenvolvimiento progresivo de la producción y el cambio, al modo actual de producción capitalista, al monopolio de los medios de producción y subsistencia en manos de una clase poco numerosa; a la reducción de la otra clase, constituida por la inmensa mayoría, al estado de proletariados despojados de todo; a la sucesión periódica de la producción vertiginosa y las crisis comerciales, y a toda la anarquía actual de la producción. Todo este proceso se explica por causas puramente económicas, sin que haya sido necesaria ni una sola vez la intervención de la rapiña, la violencia del Estado ni ninguna otra injerencia política. Aquí también "la propiedad basada en la violencia" aparece como una simple fanfarronada, destinada a ocultar la ininteligencia de la marcha real de las cosas.

La expresión histórica de este proceso es la evolución de la burguesía.

Si "las condiciones políticas son la causa determinante de la situación económica", la burguesía moderna no hubiera debido constituirse luchando contra el régimen feudal, sino ser el niño mimado de este régimen, haber salido espontáneamente de él. Todo el mundo sabe que ha sucedido lo contrario. La burguesía, al principio tributaria de la nobleza feudal reinante, reclutada entre los siervos de toda clase, ha conquistado, con su lucha constante contra la nobleza, una y otra posición, hasta que al fin en los países más avanzados la ha suplantado apoderándose del poder: en Francia, derrumbando directamente a la nobleza; en Inglaterra, aburguesándola cada vez más e incorporándosela como atributo decorativo y ornamental. ¿Cómo lo ha conseguido? Únicamente por un cambio en "la situación económica", seguido, tarde o temprano, espontáneamente o a consecuencia de una lucha, de un cambio en las condiciones políticas. La lucha de la burguesía con la nobleza feudal es la lucha de la ciudad contra el campo, de la industria contra la propiedad agraria, de la economía basada en el cambio y la moneda contra la economía fundada en el consumo inmediato; y las armas más poderosas de la burguesía en esta lucha fueron sus ventajas *económicas*, aumentadas constantemente por la evolución de la industria, que pasaba del taller a la manufactura, y por la extensión del comercio. Durante toda esta lucha, el poder político estaba al lado de la nobleza, exceptuado un período en el cual el poder real utilizó a la burguesía contra la nobleza para neutralizar a los dos "órdenes" o "estados" al uno por medio del otro; pero desde el momento en que la burguesía, todavía impotente desde el punto de vista político, comienza a ser peligrosa a causa del crecimiento de su potencia económica, la realeza pactó nueva alianza con la nobleza, provocando de esta manera, primero en Inglaterra y después en Francia, la revolución burguesa. "La situación política" en Francia no había cambiado, mientras que "la situación económica" la sobrepasaba. Desde el punto de vista político, la nobleza lo era todo; la burguesía, nada; desde el punto de vista social, la burguesía era ahora la clase más importante en el Estado, mientras que la nobleza había perdido todas sus funciones sociales, limitándose a embolsarse en forma de rentas la retribución de sus funciones desaparecidas.

Más todavía; la burguesía permanecía comprimida con su producción en las formas políticas feudales de la Edad Media, que habían sido ya superadas, no sólo por la manufactura, sino incluso por el taller, encerrada en los millares de privilegios locales y provinciales convertidos en otras tantas trabas para la producción. La revolución burguesa puso fin a esto, no adaptando, según el principio del señor Duhring, la situación económica a las condiciones políticas —lo que intentaron vanamente la realeza y la nobleza—, sino, al contrario, destrozando el viejo fárrago político existente, descompuesto, y creando las condiciones políticas en las cuales la nueva "situación económica" pudiera subsistir y desarrollarse, lo que efectivamente hizo brillantemente en la atmósfera política y jurídica creada, tan brillantemente, que la burguesía no está ya muy alejada de aquella situación que ocupaba la nobleza en 1789. Efectivamente, resulta ya no solamente más superflua socialmente cada día, sino un obstáculo a la evolución social; se aleja sucesivamente de la actividad productora; como antiguamente la nobleza, se convierte en una clase que sólo hace embolsarse las rentas, y ha llevado a cabo una revolución en su propio seno creando una clase nueva, el proletariado, sin ninguna intervención de la fuerza, por vías puramente económicas. Y este resultado, al cual ha conducido su propia actividad, no lo quiso nunca; al contrario, se realizó con un poder irresistible contra su intención y voluntad; sus propias fuerzas de producción escapan a su acción y empujan a la sociedad burguesa entera, con la necesidad de una fuerza natural, hacia la ruina o la revolución. Y cuando ahora los burgueses acuden a la fuerza para preservar de la catástrofe a la "situación económica" que se hunde, demuestran con esto solamente que comparten la ilusión de Duhring, creyendo "que sólo las condiciones políticas son la causa determinante de la situación económica"; se imaginan, como él, poder transformar por medio de "lo primordial", con ayuda de "la fuerza política inmediata", los hechos de segundo orden, o sea "la situación económica y su resolución ineluctable", y, por lo tanto, eliminar, del mundo, por medio de los cañones Krupp y los fusiles Mauser, los efectos económicos de la máquina de vapor y del maquinismo moderno que puso en movimiento, del comercio mundial y la evolución contemporánea de los bancos y del crédito.

III

TEORÍA DE LA VIOLENCIA. *(CONTINUACIÓN)*

Consideremos, a pesar de todo, desde más cerca esta "violencia" todopoderosa del señor Duhring. Robinsón somete a Viernes "espada en mano". ¿De dónde le viene esta espada? Incluso en las islas fantásticas de Robinson las espadas no brotan de los árboles; el señor Duhring se exime de responder a esta pregunta. Lo mismo que Robinsón pudo procurarse una espada, es admisible que Viernes aparezca una buena mañana armado con un revólver. En este caso, la relación de fuerza se invertirá totalmente y será Viernes quien haga "trabajar" a Robinsón. Pedimos perdón al lector por insistir con tanta consecuencia lógica sobre la historia de Robinsón y Viernes, cuyo puesto adecuado está en la *nursery* y no en la ciencia; pero ¿qué otra cosa podemos hacer? Es preciso aplicar conscientemente el método axiomático del señor Duhring y no es culpa nuestra si hemos de movernos tan constantemente en el terreno de la puerilidad. El revólver triunfa sobre la espada; por esto el más pueril aficionado a los axiomas comprenderá indudablemente que la violencia no es un simple acto de voluntad, sino que exige para manifestarse condiciones previas extremadamente reales, o sea *instrumentos* de los cuales el más perfecto domina a los demás; que, además, hace falta que estos instrumentos se produzcan, lo que significa que el productor de los instrumentos de violencia más perfectos, o sea de las armas más perfeccionadas, triunfa del productor de las armas menos perfectas. En una palabra, la victoria de la fuerza descansa en la producción de las; armas, y, comoquiera que ésta se basa a su vez en la producción en general, la victoria de la fuerza está, por consecuencia, fundada en "la potencia económica", en "la situación económica", en los medios *materiales* que están a disposición de la fuerza.

La fuerza es en la actualidad el ejército y la marina de guerra, y éstos cuestan, como todos por desgracia sabemos, "un dinero loco". Pero la violencia no puede fabricar dinero; a lo sumo puede apoderarse del dinero ya fabricado, lo cual no sirve para gran cosa, como conocemos —por nuestra desgracia también— por la experiencia de los miles de millones de Francia. El dinero, por lo tanto, debe ser suministrado en último análisis por medio de la producción económica; la fuerza se halla determinada directamente por la situación económica que la facilita los medios de equipar y mantener sus instrumentos. No es esto todo; nada depende tanto de las condiciones económicas previas como el ejército y la marina. El armamento, reclutamiento, organización, táctica y estrategia dependen, ante todo, del modo de producción y del estado de las comunicaciones en un momento dado. Lo que ha operado en esta materia una revolución no son "las libres creaciones del espíritu" de los generales pletóricos de genio, sino el descubrimiento de armas mejores y los cambios en los elementos militares, en los soldados, limitándose en el mejor de los casos la influencia de los generales geniales a adaptar el modo de combate a las armas nuevas y a los nuevos combatientes.

Todos los escolares saben que a principios del siglo XIV la pólvora, que de los árabes pasó a los europeos de Occidente, revolucionó todo el arte de la guerra. La introducción de la pólvora y de las armas de fuego no fue bajo ningún concepto un acto violento, sino un progreso industrial y, por lo tanto, económico. La industria sigue siendo tal, ya se aplique a la producción o destrucción de objetos. Y la introducción de las armas de fuego ha trastornado no solamente el arte de la guerra, sino también las relaciones políticas de soberanía y servidumbre. Para obtener pólvora y armas de fuego se necesitaba la industria y el dinero, ambos en poder de los burgueses de las ciudades. Las armas de fuego fueron, por lo tanto, desde el principio armas de la ciudad y de la monarquía, apoyada por aquéllas contra la nobleza feudal. Las murallas de piedra, inexpugnables hasta entonces; los castillos fortificados de los feudales, cayeron bajo los cañonazos de los burgueses; las balas de los arcabuces burgueses atravesaron las corazas de los caballeros. Con la caballería noble se quiebra también la dominación de la nobleza: a medida que se desarrolla la burguesía, la infantería y la artillería se convierten en las armas de las cuales depende la victoria. Obligada por la artillería, la profesión militar debió también sufrir una subdivisión nueva y completamente industrial: el cuerpo de los ingenieros capaces.

El perfeccionamiento de las armas de fuego se realizó con mucha lentitud. La artillería seguía siendo pesada y el fusil tosco, a pesar de los numerosos inventos de detalle. Hubo necesidad de más de trescientos años para fabricar un fusil capaz de servir para el armamento de toda la infantería. Sólo al principio del siglo XVIII el fusil de chispa provisto de bayoneta eliminó la pica del armamento de la infantería. En esta época, la infantería se componía de soldados alistados, propiedad de los príncipes, que maniobraban disciplinadamente, pero sin ofrecer ninguna garantía, mantenidos por la sola fuerza de los palos y reclutados entre los elementos más depravados de la sociedad, y con frecuencia entre prisioneros de guerra a los cuales se les reclutaba por la fuerza. La única forma de combate en la cual estos soldados podían utilizar el nuevo fusil era la táctica lineal, que obtuvo su mayor perfeccionamiento en tiempos de Federico II. Toda la infantería de un ejército se colocaba en tres filas formando un cuadrilátero muy largo, y moviéndose en orden de batalla como un solo y mismo todo; a lo sumo se admitía que una de las alas avanzase o retrocediese un poco. Esta masa torpe y lenta sólo podía moverse en orden en un terreno completamente llano, y aun aquí sólo podía avanzar muy lentamente (75 pasos por minuto); un cambio en el orden de combate era imposible durante la acción; la victoria o derrota se decidía rápidamente y de una vez, apenas la infantería había abierto el fuego.

Frente a estas líneas de difícil manejo se oponen en la guerra de la independencia americana partidas de rebeldes, las cuales indudablemente no sabían realizar ejercicios, pero que sabían mejor disparar con sus carabinas. Estos rebeldes combatían por sus intereses más esenciales; no desertaban como las tropas alistadas, y no daban a los ingleses el placer de acudir al combate formando líneas y en terreno descubierto, sino en grupos de tiradores dispersos muy móviles y ocultos por los árboles. Entonces la impotencia de la línea se hizo patente, siendo vencida por enemigos invisibles e inaccesibles. El orden de tiradores fue hallado, nuevo modo de combate consecuencia de un cambio en la composición del elemento militar.

La revolución francesa completa lo que había comenzado la revolución americana sobre el terreno militar. Aquélla no podía oponer a los ejércitos de la coalición, constituidos por soldados enganchados y adiestrados, más que masas mal adiestradas, mas numerosas, la leva de toda la nación. Se trataba de cubrir París con masas y conservar, por lo tanto, un territorio determinado, lo cual era imposible de conseguir sin vencer en una batalla abierta y con masas. El simple combate de tiradores era insuficiente; era preciso descubrir una forma adecuada para el empleo de las masas, y esta forma fue *la columna*. La posición en columnas permitía, incluso a las tropas poco y mal instruidas, moverse con bastante orden hasta en marchas muy rápidas (más de cien pasos por minuto); permitía romper las antiguas formas rígidas lineales, combatir a éstas hasta en los terrenos más desfavorables, agrupar a las tropas de todas las maneras convenientes y, en armonía con el combate de los francotiradores, retener, ocupar, fatigar a las líneas enemigas, hasta el momento de romperlas en el punto decisivo por las masas mantenidas en reserva. Este nuevo método de combate, basado en la combinación de las columnas y de los tiradores y en la división del ejército en divisiones o cuerpos de ejército independientes y compuestos de todas las armas, modo de combate elevado a la perfección por Napoleón en su aspecto táctico y estratégico, resultaba necesario principalmente por el cambio en la composición de los elementos militares, de los soldados de la Revolución francesa. Pero existían dos condiciones previas de una importancia extrema: en primer lugar, la construcción por Gribeauval de cureñas ligeras para las piezas de campaña, y segundo, la escotadura de la culata de los fusiles, tomada de las escopetas de caza e introducida en Francia en 1777 (hasta entonces la culata formaba con el cañón una línea recta continuada); esta escotadura permitía apuntar a un hombre aislado sin estar obligado a disparar en línea recta; sin este progreso no hubiera sido posible disparar con el antiguo fusil.

El sistema revolucionario del armamento de todo el pueblo se restringió pronto a un reclutamiento obligatorio (con sustitución para los ricos por medio de cuota) y adoptado así por la mayoría de los grandes Estados del continente. Solamente Prusia, por medio de su sistema de *landwer*, intentó acaparar en una mayor medida la capacidad militar del pueblo Después del papel desempeñado durante un período demasiado breve, de 1830 a 1860, por el fusil cargado por la embocadura, perfeccionado, apropiado a la guerra, Prusia fue el primer Estado que dotó a toda su infantería del arma más moderna, del fusil estriado cargado por la culata. A estas dos medidas debió sus triunfos en 1866.

En la guerra francoprusiana se opusieron por vez primera dos ejércitos provistos ambos de fusil estriado que se cargaba por la culata, y poseyendo, como en los tiempos antiguos del fusil de chispa, las mismas formaciones tácticas esenciales. Solamente los prusianos ensayaron obtener con la introducción de la columna de compañía una nueva forma de combate mejor adaptada al nuevo armamento. Mas cuando el 18 de agosto de 1870 en Saint Privat la guardia prusiana quiso tomar en serio a la columna de compañía, los cinco regimientos más empeñados en la acción perdieron en menos de dos horas más de un tercio de sus efectivos (176 oficiales y 5.114 hombres). Quedó desde entonces considerada la columna de compañía con el mismo título que la columna de batallón y la línea, renunciándose desde entonces a toda tentativa para exponer al fuego del enemigo tropas en formación cerrada. De parte de los alemanes se llevó en lo sucesivo en filas cerradas de tiradores, como las que entonces se formaban infaliblemente de una manera espontánea por la disolución de la columna bajo la lluvia de la metralla, pero que órdenes superiores las habían combatido como contrarias al orden; y desde entonces el paso rápido de marcha se convirtió en la única forma de movimiento en el espacio sometido al fuego enemigo. Una vez más el soldado había resultado más sagaz que el oficial; instintivamente había descubierto la única forma de combate que hasta ahora ha soportado con éxito la prueba del fusil que se carga por la culata, aplicándolo con éxito, a pesar de la resistencia del mando.

Con la guerra francoalemana se inaugura un período de una importancia distinta a los anteriores. Primero, las armas se hallan tan perfeccionadas, que un nuevo progreso de influencia más radical no es posible. Cuando se poseen cañones que permiten hacer blanco sobre un batallón desde una distancia igual a la que alcanza la vista y fusiles que dan un resultado análogo contra el hombre aislado tomado como blanco, y que se les carga rápidamente, todos los progresos posteriores para la guerra a campo raso son más o menos indiferentes. La era progresiva está, por lo tanto, cerrada de esta parte. En segundo lugar, esta guerra ha obligado a todos los grandes Estados del continente a implantar, agravándolo, el sistema prusiano de *landwer* (ejército territorial) e imponerse, por lo tanto, cargas militares que les arruinarán en pocos años. El ejército se ha convertido en el fin principal del Estado, en el fin en sí: los pueblos no tienen otra misión que dar soldados y alimentarlos. El militarismo domina y absorbe a Europa. Pero este militarismo lleva también en sí el germen de su destrucción. La competencia mutua de los Estados particulares les obliga, de una parte, a invertir cada año más dinero en el ejército, en la marina y artillería, acelerando de esta manera la catástrofe financiera; de otra, a tomar cada vez más seriamente el servicio militar obligatorio y general, familiarizándose así todo el pueblo en el manejo de las armas, capacitándolo para oponer en un momento dado su voluntad a la soberanía militar del mando. Momento que llega desde que la masa del pueblo—trabajadores de la ciudad y del campo—posee una voluntad. En este momento el ejército de los príncipes se transforma en un ejército del pueblo; la máquina rechaza el servicio, el militarismo se destruye por la dialéctica de su propia evolución. Lo que no pudo realizar la democracia burguesa de 1848, precisamente porque fue *burguesa* y no proletaria, la tarea de dar a las masas laboriosas una voluntad cuyo contenido real responda a su situación de clase, será realizado infaliblemente por el socialismo. Lo cual significa la destrucción del militarismo, y con éste de todos los ejércitos permanentes, por una explosión del *interior al exterior*.

Ésta es la primera moraleja de nuestra historia de la infantería moderna. La segunda, que nos remite al señor Duhring, es que la organización entera y el modo de combate de los ejércitos y, por lo tanto, la victoria o derrota, resultan depender de las condiciones materiales, es decir, económicas, del material de hombres y armas, de la cantidad y calidad de la población y de la técnica. Sólo un pueblo de cazadores como los americanos podía hallar la forma de combate de los tiradores, y si eran cazadores lo eran por razones puramente económicas, de la misma manera que por causas puramente económicas los yanquis de los antiguos Estados se han transformado hoy en campesinos, industriales, marinos y negociantes que no disparan ya en las selvas vírgenes, sino que lo hacen más excelentemente en el terreno de la especulación, en el cual también han impulsado grandemente la utilización de las masas. Sólo una revolución como la francesa, que realiza la emancipación económica del burgués y principalmente del campesino, podía descubrir los ejércitos de masas y al mismo tiempo las formas libres de movimiento, contra las cuales se estrellaron las antiguas líneas rígidas, reflejo militar del absolutismo por el que combatían. Hemos comprobado para cada caso particular cómo los progresos de la técnica, desde que fueron utilizables y utilizados militarmente, han obligado por una especie de violencia a cambios, a revoluciones mejor dicho, en el modo de combatir, y esto frecuentemente a pesar de la voluntad del mando superior del ejército. Hoy mismo un oficial celoso podría enseñar al señor Duhring en qué medida tan amplia la dirección de una guerra depende de la productividad y de los medios de comunicación de la patria que deja tras de sí y del teatro de la guerra. En una palabra, en todas partes y siempre son movimientos y armas económicos los que ayudan a la *fuerza* a ganar la victoria, y sin los cuales la fuerza deja de serlo; y aquel que, siguiendo los principios del señor Duhring, pretendiera reformar el arte militar desde el punto de vista opuesto, no cosecharía otra cosa que palizas.

Si pasamos ahora de la tierra al mar, se ofrece ante nosotros otra revolución decisiva en los últimos veinte años. El navío de combate de la guerra de Crimea poseía dos o tres puentes de madera y 60 ó 100 cañones, movidos a vela con frecuencia, y que sólo a título de socorro poseían una débil máquina de vapor. Llevaba sobre todo piezas de 32, pesando aproximadamente 50 quintales, y sólo un pequeño número de piezas de 68 y con un peso de 95 quintales. Al fin de la guerra aparecieron las baterías flotantes acorazadas de hierro, monstruos pesados, casi inamovibles, pero invulnerables para la artillería de la época. Muy pronto el blindaje de hierro fue también aplicado a la flota de combate, blindaje muy débil al principio: cuatro pulgadas de espesor para un acorazado extremadamente pesado. Pero los progresos de la artillería superaron el blindaje; para cada nuevo espesor de la coraza sucesivamente empleada se obtiene un proyectil nuevo más pesado que lo perfora fácilmente. Llegamos así, de una parte, a 10, 12 y 24 espesores de blindaje (Italia va a construir un navío con tres pies de espesor); de otra parte, a cañones calibrados que pesan en bruto 25, 35 y 80, hasta 100 toneladas (a 20 quintales por tonelada), disparando a distancias desconocidas hasta entonces de los proyectiles de 300, 400, 1.700 y hasta 2.000 libras. El buque de guerra actual es un gigantesco vapor acorazado dotado de hélices de 6.000 a 8.000 toneladas, y disponiendo de una fuerza de 6.000 a 8.000 caballos de vapor, con torres giratorias y cuatro o a lo sumo seis cañones muy pesados, provistos de espolón bajo la proa para hender a los navíos enemigos: es una máquina colosal única, en la cual el vapor efectúa no solamente la locomoción rápida, sino el mando del buque, el manejo del cabrestante, la rotación de las torres, la dirección y carga de las piezas, el achicamiento de agua por medio de bombas, el arriado e izado de los botes—algunos de los cuales están también dotados de fuerza de vapor—, etc... Y la rivalidad entre el blindaje y la potencia de la artillería ha disminuido tan poco, que hoy un navío no responde ya a las exigencias, ha envejecido antes de salir de los astilleros. El navío de guerra moderno es no sólo un producto, sino muestra de la gran industria moderna, fábricas flotantes construidas con un gran derroche de dinero. El país donde la gran industria está más desarrollada usufructúa casi el monopolio de la construcción de estos navíos. Todos los acorazados turcos, casi todos los rusos y la mayoría de los alemanes se construyen en Inglaterra: las placas blindadas, sea cual fuere su uso, se fabrican casi exclusivamente en Sheffield; de tres fábricas metalúrgicas de Europa, únicas capaces de construir las piezas de, artillería más fuertes, dos son inglesas (Woolwich y Elswich), y la tercera (Krupp), alemana. Aquí se ve con la mayor claridad cómo "la fuerza política inmediata", que para el señor Duhring es la "causa determinante" de "la situación económica", se halla, al contrario, subordinada completamente a la situación económica; cómo no sólo la fabricación, sino incluso la maniobra "del instrumento de fuerza" en el mar, el barco de guerra, se ha convertido en una rama de la gran industria moderna. Y si las cosas son ahora así, nada hay tan contrario como esto a la fuerza, al Estado, al cual cada navío le cuesta hoy tan caro como antiguamente una pequeña flota, debiendo resignarse a ver a sus barcos envejecidos y depreciados antes de ser botados. Y el Estado ciertamente no experimenta menos desprecio que Duhring viendo al hombre de la "situación económica", al ingeniero, poseyendo más importancia a bordo que el hombre de "la fuerza inmediata" el capitán. No tenemos nosotros, en cambio, ninguna razón para enfadarnos, viendo en este duelo entre el acorazado y el cañón perfeccionarse al navío de guerra hasta el límite extremo de lo artificial, por lo cual resulta tan colosalmente costoso como militarmente inutilizable; viendo cómo esta lucha revela, en el nuevo dominio de la guerra naval, estas mismas leyes dialécticas inmanentes del desarrollo, con arreglo a las cuales el militarismo, como los restantes fenómenos históricos, se destruye por las consecuencias mismas de su propia evolución.

También aquí vemos muy claramente que no es necesario buscar "el elemento primitivo en la fuerza política inmediata, en lugar de buscarlo en una potencia económica indirecta". ¡Al contrario! ¿Qué es lo que se manifiesta como "el elemento primitivo" de la misma fuerza? La potencia económica, el hecho de disponer de los instrumentos de potencia de la gran industria. La fuerza política naval basada en los barcos de guerra modernos no se manifiesta del todo "inmediatamente", sino, al contrario, *mediatamente*, por intermedio de la potencia económica, del alto grado de desenvolvimiento de la metalurgia, por disponer de técnicos capaces y de ricos yacimientos de carbón.

Mas ¿por qué todo esto? Que en la próxima guerra naval se confíe el mando superior al señor Duhring y se le verá destruir todas las flotas acorazadas dependientes de la situación económica, sin torpedos ni otros artificios, por la sola virtud de "su fuerza inmediata".

IV

TEORÍA BE LA VIOLENCIA. (*CONCLUSIÓN*)

Una circunstancia muy importante determina que la dominación de la *naturaleza* no se produzca en general más que por intermedio de la del *hombre*. (¡La dominación es producida! ¡Qué lenguaje!) "La explotación de la gran propiedad agraria no se ha realizado nunca y en ninguna parte sin que el hombre no estuviera previamente sometido a un género cualquiera de esclavitud o servidumbre". El establecimiento de la soberanía económica sobre las cosas tuvo por condición necesaria la soberanía política, social" y económica del hombre sobre el hombre. ¿Cómo es posible representarse un gran propietario sin incluir en esta idea la de una autoridad sobre los esclavos, los siervos o personas indirectamente sometidas? ¿Qué significación tendría o podría tener para una vasta explotación agrícola la fuerza de un individuo aislado apoyado a lo sumo por la fuerza de su familia? La explotación del país, la extensión de la soberanía sobre la tierra en una medida que sobrepasa las fuerzas naturales del individuo, no fue posible en la historia hasta este día más que porque con anterioridad al establecimiento de la propiedad del suelo o al mismo tiempo se llevaba a cabo el avasallamiento del hombre. En los períodos posteriores de la evolución, esta servidumbre se atenúa, siendo su aspecto actual en los Estados más civilizaos un salariado más o menos sometido a la autoridad de la policía. Descansa, por lo tanto, sobre el salariado la posibilidad práctica de la categoría de la riqueza actual, la posesión de vastos territorios (!) y la gran propiedad agraria. Naturalmente, todas las restantes categorías de la riqueza repartida deben explicarse históricamente de manera análoga, y la sumisión indirecta de un hombre a otro, que constituye hoy el rasgo esencial de las situaciones económicas más avanzadas en la evolución, no puede comprenderse ni explicarse por sí misma; es la herencia ligeramente modificada de una sujeción y expropiación que fueron directas". Así habla el señor Duhring.

Tesis: La dominación de la naturaleza (por el hombre) supone la dominación del hombre (por el hombre).

Prueba: La explotación de la *gran propiedad* agraria nunca se realizó sino por medio de esclavos o siervos.

Prueba de la prueba: ¿Cómo podrían haber existido grandes propietarios sin esclavos, si careciendo de éstos sólo con su familia no podían cultivar más que una pequeña parte de lo que poseían?

Así, pues, para demostrar que el hombre, al someter a la naturaleza, debió primeramente someter al hombre, el señor Duhring cambia sin otra forma de proceso la "naturaleza" en "gran propiedad agraria", y ésta—sea cual fuere su poseedor—en propiedad de un gran propietario que naturalmente no puede cultivar su tierra sin servidores.

Ahora bien: "dominación sobre la naturaleza" y "explotación de la gran propiedad agraria" no son de ninguna manera una sola y misma cosa. El dominio de la naturaleza es ejercido en la industria en una escala mucho más colosal que en la agricultura, que hasta ahora se deja dominar por el tiempo que hace en lugar de dominar al tiempo.

En segundo lugar, limitándonos a la explotación de la gran propiedad agraria, se trata de saber a quién pertenece. Al principio de la historia de todos los pueblos civilizados encontramos, no "al gran terrateniente" que supone por medio de una de sus habilidades de prestidigitador, que califica de "dialéctica natural", sino las comunidades familiares y campesinas poseyendo la tierra en común. Desde la India a Irlanda, la explotación de la gran propiedad del suelo fue ejercida primitivamente por estas comunidades, que tan pronto cultivaban la tierra en común por cuenta de la comunidad como en parcelas agrícolas aisladas concedidas por la comunidad a las familias durante un tiempo, conservando su carácter comunal el uso de bosques y praderas. Una vez más es característico de los "profundos estudios profesionales" del señor Duhring en el dominio político y jurídico que no sabe nada de todas estas cosas; que todos sus escritos demuestran su ignorancia total de los trabajos de que hicieron época los de Maurer sobre la constitución primitiva de la marca germánica, base de todo el derecho alemán, y sobre la literatura que Maurer principalmente ha hecho nacer y que aumenta sin cesar, la cual tiende a demostrar la comunidad primitiva de la propiedad del suelo entre todos los pueblos civilizados de Europa y Asia, y describe las formas diversas de existencia y disolución de esta comunidad primitiva. En el dominio del derecho francés e inglés, el señor Duhring "ha adquirido por sí propio toda su ignorancia", a pesar de lo grande que es; lo mismo en el derecho alemán, respecto al cual su ignorancia es mayor todavía. El hombre que se revuelve tan violentamente contra el horizonte limitado de los profesores de Universidad, se halla, todavía hoy, respecto al derecho alemán, donde se hallaban aquéllos hace veinte años.

De parte del señor Duhring es "una creación y suposición pura" afirmar que la explotación de la gran propiedad del suelo exige grandes terratenientes y servidores. En todo el Oriente, donde la comuna o el Estado son los propietarios del suelo, la palabra de terrateniente no existe en el lenguaje; el señor Duhring puede consultar sobre esto a los juristas ingleses que se han atormentado inútilmente en el Indostán para saber qué es terrateniente, como enloqueció el príncipe Enrique LXXII de Renus-Grei-Schleitz-Lobenstein-Eberswalde pretendiendo averiguar qué era un sereno. Fueron los turcos quienes introdujeron en Oriente, en los países que conquistaron, una especie de propiedad agraria feudal. Grecia aparece en la historia en la época heroica con una diferenciación de condiciones que son evidentemente producto de una larga prehistoria desconocida; pero aquí también el suelo está en su mayor parte explotado por propietarios independientes; las propiedades considerables de los nobles y de los jefes de clan constituyen la excepción y desaparecen poco después. Italia ha sido roturada en su mayor parte por labriegos. Cuando en los últimos tiempos de la República romana las grandes aglomeraciones de bienes, los *latifundios*, eliminaron a los campesinos propietarios de parcelas de terreno, reemplazándolos por esclavos sustituyeron al mismo tiempo el cultivo por la cría de ganado, llevando, como se sabe desde Plinio, a Italia a la ruina: *latifundiam Italia perdidere*. En la Edad Media reina en toda Europa, particularmente para la roturación de las tierras incultas, el cultivo campesino. Los colonos de Frisia, Baja Sajonia, Flandes, el Bajo Rin, que cultivaron los países arrebatados a los esclavos al este del Elba, lo hicieron en calidad de campesinos libres, en condiciones muy favorables en lo que concierne a las rentas, y nunca a título de tributo feudal.

En la América del Norte, la mayor parte del país fue abierta al cultivo por el trabajo de los campesinos libres, mientras que los grandes propietarios del Sur con sus esclavos y rapiñas agotaron el suelo, que terminó por no producir más que pinos, de manera que el cultivo del algodón emigró cada vez más hacia el Oeste. En Australia y Nueva Zelanda, todas las tentativas del Gobierno inglés para crear artificialmente una aristocracia campesina han sido vanas. Resumiendo, si exceptuamos las colonias tropicales y subtropicales, donde el clima impide al europeo el trabajo del campo, se ve que la gran propiedad agraria, sometiendo a la naturaleza por medio de sus esclavos o colonos, o roturando el suelo, es una pura creación de la imaginación. Al contrario, donde se la ve aparecer como en la antigüedad, en Italia, lejos de roturar los yermos, transforma los campos roturados por los campesinos en pastos, despoblando y arruinando al país. Sólo en los tiempos modernos, desde que la densidad creciente de la población elevó el valor del suelo, y principalmente desde que los progresos de la economía han hecho más utilizables hasta los malos terrenos, sólo desde entonces la gran propiedad agraria ha comenzado a participar en la roturación de las tierras incultas y praderas, y esto robando los terrenos comunales a los campesinos, tanto en Inglaterra como en Alemania. E incluso esto no ha sucedido sin inconvenientes compensadores; por cada hectárea de terreno comunal que han roturado en Inglaterra los grandes propietarios agrarios han transformado en Escocia tres hectáreas de terreno laborable en pastos de carneros o en simples cotos de caza de animales silvestres.

Tenemos que ocuparnos ahora de la afirmación del señor Duhring de que la roturación de vastos territorios y, por lo tanto, de toda la tierra cultivada "nunca se hubiera realizado en ningún lugar" sino por medio de los grandes propietarios y siervos, afirmación que, como hemos visto, supone una ignorancia verdaderamente "inaudita" de la historia. No tenemos que ocuparnos ahora de saber en qué medida en diversas épocas los territorios enteramente o en gran parte laborables fueron cultivados por esclavos (como en la época de apogeo de Grecia) o por siervos (como sucedió durante los tiempos de vasallaje de la Edad Media), ni de saber cuál fue la función social de los grandes terratenientes en las diferentes épocas.

Después de habernos ofrecido el señor Duhring este cuadro fantástico en el cual no se sabe qué admirar más, si el escamoteo de la deducción o la falsificación de la historia, grita triunfalmente: "Es natural que todas las restantes especies de riqueza de distribución deban *explicarse históricamente de una manera análoga*". Lo que evidentemente le ahorra el trabajo de decir una sola palabra, por ejemplo, acerca del origen del capital.

Si el señor Duhring, convirtiendo la dominación del hombre por el hombre en la condición preliminar de la dominación de la naturaleza por el hombre, quiso solamente decir con carácter general que todo el estado económico actual, el grado alcanzado hoy por la evolución de la agricultura y la industria, es el resultado de una historia social que se desarrolla a través de los antagonismos de clase, de las relaciones de soberanía y servidumbre, eso es decir algo que desde hace mucho tiempo, desde el *Manifiesto Comunista*, es ya un lugar común. Pero de lo que se trata es de explicar la constitución de las clases y de las relaciones de soberanía, y si el señor Duhring no tiene más respuesta a estas preguntas que la sola palabra de "violencia", no estaremos más avanzados que al comienzo. El solo hecho de que en todas las épocas los oprimidos y explotados fueron más numerosos que los opresores y explotadores, y que, por lo tanto, es en aquéllos y no en éstos donde radica la verdadera fuerza, basta para poner en evidencia toda la estupidez contenida en la teoría de la violencia. Sigue, por lo tanto, sin explicarnos las relaciones de soberanía y servidumbre.

Éstas nacieron de dos maneras distintas.

El momento en que los hombres abandonan por primera vez el reino animal, en el sentido restringido de la palabra, es también el de su entrada en la historia; todavía en estado semianimal, brutales, impotentes ante las fuerzas naturales, ignorantes de sus propias fuerzas, pobres, por lo tanto, como los animales y apenas más productivos que éstos. Reina entonces una cierta igualdad en las condiciones de existencia, y también, entre los jefes de familia, una cierta igualdad en la situación social, por lo menos una ausencia de clases sociales, que persiste todavía en el estado común agrícola de los pueblos civilizados que le siguen.

En todas las comunidades de este género se encuentran desde el principio ciertos intereses comunes cuya defensa es confiada necesariamente a los individuos, aunque sea bajo el control de la comunidad: juicio de los litigios, represión de los perjuicios de los derechos de unos individuos a otros, vigilancia de las aguas, principalmente en los países cálidos, y finalmente, en este estadio absolutamente primitivo y salvaje, las funciones religiosas. Funciones análogas se encuentran en las comunidades primitivas de cada época, desde las antiquísimas marcas germánicas y hoy todavía entre las tribus del Indostán. Están naturalmente provistas de un cierto poder y constituyen el origen del poder del Estado.

Poco a poco las fuerzas productivas crecen la densidad creciente de población engendra intereses comunes en unas partes, antagónicos en otras, entre las diversas comunidades; éstas se agrupan cada vez de una manera más amplia, engendrando esta agregación una nueva división en el trabajo, la creación de órganos destinados a defender los intereses comunes y a destruir los antagonismos. Estos órganos, por el hecho mismo de representar los intereses comunes de todo el grupo, tienen con relación a cada comunidad particular una posición particular y en ocasiones opuesta, haciéndose muy pronto todavía más independientes, en parte por la herencia de funciones espontáneas en un mundo en el cual todo se produce por un proceso puramente natural, en parte a causa de que resultan cada día más indispensables a medida que se multiplican los conflictos entre grupos. No tenemos que extendernos respecto a la cuestión de saber cómo esta independencia de la función social con respecto a la sociedad progresa con el tiempo hasta convertirse en una dominación sobre la sociedad, cómo el que era primitivamente un servidor se transforma poco a poco, cuando las circunstancias son favorables, en señor, y cómo este señor fue, según la coyuntura, déspota o sátrapa oriental, dinasta entre los griegos, jefe de clan entre los celtas, etc.; en qué medida, en fin, hizo intervenir a la fuerza en esta transformación y cómo los individuos dominantes aisladamente se convirtieron en una clase reinante. Aquí se trata sólo de demostrar que la soberanía política se funda en todas partes en el ejercicio de una función social, y la soberanía política no ha persistido más que allí donde desempeñaba efectivamente aquellas funciones sociales. Sea cual fuere el número de poderes constituidos y desaparecidos en Persia y el Indostán, todos sabían que ante todo eran los encargados de la obra general de irrigación de los valles, sin los cuales la agricultura era imposible. Estaba reservado a los ingleses "civilizados" olvidar esto en el Indostán, dejando arruinar los canales de riego y las esclusas, y solamente ahora descubren, por las hambres que reaparecen periódicamente, que olvidaron la única actividad que hubiera podido hacer su dominación en el Indostán tan legítima por lo menos como la de sus predecesores.

Al lado de este modo de formarse las clases existe otro. La división natural en el seno de la familia agrícola permitía, una vez obtenido un cierto grado de bienestar, introducir una o varias fuerzas de trabajo extrañas. Éste fue el caso más general en países en los cuales la antigua propiedad común del suelo no existía ya y en aquellos en los que por lo menos la antigua forma de labranza colectiva había cedido el puesto a la explotación individual de las parcelas de tierra por las familias. La producción se hallaba tan desarrollada, que la fuerza de trabajo humano podía producir más de lo que era necesario para su conservación; se tenía el medio de mantener fuerzas de trabajo más numerosas, e igualmente el medio de utilizarlas: la fuerza de trabajo adquirió entonces un *valor*. Sin embargo, la comunidad y el grupo de que formaban parte no ofrecían fuerzas de trabajo disponibles, superfluas; la guerra sí las ofrecía, y la guerra era tan antigua como la existencia simultánea de distintos grupos habitando unos al lado de los otros. Hasta entonces no se había sabido qué hacer con los prisioneros: se les mataba y anteriormente se les comía. Pero el grado alcanzado por el "estado económico" les dotó de un valor; se les conservó la vida sometiéndoles al trabajo. Así, la fuerza, en lugar de dominar al estado económico, fue, por el contrario, puesta al servicio de él. La *esclavitud* fue hallada: muy pronto fue la forma dominante de la producción entre los pueblos que superaron el estado comunal primitivo, y también, finalmente, una de las causas de su decadencia.

Solamente la esclavitud hizo posible la división del trabajo entre la agricultura y la industria en una vasta escala, y, como consecuencia, el esplendor del mundo antiguo, del helenismo. Sin esclavitud, imposible el Estado griego; imposible el arte y la ciencia griegos; sin esclavitud, imposible el Imperio romano. Y sin la base del helenismo y del Imperio romano, imposible la Europa moderna. Nunca debemos olvidar que todo nuestro progreso económico, político e intelectual supone un estado en el cual la esclavitud era tan necesaria como reconocida con carácter general. En este sentido tenemos derecho a decir: Sin la esclavitud antigua, imposible concebir el socialismo moderno.

Es muy fácil protestar contra la esclavitud y otras cosas análogas en términos generales y descargar una cólera elevadamente moral contra la ignominia de semejantes instituciones. Pero con esto decimos sólo lo que todo el mundo conoce de sobra: que aquellas instituciones antiguas no responden a nuestra situación actual y a los sentimientos determinados por esta situación. Mas nada nos enseña acerca de su origen, de la razón de su persistencia y del papel que han desempeñado en la historia. Y si estudiamos de cerca esta cuestión, nos vemos obligados a decir, por contradictoria y herética que pueda parecer esta afirmación, que la introducción de la esclavitud fue, en las circunstancias en que tuvo lugar, un gran progreso. Es una realidad que la humanidad, nacida de la animalidad, tuvo necesidad de medios bárbaros y casi animales para abandonar el estado de barbarie. Las antiguas comunidades, donde subsistieron, son desde hace millares de años la base del sistema político más tosco, del despotismo oriental, de India y Rusia. Sólo allí donde se disolvieron progresaron los pueblos, consistiendo sus primeros progresos económicos en el desarrollo y aumento de la producción por medio del trabajo servil. Es evidente que, mientras el trabajo del hombre era aún muy poco productivo y producía muy pocas cosas superfluas, el crecimiento de las fuerzas productivas, la extensión del comercio, el desarrollo del Estado y del Derecho, el nacimiento del arte y la ciencia no eran posibles más que por medio de una mayor división del trabajo. Ésta, a su vez, debía tener como base la gran división del trabajo entre las masas ocupadas en el simple trabajo manual y un pequeño número de privilegiados que dirigían el trabajo, se ocupaban del comercio, de los negocios públicos y más tarde del arte y la ciencia. La forma primitiva y la más simple de esta división del trabajo fue precisamente la esclavitud. Dados los antecedentes históricos del mundo antiguo, y principalmente del mundo helénico, el progreso que significaba desplazar una sociedad basada en los antagonismos de clase sólo podía efectuarse bajo la forma de la esclavitud, lo cual fue un progreso incluso para los mismos esclavos, ya que los prisioneros de guerra, entre los cuales se reclutaba la masa de los esclavos, conservaron por lo menos la vida, en lugar de ser matados, como sucedía anteriormente, o, como más antiguamente aún, asados.

Aprovechemos la ocasión para añadir que hasta la actualidad los antagonismos históricos entre las clases explotadoras y las explotadas, dominantes y oprimidas, se explican por la productividad relativamente débil del trabajo humano. Mientras que la población verdaderamente laboriosa estaba tan ocupada con su trabajo indispensable que no le quedaba tiempo para ocuparse de los asuntos comunes de la sociedad (dirección del trabajo, negocios públicos, jurídicos, arte, ciencia, etc.), hacía falta que existiera una clase especial que, liberada del trabajo propiamente dicho, se ocupara de aquellas tareas, aunque aumentando cada vez más en provecho particular la carga del trabajo impuesto a las masas laboriosas. No es sino la gran industria, por el desarrollo colosal que imprime a las fuerzas productivas, lo que permite distribuir el trabajo entre todos los miembros de la sociedad sin excepción, y, por lo tanto, la restricción del tiempo de trabajo de cada cual de manera que todos dispongan del suficiente tiempo libre para tomar parte en las cuestiones generales, teóricas y prácticas de la sociedad. Por lo tanto, es hoy solamente cuando toda la clase dominante y explotadora resulta superflua; más aún, se ha convertido en un obstáculo para la evolución social; y solamente ahora será inexorablemente suprimida, aunque se halle en posesión de "la fuerza inmediata".

Así, pues, cuando el señor Duhring frunce el ceño al helenismo porque descansa en la esclavitud, puede también justamente reprochar a los griegos no haber tenido máquinas de vapor ni telégrafo eléctrico. Y cuando afirma que nuestro salariado moderno no es otra cosa que la herencia algo modificada y atenuada de la esclavitud, que no sabe explicar por sí mismo (o sea por medio de las leyes económicas de la sociedad moderna), o bien es falso o significa solamente que la servidumbre como la esclavitud es una forma de opresión y dominación de clase, lo cual sabe ya cualquier niño.

También nosotros podríamos decir con razón que el salariado sólo puede explicarse como una forma atenuada de la antropofagia, fin primitivo (universal, como hoy está comprobado) a que se destinaban los enemigos vencidos.

Se ve ahora el papel que desempeña la violencia en la historia frente a la violencia económica. Primero, todo poder político en su origen descansa en una función económica social, y crece en la medida en que, a consecuencia de la disolución de las comunidades primitivas, los miembros de la sociedad se transforman en productores privados, distinguiéndose más cada vez de los que administran las funciones generales de la sociedad. En segundo lugar, cuando el poder político se ha emancipado, convirtiéndose de servidor en dueño, puede obrar en dos sentidos diferentes: o bien actúa en el sentido y dirección de la evolución económica regular, en cuyo caso no hay oposición entre ambos y la evolución económica es acelerada, o bien actúa en sentido opuesto, siendo entonces, salvo raras excepciones, vencido por el desarrollo económico, siendo estas raras excepciones casos particulares de conquista en los cuales los conquistadores bárbaros exterminaron o arrojaron a la población de un país, devastaron o dejaron arruinarse fuerzas productivas con las cuales no sabían qué hacer: esto hicieron los cristianos en España con los moriscos en lo que se refiere a los trabajos de irrigación que eran la base de la agricultura y horticultura, muy desarrollada entre éstos. Toda conquista por un pueblo bárbaro altera la evolución económica y destruye una gran cantidad de fuerzas productivas. Mas en la inmensa mayoría de los casos de conquista durable el conquistador bárbaro es obligado a adaptarse al "estado económico" superior que sale de la conquista, siendo asimilado por el pueblo conquistado e incluso obligado con frecuencia a adoptar su lengua. Pero donde, exceptuando los casos de conquista, el poder público interior de un país se opone a su evolución económica, hecho que ha ocurrido en un momento dado a todos los poderes políticos, la lucha termina siempre por la destrucción del primero. Sin excepción, inexorablemente, la evolución económica se abre camino; ya hemos indicado el más reciente y notable ejemplo: la gran Revolución francesa. Si, de acuerdo con la teoría del señor Duhring, el estado económico, y con él la constitución económica de un país determinado, dependieran simplemente del poder político, es en absoluto imposible comprender por qué Federico Guillermo IV no consiguió después de 1848, a pesar de su "magnífico ejército", aplicar el sistema corporativo de la Edad Media y otras manías románticas a los ferrocarriles, máquinas de vapor y a la gran industria de su país, en vías de crecimiento precisamente; o explicar por qué el emperador de Rusia no puede pagar sus deudas, ni siquiera "mantener su poder", más que por medio de continuos empréstitos al "estado económico" de la Europa occidental.

Para el señor Duhring, la violencia es el mal absoluto; el primer acto de violencia lo considera como la caída, y toda su exposición es lamentación del pecado original que ha contaminado toda la historia, de la corrupción ignominiosa de todas las leyes naturales y sociales por esta potencia diabólica, la violencia. Mas la violencia desempeña todavía otro papel en la historia, un papel revolucionario; según la frase de Marx, es la comadrona de toda sociedad vieja en cuya entraña está contenida otra nueva, el instrumento con el cual el movimiento social se abre paso y rompe las formas políticas muertas, fijas: de todo lo cual el señor Duhring no dice una sola palabra. No es sino con suspiros y gemidos como quiere admitir como posible que la violencia sea quizá necesaria para destruir la explotación económica... ¡desgraciadamente! Porque la violencia, según él, desmoraliza siempre a quien hace uso de ella. ¡Y esto cuando es conocido el enorme esplendor moral e intelectual que produce toda revolución victoriosa! ¡Y en Alemania, donde el choque violento al cual puede estar obligado el pueblo tendría por lo menos la ventaja de destruir el servilismo que ha invadido la conciencia nacional a causa de la humillación de la guerra de los Treinta años! ¿Y este espíritu de predicador sin vigor, sabiduría ni fuerza pretende imponerse al partido más revolucionario que conoce la historia?

V

TEORÍA DEL VALOR

Hace aproximadamente cien años apareció en Leipzig un libro, que hasta principios del siglo XIX tuvo más de treinta ediciones, que fue divulgado, distribuido en la ciudad y en el campo por las autoridades, predicadores, filántropos de toda especie e introducido en las escuelas primarias con carácter general, como libro de lectura: este libro era *El Amigo de los Niños*, de Rochow. Tenia por objeto enseñar a los jóvenes descendientes de los campesinos y artistas su vocación y deberes respecto a sus superiores en la sociedad y el Estado, e inspirarles la bienhechora satisfacción de su suerte con la tierra, el pan negro, las patatas, los tributos personales, los bajos salarios, el *schlague* paternal y otras cosas gratas, todo ello por medio de las ideas banales del *Aufklarüng*. Para ello se mostraba a la juventud de la ciudad y el campo cómo la naturaleza lo ha organizado todo sabiamente, obligando al hombre a adquirir por medio de su trabajo lo necesario para vivir, y cómo, pues; el campesino y el artesano debían sentirse felices porque se les permitía sazonar su comida con el duro trabajo, en lugar de padecer, como el rico glotón, de mal de estómago, del hígado, de estreñimiento, y que come a desgana hasta los bocados más exquisitos. Los mismos lugares comunes que el viejo Rochow consideraba excelentes para los niños campesinos sajones de su época, el señor Duhring nos los presenta en las páginas 14 y siguientes de los *Cursos* "como las ideas absolutamente fundamentales" de la nueva economía política.

"Las necesidades humanas están como tales sometidas a las leyes naturales; su exageración está contenida dentro de los límites que pueden perfectamente ser transgredidos momentáneamente por acciones antinaturales, las cuales son causa de disgusto, odio a la vida, decrepitud, decadencia social y, finalmente, de destrucción saludable. Un juego continuo, tejido de placeres, sin finalidad seria, termina pronto por embotar y extinguir toda facultad sensitiva. El trabajo verdadero, en una forma cualquiera, es, por lo tanto, la ley social de los seres sanos... Si los instintos y necesidades no están reprimidos, darían lugar a una existencia pueril y no a una evolución histórica hacia una vida cada vez más rica. Satisfechos ilimitadamente y sin esfuerzo, se agotarían rápidamente, dejando tras de sí una vida vacía, llena de intervalos enojosos y penosos hasta su reaparición... Desde todos los puntos de vista, si los instintos y pasiones no pueden satisfacerse sino después de haber dominado los obstáculos económicos, tenemos en esto una ley fundamental bienhechora de la naturaleza exterior y de la humana", etc. Como se ve, las vulgaridades más comunes de Rochow conmemoran en el señor Duhring su centenario, convirtiéndose en "fundamentos profundos" del único "sistema socialitario" verdaderamente crítico y científico.

Colocados ya los fundamentos, el señor Duhring puede construir. Aplicando el método matemático, da primero, siguiendo el ejemplo del viejo Euclides, una serie de definiciones, lo cual resulta tanto más cómodo cuanto que puede desde el principio arreglar estas definiciones de tal manera que lo que debe ser demostrado por medio de método está ya parcialmente contenido. De esta manera sabemos, en primer lugar, que el concepto esencial de toda la economía se llama *riqueza*, y que la riqueza, tal como ha sido comprendida hasta la actualidad en la realidad de la historia universal, no es otra cosa que "la dominación económica sobre los hombres y las cosas". Esto es doblemente falso. Primero, la riqueza de las antiguas comunidades de familia y aldea no eran de ninguna manera una dominación sobre los hombres.

En segundo lugar, incluso en las sociedades que se desarrollan sobre los antagonismos de clase, la riqueza, en la medida que implica una dominación sobre los hombres, es sobre todo y casi exclusivamente una dominación sobre los hombres por medio de la dominación sobre las cosas. A partir de los tiempos muy remotos en los cuales la explotación de los esclavos y la captura de éstos se convirtieron en profesiones distintas, fue necesario, para explotar el trabajo de los esclavos, comprarlos, adquirir la dominación sobre los hombres por medio de la dominación previa sobre las cosas, los precios de compra, los medios de manutención y los instrumentos de trabajo de los esclavos. Durante toda la Edad Media, la gran propiedad agraria es la condición previa que permite a la nobleza feudal llegar a tener campesinos sujetos a servidumbre y tributos de vasallaje. Y hoy un niño de seis años ve ya que la riqueza domina a los hombres únicamente por intermedio de las cosas de cuya riqueza dispone.

¿Qué es lo que obliga al señor Duhring a confeccionar esta falsa definición de la riqueza, a romper la conexión real que ha reinado en todas las sociedades divididas en clases? La necesidad de hacer pasar la riqueza del terreno económico al terreno moral. La dominación sobre las cosas es una cosa excelente, pero la dominación sobre los hombres es algo repudiable. Y como Duhring se prohíbe a sí mismo explicar la dominación sobre los hombres por la dominación sobre las cosas, puede dar nuevamente un giro audaz y explicarlo únicamente por medio de su querida violencia. La riqueza, mientras domina a los hombres, es la "rapiña"; llegamos de esta manera directamente a una reedición defectuosa de la antigua frase de Proudhon: "La propiedad es un robo".

De esta manera hemos conseguido al fin reducir felizmente la riqueza a dos puntos esenciales: de la producción y la distribución riqueza como dominio sobre las cosas, riqueza de producción, ¡bueno!; riqueza como dominación sobre los hombres, riqueza de distribución, malo, ¡fuera! Lo que, aplicado a la situación actual, quiere decir: El modo capitalista de producción es excelente y puede subsistir; pero el modo capitalista de distribución no vale nada y debe abolirse. A semejantes absurdos se llega cuando se escribe sobre economía sin haber comprendido siquiera la relación necesaria entre la producción y la distribución.

Después de la riqueza se define el valor de la siguiente manera: "El valor es la cotización que obtienen en el comercio las cosas y prestaciones económicas". Esta cotización responde "al precio o a otra palabra equivalente, el salario". Dicho de otra manera, el valor es el precio. O más bien, a fin de no falsear al señor Duhring y presentar el absurdo de su definición en sus propios términos, el valor "son los precios".

En la página 19 dice: "El valor y los precios que lo expresan en dinero", demostrando así que el mismo valor puede tener precios muy diferentes y, por lo tanto, muchos valores diferentes también. Si Hegel no hubiera muerto hace tiempo, tendría que haberse suicidado al leer esto: con toda su tautología no hubiera conseguido establecer este valor que tiene tantos valores diferentes como precios. Es necesario poseer la audacia del señor Duhring para comenzar una 'fundación nueva y más profunda" de la economía declarando que no existe otra diferencia entre el valor y el precio sino que uno es expresado en dinero y el otro no.

Mas todo esto no nos dice en qué consiste el valor y menos qué es lo que lo determina. El señor Duhring está, pues, obligado a continuar por medio de nuevas explicaciones: "En general, la ley esencial de la comparación y evaluación en la cual descansan el valor y los precios que lo expresan en dinero está en el dominio de la producción, abstracción hecha de la distribución, que no hace sino introducir después un segundo elemento en el concepto del valor. Los obstáculos más o menos grandes que opone la diversidad de las condiciones naturales a los esfuerzos realizados para obtener las cosas, diversidad que obliga a gastos más o menos considerables de fuerza económica, determinan también el *quantum* de valor, "el cual es calculado" según la resistencia que oponen la naturaleza y las circunstancias a los esfuerzos para obtener las cosas. "La medida según la cual depositamos nuestra propia fuerza en las cosas es la causa decisiva e inmediata de la existencia del valor en general y de su *quantum* en particular".

Si todo lo anterior tiene algún sentido, no puede significar sino que "el valor del producto del trabajo se halla determinado por el tiempo de trabajo necesario para producirlo". Lo que sabíamos, sin necesidad del señor Duhring, desde hacía mucho tiempo. En lugar de expresarse de una manera sencilla, necesita embrollarlo con palabras altisonantes.

Es falso que en la medida en que se deposita la fuerza en una cosa cualquiera (conservando el estilo pomposo a que nos referimos) sea la causa decisiva e inmediata del valor y del *quantum* del valor; pues se trata, primeramente, de saber cuál es la cosa en que se deposita la fuerza, y en segundo lugar, de qué manera se deposita. Si uno de nosotros fabrica una cosa que no tiene para otro ningún valor de uso, toda su fuerza, no producirá ningún átomo de valor; y si se empeña en fabricar a mano un objeto que una máquina lo produce veinte veces más barato, diecinueve vigésimas partes de la fuerza no han producido ni valor en general ni una cantidad determinada de valor.

De otra parte, es un embrollo transformar el trabajo productivo que crea productos positivos en un hecho puramente económico dominados los obstáculos. Se necesitaría entonces proceder de la siguiente manera para obtener una camisa: primero vencemos la resistencia que opone la semilla de algodón antes de sembrarse y brotar; después, la resistencia del algodón, que no quiere ser recogido, empaquetado y expedido; a continuación, la que oponga a su desempaquetamiento, a cardarlo e hilarlo, y, en fin, la del hilo, que no quiere ser tejido; la del tejido, que no quiere ser blanqueado y cosido, y finalmente, la de la camisa, dispuesta ya, que no quiere ser usada. ¿Para qué todas estas intervenciones y complicaciones pueriles? Para pasar por medio de la "resistencia" del valor de "la producción", valor cierto, pero hasta ahora puramente ideal, al valor de "la distribución", falsificado por la violencia, única que se ha manifestado hasta ahora en la historia. "Además de la resistencia que opone la naturaleza, existe todavía otra, pero ésta puramente social... Entre el hombre y la naturaleza surge un poder que paraliza y traba: es el hombre. El hombre, considerado solo y aislado, está solo frente a la naturaleza... La situación es distinta si pensamos que un segundo hombre, espada en mano, ocupa los caminos que dan acceso a la naturaleza y sus recursos, el cual, para autorizar el paso, reclama un tributo. Este segundo hombres... tasa por decirlo así al primero, siendo esto causa de que el valor del objeto sea superior al que tendría sin este obstáculo político y social a la adquisición y producción.

Extraordinariamente diversas son las formas particulares de esta exageración artificial del valor de las cosas, la cual tiene por consecuencia y contrapeso naturales una disminución correspondiente del valor del trabajo. Por esto es ilusorio ver desde el principio en el valor del trabajo un equivalente en el sentido propio de la palabra; es decir, "algo que vale tanto" o un proceso de cambio conforme con el principio de igualdad de la prestación y contraprestación. "Al contrario, lo que caracteriza una teoría exacta del valor es que el principio general e ideal de evaluación no coincide con la forma particular que adquiere el valor, forma que descansa sobre la necesidad de la distribución y que se modifica con la constitución social, mientras que el valor económico verdadero no puede ser otro que un valor de producción adecuado a la naturaleza, y no puede modificarse más que con los obstáculos naturales y técnicos que encuentra la pura y simple producción".

El valor práctico de una cosa consiste, pues, según el señor Duhring, en dos elementos: primero, en el trabajo contenido en él, y segundo, en el encarecimiento producido por el tributo impuesto "espada en mano". En otros términos, el valor actual es un precio de monopolio. Si, por lo tanto, con arreglo a esta teoría del valor, todas las cosas tienen tal precio de monopolio, sólo dos casos son posibles: o bien cada uno pierde como comprador lo que ganó como vendedor (en cuyo caso los precios han cambiado nominalmente, pero en la realidad, en su relación recíproca, permanecen idénticos, en el mismo estado, y el famoso valor de distribución es puramente imaginario), o bien el pretendido encarecimiento causado por el tributo representa una suma de valor real, o sea la producida por la clase laboriosa, productora del valor, y apropiada por la clase de los monopolizadores, en cuyo caso esta suma de valor consiste simplemente en trabajo no pagado. Volvemos entonces, a pesar del hombre que esgrime la espada y del supuesto encarecimiento determinado por el tributo, y a pesar del supuesto valor de distribución, volvemos a la teoría marxista de *la plusvalía*.

Examinemos, sin embargo, algunos ejemplos del tan famoso "valor de la distribución". Dice en la página 125 y siguientes: "Es preciso considerar asimismo la determinación de los precios por la competencia individual como una forma de la distribución económica y un tributo que las personas se imponen unas a otras... Si la cantidad de un género cualquiera es disminuida súbitamente en proporción considerable, los vendedores adquirirán por este hecho un poder de explotación sin contrapeso... El aumento de precios puede obtener proporciones colosales, principalmente en las situaciones anormales en las cuales la importación de artículos necesarios cesa durante mucho tiempo...., etc.". De otra parte, incluso en el estado normal de los monopolios, existen hechos que permiten una exageración arbitraria de precios; por ejemplo, los ferrocarriles, las Sociedades que proveen a la ciudad de agua, gas, electricidad, etcétera.

Desde hace mucho tiempo son conocidos estos casos de explotación monopolista. Pero lo nuevo es presentar los precios de monopolio que resultan no como excepciones y casos particulares, sino como ejemplos clásicos del medio actual de fijarse los precios. ¿Queréis saber qué es lo que determina el precio de las cosas necesarias para la vida? Id a una ciudad sitiada, en la cual nada entra ya, y preguntadlo. Ésta es la respuesta del señor Duhring. ¿Qué acción ejerce la competencia en el establecimiento de precios en el mercado? ¡Preguntadlo al monopolio, y él os responderá!

Pero incluso en estos casos de monopolio es imposible descubrir al hombre con la espada, que se nos decía estaba oculto. Al contrario, en las ciudades sitiadas, el hombre armado, el comandante de la plaza, si cumple con su deber, termina rápidamente con el monopolio y se incauta, con vistas a una distribución equitativa, de las cosas monopolizadas. Por lo demás, los hombres armados, siempre que intentaron construir un valor de "distribución", no cosecharon más que bancarrotas y pérdida de dinero. Los holandeses, monopolizando el comercio de las Indias orientales, arruinaron su monopolio y su comercio. Los dos Gobiernos más fuertes que han existido, el Gobierno revolucionario de los Estados Unidos de América y la Convención nacional en Francia, tuvieron la pretensión de querer fijar los precios máximos, fracasando estrepitosamente. El Gobierno ruso se esfuerza desde hace años por elevar en Londres, por medio de compras incesantes de letras de cambio giradas sobre Rusia, la cotización del papel moneda, cuyo descenso provoca en Rusia por la emisión no menos continua de billetes no reembolsables, placer que le ha costado en pocos años más de sesenta millones de rublos y que el rublo valga hoy, no más de tres marcos, sino menos de dos. Si la espada posee ese misterioso poder económico que le atribuye el señor Duhring, ¿por qué no ha conseguido ningún Gobierno dar a la moneda mala el "valor de distribución" que a la buena, o a los asignados el del oro? ¿Dónde está la espada que rige el comercio mundial?

Hay, además, una forma principal en la cual el valor de la distribución hace posible la apropiación de los productos del trabajo ajeno sin prestación recíproca: la renta de la posesión, o sea la renta de la tierra y el provecho del capital. Nos limitaremos por el momento a señalarlo, a fin de poder decir que en esto consiste todo lo que aprendemos acerca del famoso "valor de la distribución". ¿Todo? No; a pesar de todo, escuchad:

"No obstante el doble punto de vista desde el que se considera el valor de producción y el de distribución, queda *algo de común* en la base de ambos, una cosa en *la cual consisten todos los valores* y con ayuda de la cual son medidos... La medida inmediata y natural es el gasto de fuerza, y la unidad más simple, el trabajo humano en el sentido más brutal de la palabra. Este último se refiere al tiempo de existencia, cuyo mantenimiento representa directamente una cierta suma de obstáculos a la nutrición y a la vida, los cuales han sido dominados. El valor de distribución o apropiación no existe en el estado puro y exclusivo más que allí donde se cambia el poder de disposición sobre las cosas que no fueron producidas, o, para hablar más simplemente, allí donde estas cosas son cambiadas contra prestaciones o cosas cuyo valor de producción es real. El elemento idéntico que se halla significado y representado en toda expresión de valor y, por lo tanto, también en las parcelas de valor apropiadas por la vía de la distribución y sin prestación recíproca, este elemento idéntico es el gasto de fuerza humana que se halla incorporado en todo producto".

¿Qué tenemos que agregar a esto? Si el valor de todos los productos se mide por el gasto de fuerza humana incorporada, ¿dónde se hallan el valor de distribución, el encarecimiento, el tributo obligado? El señor Duhring nos dice, sin duda, que las cosas no producidas, incapaces, por lo tanto, de poseer un valor verdadero, pueden recibir igualmente un valor de distribución y ser cambiadas contra cosas producidas y que poseen un valor. Pero al mismo tiempo dice que *todos los valores,* y, por lo tanto, también los de distribución pura y exclusivamente, consisten en el gasto de fuerza que le ha sido incorporado. No nos enseña, desgraciadamente, cómo una cantidad de fuerza puede incorporarse a una cosa no producida. Lo que parece resultar de todo este entrecruzamiento de valores es que el valor de distribución, el encarecimiento, el tributo exigido espada en mano, queda reducido a la nada; que el valor de los productos se halla determinado únicamente por el gasto de fuerza humana, o sea por el trabajo incorporado a ellos. Abstracción hecha de la renta de la tierra y de algunos precios de monopolio, el señor Duhring se limita a repetir, en términos más vagos y confusos, lo que desde hace mucho tiempo, aunque de manera más precisa y clara, dijo la teoría del valor, tan criticada, de Rodbertus y Marx.

Esto dice, y al mismo tiempo lo contrario en la misma frase. Marx, tomando como punto de partida las investigaciones de Ricardo, escribió: "El valor de los objetos se halla determinado por el trabajo humano en general, por el trabajo socialmente necesario, el cual se mide por el tiempo de trabajo. El trabajo es la medida de todos los valores, aunque por sí mismo carece de valor".

El señor Duhring, después de haber presentado también al trabajo como medida del valor, continúa:

"Se refiere al tiempo de existencia, cuyo mantenimiento representa directamente una cierta suma de obstáculos a la nutrición y a la vida, que han sido dominados". Prescindamos de esta confusión (que descansa pura y simplemente en el deseo de ser original) entre el tiempo de trabajo, único que ahora nos ocupa, y el tiempo de existencia, que nunca ha sido creado o medido como valor, y también la falsa apariencia "socialitaria" que debe crear la palabra "mantenimiento" del tiempo de existencia. Desde que el mundo es mundo y mientras éste exista, cada cual deberá mantenerse a sí mismo, en el sentido de que absorberá él mismo lo que constituye su subsistencia. Admitamos, pues, que Duhring se haya expresado con precisión y en el lenguaje de la economía política: o la frase que acabamos de citar carece de significación, o quiere decir que el valor de un objeto está determinado por el tiempo de trabajo que le ha sido incorporado, y el valor del tiempo de trabajo, por los medios de existencia necesarios al trabajador durante ese tiempo, lo cual significa para la sociedad actual: el valor de un objeto se halla determinado por el *salario del trabajo* contenido en ese dicho objeto.

Ya hemos llegado al pensamiento peculiar del señor Duhring: el valor de un objeto está determinado, en el lenguaje corriente de los economistas, por el coste de producción; Carey, al contrario, "ha demostrado con evidencia que lo que determina el valor no son los gastos de producción, sino los de reproducción". Más adelante veremos en qué consisten estos gastos de producción o reproducción: consisten, como se sabe, en el salario del trabajo y el provecho del capital. El salario del trabajo representa el gasto del trabajo incorporado al objeto: el valor de producción. El provecho representa el tributo o encarecimiento impuesto por los capitalistas en virtud de su monopolio, por la fuerza de la espada que esgrimen: el valor de distribución. De esta manera, toda la confusión y las contradicciones de la teoría del valor del señor Duhring se resuelven finalmente en la más bella y armónica claridad.

La determinación del valor de los objetos por el salario del trabajo, que se encuentra frecuentemente en Adam Smith al lado del valor determinado por el tiempo de trabajo, está desterrada de la economía científica desde Ricardo y hoy no hace de las suyas sino en las obras de vulgarización económica. Sólo los más vulgares sicofantes del orden social capitalista reinante predican la determinación del valor por el salario del trabajo, y dan al mismo tiempo el provecho capitalista como una especie de salario superior del trabajo, como salario de la abstinencia, porque el capitalista no ha dilapidado su capital, como prima por los riesgos, como salario del jefe de la empresa, etcétera. El señor Duhring se distingue de estos economistas sólo porque declara que el provecho es un robo; dicho de otra manera, el señor Duhring funda directamente su socialismo sobre la economía vulgar de peor calidad. Y su socialismo vale exactamente lo mismo que esta economía vulgar: la existencia y muerte de ambas son solidarias.

A pesar de todo, la cuestión está perfectamente clara: lo que un trabajador produce y lo que cuesta son dos cosas tan distintas como lo que una máquina produce y lo que cuesta. El valor que un trabajador produce en una jornada de trabajo de doce horas no tiene nada de común con el valor de los medios de existencia que consume durante esta jornada de trabajo y el período de trabajo correspondiente. Puede ser, según el grado alcanzado en la evolución de la productividad del trabajo, que esté incorporado a estos medios de existencia un tiempo de trabajo de tres, cuatro o siete horas. Admitamos que para fabricarlos se han necesitado siete horas de trabajo: la teoría vulgar del valor admitida por el señor Duhring dice que el producto de doce horas de trabajo posee el valor de lo producido en siete horas, que doce horas son equivalentes a siete horas de trabajo, o que 12 = 7. Hablando más claramente aún: un trabajador rural, no importa en qué situación social, produce durante el año una cantidad de cereales de *20* hectolitros de trigo candeal, supongamos. Durante el mismo tiempo consume una suma de valores expresada en 15 hectolitros de trigo. Por lo tanto, los 20 hectolitros de trigo tienen el mismo valor que los 15, en el mismo mercado y en igualdad de condiciones desde luego, o sea, expresado en otros términos, 20 = 15. ¡ Y a esto se le llama economía política!

La sociedad humana se eleva por encima del salvajismo a partir del día en que el trabajo de la familia crea más productos de los que se necesitan para su manutención, a partir del día en que una parte del trabajo puede consagrarse a la fabricación no sólo de los medios de existencia, sino de producción. El excedente del producto del trabajo sobre los gastos de manutención del trabajo; la creación y aumento, gracias a este excedente, de un fondo social de producción y reserva, tal ha sido y es aún la base de todo el progreso social, político e intelectual. Este fondo ha sido hasta ahora en la historia propiedad de una clase privilegiada, que asumirá al mismo tiempo la soberanía política y la hegemonía intelectual. La revolución social inminente convertirá por vez primera en la historia en verdaderamente social este fondo de producción y reserva, es decir, a la masa total de materia prima, instrumentos de producción y medios de existencia, arrancándolos de las manos de la clase privilegiada para asignarlos, como bien común, a toda la sociedad.

De dos cosas, una: o bien el valor de los objetos está determinado por los gastos de conservación del trabajo necesario para producirlos—en la sociedad actual por el salario del trabajo—, en cuyo caso cada trabajador recibe *con su salario el valor del producto del trabajo,* y entonces la explotación de la clase asalariada por los capitalistas es una imposibilidad. Admitamos que en una sociedad dada los gastos de conservación del trabajo se expresen por la suma de tres marcos. En este caso, el producto diario del trabajador, según la teoría de la economía vulgar a que nos referimos, tiene un valor de tres marcos. Admitamos ahora que el capitalista que ocupa a este trabajador impone al producto un peaje de un marco y lo vende a cuatro. Los demás capitalistas harán lo mismo, pero desde este momento el trabajador ya no puede vivir al día con tres marcos, haciéndole falta para ello cuatro. Y, como hemos supuesto desde luego que con carácter general la situación no se ha modificado, es necesario que el salario del trabajo expresado en medios de existencia siga siendo el mismo y que el salario expresado en dinero aumente en la proporción de tres a cuatro marcos por día. Aquello que los capitalistas arrebatan a la clase de los trabajadores en forma de provecho deben devolverlo como salario. Nos hallamos exactamente en el punto de partida; si el trabajo está determinado por el salario del trabajo, la explotación del trabajador por el capitalista es imposible. Igualmente es imposible la formación de un excedente de productos, ya que hemos supuesto que los trabajadores consumen exactamente tantos valores como producen. Y no produciendo los capitalistas ningún valor, no se ve de qué pueden vivir ellos. Y si a pesar de todo tiene realidad la existencia de un excedente de la producción sobre el consumo, de un fondo de producción y reserva, el cual se halla en manos de los capitalistas, sólo es posible una explicación, y es que los trabajadores no consumen para su manutención más que el *valor* de los objetos, mientras que los objetos mismos son cedidos a los capitalistas para una utilización posterior.

O bien—ésta es la segunda alternativa—, si este fondo de producción y reserva está de hecho en manos de los capitalistas, naciendo realmente de la acumulación del provecho (dejando a un lado por el momento la renta de la tierra), está constituido necesariamente por la acumulación del excedente del producto del trabajo rendido a la clase de los capitalistas por los trabajadores sobre la suma del salario de trabajo pagado a los trabajadores por la clase de los capitalistas. En cuyo caso el valor está determinado, no por el salario, sino por la cantidad de trabajo: la clase de los trabajadores entrega a la de los capitalistas en el producto del trabajo una mayor cantidad de valor que aquella que recibe en forma de salario; y entonces el beneficio del capital se explica, como las restantes formas de la apropiación del trabajo ajeno no pagado, simplemente como un elemento de la plusvalía descubierta por Marx.

Digámoslo de paso. Para nada se trata en los *Cursos de Economía* del grandioso descubrimiento con que Ricardo encabeza su obra capital: "El valor de un objeto depende de la cantidad de trabajo necesario para fabricarlo y no del salario más o menos elevado que por él se paga", descubrimiento qué hace época. Se le expide con una frase altisonante en la *Historia crítica:* "Ricardo no ha pensado que la medida más o menos amplia en que el salario puede indicar las necesidades de la vida (!) lleva fatalmente a formas diferentes en la constitución del valor", frase que puede el lector rellenar con lo que quiera, y que hará bien dejándola en toda su vaciedad.

Entre las cinco clases de valor que nos ofrece el señor Duhring puede ahora el lector elegir la que más le plazca: el valor de producción originario de la naturaleza; el valor de producción creado por la maldad de los hombres y caracterizado porque está medido por un consumo de fuerza que no contiene; el valor que se mide por el tiempo de trabajo, el que se mide por los gastos de reproducción, y, en fin, el que halla su medida en el salario del trabajo. La elección es grande; la confusión, completa. Sólo nos resta gritar con el señor Duhring: "¡La teoría del valor es la piedra de toque de la excelencia de los sistemas económicos!"

VI

TRABAJO SIMPLE Y COMPLEJO

El señor Duhring ha descubierto en Marx una grosera equivocación económica que implica al mismo tiempo una herejía socialista peligrosa. La teoría del valor de Marx "no es otra cosa que la teoría común según la cual el trabajo es causa de todos los valores y su medida el tiempo de trabajo". Pero deja en la más completa oscuridad el problema de saber qué idea es necesario forjarse de lo que denomina trabajo calificado. Indudablemente también nuestra teoría afirma que sólo el tiempo de trabajo empleado puede medir los gastos y, por lo tanto, el valor absoluto de las cosas económicas; pero es preciso considerar previamente como equivalentes los tiempos de trabajo de todos, teniéndose en cuenta solamente que en los trabajos calificados el tiempo de trabajo de uno colabora con el de los demás, por ejemplo, en el instrumento que emplea. No es, por lo tanto, según la confusa idea de Marx, que el trabajo de uno tenga más valor que el de otra persona a causa de condensar un tiempo de trabajo superior a la media. Todo tiempo de trabajo, en principio y sin excepción, sin necesidad de fijar previamente la media, tiene absolutamente el mismo valor; y ante los servicios de una persona, igual que ante el producto terminado, hay que examinar solamente qué cantidad de tiempo de trabajo de los demás puede hallarse contenida en un tiempo de trabajo que parece puramente individual.

"Bien sea un instrumento manual de producción, bien la mano o la cabeza, si no puede revestir sin el trabajo ajeno las cualidades propias y revestir las cualidades que posee, no tiene importancia para el valor riguroso de la teoría. Cada vez que Karl Marx habla del valor no consigue exorcizar el fantasma de un tiempo de trabajo calificado. Lo que le impide llegar a la verdad sobre este punto es el modo tradicional de pensar en las clases cultas, a las cuales debe parecer monstruoso que el tiempo de trabajo del peón y el del arquitecto sean reconocidos como poseyendo en sí un valor económico absolutamente igual".

El párrafo de Marx que provoca un acceso de cólera tan violento en el señor Duhring es muy breve: Marx analiza lo que determina el valor de los *artículos de comercio, y responde*: "Es el trabajo humano que contienen". Y continúa: "Es el gasto de fuerza de trabajo simple que un hombre ordinario y medio, sin grado especial de desarrollo, posee en su organismo corporal. No hay trabajo más complejo que el trabajo simple elevado a una potencia superior, o multiplicada de tal manera, que una cantidad más pequeña de trabajo complicada iguala a una cantidad más grande de trabajo simple. La experiencia enseña que esta reducción es un hecho que se produce constantemente. Un artículo puede ser producto del trabajo más complicado, pero por su valor es igual al producto del trabajo simple y no representa más que una cantidad determinada de trabajo simple. Las proporciones diversas en las cuales diferentes clases de trabajo se refieren al trabajo simple como unidad de medida son fijadas por un proceso social, a espaldas de los productores, a los cuales, por esta razón, les parecen establecidas por el uso".

No se trata para Marx más que de la determinación del valor de los *artículos*, o sea de los objetos que, en una sociedad compuesta de productores privados, producen éstos por su propia cuenta, cambiándolos entre sí. No se trata aquí, de ninguna manera, del "valor absoluto", sea cual fuere desde luego el lugar que a éste le corresponda, sino del valor reinante en una sociedad determinada. Este valor, considerado en un sentido histórico preciso, se manifiesta como creado y medido por el trabajo humano incorporado a cada artículo, y este trabajo humano como un gasto de fuerza de trabajo simple. Mas todo trabajo no es solamente un gasto de fuerza de trabajo humano simple: un gran número de especies de trabajo implican la utilización de aptitudes o conocimientos adquiridos con mayor o menor esfuerzo, a costa de más o menos tiempo y dinero. Estas clases de trabajo complejo ¿producen actualmente los mismos artículos de igual valor que el trabajo simple el gasto de simple fuerza de trabajo? Evidentemente, no. El producto de una hora de trabajo complejo es un artículo de valor más considerable, doble o triple, comparado al producto de una hora de trabajo simple. En virtud de esta comparación, el valor de los productos de trabajo compuesto se expresa en cantidades determinadas de trabajo simple, pero esta reducción de trabajo compuesto se realiza por medio de un proceso social, a espaldas de los productores, en virtud de un fenómeno que, en el grada actual de desarrollo de la teoría del valor, no puede ser comprobado ni explicado.

Es este simple hecho, que en la sociedad capitalista se realiza diariamente en presencia nuestra, lo que Marx registra, siendo tan poco discutible este hecho, que ni el propio señor Duhring se ha atrevido a discutirlo en sus *Cursos* ni en su *Historia de la Economía*. Y la exposición de Marx es tan clara y transparente, que sólo Duhring puede encontrarse "sumido en una completa oscuridad". Esta oscuridad completa es la que le lleva a tomar el valor de los objetos en el comercio, único que ha estudiado Marx, por los "gastos naturales", que no hacen sino aumentar la oscuridad, e incluso "por el valor absoluto", que, a nuestro entender, no ha sido admitido en la economía política. Sea lo que fuere aquello que Duhring pueda entender por "gastos naturales" y sus cinco especies de valor, representativas del valor absoluto, una cosa es indudable, y es que para Marx no se trata de ninguna manera de esto, sino solamente del valor de los objetos en el comercio; y que en toda la sección de *El Capital* consagrada al valor no se encuentra la menor alusión que permita juzgar si Marx cree aplicable y en qué medida la teoría del valor de los objetos en el comercio a otras formas de sociedad que no sean la nuestra.

"No es —continúa Duhring—, como se figura Marx, que el trabajo de cualquiera tenga un valor superior al de otra persona porque condense un trabajo superior a la media; cualquier tiempo de trabajo, en principio y sin excepción, sin que, por lo tanto, sea necesario fijar una media, tiene el mismo valor". Es una felicidad para el señor Duhring que el destino no le haya hecho fabricante, habiéndole así preservado de fijar el valor de sus productos según esta regla nueva, lo que infaliblemente le hubiera conducido a la bancarrota. Pero ¿permaneceríamos aún en la sociedad de fabricantes? De ninguna manera. Con "sus gastos naturales" y su "valor absoluto", el señor Duhring nos hubiera hecho dar un salto, un verdadero salto peligroso fuera del mundo actual, del malvado mundo de los explotadores a su propia comuna económica del porvenir, en pleno cielo de igualdad y justicia, al cual, aunque prematuramente, nos vemos obligados a dirigir nuestras miradas.

Claro es que, según la teoría del señor Duhring, tampoco en la "comuna económica" es el tiempo de trabajo empleado lo que puede medir el valor de las cosas económicas, sino que el tiempo de trabajo de todos será anticipadamente considerado como absolutamente igual: todo tiempo de trabajo, en principio y sin excepción, tiene un valor absolutamente igual, sin que pueda fijarse una media. ¡Ir ahora a oponer a este socialismo igualitario radical la idea nebulosa de Marx de que el tiempo de trabajo de una persona tiene más valor que el de otra por condensar un tiempo de trabajo superior al término medio, idea que le impone el modo de pensar tradicional en las clases cultas, a las cuales debe parecer monstruoso que el tiempo de trabajo de un peón y un arquitecto sean equiparados económicamente!

Desgraciadamente, Marx ha agregado al párrafo citado más arriba esta pequeña observación: "El lector debe advertir que no se trata del *salario* o del valor que el trabajador *obtiene* a cambio de una jornada de trabajo, sino del *valor de los objetos en el comercio,* valor que se *objetiva* en una jornada de trabajo". Marx, que aquí parece haber presentido a su Duhring, advirtió que no era necesario siquiera aplicar sus proposiciones anteriores al salario que en la sociedad actual debe pagarse por el trabajo complejo. Pues bien: el señor Duhring, no bastándole incurrir en la falta contra la que nos previene Marx, presenta estas proposiciones como los principios según los cuales quiere Marx reglamentar la distribución de los medios de existencia en la sociedad socialista. ¡Esto es una falsedad tan impúdica que no tiene comparación!

Examinemos más detenidamente la teoría de la igualdad del valor.

Cualquier tiempo de trabajo es absolutamente igual, lo mismo el del peón que el del arquitecto. El tiempo de trabajo, y, por lo tanto, el trabajo en sí, tiene un valor. Pero el trabajo es el creador de todos los valores; sólo él da valor, en el sentido económico de la palabra, a los productos que suministra la naturaleza. El mismo valor no es otra cosa que la expresión del trabajo humano socialmente necesario objetivado en una cosa. El trabajo no puede, por lo tanto, poseer valor. Hablar del valor del trabajo y querer determinarlo equivale a tanto como hablar del valor del valor, o querer determinar el peso no de tal o cual cuerpo pesado, sino de la misma gravedad. El señor Duhring despacha a hombres de la talla de Owen, Saint-Simon y Fourier tratándolos de "alquimistas sociales". Cavilando sofísticamente acerca del valor del tiempo de trabajo, o sea del trabajo, demuestra que es bastante inferior a los verdaderos alquimistas. ¡Juzgad ahora la audacia de Duhring atribuyendo a Marx la proposición de que el tiempo de trabajo de un hombre posee más valor que el de otro, como si el tiempo de trabajo y, por lo tanto, el trabajo, poseyera un valor, siendo precisamente Marx quien ha demostrado por qué el trabajo no tiene ni *puede* tener valor!

Para el socialismo, que quiere emancipar la fuerza de trabajo humano de su situación actual, despojándola de su carácter de *mercancía*, es una idea de la más alta importancia la de que el trabajo no tiene ni puede tener valor. A causa de su virtud son destruidas todas las tentativas, heredadas por Duhring, del socialismo espontáneo de los obreros, que consiste en hacer de la distribución futura de los medios de existencia una especie superior del salario del trabajo. De cuya idea resulta esta otra: que la distribución, en la medida en que está dominada por fines puramente económicos, está regida por los intereses de la producción; y la producción, sobre todo, vivificada por un modo de distribución que permitiese a *todos* los miembros de la sociedad desarrollarse, mantenerse y ejercer sus facultades en el mayor número posible de dirección. Es indudable que ha de parecer monstruoso al modo de pensar heredado por el señor Duhring de las clases cultas que en el porvenir desaparezca la distinción entre el peón y el arquitecto, y que aquel que durante media hora dio instrucciones como arquitecto empuje después una carretilla, hasta que sea necesaria nuevamente su actividad de arquitecto. ¡Bello socialismo el que perpetúa los peones profesionales!

Si la igualdad de valor del tiempo de trabajo debe significar que todos los trabajadores produzcan en tiempos iguales valores iguales, sin que previamente haya que establecer un término medio, es evidentemente falsa. Para dos trabajadores, en la misma rama industrial, el valor del producto de una hora de trabajo será siempre diferente, según la intensidad del trabajo y la habilidad del obrero. Este inconveniente, que sólo existe para personas como el señor Duhring, no puede remediarse, al menos en nuestro planeta, con "la comuna económica". ¿Qué subsiste, pues, de la supuesta igualdad de valor de todos y cada uno de los trabajos? Sólo una frase, sin más base económica que la impotencia de Duhring para distinguir entre la determinación del valor por el trabajo y la determinación del valor por el salario del trabajo; sólo este *ukase*, que será la ley orgánica de la nueva comuna económica: "El salario de trabajo debe ser igual para tiempos iguales de trabajo". ¡Los viejos trabajadores comunistas franceses y Weittling expondrían mejores razones en pro de la igualdad de salarios que reclamaban!

¿Cómo se resuelve, pues, la importante cuestión del salario superior del trabajo complejo? En una sociedad de productores privados son los individuos o sus familias los que soportan los gastos de la formación del trabajador educado; por lo tanto, es a los individuos a quienes vuelve el precio superior de la fuerza del trabajo educado: el esclavo diestro es vendido más caro, y mejor pagado el trabajador asalariado hábil. En la sociedad socialista, ésta soporta los gastos de educación, y a ella van, pues, a parar los frutos, los valores superiores producidos por el trabajo complejo y el propio trabajador no puede tener exigencias superiores. Digamos de paso que el corolario de esto, la reivindicación tan cara al obrero del "producto íntegro del trabajo", quiebra también algunas veces.

VII

CAPITAL Y PLUSVALÍA

"El señor Marx no tiene del capital la idea corriente en economía política de que es un medio de producción producido: pretende reducirlo a un concepto más especial, dialéctico e histórico, sujeto a las metamorfosis de los conceptos y la historia. El capital, según él, nace de la moneda; constituye una fase histórica que comienza en el siglo XVII con los elementos del mercado mundial que pretende hallar en tal época. Es evidente que el rigor del análisis económico desaparece en semejante concepción. En estas cavilaciones extravagantes, que quieren ser semihistóricas y semilógicas, no siendo realmente otra cosa que productos bastardos de la fantasía histórica y lógica, la facultad de distinguir del entendimiento se extingue al mismo tiempo que toda probidad en el uso de los conceptos". ¡Sigue a esto una página entera escrita en el mismo estilo! "La definición marxista del concepto de capital sólo puede introducir la confusión en la economía política rigurosa: son ligerezas presentadas como profundas verdades lógicas..., bases frágiles", etc. Así, pues, según Marx, el capital habrá nacido de la moneda a principios del siglo XVI. Igual que si se dijera que la moneda metálica nació hace tres mil años del ganado, porque entonces el ganado, entre otras cosas, cumplía la función de moneda". Sólo el señor Duhring es capaz de expresiones tan groseras y malintencionadas. En el análisis que hace Marx de las formas económicas en cuyo seno se realiza el proceso de circulación de las mercancías, la moneda aparece como la forma últimamente aparecida. "Este último producto de la circulación de las mercancías es *la primera forma en que se manifiesta* el capital. Históricamente, el capital se opone en todas partes a la propiedad territorial, al principio en forma de moneda, fortuna metálica, capital comercial y usurario... Diariamente vemos desarrollarse ante nosotros la misma historia: cualquier capital nuevo hace su primera aparición en la escena, es decir, en el mercado, sea éste de objetos, trabajo o dinero, en forma de moneda que debe, pasando por un proceso determinado, transformarse en capital..." Aquí vemos todavía un hecho señalado por Marx. En la imposibilidad de refutarlo, el señor Duhring procede a deformarlo: ¡el capital nace de la moneda!

Marx estudia entonces el proceso en virtud del cual la moneda se transforma en capital; descubre primero que la forma de la moneda, al circular como capital, es la exacta inversión de la forma en que circula como equivalente general de los objetos. El simple poseedor de mercancías vende para comprar: vende aquello de que no tiene necesidad y con el dinero ganado de esta manera compra lo que le es necesario. El capitalista, desde que lo es, compra aquello de que *no* tiene necesidad él mismo; compra para vender, para vender más caro, para recuperar el valor en moneda anticipado primitivamente en la compra y recuperarlo aumentado con un excedente en dinero, al cual Marx denomina plusvalía.

¿Cuál es el origen de esta plusvalía? No puede provenir de que el comprador haya comprado los objetos por encima de su valor, ni tampoco de que el vendedor los venda por debajo de él. En efecto, en tales casos se compensarían recíprocamente las ganancias y pérdidas de cada uno, pues son sucesivamente comprador y vendedor; no puede originarse tampoco por el engaño, pues éste puede enriquecer a uno a costa de otro, pero no aumentar la suma total poseída por ambos, ni, por lo tanto, la suma de valores circulantes. "La clase de los capitalistas de un *país, considerada* en conjunto, no puede engañarse a sí misma".

A pesar de esto, vemos diariamente enriquecerse a la clase de los capitalistas de cada país, considerada en su totalidad, vendiendo más caro de lo que compra y apropiándose la plusvalía. Hemos llegado al punto de partida. ¿De dónde proviene la plusvalía? El problema que se trata de resolver, y de una manera *puramente económica*, haciendo abstracción de todo engaño y de cualquier intervención de la violencia, es el de saber cómo es posible vender constantemente más caro de lo que se compra e incluso en el caso hipotético de que valores iguales se cambian siempre por otros valores iguales.

La solución de este problema es el mérito más decisivo de la obra de Marx. Ella arroja una luz deslumbradora sobre cuestiones económicas en las que hasta ahora, tanto los socialistas como los economistas burgueses, se agitaban en las tinieblas más densas. De esta solución data y en torno a ella se agrupa el socialismo científico.

He aquí en qué consiste la solución. El aumento de valor de la moneda que va a transformarse en capital no puede provenir ni de esta *moneda* ni de la *compra*, pues aquélla realiza solamente el precio del objeto, el cual, como suponemos que el cambio se efectúa entre valores iguales, no es diferente del valor. Por la misma razón, el valor no puede tampoco derivarse de la *venta* del objeto. Es necesario que el cambio se refiera al *objeto* comprado, no a su valor, puesto que es comprado y vendido en su valor, sino a *su valor de uso* en calidad de tal; dicho de otra manera, "el cambio de valor debe resultar del uso del objeto". Para obtener valor del uso de una cosa es necesario que nuestro poseedor de dinero sea bastante afortunado para descubrir en el mercado una mercancía cuyo valor de uso posea la propiedad especial de ser fuente de valor, una mercancía cuya utilización efectiva sea ella misma objetivación del trabajo y, por lo tanto, *creación de valor.* "El poseedor de dinero se encuentra, en efecto, en el mercado esta mercancía específica, que es la capacidad de trabajo o *fuerza de trabajo*". Si, como hemos visto, el trabajo como tal no puede tener ningún valor, no sucede lo mismo con la *fuerza* de trabajo. Ésta recibe un valor desde que se convierte en mercancía, lo que realmente es hoy, y su valor se halla determinado, "como el de otra mercancía cualquiera, por el tiempo de trabajo necesario para su producción y también a su reproducción", o sea por el tiempo de trabajo necesario para crear los medios de existencia necesarios para que el trabajador se mantenga y sea capaz de trabajar y perpetuar su raza. Admitamos que estos medios de existencia representen cada día un tiempo de trabajo de seis horas. Nuestro nuevo capitalista, que compra para su negocio fuerza de trabajo, o sea que alquila al trabajador, paga a éste el valor cotidiano completo de su trabajo si le paga una suma de dinero que represente también seis horas de trabajo.

Desde el momento en que el trabajador ha trabajado durante seis horas al servicio del nuevo capitalista, ha reembolsado plenamente a éste su desembolso, el valor diario de la fuerza de trabajo que aquél le ha pagado. Pero si las cosas sucedieran así, el dinero no se transformaría en capital, no engendraría plusvalía. El comprador de la fuerza de trabajo tiene por tal razón una idea completamente diferente de la naturaleza del negocio que acaba de pactar. Seis horas de trabajo son suficientes para permitir al obrero vivir las veinticuatro horas, lo que no le impide de ninguna manera trabajar doce horas de las veinticuatro. El valor de la fuerza de trabajo y el precio que ésta recibe en el proceso de trabajo son dos cosas muy distintas. El poseedor del dinero ha pagado el valor diario de la fuerza de trabajo; tiene, por lo tanto, el derecho a utilizarle durante toda la jornada y le pertenece todo el trabajo realizado durante ésta. El valor que *crea* en un día la utilización de esta fuerza de trabajo es dos veces superior a su propio valor diario; esto es una felicidad especial de que disfruta el comprador, pero no es, de ninguna manera, según las leyes del cambio de mercancías, una injusticia sufrida por el vendedor. Así, pues, el trabajador *cuesta* al poseedor de dinero, según hemos supuesto, todos los días el valor del producto de seis horas de trabajo, pero diariamente le *rinde* el valor del producto de doce horas de trabajo; diferencia en provecho del poseedor de dinero: seis horas de sobretrabajo no pagado, un exceso de producto no pagado que incorpora seis horas de trabajo. La obra maestra se halla producida. La plusvalía está creada; el dinero se convierte en capital.

Demostrando de esta manera cómo nace la plusvalía y cómo ésta no puede nacer sino bajo el imperio de las leyes que rigen el cambio de mercancías, Marx ha revelado el mecanismo del modo actual de producción capitalista y del modo de apropiación derivado de él, poniendo al desnudo el núcleo en torno del cual ha cristalizado todo el orden social actual. Así, la creación del capital tiene una condición esencial: "Para transformar el dinero en capital es necesario que el poseedor de dinero encuentre en el mercado las mercancías, al *trabajador libre,* libre en el doble sentido de que, como persona libre, dispone de su fuerza de trabajo como de una mercancía, y de otra parte que no tiene ninguna otra mercancía que vender, libre y exento de todo, libre de cuantas cosas le son necesarias para realizar su fuerza de trabajo". Mas esta relación entre dos personas poseedoras de dinero o mercancías y los hombres que sólo poseen su fuerza de trabajo no es una relación ofrecida por las ciencias naturales, ni es común a todos los períodos de la historia: "Esta misma relación es, evidentemente, resultado de una evolución histórica anterior, el producto de la desaparición de toda una serie de formaciones más antiguas de la producción social". En efecto, estos trabajadores libres se nos presentan en masas compactas en la historia por vez primera hacia fines del siglo XV y a principios del XVI, como consecuencia de la disolución del modo feudal de producción. A causa de esto, y debido a la creación contemporánea del comercio y del mercado mundial, existía la base sobre la cual debía transformarse progresivamente en capital la masa de riqueza mobiliaria existente y asentarse progresivamente el imperio exclusivo de un modo de producción que tenía como fin la creación de plusvalía".

Hasta ahora nos hemos atenido a las "concepciones caprichosas de Marx, a "los productos bastardos de la fantasía histórica y lógica", en la cual "la facultad de distinción del entendimiento se desvanece al mismo tiempo que toda probidad en el uso de los conceptos". Opongamos ahora: a estas "ligerezas" las "profundas verdades lógicas" y el "carácter científico, definitivo y riguroso en el sentido de las disciplinas exactas", las teorías del señor Duhring.

Por lo tanto, Marx no tiene del capital "la idea corriente en la economía política de que el capital es un medio de producción producido", sino que afirma que una suma de valores no se transforma en capital más que cuando forma la plusvalía. ¿Qué dice el señor Duhring? "El capital es fuente de instrumentos de poder económico para la continuación de la producción y apropiación de una parte de los frutos de la fuerza de trabajo en general". Por oscura que sea la expresión de esta idea nueva, hay, sin embargo, una cosa cierta: la fuente de instrumentos de poder económico puede perpetuar la producción indefinidamente; según el propio Duhring reconoce, no da capital mientras no consigne "la apropiación de una parte de los frutos de la fuerza de trabajo general", o sea de la plusvalía, o al menos del superproducto. No sólo Duhring, contra la idea corriente en economía respecto al capital, comete la herejía que reprocha a Marx, sino que comete un plagio desafortunado, mas disfrazado con expresiones pomposas, de las ideas de Marx.

En la página 262 esta idea recibe una nueva aplicación: "El capital en el sentido social (un capital en el sentido no social es algo que está todavía por descubrir) "es específicamente distinto del puro instrumento de producción; en efecto, mientras este último posee un carácter técnico y aparece siempre y en todas partes como beneficioso, el capital se manifiesta por su fuerza social de apropiación y expoliación. El capital social no es en gran parte más que el medio técnico de producción en su *función social;* y es precisamente esta función la que debe desaparecer". Si pensamos que es precisamente Marx quien primero llamó la atención sobre la "función social", única que puede transformar "una suma de valor en capital", será evidente para todo observador atento que la definición marxista de la idea del capital no puede sino provocar la confusión, no, como piensa Duhring, en la economía política rigurosa, sino, pura y simplemente, en su propia cabeza, que ya en la *Historia Crítica* ha olvidado el amplio uso que en los *Cursos* hace de la mencionada idea del capital.

Sin embargo, el señor Duhring, no satisfecho con tomar de Marx, aunque en forma "corregida", su definición del capital, le sigue también a través de "las metamorfosis de los conceptos y de la historia", aunque sepa muy bien que no pueden salir de aquí sino "ficciones extravagantes", "ligerezas", "bases frágiles", etc. ¿De dónde toma el capital la "función social" que le permite apropiarse los frutos del trabajo ajeno, único rasgo que le distingue del simple instrumento de producción? No descansa— dice el señor Duhring— "en la naturaleza de los instrumentos de producción ni en su necesidad técnica; ha nacido de la historia", limitándose a repetir en la página 252 lo que ya ha dicho veinte veces. Explica el origen del capital por la famosa aventura de los dos individuos, uno de los cuales, desde los comienzos de la historia, transforma en capital su instrumento de producción por el hecho de someter al otro violentamente.

Y, no contento con asignar un origen histórico a la función social gracias a la cual una suma de valor se convierte en capital, el señor Duhring profetiza también el fin histórico: "Es ella precisamente la que debe desaparecer". Un fenómeno que nace y desaparece históricamente está calificado en el lenguaje corriente como "una fase histórica". El capital es una fase histórica, no sólo para Marx, sino asimismo para el señor Duhring; estamos, por lo tanto, obligados a decir que nos hallamos entre jesuitas: si dos hombres hacen la misma cosa, a pesar de todo, no es la misma cosa. Cuando Marx dice que el capital es una fase histórica, tenemos una imaginación absurda, un producto bastardo de la fantasía histórica y lógica, en el cual desaparece la facultad de distinción al mismo tiempo que toda probidad en el empleo de conceptos. Y cuando Duhring presenta a su vez al capital como una fase histórica, tenemos una demostración de la potencia del análisis económico, de su carácter científico, definitivo y riguroso en el sentido de las disciplinas exactas.

¿Qué distingue, pues, la idea que se forma el señor Duhring del capital de la de Marx?

"El capital—dice Marx—ha inventado el plustrabajo. Allí donde una parte de la sociedad posee el monopolio de los instrumentos de producción, fatalmente el trabajador, libre o no, debe agregar al tiempo de trabajo necesario para mantenerle un tiempo de trabajo suplementario para producir los medios de existencia necesarios al propietario de los instrumentos de producción". El plustrabajo, el trabajo superior al tiempo necesario para la manutención del obrero, y la apropiación del producto de este exceso de trabajo por otro, la explotación del trabajo, son comunes a todas las formas de sociedad que han existido hasta hoy, en la medida en que reinan los antagonismos de clase. Pero solamente cuando el producto del exceso de trabajo reviste la forma de plusvalía, cuando el propietario de los instrumentos de producción encuentra ante sí, como objeto de explotación, al trabajador libre—libre de los lazos sociales y de cuanto pudiera pertenecerle—y lo explota con vistas a la producción de mercancías, solamente entonces—según Marx—el instrumento de producción reviste la forma específica de capital. "Esto es lo que se ha verificado en una amplia escala a fines del siglo XV y comienzos del XVI.

Para el señor Duhring, al contrario, *cualquier* instrumento de producción es capital "que se apropia una parte de los frutos de la fuerza de trabajo general", y que, por lo tanto, es creado en una forma cualquiera de plustrabajo. En otros términos, Duhring se asimila el plustrabajo descubierto por Marx para aniquilar la plusvalía, también descubierta por él, y la cual, por el momento, no le conviene. Así, pues, según Duhring, no sólo la riqueza mobiliaria e inmobiliaria de los ciudadanos atenienses y corintios utilizaba el trabajo servil, sino también la de los grandes terratenientes romanos de la época imperial, y en el mismo grado los barones feudales de la Edad Media, puestas de una u otra forma al servicio de la producción, constituyen, si distinción ninguna, capital.

Por lo tanto, el propio señor Duhring tiene del capital, "no la idea común de que es un instrumento de producción producido", sino otra completamente opuesta, que comprende incluso los instrumentos de producción no producidos, *la tierra* y los recursos que da la naturaleza. Pero esta misma idea de que el capital es un instrumento de producción no producido sólo es corriente en la economía política vulgar. Fuera de esta economía vulgar, tan cara a Duhring, "el instrumento de producción producido" o, de una manera general, una suma cualquiera de valores no se transforma en capital sino cuando produce provecho o intereses, o sea cuando se apropia en forma de plusvalía, y más precisamente bajo estos dos aspectos determinados de la plusvalía, el sobreproducto de trabajo no pagado. Es absolutamente indiferente que toda la economía burguesa alimente el prejuicio de que la propiedad de producir un provecho o intereses corresponde necesariamente a cualquier suma de valores que en condiciones normales esté interesada en la producción o en el cambio. Capital y beneficio, capital e intereses son para la economía clásica tan inseparables y están en relación tan directa como causa y efecto, padre e hijo, ayer y hoy. Pero la palabra capital, en su significación económica moderna, aparece en el momento que la cosa misma, cuando la riqueza mobiliaria reviste cada vez más la función de capital, es decir, cuando explota el exceso de trabajo de los obreros libres con el propósito de producir mercancías; habiéndose introducido la expresión de capital por la primera nación de capitalistas que aparece en la historia, por los italianos del siglo XV y XVI. Cuando Marx analiza el primero el modo de apropiación especial del capital moderno, conciliando el concepto de capital con los hechos históricos de que fue abstraído en último análisis y a los cuales debía su existencia; cuando extrajo este concepto económico de las ideas oscuras y vagas que persistían en los economistas burgueses y también en los socialistas anteriores a él, es precisamente él quien procede con el método científico y riguroso que Duhring tiene siempre en los labios, y cuya ausencia en éste se hace siempre sentir tan lamentablemente.

En realidad, los hechos pasan de una manera distinta con relación a Duhring. No se contenta con calificar de "producto bastardo de la fantasía histórica y lógica" la concepción del capital como fase histórica y hacer a su vez inmediatamente después una fase histórica. Asigna en bloque el nombre de capital a *todos* los instrumentos de potencia económica, a *todos* los medios de producción que "se apropian una parte de los frutos de la fuerza de trabajo" en general, y, en consecuencia, también a la propiedad agraria en todas las sociedades divididas en clases; lo que no le impide por nada del mundo establecer a continuación entre la propiedad agraria y la renta territorial la distinción tradicional entre capital y provecho y calificar al capital entre los instrumentos de producción que producen un provecho, según veremos después en las páginas 116 y siguientes de sus *Cursos*. También podría asignar el nombre de locomotoras a los caballos, bueyes, asnos y perros a causa de que puede caminarse con su ayuda; reprochar a los ingenieros contemporáneos que restrinjan la denominación de locomotoras a las máquinas modernas de vapor, de crear una fase histórica, de entregarse a imaginaciones absurdas, productos bastardos de la fantasía histórica y lógica, etc.; y terminar declarando que los caballos, bueyes, asnos y perros están, sin embargo, excluidos de la denominación de locomotoras, que sólo puede aplicarse a las máquinas de vapor. Nuevamente estamos obligados a decir que es precisamente la idea que el señor Duhring tiene del capital la que destruye todo rigor en el análisis económico, la que hace desaparecer toda facultad de distinción al mismo tiempo que toda probidad en el uso de los conceptos, y que es en él precisamente donde se encuentran las imaginaciones caprichosas, la confusión y ligerezas presentadas como profundas verdades lógicas y las bases más frágiles.

Todo esto no significa nada. A pesar de todo, corresponde al señor Duhring la gloria de haber descubierto el centro de gravedad en torno del cual se han movido hasta hoy la economía, la política, el derecho; en una palabra, la historia toda.

Veámoslo. "La fuerza y el trabajo son los dos factores esenciales que intervienen en la constitución de las relaciones sociales".

Esta proposición contiene la constitución entera del mundo económico:

Artículo 1.° El trabajo produce.

Artículo 2° La fuerza distribuye.

En esto consiste, hablando claro, toda la ciencia económica del señor Duhring.

VIII

CAPITAL Y PLUSVALÍA *(CONCLUSIÓN)*

"Según el señor Marx, el salario del trabajo representa solamente el pago del tiempo de trabajo durante el cual el trabajador trabaja verdaderamente para poder vivir él; para esto basta con un corto número de horas. El resto de la jornada de trabajo, excesivamente prolongada muchas veces, rinde un excedente que contiene lo que nuestro autor denomina "plusvalía" o, empleando el lenguaje corriente, el provecho del capital. Haciendo abstracción en cada grado de la producción del tiempo de trabajo contenido ya en los instrumentos de trabajo y en las materias relativamente brutas, este excedente de la jornada de trabajo es la parte que corresponde al empresario capitalista".

Por lo tanto, a juicio del señor Duhring, la plusvalía de Marx no será sino lo que corrientemente se denomina provecho del capital. Escuchemos al propio Marx. En la página 195 de *El Capital*, la palabra plusvalía se explica por las palabras reproducidas a continuación entre paréntesis: "interés, provecho, renta". En la página 210 presenta un ejemplo en el cual uña suma de plusvalía de 71 chelines se descompone en las diversas formas en que se distribuye: diezmo, tasas locales e impuestos, 21 chelines; renta de la tierra, *28* chelines; ganancia y réditos del colono, 22 chelines; plusvalía total: 71 chelines. En la página 542, Marx declara que una de las lagunas más importantes de Ricardo es la de no "haber presentado la plusvalía pura, es decir, independiente de sus fuerzas particulares, provecho, renta de la tierra", etc., habiendo confundido por esto "las leyes de la tasa de la plusvalía con las de la tasa del provecho". "Más adelante demostraré —dice Marx—, en el tercer libro de esta obra, que la misma tasa de plusvalía puede expresarse en las más diversas tasas de provecho, y que en circunstancias determinadas, tasas diferentes de plusvalía pueden expresarse en una sola e idéntica tasa de provecho". En la página 587 se lee: "El capitalista que produce la plusvalía, es decir, que se apropia inmediatamente del trabajo no pagado de los trabajadores fijándolo en su mercancía, es, indudablemente, el primero que se apropia la plusvalía, pero de ninguna manera es el último propietario. Es necesario que la comparta a continuación con capitalistas que ejercen otras funciones en el conjunto de la producción social, con el terrateniente, etc. La plusvalía se fracciona, por lo tanto, en diversas partes, las cuales vuelven a las categorías diversas de personas, revistiendo formas diferentes e independientes, provecho, interés, ganancia del comerciante, renta de la tierra, etc. Estas distintas formas, metamorfosis de la plusvalía sólo, pueden estudiarse en el libro tercero". Y así en distintos párrafos

No puede hallarse expresado con mayor claridad. En cualquier ocasión señala Marx que no debe de ninguna manera confundirse su plusvalía con el provecho o ganancia del capital, la cual es tan sólo una forma secundaria y con frecuencia una simple fracción de la plusvalía. Cuando el señor Duhring pretende que la plusvalía de Marx, "hablando el lenguaje corriente, es el provecho del capital", a pesar de que toda la obra de Marx gravita sobre la plusvalía, demuestra una de las dos cosas siguientes: o que no sabe nada, en cuyo caso es preciso un impudor incomparable para desechar una obra cuyo contenido esencial ignora, o que si la conoce comete una falsedad intencionada.

Más adelante escribe el señor Duhring: "El odio venenoso con que Karl Marx desarrolla esta especie de industria de explotación es perfectamente comprensible. Pero es posible encenderse en cólera más violenta y reconocer aún más plenamente el carácter de explotación esencial a la forma económica basada en el trabajo asalariado sin admitir la concepción teórica expresada en la doctrina marxista de la plusvalía". Así, pues, las buenas intenciones, hasta los errores teóricos de Marx, dan motivo en él a un odio venenoso contra la explotación: su pasión, moral en sí, adquiere, como consecuencia de sus "errores teóricos", un aspecto inmoral, traducido en el odio innoble y bajamente venenoso, mientras que la ciencia definitiva y rigurosa del señor Duhring se expresa en una pasión altamente moral e igualmente noble, en una cólera moral por su propia forma y superior hasta cuantitativamente al odio venenoso, en una cólera más violenta... Veamos, mientras el señor Duhring se regocija, de qué proviene esta cólera más violenta:

"Se plantea un problema—continúa—. ¿De qué manera los industriales competidores pueden vender con carácter durable el producto pleno del trabajo, el sobreproducto por encima de los gastos naturales de fabricación y en proporción tan elevada al excedente de las horas de trabajo? En la doctrina de Marx no puede hallarse respuesta a esta pregunta, por la sencilla razón de que ni siquiera la formula. El carácter de lujo revestido por la producción basada en el trabajo asalariado no es motivo de un examen serio, y el orden social, con sus situaciones expoliadoras, no es reconocido de ninguna manera como la razón última de la esclavitud blanca. Por el contrario, es preciso, a juicio de Marx, explicar siempre el orden político y social por razones económicas".

Ahora bien: ya hemos visto en los párrafos citados anteriormente que Marx no pretende en ningún momento que el sobreproducto se venda en todas las circunstancias en la medida de su valor íntegro y justo por el capitalista industrial, que es el primero en apropiárselo; es el señor Duhring quien lo supone. Marx dice expresamente que incluso el beneficio comercial constituye una parte de la plusvalía, y en las circunstancias dadas en la actualidad esto no es posible más que si el fabricante vende su producto al comerciante *por debajo de su valor*, si no le cede de esta manera una parte de lo que se ha apropiado. Y es indudable que así planteada la cuestión no podía encontrar cabida en Marx. Formulado en términos racionales, el problema es el siguiente: ¿Cómo se metamorfosea la plusvalía en sus formas secundarias, provecho, interés, ganancia del comerciante, renta de la tierra, etc.? Esta cuestión promete Marx resolverla en el libro tercero de *El Capital*. Si el señor Duhring no tiene paciencia para esperar la aparición del segundo volumen de *El Capital*, que estudie un poco más detenidamente, para pasar el tiempo, el volumen primero. Podrá ver, fuera de los párrafos citados, en la página 323, por ejemplo, que, según Marx, las leyes inmanentes de la producción capitalista se manifiestan en el movimiento exterior de los capitales en forma de leyes de presión de la concurrencia, y que el capitalista industrial adquiere la conciencia de ello, como de fuerzas que le empujan; por lo tanto, el análisis científico de la competencia sólo es posible cuando se percibe la naturaleza íntima del capital, de la misma manera que el movimiento aparente de los cuerpos celestes es solamente inteligible para aquel que conoce el movimiento real, aunque no sea perceptible a los sentidos. Marx demuestra con un ejemplo cómo una ley determinada, la ley del valor, aparece en un caso determinado como inmanente a la competencia y como su fuerza motriz. Sólo con esto podría ver el señor Duhring de qué manera la competencia desempeña un papel capital en el reparto de la plusvalía, y, si reflexiona un poco, con las indicaciones dadas en el primer volumen basta para conocer en efecto, al menos en sus rasgos generales, la transformación de la plusvalía en sus formas secundarias.

Pero es precisamente la competencia lo que impide al señor Duhring comprender. No consigue enterarse cómo los empresarios competidores pueden vender el producto íntegro del trabajo, el sobreproducto, de una manera durable muy por encima del coste natural de fabricación. Esto es lo que ha expresado con su "rigurosidad" usual, hecha de negligencia y fantasía. Para Marx, el sobreproducto como tal no cuesta *fabricarlo absolutamente nada*, es la parte del producto que *nada cuesta* al capitalista. Por lo tanto, si los empresarios competidores quieren venderlo al precio determinado por el coste natural de fabricación se necesitaría que hicieran una *donación gratuita*. Pero no nos detengamos en estos "detalles micrológicos". En realidad, ¿los industriales competidores no venden diariamente el producto del trabajo por un precio superior al coste natural de fabricación? Según el señor Duhring, éste consiste en el "gasto de trabajo o fuerza, medida a su vez en último análisis por el gasto necesario a la conservación"; es decir, que en la sociedad actual estos gastos se constituyen por el consumo real de materias primas, instrumento de trabajo, salario del trabajo, en oposición al "peaje", al provecho, al excedente pretendido, al beneficio obtenido corrientemente.

La cuestión que a juicio del señor Duhring bastaba con plantear para derribar de un soplo todo el edificio de Marx, como Josué las murallas de Jericó, existe solamente para la teoría económica del señor Duhring. Veamos cómo la resuelve:

"La propiedad capitalista—dice—no tiene valor práctico y no puede venderse más que cuando contiene un poder indirecto sobre la naturaleza humana. El producto de este poder coactivo es el beneficio del capital, cuya cantidad dependerá, por lo tanto, de la extensión e intensidad del ejercicio de este poder. El provecho del capital es una institución política y social cuya acción es más poderosa que la de la competencia. Los capitalistas obran en esta relación como clase y cada uno en particular mantiene su posición. A cada forma reinante de economía corresponde necesariamente una tasa determinada del provecho del capital".

Desgraciadamente, no siempre sabemos de qué manera los industriales rivales se hallan en situación de vender de un modo durable el provecho del capital por encima del coste natural de fabricación. Es imposible que el señor Duhring haya despreciado demasiado a su público para arrojarle una frase, o sea que el beneficio del capital está por encima de la competencia, como antiguamente el rey de Prusia era superior a la ley. Conocemos las maniobras que permitían al rey de Prusia elevarse sobre la ley; y son precisamente las maniobras que permiten al beneficio del capital convertirse en más poderoso que la competencia lo que el señor Duhring debe darnos a conocer y lo que se niega obstinadamente a explicar. No basta decir, coma hace, que los capitalistas obran como clase en este aspecto, y que cada cual mantiene su posición. Todos saben que los miembros de las corporaciones de la Edad Media y los nobles franceses en 1789 procedieron muy decididamente como clase, a pesar de lo cual fueron aniquilados. El ejército prusiano en Jena obró como clase; pero, lejos de conservar su posición, debió emprender la huida y capitular después por fracciones sucesivas. No estamos obligados a creer, bajo palabra del señor Duhring, que un cierto número de individuos tienen bastante con obrar como clase para que cada uno de ellos conserve su posición. Tampoco podemos contentarnos con la seguridad de que a cada forma reinante de la economía corresponda necesariamente una tasa determinada del beneficio del capital, pues la cuestión consiste precisamente en demostrar *por qué* sucede así. No nos aproximamos de ninguna manera a nuestro objetivo cuando el señor Duhring enuncia lo siguiente: "La dominación del capital se ha constituido sobre la base del dominio sobre el suelo. Una parte de los trabajadores siervos de la campiña se ha convertido en las ciudades en obreros manuales y, finalmente, en material de fábrica. Después de la renta de la tierra se ha constituido el beneficio del capital como la segunda forma de la renta del poseedor". Incluso prescindiendo de la inexactitud histórica de esta afirmación, queda como una simple afirmación, contentándose con repetir muchas veces aquello que tiene necesidad de ser explicado y probado. La única, conclusión posible es la de que el señor Duhring es incapaz de ofrecer una respuesta a su propia pregunta (¿de qué manera son capaces los empresarios rivales de vender con carácter durable el provecho del trabajo por encima del coste natural de fabricación?), o sea que es incapaz de explicar la formación del beneficio. Se contenta con decretar que el beneficio del capital es producto de la violencia, lo cual desde luego concuerda perfectamente con el artículo 2.° de la constitución social de Duhring: La violencia distribuye. Decir esto es muy bonito, mas entonces se plantea el siguiente problema: "La violencia distribuye"... ¿qué? Se necesita que haya algo que repartir, sin lo cual la violencia, incluso si la suponemos omnipotente, no podría repartir nada, aunque se hallara dotada de la mejor voluntad. El beneficio que los industriales competidores se embolsan es algo muy sólido y completamente tangible. La violencia puede *adueñarse* de ello, pero no producirlo. Y si el señor Duhring se niega obstinadamente a explicarnos *cómo* se apropia la violencia del beneficio del patrono, contesta con el más profundo silencio cuando se le pregunta de *dónde* lo toma. Donde no hay nada, el rey pierde todos sus derechos y su fuerza. Nada no se deriva de nada, y menos el beneficio. Y si la propiedad capitalista no tiene sentido práctico y no puede venderse mientras no contiene indirectamente un poder indirecto sobre la naturaleza humana, nos vemos obligados a preguntar: 1.° ¿De qué manera la riqueza capitalista, obtiene este poder? (Problema que no queda resuelto, ni mucho menos, por las pocas afirmaciones históricas citadas anteriormente.) 2° ¿Cómo esta potencia se transforma en renta del capital, en beneficio? Y 3.° ¿De dónde saca este beneficio?

Desde cualquier punto que enfoquemos la economía duhringiana, no avanzamos una línea. No tiene ni una palabra explicativa para cuantas instituciones le desagradan, beneficio, renta de la tierra, salarios de hambre, servidumbre de los trabajadores: la violencia es la violencia, y la "gran cólera" del señor Duhring se revuelve airada contra la violencia. Vimos, en primer lugar, que la invocación a la violencia es una escapatoria perezosa que nos obliga a pasar del terreno económico al terreno político, y que es incapaz para explicar un solo hecho económico; y en segundo lugar, que no explica el nacimiento de la violencia misma, obligado a ello por la prudencia, pues si no se vería obligado a sentar la conclusión de que todo poder social y toda violencia política tienen su origen en las condiciones económicas, en el modo de producción y cambio dado por la historia para cada sociedad.

Intentemos, sin embargo, obtener algunas aclaraciones sobre la ganancia del "inexorable" "fundador" de la economía. Quizá lo consigamos examinando sus explicaciones acerca del salario, página 158:

"El salario del trabajo es el precio de conservación de la fuerza de trabajo, y al principio se presenta sólo como la base de la renta de la tierra y del beneficio del capital. Para comprender la situación con perfecta claridad, supongamos la renta de la tierra, después el beneficio del capital, en la historia, independientemente del salario del trabajo, sobre la base de la esclavitud o de la servidumbre. Que se esté obligado a mantener a un esclavo, a un siervo, o a un trabajador asalariado, no establece ninguna diferencia más que en el modo de imposición de los gastos de producción: *En ambos casos el producto neto obtenido por la explotación de la fuerza constituye la renta del dueño.* Se ve, por consiguiente, que la proposición esencial en virtud de la cual se tiene, de una parte, una forma cualquiera de la *renta del poseedor,* y de otra, el trabajo asalariado sin posesión, no puede ser tomada exclusivamente de uno de sus miembros, sino en los dos al mismo tiempo". Ahora bien: la renta del poseedor no es, como vimos en la página 174, sino la expresión que designa a la vez la renta de la tierra y el beneficio del capital. Aún dice en la página 174: "El beneficio del capital *es la apropiación de la parte esencial del producto de la fuerza de trabajo:* el trabajo sometido directa o indirectamente y bajo cualquier forma es el correlativo indispensable sin el cual el beneficio del capital es inconcebible". El salario del trabajo "no es nunca otra cosa que la paga que debe asegurar en general al trabajador su conservación y la posibilidad de perpetuar su raza". Y, finalmente, en la página 195: "Lo que corresponde a la renta del poseedor se pierde por el salario, e inversamente, la parte que de la productividad general (!) va a parar al trabajo sólo puede retirarse de las rentas de la posesión".

El señor Duhring nos conduce de sorpresa en sorpresa. En la teoría del valor y en los capítulos siguientes hasta el de la teoría de la concurrencia, o sea desde la página 1 hasta la 155, los precios de las mercancías o valores se dividen en gastos naturales de fabricación o valor de la producción (o sea gasto en materias primas, instrumentos de trabajo y salario) y en encarecimiento o valor de la producción, tributo que las clases monopolizadoras conquistan espada en mano; este excedente, como vimos, no podía cambiar en absoluto la distribución de la riqueza, estando obligados a dejar a un lado lo que tomaba del otro, y además, juzgando por lo que el señor Duhring nos expone respecto a su origen y contenido, proviene de nada y no significa nada.

En los dos capítulos siguientes, que tratan de las clases de rentas, o sea de la página 156 a la 217, no se trata de encarecimiento, dividiéndose ahora el valor de cualquier producto o mercancía en dos elementos: primero, el coste de producción, que contiene el salario pagado, y segundo, "el *producto neto* obtenido por la explotación de la fuerza de trabajo", que constituye la renta del dueño. Y este producto neto tiene una fisonomía muy conocida, que no puede ocultarse por ningún tatuaje ni barniz. "Para comprender claramente la situación" imagine el lector los párrafos del señor Duhring que acabamos de citar impresos al lado de los párrafos anteriormente citados de Marx respecto al sobretrabajo, al superproducto y a la plusvalía, y descubrirá que aquél *copia en este caso directamente* El Capital.

El señor Duhring reconoce como origen de las rentas de todas las clases que han reinado en la historia el sobretrabajo en una forma cualquiera, la de la esclavitud, servidumbre o trabajo asalariado, lo que está tomado del párrafo de *El Capital* que hemos citado varias veces: "El capital no ha inventado el sobretrabajo", etc.. Y el producto neto, que constituye la "renta del dueño", no es otra cosa que el excedente del producto del trabajo sobre el salario que, pese a su disimulo superfluo en "paga", debe, a juicio del propio señor Duhring, asegurar al trabajador su conservación y la posibilidad de perpetuar su raza. ¿De qué manera podría operarse la "apropiación de la parte esencial del producto de la fuerza de trabajo" sino porque, como sucede en Marx, el capitalista obtiene del trabajador más trabajo del necesario para reproducir los medios de existencia consumidos por el trabajador, es decir, porque el capitalista hace trabajar al trabajador más tiempo que el necesario para reembolsar el valor del salario pagado al trabajador? Así, pues, la prolongación de la jornada de trabajo más allá del límite de tiempo necesario para reproducir los medios de existencia del trabajador, la plusvalía de Marx, esto y no otra cosa es lo que se oculta en el señor Duhring detrás de las palabras "explotación de la fuerza de trabajo, y el producto neto", que va a parar al dueño, ¿dónde puede manifestarse sino en el superproducto y la plusvalía de Marx? ¿Qué es, por consiguiente, aparte de la inexactitud, lo que distingue la "renta de la posesión" del señor Duhring de la plusvalía marxista? Por lo demás, el señor Duhring ha tomado la denominación "renta de la posesión" *(Bezistrente)* de Rodbertus, que incluía la renta de la tierra y la del capital o beneficio del capital en la expresión común de *renta*, de tal suerte, que Duhring sólo ha tenido necesidad de añadir la palabra "posesión"[2]. Y a fin de que el plagio sea indudable, el señor

---

[2] Ni siquiera esto. Lo que Rodbertus escribió fue esto: "Renta es, según esta

Duhring resume a su manera las leyes de relación del precio de la fuerza de trabajo con la plusvalía expuestas por Marx: lo que corresponde a la renta de posesión se pierde para el salario, y recíprocamente, reduciendo de esta manera las leyes particulares y tan sustanciales descubiertas por Marx a una tautología vacía, pues es evidente que, de una cantidad dividida en dos partes, una de ellas no puede crecer sin que la otra disminuya. El señor Duhring ha llegado a apropiarse las ideas de Marx de tal manera, que hace desaparecer enteramente "el carácter científico riguroso, en el sentido de las disciplinas exactas", que posee indiscutiblemente la exposición de Marx.

Estamos, pues, obligados a concluir que todo el escándalo formado contra *El Capital* en la *Historia Crítica* y la famosa cuestión de la plusvalía, que el señor Duhring hubiera hecho mejor en no formular, ya que no puede responderla, que todo esto no es otra cosa sino astucia guerrera, maniobra hábil para ocultar el grosero plagio de Marx cometido por Duhring en su *Curso de Economía*. En efecto, tiene poderosas razones para desviar a sus lectores de *El Capital,* de Marx, de este producto bastardo de la fantasía histórica y lógica, de las confusas nebulosidades hegelianas, etc. La Venus de la cual este fiel Eckart separa a la juventud alemana la ha arrebatado a Marx, colocándola para su uso particular en lugar seguro. ¡Felicitémosle por el producto neto que ha obtenido explotando a Marx; pero ¡cuánto aclara la anexión de la plusvalía marxista con el nombre de renta de posesión los motivos de esta afirmación tan falsa como obstinada, repetida en dos ediciones, de que Marx no entendía por plusvalía más que el provecho o ganancia del capital!

Expongamos los resultados obtenidos por el señor Duhring empleando su propio lenguaje. Según el señor During, "el salario del trabajo representa solamente la remuneración del tiempo de trabajo durante el cual el obrero trabaja verdaderamente para hacer posible su existencia propia. Un corto número de horas es suficiente; el resto de la jornada, prolongada excesivamente con frecuencia, da un excedente que contiene lo que nuestro autor denomina renta de la posesión. Prescindiendo del tiempo de trabajo, ya incluido, en una fase cualquiera de la producción, en los instrumentos de trabajo y en las materias relativamente brutas, este excedente de la jornada de trabajo es la parte del empresario capitalista. La extensión de la jornada de trabajo es, por consiguiente, una ganancia absolutamente abusiva del capitalista". El odio venenoso con que el señor

---

teoría (o sea la suya), todo ingreso percibido sin un trabajo propio, exclusivamente a causa de una posesión". (Nota de Engels.)

Duhring persigue a este género de explotación es perfectamente comprensible... Lo que es menos comprensible es que quiera volver a su "más violenta cólera".

IX

LEYES NATURALES DE LA ECONOMÍA. RENTA DE LA TIERRA

Hasta ahora no nos ha sido posible, con la mejor voluntad del mundo, descubrir cómo el señor Duhring puede pretender haber construido en economía política "un sistema que no sólo es suficiente para nuestra época, sino que debe servirle de modelo". Mas lo que no hemos podido ver en la teoría de la violencia ni a propósito del valor y el capital, acaso lo veamos presentarse ante nosotros al considerar las "leyes naturales de la economía" propuestas por el señor Duhring. En efecto, como dice con su claridad y precisión corrientes, "el triunfo de la ciencia consiste en traspasar la simple descripción y clasificación estáticas para llegar a las ideas vivas que explican la génesis de las cosas. El conocimiento de las leyes es por tal razón la más perfecta de todas, puesto que nos permite conocer cómo un fenómeno determina a otro".

La primera de las leyes naturales de la economía ha sido descubierta especialmente por el señor Duhring. "Cosa notable. Adam Smith no solamente no colocó en un primer plano el factor más importante de la evolución económica, sino que descuidó incluso dotarle de fórmula. También él redujo a un papel secundario la fuerza que ha impreso su sello en toda la evolución moderna de Europa. " "Esta ley "fundamental" que hay que colocar en el primer plano es la del material técnico, la del armamento, podríamos decir, que reviste la fuerza económica natural del hombre". Esta ley "fundamental" descubierta por el señor Duhring es formulada de la siguiente manera:

Primera ley: "La productividad de los instrumentos económicos, recursos dados por la naturaleza y la fuerza humana es aumentada por los *inventos y descubrimientos*".

¡Admirable! El señor Duhring nos trata de la misma manera que el gran bufón de Molière trata al burgués gentilhombre, al cual le hace ver que hizo prosa sin saberlo durante toda su vida. Sabíamos desde hace tiempo que los inventos y descubrimientos aumentan en muchos casos las fuerzas productivas del trabajo (con mucha frecuencia, pero no siempre, como lo demuestra el fárrago colosal de patentes de invención). Esta vieja banalidad es la ley fundamental de la economía entera: esto es lo que debemos al señor Duhring. Si "el triunfo de la ciencia", lo mismo en economía política que en filosofía, consiste exclusivamente en asignar un nombre pomposo al primer lugar común y en celebrarlo como una ley natural, incluso como una ley fundamental, entonces todo el mundo es capaz, en efecto, de fundar y revolucionar la ciencia; digo todo el mundo incluyendo a la redacción de la *Volkszeitung*, de Berlín.

Nos veremos obligados en este caso a aplicar "con todo rigor" al propio Duhring el juicio que éste emite sobre Platón: "Si esto es ciencia económica, nuestro autor compartirá este privilegio con cualquiera que sea capaz de expresar una idea (o solamente algunas palabras) respecto a la cosa más insignificante". Si decimos, por ejemplo, que los animales comen, decimos con esto muy tranquilamente, en nuestra inocencia, una hermosa palabra: para revolucionar toda la economía política nos bastará con decir que es una ley fundamental de toda la vida animal.

Segunda ley: *División del trabajo*. "La división de las ramas profesionales y de las actividades aumenta la productividad del trabajo".

En la medida en que esto es cierto supone un lugar común desde Adam Smith. En la tercera parte de esta obra veremos *en la medida en que es exacto*.

Tercera ley: "*La distancia y el transporte* son las causas principales que dificultan o favorecen la colaboración de las fuerzas productivas".

Cuarta ley: "El Estado industrial es susceptible de alimentar una población incomparablemente más numerosa que el Estado agrícola".

Quinta ley: "En economía política no se hace nada sin algún interés material".

Estas son las "leyes naturales" que sirven de base al señor Duhring para su economía. En ellas permanece fiel al método que ya expusimos con ocasión de su *Filosofía*. Algunas afirmaciones, expresadas deficientemente, de la banalidad más desoladora, constituyen los axiomas que no requieren prueba ninguna, las proposiciones fundamentales, las leyes naturales de la economía. Con el pretexto de desarrollar estas leyes sin contenido se entrega el señor Duhring a un interminable charlatanismo sobre los diferentes motivos cuyos *nombres* se encuentran en sus supuestas leyes, o sea a propósito de los inventos, división del trabajo, medios de transporte, población, intereses, competencia, etc., charlatanismo cuya extraordinaria vaciedad no es superada más que por la grandilocuencia oscura, la incomprensión y las meditaciones presuntuosas sobre todo género de sutilezas casuísticas. Finalmente se llega a la renta de la tierra, al beneficio del capital y al salario, y, como ya hemos tratado de estas dos últimas formas de apropiación, terminaremos con un estudio rápido de las opiniones del señor Duhring acerca de la renta de la tierra.

No trataremos de aquellos puntos en los cuales se limita a copiar a su predecesor Carey: no tenemos por qué ocuparnos aquí de Carey ni de defender la teoría de la renta de la tierra de Ricardo contra las interpretaciones arbitrarias y las extravagancias de Carey. Sólo nos ocupamos de Duhring. Este define la renta de la tierra "como la clase de renta que el propietario *como tal* obtiene de la tierra". Duhring comienza explicando en lenguaje jurídico la idea económica de la renta de la tierra que tenía que explicar, por lo cual nada nos enseña. Nuestro profundo economista se ve obligado, de bueno o mal grado, a desarrollar más extensamente su pensamiento: como para el arrendamiento de la tierra un colono con el préstamo de un capital a un patrono; pero pronto descubre que esta comparación, como tantas otras, no se sostiene. Pues "si se quiere extender la analogía se necesitaría que el beneficio que queda al colono después de haber pagado la renta correspondiera al beneficio que le queda al capitalista que explota el capital, después de separar los intereses. *Pero no se acostumbra* a considerar la ganancia del colono como renta principal y a la renta de la tierra como lo restante... La demostración de que se tiene una idea diferente es que en la teoría de la renta de la tierra no se concede característica especial al caso de un hombre que explota la tierra él mismo, ni se da importancia particular a la diferencia que existe entre la renta percibida en forma de arrendamiento y la producida por aquel que la disfruta. *Por lo menos, no ha juzgado necesario* analizar la renta del propietario que explota sus bienes de tal manera que una parte represente lo que pudiéramos llamar interés de la tierra y la otra el beneficio suplementario del capitalista. Prescindiendo del capital propiamente dicho que explota el colono, *parece considerar la mayor parte de las veces* su ganancia particular como una especie de salario.

No obstante, como la cuestión no ha sido planteada con esta precisión, sería *aventurado* pretender sentar una afirmación respecto a ella. Allí donde se trate de explotaciones considerables, fácilmente se verá que no puede considerarse el beneficio propio del colono como salario de su trabajo: este beneficio descansa, en efecto, sobre la fuerza de trabajo de los obreros agrícolas, cuya explotación es lo único que hace posible esta clase de rentas. Este beneficio es, evidentemente, *una fracción de la renta* que queda en manos del colono, disminuyendo la *renta íntegra* que el propietario explotador por sí mismo obtendría de su explotación".

La teoría de la renta de la tierra pertenece en propiedad a la economía inglesa, y sólo así podía ser, ya que era en Inglaterra donde existía un modo de producción en el cual la renta se había separado efectivamente del beneficio y de los intereses. Ya se sabe que en Inglaterra reinaban la gran propiedad y la agricultura en gran escala. Los terratenientes arrendaban sus propiedades —que formaban *dominios muy* extensos—a los campesinos que poseían capital suficiente para explotarlas, los cuales no las trabajaban por sí mismos, como los campesinos alemanes, sino que, como verdaderos capitalistas, explotaban el trabajo de criados y jornaleros. Tenemos, pues, las tres clases de la sociedad burguesa y la renta propia de cada una de ellas: el terrateniente, que percibe la renta de la tierra; el capitalista, que embolsa su beneficio, y el trabajador, que recibe el salario. A ningún economista inglés se le ocurrió nunca la idea de convertir la ganancia del colono, como *le parece* al señor Duhring, en una clase de salario del trabajo; y menos aún hubiera encontrado *aventurado* decir que el beneficio del colono es lo que en realidad es de una manera incontestable: beneficio del capital. Producirá risa leer que nunca se ha planteado con tanta precisión el problema de lo que es en realidad el beneficio del colono. En Inglaterra no hay necesidad siquiera de plantearlo: la pregunta y la respuesta han sido dadas desde hace tiempo por los hechos, y desde Adam Smith no existe duda alguna sobre ello.

Y el caso en que el propietario explota directamente su bien o, más exactamente, el de administradores que explotan por cuenta del propietario, caso que sucede con frecuencia en Alemania, no cambia en nada la cuestión. Cuando el terrateniente ofrece igualmente el capital y explota por cuenta propia, se embolsa, además de la renta de la tierra, el beneficio del capital, como es evidente e inevitable dado el modo actual de producción. Y si el señor Duhring pretende afirmar que no se ha considerado necesario analizar la renta de un propietario explotador de su propio bien (o sea la renta), comete un error, que demuestra una vez más su ignorancia. Pongamos un ejemplo:

"La renta que se obtiene del trabajo se denomina salario; la que se obtiene empleando un capital, beneficio. La renta que proviene exclusivamente del suelo se llama renta y pertenece al terrateniente. Cuando estas diversas clases de renta corresponden a personas diferentes, es fácil distinguirlas; pero cuando corresponden a una sola, son frecuentemente confundidas, por lo menos en el lenguaje diario. Un terrateniente que explota por sí mismo una parte de su propio suelo debería recibir, prescindiendo de los gastos de explotación, *tanto la renta del propietario como el beneficio del colono*. Sin embargo, en el lenguaje corriente por lo menos, denominará voluntariamente a toda su ganancia beneficio, confundiendo así la renta con el beneficio. La mayoría de los plantadores del norte de América y de las Indias occidentales se hallan en este caso; la mayor parte cultivan sus propias posesiones, y raramente oímos hablar de la renta de una plantación, sino más bien del beneficio que produce... Un hortelano que cultiva con sus propias manos su huerta es terrateniente, colono y trabajador al mismo tiempo; su producto deberá, por lo tanto, abonarle la renta del primero, el beneficio del segundo y el salario del tercero; sin embargo, el conjunto de esto pasa corrientemente como producto de su trabajo, confundiéndose con ello el beneficio con el salario del trabajo".

Este párrafo se encuentra ya en el capítulo VI del primer libro de Adam Smith. El caso de un propietario que explota directamente su bien ha sido estudiado hace un siglo, y las dudas e incertidumbres que tanto afectan al señor Duhring sólo provienen de su ignorancia.

Al fin consigue salir de su confusión por medio de una audaz maniobra; la ganancia del colono está basada en "la explotación de la fuerza de trabajo de los trabajadores rurales": es evidentemente, por lo tanto, "una fracción de la renta" que disminuye la "renta íntegra", que sin esto iría a para al bolsillo del terrateniente. Esto nos da a conocer dos cosas: en primer lugar, que, contrariamente a lo que creíamos, para el señor Duhring no es el colono "quien paga la renta" al terrateniente, sino más bien *éste* quien la paga al colono (en realidad, esto es una idea esencialmente original); en segundo lugar, vemos, en fin, lo que el señor Duhring entiende por renta de la tierra: para él es todo el exceso del producto obtenido por la explotación del trabajo rural en la agricultura. Pero como en toda la economía política (prescindiendo de algunos vulgarizadores) este exceso del producto se analiza en renta de la tierra y provecho del capital, es necesario destacar que respecto a la renta de la tierra tampoco el señor Duhring se forma un concepto corriente.

Así, pues, para el señor Duhring la única diferencia entre la renta de la tierra y el beneficio del capital consiste en que la primera se obtiene de la agricultura y la segunda de la industria y del comercio. Es obligado que el señor Duhring llegue a esta opinión confusa y tan poco crítica: vimos, en efecto, que partía de la "idea verdaderamente histórica" de que la dominación sobre la tierra tiene su fundamento necesario en la dominación sobre los hombres; ahora bien: desde que la tierra es cultivada, por medio de una forma cualquiera de trabajo servil resulta un excedente para el terrateniente, excedente que es precisamente la renta, de la misma manera que en la industria el excedente del producto del trabajo sobre la ganancia es el beneficio del capital: "Está claro, por consiguiente, que en todas las épocas y lugares la renta de la tierra es considerable cuando el cultivo del suelo se realiza por medio de una de las formas de sumisión del trabajo".

El señor Duhring representa a la renta como el conjunto del exceso de producto que da la agricultura: tropieza entonces, de una parte, "con el beneficio del colono" de los economistas ingleses, y de otra, con la división de este sobreproducto resultante, que es aceptado por toda la economía clásica: este sobreproducto se divide en renta de la tierra y beneficio del capital, consistiendo en esto la concepción *pura*, precisa, de la renta. ¿Qué hace el señor Duhring? Hace como si nada supiera, ni siquiera una palabra, de la división del exceso de producto agrícola en beneficio del colono y en renta de la tierra, y, por lo tanto, de toda la teoría de la tierra de la economía clásica; procede como si en la economía política no se hubiera planteado nunca "con semejante precisión el problema de saber en qué consiste justamente el beneficio del colono",

como si se tratara de un asunto nuevo, nunca tratado, a propósito del cual
no existen más que dudas e incertidumbres; huye de la fatal Inglaterra,
donde sin la intervención de ninguna escuela teórica el exceso del
producto agrícola se halla implacablemente dividido en sus dos elementos,
renta de la tierra y beneficio del capital; corre hacia el país amado donde
reina el *Landrechr* prusiano y florecen las costumbres patriarcales, donde
el propietario explota por sí mismo su bien y el *landlor* entiende por renta
la de sus tierras, pretendiendo regir como ciencia la opinión de los grandes
propietarios, y, en fin, donde el señor Duhring puede todavía esperar que
sean aceptadas sus confusiones sobre la renta y el beneficio, e incluso
encontrar creyentes para su nueva invención de que la renta de la tierra es
pagada no por el colono al terrateniente, sino por éste al colono.

X

DE LA "HISTORIA CRÍTICA"

Echemos, para terminar, una ojeada sobre la *Historia crítica de la economía política*, "empresa que, según el propio señor Duhring nos dice, carece de precedentes". Es posible que encontremos en ella el carácter rigurosamente científico que tanto nos ha prometido.

El señor Duhring provoca un gran alboroto en torno de su descubrimiento respecto a que "la ciencia económica" es completamente "moderna" (página 12).

En efecto, Marx dice en *El Capital:* "La economía política como ciencia autónoma no aparece hasta el período de la manufactura, y en el libro *Kur Kritik der politischen Oekonomi* (página 29), "que la economía política clásica comienza en Francia con Boisguillebert y en Inglaterra con Petty, y se cierra en Inglaterra con Ricardo y en Francia con Sismondi". El señor Duhring camina por la senda que le han trazado: sólo que la economía *superior* comienza para él con los lamentables productos que la ciencia burguesa ha producido después de cerrarse su período clásico. En cambio, tiene el perfecto derecho de lanzar al final de su introducción este grito triunfal: "Si esta tarea, en sus particularidades exteriormente apreciables y en su parte nueva, carece de precedentes, me corresponde todavía más en cuanto a los criterios críticos que le son inmanentes y a su tendencia general" (página 9). En realidad, hubiera podido, tanto desde el exterior como desde el interior, anunciar su empresa (esta expresión industrial no ha sido mal elegida) con el título "El Único y su propiedad".

Comoquiera que la economía política, tal como se manifiesta en la historia, no es en realidad más que el estudio científico de la economía del período de producción capitalista, no pueden encontrarse en ella proposiciones y teoremas que se refieran, por ejemplo, a los escritores de la antigua sociedad griega más que en la medida en que ciertos fenómenos, tales como la producción de mercancías, el comercio, la moneda, el capital y el interés, son comunes a las dos sociedades. Y cuando los griegos se plantean estas cuestiones, denotan el mismo genio y originalidad que en todos los demás puntos; sus opiniones son, por lo tanto, históricamente, el punto inicial teórico de la ciencia moderna. Escuchemos al señor Duhring:

"En consecuencia, nada positivo tendremos que decir en resumen (?) respecto a las teorías científicas de la economía en la antigüedad y menos material nos ofrece aún la Edad Media, completamente extraña a la ciencia. Pero como aquellos que ostentan con orgullo la apariencia de erudición han desnaturalizado el carácter de esta ciencia verdaderamente moderna, es necesario exponer por lo menos, como confirmación, algunos ejemplos". Y el señor Duhring presenta a continuación ejemplos de una crítica que efectivamente se abstiene de toda "apariencia erudita".

Aristóteles dijo que "todo bien tenía dos usos: uno que es propio y directo, el otro que no lo es: una sandalia puede servir para calzarla o para cambiarla, usando en ambos casos la sandalia; mas quien cambia la sandalia por aquello que le falta, dinero o alimentos, la utiliza como sandalia, ciertamente, pero haciendo de ella un uso que no es el natural, pues la sandalia no existe para ser cambiada". Esta proposición, a juicio del señor Duhring, está expresada vulgar y pedantescamente; y quienes ven "una distinción entre el valor de uso y el de cambio" incurren en el ridículo de "olvidar que recientemente, en el sistema más perfecto, o sea naturalmente en el del señor Duhring, valor de uso y *valor* de cambio han desaparecido.

"Quiso descubrirse la idea *moderna* de la división del trabajo económico en los escritos de Platón sobre la República". Con esto se alude indudablemente a un párrafo de *El Capital* donde se demuestra, por el contrario, que las ideas de la antigüedad clásica sobre la "división del trabajo" son "absolutamente opuestas a las ideas modernas". Platón no recibe del señor Duhring más que desprecios por haber ofrecido—idea genial para su época—en la división del trabajo la base natural de la ciudad, idéntica al Estado para los griegos; y ello por no haber hablado (pero ¡sí lo hizo el griego Jenofonte, señor Duhring!) del "límite que impone cualquier extensión del mercado a la división posterior de las ramas profesionales y a la descomposición técnica de las operaciones especiales…, siendo solamente la noción de este límite la, que transforma una idea que apenas puede expresarse científicamente en una importante verdad económica".

Es, efectivamente, el profesor Roscher, tan aborrecido por el señor Duhring, quien ha establecido el "límite" que da carácter "científico" a la idea de la división del trabajo, y que, por lo tanto, permite atribuir a Adam Smith el descubrimiento de la división del trabajo. En una sociedad en la cual la producción de mercancías es el modo reinante de producción, el mercado, hablando como el señor Duhring, es, en efecto, un "límite" bien conocido por los "hombres de negocios". Pero "una sabiduría e instinto rutinarios" no bastan para descubrir que no es el mercado lo que crea la división capitalista del trabajo, sino que, por el contrario, el mercado fue creado por la descomposición de las conexiones sociales anteriores y por la división del trabajo resultante. (Véase *El Capital*, I, capítulo XXIV, 5: "Creación del mercado interior por el capital industrial".)

"El papel de la moneda hizo nacer siempre el pensamiento económico.

Pero ¿qué sabía Aristóteles de este papel? Nada, evidentemente, fuera de que el cambio por medio de la moneda ha sucedido al cambio primitivo de los objetos naturales".

Pero cuando "un" Aristóteles osa descubrir *las dos formas de circulación* de la moneda, en las cuales una aparece como simple instrumento de circulación y otra obra como capital, parece (es el señor Duhring quien lo dice) que "se limita a expresar una antipatía moral". Y si "un" Aristóteles lleva su audacia hasta la pretensión de analizar la moneda en su papel de *medida de valor*, cuando plantea en sus términos exactos este problema decisivo para la teoría de la moneda, "un" Duhring prefiere no decir nada (para lo cual tiene excelentes razones) de esta insolencia desconocida.

El resultado final consiste en que el cuadro que traza el señor Duhring de la antigüedad griega no contiene en realidad "más que ideas completamente vulgares" (página 25), si es que semejantes "ñoñerías" tienen algo de común con las ideas, sean éstas o no corrientes.

Se hará una buena cosa leyendo el capítulo del señor Duhring sobre el mercantilismo en el original, o sea en el *Sistema nacional*, de Friedrich List (capítulo XXIX, "El sistema industrial", llamado falsamente por la Escuela sistema mercantil). Lo que sigue demuestra cómo se abstiene el señor Duhring de toda "apariencia erudita".

List dice (capítulo XXVIII, "Los economistas italianos"): "Italia ha precedido a todas las naciones modernas en la teoría y en la práctica de la economía política", y a continuación señala como la primer obra consagrada especialmente a la economía política en Italia el libro del napolitano Antonio Serra, acerca de los medios de procurarse los reinos oro y plata en abundancia (1613). El señor Duhring acepta esto confiadamente, y considera, por lo tanto, el *Breve Trattato* de Serra como "una especie de epígrafe colocado en el frontispicio de la prehistoria económica". A esta gentileza literaria se limita, en efecto, su estudio del *Breve Trattato*.

Desgraciadamente, las cosas han pasado de manera distinta: en 1609, o sea cuatro años antes del *Breve Trattato*, apareció *A Discours of Trade*, etc., de Thomas Mun. Esta obra, desde su primera edición, tiene la significación particular de que está dirigida contra el antiguo *sistema monetario*, defendido todavía como práctica del Estado en Inglaterra, que representa, por lo tanto, la escisión *consciente* del sistema mercantil en oposición al sistema que le había dado nacimiento. La obra tuvo varias ediciones en su forma primitiva y ejerció una influencia directa en la legislación.

Completamente modificada por el autor en la edición póstuma, correspondiente al 1664, *England's Treasure*, etc., fue durante un siglo el evangelio de los mercantilistas. Si el mercantilismo posee un libro capital, "una especie de epígrafe", es el libro de Mun, que no existe en absoluto para la historia del señor Duhring, "que observa con la mayor minuciosidad las relaciones de importancia".

Del fundador de la economía política moderna, de Petty, nos dice el señor Duhring que "su pensamiento era demasiado superficial"; "que carecía del sentido de las delimitaciones internas y rigurosas de los conceptos"; que era "un espíritu versátil que conocía muchas cosas, pero pasaba a la ligera de unas a otras sin profundizar ninguna idea"; que "su método económico es todavía muy grosero" y "conduce a puerilidades que pueden perfectamente divertir a un pensamiento serio". No puede sino exagerarse la condescendencia del "pensador serio", del señor Duhring, que llega hasta fijarse en Petty. ¡Y de qué manera se fija en él!

Se encuentran en Petty "rasgos imperfectos de una teoría del trabajo e incluso del tiempo de trabajo considerado como medida del valor": el señor Duhring no dice más sobre esto. ¡Rasgos imperfectos! En su Treatrise on Taxes and Contributions (primera edición, 1662), Petty hace un análisis perfectamente claro y exacto del valor de los objetos: tomando para su primer ejemplo el valor igual de los de los metales preciosos y cereales que exigen el mismo trabajo, dice la primera y última palabra sobre el valor de los metales preciosos. Pero enuncia igualmente con precisión el principio general de que los valores de los objetos se miden por un trabajo igual (equal labor); aplica su descubrimiento a la solución de los diversos problemas, muy complicados en parte; muchas veces, en ocasiones distintas y en obras diversas, deduce importantes consecuencias de esta proposición esencial sin repetir su enunciado. Pero desde su primera obra dice: "La apreciación por medio del trabajo igual es, a juicio mío, la base de la equivalencia y compensación de los valores; sin embargo, reconozco que existe una gran diversidad y complicación en la superestructura y aplicación práctica de este principio". Petty se da cuenta, por consiguiente, de la importancia de su descubrimiento y de la dificultad que existe para utilizarlo detalladamente. Por cuya razón intenta encontrar otro camino para llegar a fines de detalle, intentando encontrar un equivalente natural (a natural Par) entre el suelo y el trabajo, de tal manera que puede expresarse libremente el valor "en tierra o trabajo, o más todavía, en tierra y trabajo al mismo tiempo". Incluso el error es genial.

El señor Duhring expone a propósito de la teoría del valor de Petty esta objeción profunda: "Si su pensamiento hubiera sido más riguroso, no se encontrarían en otros de sus párrafos los rasgos de ideas contradictorias a los cuales hemos aludido anteriormente", o sea los rasgos calificados de "imperfectos". Es un método característico del señor Duhring aludir a algo por medio de una frase vacía, a fin de hacer creer al lector que "ya" conoce lo esencial, cuando en realidad no ha hecho más que rozarlo.

Ahora bien: en Adam Smith se encuentran no solamente "rasgos" de las "ideas contradictorias" acerca de la noción del valor, sino dos, incluso tres y, para hablar más exactamente, hasta cuatro concepciones absolutamente contradictorias del valor, que en él se acompañan tranquilamente unas a otras. Lo que es natural en el fundador de la economía política, que necesariamente tantea, ensaya, lucha con un caos de ideas en vías de formación, puede parecer extraño en un escritor que sintetiza más de ciento cincuenta años de investigaciones cuyos resultados han pasado en parte de los libros a la conciencia común. Y *si parva licet componere magnis*, hemos visto al propio señor Duhring elegir entre cinco clases distintas del valor, a las que corresponden otras tantas concepciones opuestas. Con seguridad que "si su pensamiento hubiera sido más riguroso" no se habría esforzado tanto para desviar a sus lectores de la concepción perfectamente clara que da Petty del valor para lanzarlos a la confusión más extraordinaria.

Un trabajo perfecto y armónico de Petty es su *Quantulumcunque concerning Money*, publicado en 1682, diez años después de su *Anatomy of Ireland*, publicada en 1672, y no en 1691, como dice el señor Duhring copiando los trabajos de segunda mano y las "compilaciones más vulgares". En esta obra han desaparecido completamente los últimos vestigios de las ideas mercantilistas que existen en otros escritos de Petty. Es una obra maestra, por la forma y el fondo, que, naturalmente, no es citada siquiera por el señor Duhring; es corriente que ante el economista más genial y original la mediocridad vanidosa y pedante no manifieste otra cosa que un descontento gruñón y se irrite porque los destellos del genio teórico, en lugar de desfilar solemnemente en forma de "axiomas" perfectos, brillen en orden disperso en el estudio profundizado por la "práctica vulgar"; por ejemplo, en la de los impuestos.

El señor Duhring trata a Petty, fundador de la *Aritmética política*, o sea de la estadística, como hubiera tratado al Petty únicamente economista. Se encoge de hombros y ridiculiza la singularidad de los métodos aplicados por Petty; mas ante los métodos grotescos del propio Lavoisier, aplicados un siglo después; ante la distancia considerable que separa la estadística actual del objetivo que le había asignado el poderoso genio de Petty, el regocijo orgulloso del señor Duhring doscientos años *post fesium* se muestra en el esplendor de toda su estupidez no disimulada.

Las ideas importantes de Petty, que no constituyen problema para la "empresa" del señor Duhring, no son, a juicio de éste, más que puras simplezas, ideas expuestas al azar, pensamientos circunstanciales a los cuales sólo se les atribuiría hoy, por medio de citas separadas del contexto, una significación que nunca poseyeron. Por lo tanto, Petty no desempeña papel ninguno en la historia verdadera de la economía política, sino solamente en las obras modernas inferiores al nivel de la crítica profunda y de la "historiografía de gran estilo" del señor Duhring. Parece que dedica su "empresa" a lectores animados por la fe del carbonero e incapaces de exigir la prueba de sus afirmaciones. Volveremos sobre esto inmediatamente, con ocasión de Locke y North, después de dirigir una ojeada a Boisguillebert y Law.

Respecto a este último, señalemos el único descubrimiento que pertenece al señor Duhring: ha descubierto entre Boisguillebert y Law una relación que se ignoraba. Boisguillebert sostiene que los metales preciosos pueden sustituirse, en la función monetaria que realizan normalmente en la producción de mercancías, por moneda fiduciaria ("un trozo de papel"). Law supone, al contrario, que un aumento cualquiera del número de "estos trozos de papel" aumenta la riqueza de una nación. De lo cual se deduce para el señor Duhring que "las ideas de Boisguillebert implican un nuevo aspecto del mercantilismo", o sea la teoría de Law. He aquí la prueba evidente: "Basta asignar a estos simples trozos de papel la misma misión que deben desempeñar los metales preciosos, y queda con esto verificada una metamorfosis del mercantilismo". Por este procedimiento puede llevarse a cabo en un momento la metamorfosis de un hombre en mujer. El señor Duhring agrega en tono conciliador: "Claro es que no era ésta la intención de Boisguillebert". Pero, en nombre del cielo, ¿cómo pudo tener la intención, porque considerara que los metales preciosos pueden reemplazarse por papel, de sustituir su propia concepción racionalista del papel monetario de los metales preciosos con la idea supersticiosa de los mercantilistas? Sin embargo, prosigue el señor Duhring, cómica y seriamente a la vez: "A pesar de todo, es preciso convenir en que nuestro autor hizo a propósito de esto una observación muy pertinente" (página 83).

Respecto a Law hace la siguiente "observación" verdaderamente pertinente: "Naturalmente, Law no pudo nunca *eliminar* este fundamento último (o sea "la base de los metales preciosos"), pero llevó la emisión de los billetes hasta la bancarrota del sistema" (página 94). En realidad, las mariposas de papel, simples signos monetarios, debían revolotear alrededor del público, no para "eliminar los metales preciosos", sino para sacarlos del bolsillo del público y hacerlos entrar en las cajas vacías del Estado.

Antes de volver a Petty y al papel insignificante que le hace desempeñar el señor Duhring en la historia de la economía política, veamos lo que nos dice de los sucesores inmediatos de Petty, Locke y North. Las *Considerations on Lowerong of Interest and Raising of Money*, de Locke, y los *Discourses upon Trade*, de North, aparecieron el misaño, en 1691.

"Lo que Locke escribió sobre el interés y la moneda no sale del cuadro de las reflexiones corrientes durante el imperio del mercantilismo sobre los acontecimientos de la vida política" (página 64). Después de esto debe comprender perfectamente el lector por qué el *Lowering of Interest*, de Locke, ha ejercido durante la segunda mitad del siglo XVIII una influencia tan considerable y en direcciones diversas sobre la economía política francesa e italiana.

"Muchos hombres de negocios pensaban como Locke respecto a la libertad de la tasa de interés, y la misma evolución de la sociedad creaba una tendencia a considerar como ineficaces los obstáculos legales al interés. En un tiempo en que Dudley North podía escribir sus *Discourses upon Trade* en un sentido librecambista, era preciso que en el ambiente hubiera muchos gérmenes, a fin de que la oposición teórica a las restricciones del interés no apareciera como una cosa inaudita".

¡Así, pues, era preciso que Locke meditase sobre "las ideas de cualquier hombre de negocios" contemporáneo suyo, o absorbiera al respirar "los muchos gérmenes que flotaban en la atmósfera" de su época, para construir una teoría de la libertad del interés sin decir nada "inaudito"! Pero, en realidad, Petty, desde 1662, en su *Treatise on Taxes and Contributions*, oponía el interés "como renta del dinero, denominado usura", a la "renta de la propiedad rústica y urbana", y enseñaba a los terratenientes — que querían destruir a golpes de decretos, no ciertamente la renta de la tierra, sino la del dinero—que "era vano y estéril dirigir leyes civiles positivas contra la ley natural". Asimismo declara en su *Quantulumcunque* (1682) que es estúpido reglamentar legalmente el interés, lo mismo que reglamentar la exportación de los metales preciosos o el curso del cambio; y en la misma obra expresa palabras decisivas respecto a la *raising of money* (o sea sobre la tentativa que consiste, por ejemplo, en dar a medio chelín el nombre de un chelín acuñando en una onza de plata doble número de chelines).

Sobre este último punto, Locke y North no hicieron más que copiar. Respecto al interés, Locke se refiere al paralelo que establece Petty entre el interés monetario y la renta de la tierra, mientras que North va más lejos y opone el interés como renta del capital *(rent of stock)* a la renta de la tierra, y los *stocklords* a los *landlords*. Y en tanto que Locke no admite sino con restricciones la libertad de interés reclamada por Petty, North la acepta en absoluto.

El señor Duhring se supera a sí mismo cuando, rabioso mercantilista como es, se desembaraza de *Discourses upon Trade*, de Dudley, señalando que ha sido escrito en "sentido librecambista". Es igual que si dijera de Harvey que escribió en el "sentido" de la circulación de la sangre. La obra de North, sin referirnos a los restantes escritos, es una exposición clásica, escrita con la más rigurosa consecuencia, de la doctrina librecambista, tanto en lo referente al comercio exterior como a la circulación interior; lo cual era "inaudito" para el año 1691.

Por lo demás, el señor Duhring nos dice que North era un "negociante" e incluso un granuja, y que su libro "no tuvo éxito". ¿Cómo podía triunfar un libro como aquél, en el momento del triunfo final del sistema proteccionista en Inglaterra, cerca de la turba dominante? Esta circunstancia no impidió, sin embargo, su acción teórica inmediata, señalada en toda una serie de trabajos económicos publicados en Inglaterra inmediatamente después, incluso en los últimos años del siglo XVII.

Locke y North nos hacen ver cómo las primeras opiniones audaces de Petty respecto a casi todas las cuestiones de la economía política fueron más tarde, de una manera aislada, asimiladas y desarrolladas por sus sucesores ingleses. Las huellas de esta evolución durante el período que va de 1691 a 1752 se presentan ante el espectador menos atento por el simple hecho de que todos los trabajos económicos importantes que datan de esta época se refieren a Petty, ya sea para confirmarlo o para rectificarlo. Este período, pródigo en espíritus originales, es el más importante para el estudio de la génesis progresiva de la economía política: la "historia de gran estilo" que reprocha a Marx el pecado inexplicable de haber formado tanto alboroto en *El Capital* alrededor de Petty y de los escritores de esta época se limita a suprimir la historia. De Locke, North, Boisguillebert y Law pasa inmediatamente a los fisiócratas, y en el pórtico del verdadero templo de la economía política vemos surgir a David Hume. (Con permiso del señor Duhring, restablecemos el orden cronológico y colocamos a Hume antes que a los fisiócratas.)

Los *Ensayos económicos,* de Hume, aparecieron en 1752. En sus tres ensayos, *Of Money, Of the Balance of Trade, Of Commerce,* Hume sigue paso a paso, incluso en sus fantasías, a Jacobo Vanderlint, en su escrito *Money answers all things,* aparecido en Londres en 1734. Aunque para el señor Duhring puede ser absolutamente desconocido Vanderlint, todavía se ocupan de él en los libros ingleses de economía política aparecidos a fines del siglo XVIII, o sea después de Adam Smith.

Como Vanderlint, Hume considera la moneda como un simple signo de valor; le copia casi palabra por palabra (lo que es muy importante, pues podía haber tomado de otras muchas obras la teoría de los signos del valor), demostrando por qué la balanza comercial no puede ser con carácter constante favorable o desfavorable a un país; enseña, como él, que el equilibrio de las balanzas se produce naturalmente y de acuerdo con la posición económica de cada país; predica igualmente el libre cambio, aunque con menos audacia y consecuencia lógica; y también, aunque con menos vigor, insiste sobre las necesidades como fuerzas motrices de la producción; le sigue hasta en la influencia que aquél atribuye erróneamente a la moneda bancaria y a todo el papel moneda público sobre los precios; rechaza la moneda fiduciaria; como él, hace depender el precio de las mercancías del precio del trabajo, o sea del salario del trabajo, y le sigue incluso en la idea barroca de que un Tesoro abundante mantiene las mercancías a bajo precio, etc., etc.

Hace ya mucho tiempo que el señor Duhring decía muy bajo y con tono de oráculo que no se había comprendido la teoría de la moneda de Hume, y denunciaba claramente las observaciones subversivas de Marx, que en *El Capital* señaló las relaciones secretas de Hume con Vanderlint y con J. Massie, del cual tenemos aún que hablar.

No se ha comprendido a Hume, a juicio del señor Duhring. Veamos lo que hay de cierto en esto. Respecto a la verdadera teoría de la moneda de Hume, según la cual la moneda es simplemente un signo de valor (a consecuencia de lo cual, en circunstancias iguales, el precio de las mercancías desciende en la medida que aumenta la cantidad de moneda en circulación y crece en la medida en que disminuye), el señor Duhring no puede hacer otra cosa, con la mejor voluntad del mundo, que repetir, de la manera luminosa cuyo secreto posee, los errores de sus predecesores. Hume, después de exponer esta teoría, se hace a sí mismo la objeción que ya se había hecho Montesquieu partiendo de la misma hipótesis: es cierto, sin embargo, que desde el descubrimiento de las minas de América la industria ha progresado en todas las naciones europeas, exceptuadas las poseedoras de las minas, lo "que es debido, entre otras causas, al aumento de la cantidad de oro y plata". Explica el fenómeno de la siguiente manera: "Aunque el precio elevado de las mercancías sea una consecuencia necesaria del aumento del oro y la plata, la elevación de los precios no sigue inmediatamente a este aumento, sino que se produce solamente algún tiempo después, cuando el dinero ha circulado por todo el país, haciendo sentir su acción sobre toda la capa de población mientras tanto sus efectos son bienhechores sobre la industria y el comercio".

También Hume al final de este análisis nos da la razón, aunque de manera menos comprensible y más unilateral que algunos de sus predecesores y contemporáneos: "Es fácil seguir el progreso de la moneda a través de toda la sociedad; entonces se verá que *antes de elevar el precio del trabajo* espolea la actividad de todos".

En otros términos, Hume describe la acción de una revolución llevada a cabo en el valor de los metales preciosos, o, lo que significa lo mismo, en *la medida del valor* de los metales preciosos. Describe justamente que, dada la nivelación lenta de los precios de las mercancías, esta depreciación no eleva sino en último análisis el precio del trabajo, el salario del trabajo; aumenta, por consiguiente, en detrimento de los trabajadores (lo que considera completamente normal) el beneficio de comerciantes e industriales, aguijoneando la actividad. Pero el verdadero problema científico consiste en saber si una importación creciente de metales preciosos (permaneciendo idéntico el valor) influye sobre el precio de las mercancías y de qué manera lo realiza. No plantea Hume este problema; confunde un "aumento cualquiera de metales preciosos" con la depreciación de éstos. Hume hace, por lo tanto, "exactamente aquello que Marx le atribuía". Insistiremos sobre este punto; pero veamos antes los *Ensayos* de Hume sobre "El interés".

Hume dirige especialmente contra Locke los argumentos con los cuales demuestra que el interés no está regido por la masa de moneda, sino por la tasa del beneficio. Esta argumentación y sus restantes explicaciones sobre las causas determinantes de una tasa elevada o inferior del interés se encuentran en forma bastante más exacta, aunque menos espiritual, en un escrito publicado en 1750, dos años antes del *Ensayo* de Hume: *An Essay on the Governing Causes of the Natural Rate of Interest, wherein the sentiments of sir W. Petty and Mr. Locke, on that head, are considered.* Su autor es J. Massie, escritor muy conocido, como puede juzgarse por los libros aparecidos en Inglaterra hacia aquella época. La explicación dada por Adam Smith de la tasa del interés, está más próxima a Massie que a Hume. Ninguno de éstos sabía ni decía nada respecto a la naturaleza del "beneficio", que desempeñaba un papel tan importante en ellos.

Desde la altura de su cátedra dice el señor Duhring: "Con frecuencia hay necesidad de prevenirse respecto a los juicios emitidos sobre Hume, a quien se le atribuyen ideas que no le pertenecían", dándonos el propio Duhring un admirable ejemplo de esta manera de proceder.

Por ejemplo, el *Ensayo* de Hume sobre "El interés" comienza con estas palabras: "Se admite como el signo más seguro del estado próspero de un pueblo lo módico de la tasa de interés, y con razón, aunque su causa sea quizá algo diferente de la que se le atribuye corrientemente". Así, pues, desde la primera frase Hume presenta como un lugar común de su época la idea de que lo módico de la tasa del interés es el signo más seguro de la prosperidad de una nación. Efectivamente, esta idea llevaba ya cien años, desde Child, corriendo por las calles.

Duhring dice, por el contrario, (página 130): "Entre las ideas expresadas por Hume a propósito de la tasa del interés, *hay que insistir en la idea* de que dicha tasa es el barómetro de la situación (¿de qué situación?) y que lo módico de ella es el signo más infalible de la prosperidad de un pueblo". ¿Quién está lo suficientemente *prevenido* para hablar de tal manera? Sólo el señor Duhring.

Por lo demás, nuestro historiador crítico se asombra cándidamente de que Hume, a propósito de tal o cual idea afortunada, "no pretende siquiera haberla descubierto". ¡A esto seguramente no hubiera llegado el señor Duhring!

Hemos visto cómo Hume confunde todo aumento del metal precioso con aquel crecimiento especial que, acompañado de una depreciación, constituye una revolución en la medida del valor de las mercancías. Esta confusión era inevitable en Hume, que no tenía la menor idea de la función de *medida del valor* que desempeñan los metales preciosos; idea que no podía tener al no saber nada del valor: acaso la palabra valor no se encuentre en sus artículos más que una vez, allí donde, queriendo corregir el error de Locke de que los metales preciosos sólo poseen un valor imaginario, lo agrava al decir que tienen sobre todo un "valor ficticio".

Sobre este punto Hume es muy inferior no sólo a Petty, sino a varios de sus contemporáneos ingleses. Presenta el mismo espíritu reaccionario cuando, de acuerdo con la antigua moda, sigue ensalzando al "comerciante" como el motor principal de la producción, punto de vista superado ya por Petty. El señor Duhring asegura que Hume se ha ocupado en sus *Ensayos* de las "principales cuestiones económicas"; pero basta comparar el escrito de Cantillon, citado por Adam Smith aparecido en 1752, coincidiendo con los *Ensayos* de Hume, mucho tiempo después de la muerte de su autor, para sorprenderse del círculo estrecho en que se mueven las investigaciones económicas de Hume. Éste, según hemos dicho, queda, a pesar de la patente que le concede Duhring; conserva su respetabilidad en economía política, aunque sólo sea en este dominio un investigador original. La acción de sus *Ensayos* económicos en los círculos cultos de su época se explica no sólo por su gran talento expositivo, sino sobre todo por la apoteosis progresiva y optimista que hace de la industria y del comercio, entonces prósperos, o, dicho de otra manera, de la sociedad capitalista, que progresaba rápidamente en Inglaterra, y que, por lo tanto, le aseguraban el "éxito". Una indicación bastará para comprenderlo. Todo el mundo conoce la pasión con que, incluso en la época de Hume, luchaba la masa del pueblo inglés contra el sistema de impuestos indirectos utilizado sistemáticamente por el famosísimo Roberto Walpole, para eximir de tributos a los terratenientes y en general a los ricos; en su *Ensayo* sobre los impuestos *(Of taxes)*, Hume polemiza sin nombrarle con Vanderlint, el más violento adversario de los impuestos indirectos y a la vez el defensor más acérrimo del impuesto sobre la tierra, y en él se lee: "Se necesita, en efecto, que los impuestos de consumo sean muy pesados y estén establecidos de una manera irracional, si el trabajador es incapaz de pagarlos él mismo por un trabajo más activo y una economía más rigurosa y *sin elevar el precio de su trabajo*". Se creería escuchar al propio Roberto Walpole, sobre todo si se añade el párrafo del *Ensayo* sobre ei crédito público en el que se dice, a propósito de las dificultades para fijar el impuesto de los acreedores del Estado: "La disminución de sus ingresos no puede disfrazarse a pretexto de ser un simple artículo del impuesto de consumos o de los derechos aduaneros".

Como era de esperar de parte de un escocés, la admiración de Hume por los beneficios burgueses está muy lejos de ser puramente platónica. Siendo un pobre diablo al nacer, consigue asegurarse con esfuerzos penosos una renta anual de mil libras, lo que Duhring expresa espiritualmente (pues ya no se trata de Petty) de la siguiente manera: "Por medio de una buena economía doméstica consiguió, partiendo de medios muy débiles, poder escribir independientemente". Más adelante dice: "Jamás no hizo la menor concesión a la influencia de los partidos, príncipes o universidades". Indudablemente, no se sabe que Hume se asociara para sus negocios literarios con un "Wagner", pero sí es conocido que, como partidario decidido que era de la oligarquía *wihig,* apoyo respetuoso de la Iglesia y el Estado, recibió en premio a sus servicios, primero, el cargo de secretario de la Embajada en París, y después, el puesto incomparablemente más importante y lucrativo de subsecretario de Estado. "Desde el punto de vista político, Hume fue siempre conservador y monárquico. Por eso —dice el viejo Schlosser—, los partidarios de la Iglesia establecida no le atacaron con tanta violencia como a Gibbon". "Este Hume egoísta, historiador mentiroso—dice brutalmente el plebeyo Cobbert—, insulta a los monjes ingleses gordos, célibes, sin familia, viviendo de la mendicidad; pero él nunca tuvo familia ni mujer, y era también un mozo grueso y cebado abundantemente con el dinero del Estado, sin haberlo merecido por ningún servicio verdadero". "Hume— dice el señor Duhring—es, bajo muchos aspectos, muy superior a Kant por la organización *práctica* de su vida".

¿Por qué ocupa Hume en la *Historia Crítica* un lugar tan privilegiado? Simplemente, porque este pensador "profundo y sutil" tuvo el honor de ser el Duhring del siglo XVIII. El ejemplo de Hume demuestra que "la coacción de toda una rama nueva de la ciencia, la economía política se debe a una filosofía luminosa" siendo el precedente de Hume la mejor garantía de que esta rama de la ciencia encontraba sin ningún género de duda su culminación en el hecho fenomenal que convirtió una filosofía solamente "luminosa" en filosofía de la realidad, en la cual, lo mismo que en Hume, "hecho sin ejemplo en Alemania, el estudio de la filosofía en el sentido restringido de la palabra está unido a las investigaciones científicas en economía política". Por tal razón, Hume, respetable desde luego como economista, se convierte en una estrella económica de primera magnitud, cuya importancia no puede ser desconocida más que por los envidiosos que niegan "obstinadamente los méritos decisivos" del señor Duhring.

Como se sabe, la escuela *fisiocrática* nos ha legado en el *Cuadro económico* de Quesnay un enigma ante el cual los críticos e historiadores de economía política se han roto la cabeza inútilmente hasta ahora. Este *Cuadro*, que fue hecho para aclarar las ideas fisiocráticas sobre la producción y circulación de la riqueza total de un país, ha continuado siendo bastante oscuro para los sucesores de Quesnay.

El señor Duhring va a arrojar sobre esto una luz esplendorosa: "No puede descubrirse la significación de esta imagen económica de las relaciones de producción y distribución en Quesnay mismo si no *se han examinado primero exactamente* las nociones principales que le son propias", y tanto más cuanto que éstas no estaban establecidas con una precisión suficiente", "y que en el propio Adam Smith es difícil reconocer en sus rasgos esenciales". El señor Duhring va a terminar de una vez para siempre con el "estudio superficial" que es tan tradicional. Por lo tanto, cuando se burla del lector en cinco extensas páginas, en las cuales hay toda clase de expresiones pretenciosas, de repeticiones constantes y un desorden preconcebido, sólo se propone ocultar una cosa terrible, la de que él no puede decirnos respecto a las "nociones fundamentales" de Quesnay otra cosa que aquello que se encuentra en las "compilaciones vulgares" contra las cuales previene al lector.

"Una de las cosas más lamentables" en esta introducción es que, después de haber husmeado (valga la expresión) el *Cuadro económico*, del cual sólo había citado el nombre, se entrega el señor Duhring a toda suerte de reflexiones, entre ellas a la "distinción entre los esfuerzos y el resultado". Y "si puede encontrarse en las ideas de Quesnay este resultado perfecto", el señor Duhring nos ofrece por lo menos un ejemplo magnífico cuando pasa de sus "dilatados esfuerzos preliminares" a su "resultado extraordinariamente breve", o sea a sus explicaciones sobre el *Cuadro* propiamente dicho. Citemos, pues, *palabra por palabra* cuanto le parece bien decirnos sobre él. Dice (lo que forma parte de sus "esfuerzos"): Parece evidente para Quesnay que hay que concebir y tratar como un *valor monetario* el producto neto". Aplica inmediatamente sus reflexiones a los *valores en dinero* que supone realizados, desde su primera transferencia, en el producto de la venta de todos los productos agrícolas. Así opera en las columnas de su tabla con varios miles de millones, es decir, con los valores en dinero. Lo que nos hace saber por tres veces que Quesnay opera en su *Cuadro* con los "valores en dinero" de los "productos agrícolas", incluido el "producto neto". Más adelante: "Si Quesnay hubiera considerado las cosas desde un punto de vista verdaderamente nacional; si se hubiera libertado no sólo del punto de vista de los metales preciosos y de la cantidad de dinero, sino también del punto de vista de *los valores en moneda...* Pero se limita a contar con las *sumas de valores*, representándose desde el principio el producto neto como *un valor en dinero"*. ¡Por cuarta o quinta vez en el *Cuadro* no hay más que valores en dinero!

"Quesnay obtiene el producto neto sustrayendo los gastos y pensando principalmente (con arreglo a una interpretación que para no ser tradicional no es menos superficial) en el valor que vuelve en calidad de renta al terrateniente". Seguimos sin avanzar un paso, aunque ahora va a cambiar la situación. *"De otra parte* (este "de otra parte" es una perla), el producto neto entra también en la circulación, en calidad de objeto natural, y se convierte de esta manera en elemento mantenedor de la clase calificada de estéril. Puede observarse aquí la confusión que nace de lo que unas veces es valor en moneda y otras el objeto mismo lo que determina la marcha de las ideas". En general, parece que toda circulación de mercancías padece de la "confusión" de que las mercancías entran simultáneamente como "objeto natural" y como "valor en dinero". Continuamos moviéndonos alrededor de los "valores en dinero" a causa de "que Quesnay quiere evitar un empleo inútil del producto económico".

Perdónenos el señor Duhring; pero las diversas clases de productos figuran en el *Cuadro* como "valores en dinero" arriba, y abajo, en el *Análisis*, como "objetos naturales". El propio Quesnay hizo inscribir después, por medio de su discípulo el abate Baudeau, los objetos naturales en el *Cuadro* al "lado" de sus valores en dinero.

Después de "tantos esfuerzos", veamos el resultado. Escuchad y admiraos: "La inconsecuencia (se refiere al papel atribuido por Quesnay a los terratenientes) surge inmediatamente que nos preguntamos "en qué se transforma en la circulación económica el producto apropiado en forma de renta". Sólo un pensamiento confuso y fantástico hasta el misticismo explica las ideas de los fisiócratas y el *Cuadro económico"*.

Con esto queda solucionado todo el problema. Así, pues, el señor Duhring no, sabe en qué se transforma en la circulación económica (representada en el *Cuadro)* el producto neto apropiado en forma de renta. El *Cuadro* se le presenta como la "cuadratura del círculo". Según su propia confesión, no comprende el abecé de la fisiocracia. Después de todos los circunloquios, palabras huecas, escapatorias, bufonadas, episodios, diversiones, repeticiones confusas que debían prepararnos para el descubrimiento genial de la "significación verdadera del *Cuadro económico* de Quesnay, declara el señor Duhring, completamente avergonzado, que *lo ignora todo.*

Hecha ya tan dolorosa confesión, libre del enojo sombrío que el abrumaba mientras cabalgaba por el país de los fisiócratas, nuestro "profundo y sutil pensador" toca nuevamente su trompeta: "Las líneas que Quesnay traza en todas las direcciones (en total hay seis) en su *Cuadro,* bastante sencillo desde luego, las cuales deben representar la circulación del "producto neto", hacen nacer la sospecha de que en la base de estas extrañas combinaciones de columnas existe un misticismo matemático; recuérdese que Quesnay se ocupó de la cuadratura del círculo". etc. El señor Duhring, no pudiendo, según reconoce, comprender estas líneas, a pesar de su simplicidad, recurre, según su costumbre, a hacerlas sospechosas; pudiendo entonces disparar tranquilamente el tiro de gracia al *Cuadro* fatal: "Hemos considerado el producto neto en su aspecto más discutible", etc. El reconocimiento obligado de que no comprende ni una palabra acerca del *Cuadro económico* y del papel desempeñado por el "producto neto", es a lo que el señor Duhring llama "aspecto más discutible del producto neto". ¡Qué humor!

Nuestros lectores no deben permanecer sumidos en la cruel ignorancia del *Cuadro* de Quesnay, que embarga a quienes toman directamente del señor Duhring su ciencia económica. Expliquemos la cuestión en pocas palabras.

Se sabe que, a juicio de los fisiócratas, la sociedad se divide en tres clases: primera, la clase productiva, o sea la clase realmente activa en la agricultura, la de los colonos y trabajadores rurales: ésta es productiva porque su trabajo produce un excedente, la renta; segunda, la clase que se apropia este excedente, o sea los terratenientes y los que de ella dependen, el príncipe y, en general, los funcionarios del Estado y, finalmente, la Iglesia, en la medida que se apropia el diezmo; tercera, la clase industrial o estéril (improductiva), estéril porque, a juicio de los fisiócratas, no agrega a las materias primas suministradas por la clase productiva más valor que el que consume por los medios de existencia de que esta misma clase productiva le provee. El *Cuadro* de Quesnay está confeccionado para demostrar cómo el capital total de un país (de hecho, Francia) circula entre estas tres clases y sirve a la reproducción anual.

El *Cuadro* parte del supuesto de que el sistema de arriendos, y con él la gran agricultura en el sentido que poseía esta palabra en aquella época, rige en todas partes: Normandía, Picardía, Isla de Francia y otras provincias francesas. le sirven de ejemplo. Por lo tanto, el arrendatario es considerado como el jefe verdadero de la agricultura y representa en el *Cuadro* a toda la clase productiva (agrícola) y paga al terrateniente una renta en dinero. Quesnay atribuye al conjunto de colonos un fondo o inventario de diez mil millones de libras, del cual una quinta parte (o sea dos mil millones) representa el capital en explotación, para cuya estimación Quesnay se refiere otra vez principalmente a las tierras arrendadas que están mejor cultivadas en las provincias citadas anteriormente.

Quesnay supone, además: primero, para más simplificar, que los precios son constantes y la reproducción sencilla; segundo, que se excluye toda circulación en el seno de una sola clase, tomándose en cuenta exclusivamente la circulación entre clase y clase; tercero, que la totalidad de las ventas y compras entre clase y clase realizadas durante el año de explotación se reúnen en una suma total única. Finalmente, es preciso recordar que en los tiempos de Quesnay en Francia, lo mismo que en Europa, en diversa medida, la industria doméstica peculiar de la familia campesina constituye la parte más considerable de las necesidades, por cuya razón Quesnay considera a la industria doméstica como parte integrante de la agricultura.

El punto de partida del *Cuadro* es la cosecha total, el producto bruto anual del suelo, que figura, por tal razón, en la parte superior del *Cuadro*, la "reproducción total" del país, o sea de Francia. Se calcula el valor total de este producto bruto con arreglo a los precios medios de los productos del suelo en las naciones comerciales; obteniendo la cifra de cinco mil millones de libras, suma que expresa aproximadamente, según los cálculos estadísticos que podían hacerse entonces, el valor en dinero del producto agrícola bruto de Francia. Ésta es la única razón por la cual Quesnay opera en el *Cuadro* "con varios miles de millones", con cinco mil millones concretamente, y no con cinco libras tornesas.

El producto bruto íntegro del valor de los cinco mil millones se encuentra, pues, en manos de una clase productiva, en la de los colonos que los han producido gastando anualmente un capital de explotación de dos mil millones, correspondiente a un empleo de diez mil millones Los productos agrícolas, medios de existencia, materias primas, etc., necesarios para reemplazar el capital de explotación y en parte, por consiguiente, para mantener a todas las personas directamente activas en los trabajos agrícolas son sustraídos en especie de la renta total y gastados de nuevo por la producción agrícola. Como hemos visto, se han supuesto los precios constantes y la reproducción simple, siguiendo una tasa establecida de una sola vez; el valor de esta parte separada del producto bruto es igual a dos mil millones de libras. Esta parte no entra, por lo tanto, en la circulación general. Ahora bien: según se ha señalado, Quesnay destierra de su *Cuadro* la circulación en la medida en que se efectúa exclusivamente *en el seno* de una clase particular y no entre las diversas clases.

Después de reemplazar el capital de explotación con una parte del producto bruto, queda un excedente de tres mil millones, dos mil de medios de existencia, mil de materias primas. La renta que los colonos han de pagar a los propietarios no asciende más que a dos tercios de este excedente, a dos mil millones. Muy pronto veremos por qué dos mil millones figuran comprendidos en la rúbrica de "producto neto" o "renta neta".

Pero fuera de la reproducción agrícola total, del valor de cinco mil millones, de los cuales tres mil pasan a la circulación general, hay todavía, incluso *antes* que comience el movimiento descrito en el *Cuadro*, todo el "peculio" de la nación, dos mil millones de dinero contante en manos de los colonos. Veamos cómo.

De igual manera que en el *Cuadro*, la renta total constituye el punto final del año económico, por ejemplo, el año 1758, en el cual comienza un nuevo año económico.

Durante este nuevo año, 1759, la parte de producto bruto destinada a la circulación se reparte entre las otras dos clases por medio de una serie de pagos, ventas y compras particulares. Los movimientos sucesivos parciales que se escalonan en todo el año están (cosa inevitable en el *Cuadro*) sintetizados en un corto número de actos característicos, cada uno de los cuales comprende una sola vez todo un año. De esta manera, a finales del año 1759 la clase de los colonos ha visto afluir a ella nuevamente el dinero que había pagado en 1757 como renta a los terratenientes (el mismo *Cuadro* demostrará cómo), o sea la suma de dos mil millones, de tal manera que puede remitir de nuevo esta suma a la circulación en 1759. Pero esta suma, como observa Quesnay, es mucho más considerable de lo que podía esperarse en la realidad (en la cual los pagos se repiten constantemente y por fracciones) para la circulación total de un país (por ejemplo, Francia), y asimismo los dos mil millones de libras que están en manos de los arrendatarios representan la suma total que circula en la nación. La clase de los terratenientes que se apropian la renta aparece primeramente, como todavía sucede algunas veces, desempeñando el papel de perceptora de pagos. Supone Quesnay que los terratenientes propiamente dichos no reciben más que cuatro séptimas partes de esta renta de dos mil millones, que otras dos séptimas partes van a parar al Gobierno y una séptima a los que perciben el diezmo. En tiempo de Quesnay, la Iglesia era el propietario más grande de Francia y recibía, además, el diezmo de las restantes propiedades. El capital de explotación gastado por la clase "estéril" en un año entero, los "anticipos anuales", consisten en materias primas por valor de mil millones, invertidos solamente en materias primas, pues los útiles, máquinas, etc., se cuentan entre los productos de esta clase. Los papeles diferentes que pueden desempeñar estos productos en las industrias de esta clase no afectan al *Cuadro*, como tampoco la circulación de mercancías y la moneda, sino en la medida en que se realiza en el seno de esta misma clase. El salario del trabajo por medio del cual la clase estéril transforma las materias primas en productos manufacturados es igual al valor de los medios de existencia que recibe en parte directamente la clase productiva y en parte indirectamente por intermedio de los terratenientes. Aunque la clase estéril se divida a su vez en capitalistas y trabajadores asalariados, es, según las ideas fundamentales de Quesnay, en tanto que clase a sueldo de la clase productiva y de los terratenientes. Asimismo la producción industrial total, y, en consecuencia, también la circulación industrial total, que se distribuye al año siguiente al de la cosecha, son igualmente comprendidas en un todo único. Se supone, pues, que en un principio del movimiento descrito en el *Cuadro* la producción anual de la clase estéril se halla íntegra en sus manos; que, por lo tanto, todo su capital de explotación, que consiste en materias primas por valor de mil millones, se transforma en mercancías valoradas en dos mil millones, de los cuales la mitad representa el precio de los medios de existencia consumidos mientras se lleva a cabo esta transformación. Puede hacerse aquí una objeción: ¿cómo la clase estéril consume para su uso propio productos industriales? ¿Dónde figuran éstos si su producto total pasa a las restantes clases por medio de la circulación? He aquí la respuesta: No sólo la clase estéril consume una parte de sus productos, sino que pretende, además, conservar todos los que puede; vende, pues, las mercancías que pone en circulación por encima de su valor real, y está obligada a ello, ya que calculamos estas mercancías por el valor total de su producción. Lo cual no modifica para nada los datos formulados por el *Cuadro,* pues las dos clases restantes no reciben entonces las mercancías manufacturadas más que sobre la base del valor de su producción total.

Conocemos ya las posiciones económicas de las tres clases diversas al comenzar el movimiento descrito en el *Cuadro.*

La clase productiva, después de haber reemplazado su capital de explotación, dispone aún de tres mil millones de producto bruto agrícola y de dos mil millones de moneda. La clase de los terratenientes no figura al principio más que por su crédito de dos mil millones de renta sobre la clase productiva. La clase estéril dispone de dos mil millones de mercancías manufacturadas. Los fisiócratas llaman circulación imperfecta a aquella que solamente se verifica entre dos de las tres clases mencionadas, y circulación perfecta a la que se efectúa entre las tres clases.

Veamos ahora el *Cuadro económico:*

Primera circulación (imperfecta).—Los colonos pagan a los terratenientes, sin prestación recíproca, la renta de dos mil millones en dinero que les corresponde. Con uno de los mil millones, los terratenientes compran medios de existencia a los colonos, que recuperan por este medio la mitad del dinero gastado en pagar la renta.

En su *Análisis del Cuadro económico* no habla ya Quesnay ni del Estado, que recibe dos séptimas partes, ni de la Iglesia, que recibe una séptima, puesto que el papel social de ambas instituciones es

COLECCIÓN LA CRÍTICA LITERARIA

sobradamente conocido. Pero dice, en lo que concierne a la gran propiedad propiamente dicha, que sus gastos, entre los cuales figuran los de todos sus servidores, son, por lo menos en su mayor parte, improductivos, exceptuando la débil parte que se emplea en "conservar y mejorar sus bienes" y en fomentar el cultivo. Pero la función peculiar de los terratenientes según "el derecho natural" consiste para Quesnay precisamente en "vigilar la buena administración y en los gastos necesarios para conservar su herencia", o, como dice más adelante, en los *avances foncières,* o sea en los gastos destinados a preparar el suelo y dotar a las fincas de todos sus accesorios, gastos que permiten al colono consagrar exclusivamente todo su capital al cultivo propiamente dicho.

Segunda circulación (imperfecta).—Con el otro millar de millones de dinero que se halla aún en manos de los terratenientes compran productos manufacturados a la clase estéril, y ésta con el dinero así percibido compra en la misma proporción medios de existencia a los colonos.

Tercera circulación (imperfecta).—Los colonos compran a la clase estéril por valor de un millar de millones productos manufacturados; una gran parte de éstos consiste en instrumentos aratorios y otros instrumentos de producción necesarios para la agricultura. La clase estéril remite a los colonos la misma suma, comprando por valor de mil millones materias primas destinadas a reemplazar su propio capital de explotación. De esta manera, los colonos han recuperado los dos mil millones gastados en pagar la renta. El cálculo está terminado, resolviéndose a la vez el gran problema que consistía en "saber en qué se transforma en la circulación económica el producto neto apropiado en forma de renta".

Al principio del proceso hallamos en manos de la clase productiva un excedente de tres mil millones, de los cuales dos han sido abonados como producto neto a los terratenientes en forma de renta. El tercer millar de excedente constituye el interés del capital total del colono, o sea el 10 por 100 para diez mil millones. Este interés, conviene señalarlo, no lo retiran éstos de la circulación; se encuentra en especie en sus manos, y lo realizan solamente por medio de la circulación, transformándolo por este canal en productos manufacturados de un valor igual.

Sin este interés el colono, que es el agente principal de la agricultura, no anticiparía a ésta el capital de establecimiento. Por tal razón, los fisiócratas consideran que la apropiación por parte del colono del exceso de producto representativo del interés es una condición de la reproducción, condición tan necesaria como la misma existencia de la clase de los colonos, no pudiendo por dicha razón incluirse en la categoría de "producto neto" o "renta neta nacional", que se caracteriza por ser consumible independientemente de las necesidades inmediatas de la reproducción nacional. A juicio de Quesnay, el fondo de mil millones sirve en su mayor parte para las reparaciones que son necesarias durante el año, para las sustituciones parciales del capital de establecimiento, etc.; también como fondo de reserva para prevenir los accidentes, y, finalmente, cuando es posible, para aumentar el capital de establecimiento y explotación, mejora del suelo y extensión del cultivo.

Todo el proceso, como se ve, es "bastante sencillo"; los colonos lanzan a la circulación dos mil millones en dinero para pagar la renta y tres mil millones de productos, de los cuales dos tercios son empleados en medios de vida y uno en materias primas; la clase estéril pone en circulación dos mil millones de productos manufacturados. De los dos mil millones de medios de existencia, la mitad es consumida por los terratenientes y sus servidores, y la otra mitad por la clase estéril como salario de su trabajo. Las materias primas sirven para reemplazar al capital de explotación de esta misma clase. De los productos manufacturados circulantes (por valor de dos mil millones), una mitad vuelve a los terratenientes, la otra a los colonos, para los cuales es, sin otra forma nueva del interés, interés que sacan en principio de la reproducción agrícola. Pero el dinero que el colono ha puesto en circulación al pagar la renta lo recupera por la venta de sus productos; de igual manera el mismo círculo puede recorrerse nuevamente al año siguiente.

Admirad ahora la exposición verdaderamente crítica del señor Duhring, tan infinitamente superior a las "exposiciones superficiales que son tradicionales". Después de habernos repetido por cinco veces en términos misteriosos el error de Quesnay al operar en su *Cuadro* con simples valores en dinero (lo cual hemos visto que es falso), llega al resultado de que, cuando se pregunta "en qué se transforma en la circulación económica el producto neto apropiado en forma de renta", no puede explicarse ya el *Cuadro económico* sino como "una confusión fantástica llevada a los límites del misticismo". Hemos visto que el *Cuadro*, descripción tan sencilla como genial para su época del proceso anual de reproducción tal como se efectúa por medio de la circulación, responde muy exactamente al problema de saber en qué se convierte el producto neto en la circulación económica: de manera que el "misticismo", la "confusión" y la "fantasía" son una vez más en el señor Duhring "el aspecto más indiscutible" y el único "producto neto" de sus estudios fisiocráticos.

El señor Duhring se halla tan bien informado sobre la acción histórica de los fisiócratas como respecto a su propia teoría. "La fisiocracia ha encontrado en urgot su coronación teórica y práctica". Sin embargo, Mirabeau era esencialmente fisiócrata por sus doctrinas económicas, habiendo sido la más alta autoridad de la Asamblea Constituyente de 1789 sobre todas las cuestiones económicas. Esta Asamblea, en sus reformas económicas hizo pasar una buena parte de las teorías fisiocráticas de la teoría a la práctica, principalmente al gravar con un elevado impuesto el producto neto apropiado "sin prestación recíproca" por los terratenientes, o sea la renta. Lo cual no es nada para el señor Duhring.

Lo mismo que la raya tirada sobre los años 1691 a 1752 borraba a los precursores de Hume, otra raya roja entre Hume y Adam Smith suprime a sir James Stewart: nada dice el señor Duhring respecto a su gran obra, que, aparte de su importancia histórica, ha enriquecido de una manera durable la economía política; pero abruma a Stewart con las injurias más gruesas que hay en su diccionario; dice que era un "profesor" del tiempo de Adam Smith (denuncia desgraciadamente falsa), pues Stewart era en realidad un gran terrateniente de Escocia que, desterrado de la Gran Bretaña con el pretexto de haber participado en la conspiración de los Estuardos, vivió y viajó mucho tiempo por el continente, estudiando minuciosamente la situación económica de diversos países.

En resumen, según la *Historia Crítica,* todos los economistas no poseen otro valor que el de preceder y anunciar los profundos descubrimientos del señor Duhring o servir de fondo para resaltar sus doctrinas. Sin embargo, existen en economía política algunos héroes que no solamente han "anunciado" los descubrimientos del señor Duhring, cuyas tesis dan, no "como consecuencia", sino por "combinación", según prescribe en la *Filosofía de la naturaleza,* las teorías del señor Duhring; son, por ejemplo, *List,* incomparablemente grande, que ha exagerado y enaltecido en beneficio de los fabricantes alemanes las teorías mercantilistas de Ferrier y otros; *Carey,* que expresó la esencia de su sabiduría en la proposición siguiente: "El sistema de Ricardo es un sistema de discordia; tiende a crear el antagonismo de las clases. Su libro es el manual del demagogo que quiere llegar al poder por medio del aniquilamiento del país, por medio de la guerra y el pillaje"; y, finalmente, el Confucio de la City de Londres, *Mac Leoc.*

Quienes aspiren a estudiar la historia de la economía política procederán mejor estudiando las "vulgaridades", "banalidades interminables" y "compilaciones más vulgares" que en confiar en la "historia de gran estilo" del señor Duhring.

¿Cuál es el resultado final de nuestro análisis del sistema económico peculiar del señor Duhring? A pesar de las grandes frases y de sus promesas, su economía política nos decepciona tanto como su "filosofía". En la teoría del valor, "piedra de toque de todos los sistemas económicos", el señor Duhring entiende por valor cinco cosas absolutamente diferentes y contradictorias, de tal manera que, poniendo las cosas en el mejor de los casos, resulta que no sabe lo que quiere. Las "leyes naturales de toda economía", tan pomposamente anunciadas, se han manifestado como vulgaridades de la peor especie, conocidas por todo el mundo y formuladas de una manera falsa muchas de ellas. La única explicación de los hechos económicos que se ha mostrado capaz de explicar este sistema consiste en que los "hechos" son un producto de la violencia, palabra que en todas las épocas ha servido a los filisteos para consolarse de aquello que les desagrada, pero que no sirve para explicar nada. Y en lugar de analizar el origen y efectos de tal "violencia", el señor Duhring quiere que nos contentemos, llenos de gratitud, con la *palabra* exclusiva de violencia como causa última y explicación definitiva de los fenómenos económicos. Obligado a hablar de la explotación capitalista del trabajo, la presenta primeramente adueñándose de la idea de peaje de Proudhon, como basada en la tributación y recargo previos, para explicarla a continuación de manera detallada por medio de la teoría marxista del exceso del producto y de la plusvalía. De esta manera consigue conciliar felizmente, copiando al mismo tiempo a ambos, dos concepciones absolutamente contradictorias. Y lo mismo que en filosofía no encuentra palabras suficientemente acres para abrumar a Hegel, al cual explota constantemente empobreciéndole, en la *Historia Crítica* los más violentos ataques contra Marx sólo tienen por objeto ocultar la realidad de que cuanto se puede encontrar pasajeramente en el *Curso* no es otra cosa que un plagio empobrecido del que es víctima Marx. La ignorancia que en el *Curso* le lleva a colocar en el umbral de la historia de los pueblos civilizados a la "gran propiedad", sin conocer nada de la propiedad comunal de las comunidades familiares y aldeanas, origen de toda la historia; esta ignorancia, casi inconcebible en la actualidad, es superada por la que se expresa con absoluta libertad en la *Historia Crítica* so pretexto de la universalidad del "examen histórico", del cual hemos presentado algunos destacados ejemplos. En una palabra: los "esfuerzos" gigantescos de autoadmiración, la propaganda charlatanesca, las promesas cada vez más exageradas, todo esto para llegar a un resultado igual a cero.

TERCERA PARTE

SOCIALISMO

I

NOCIONES HISTÓRICAS

Vimos en la introducción que los filósofos franceses del siglo XVIII, precursores de la revolución, apelaban ante la razón como juez único de cuanto tiene existencia real: tratábase para ellos de establecer un Estado racional, una sociedad racional, y cuanto era contrario a la razón eterna debía ser abolido sin piedad. Vimos también que esta razón eterna no era en realidad otra cosa que la inteligencia idealizada del hombre de la clase media, en trance de convertirse en burgués. Y cuando la Revolución francesa realizó este Estado de razón, esta sociedad racional, las nuevas instituciones, por muy racionales que fueran comparadas con el estado de cosas al cual reemplazaban, no podían, a pesar de todo, considerarse como absolutamente racionales. El Estado de la razón quebró ruidosamente: el *Contrato social* de Rousseau encuentra su realización en el Terror, huyendo del cual, y dudando ya de su propia capacidad política, se refugia el burgués, primero, en la corrupción del Directorio, poniéndose al fin bajo la protección del despotismo napoleónico. La paz eterna anunciada había conducido a una interminable guerra de conquistas. Y la sociedad instaurada por la razón no marchaba mejor: el antagonismo entre ricos y pobres, antes que resolverse en la prosperidad general, se agrava por la abolición de los privilegios corporativos y de los demás que lo atenuaban y las instituciones eclesiásticas de caridad que lo aminoraban; el progreso de la industria capitalista convirtió la miseria y pobreza de la masa laboriosa en condición de existencia para la sociedad. El número de crímenes aumentaba cada día. Y si la inmoralidad feudal, que anteriormente se manifestaba impúdicamente, fue, si no destruida, al menos relegada a segundo plano durante algún tiempo, viose aparecer en su lugar con mayor abundancia la floración de los vicios burgueses, ocultos hasta entonces. El comercio se convirtió en estafa, en un grado cada día mayor. La "Fraternidad" de la divisa republicana se manifiesta en las rivalidades y deslealtad de la competencia: la corrupción sustituye a la opresión violenta, el oro reemplaza a la espada en su papel de principal palanca del poder social. El derecho señorial pasa del señor feudal al fabricante burgués. La prostitución reviste proporciones desconocidas hasta entonces. Incluso el matrimonio conserva su anterior significación, la forma legalmente reconocida, el velo oficial de la prostitución completándose con el adulterio ampliamente practicado. En una palabra, comparadas con las brillantes promesas de los hombres del siglo XVIII, las instituciones políticas y sociales establecidas por la "victoria de la razón" se manifestaron, al ser sometidas a prueba, como caricaturas cruelmente falaces. Solamente faltaban todavía los hombres que debían comprobar esta decepción: éstos surgieron al comenzar el siglo. En 1802 aparecieron las *Cartas de Ginebra*, de Saint-Simon; en 1808, la primera obra de Fourier, aunque la idea primitiva de su teoría se remontase a 1799; el 1 de enero de 1800, Roberto Owen tomó la dirección de *New Lanark*.

Pero en aquel tiempo el modo de producción capitalista y el consiguiente antagonismo entre la burguesía y el proletariado se hallaban todavía muy poco desarrollados. La gran industria, recién nacida en Inglaterra, era desconocida en Francia. Solamente la gran industria es capaz de desarrollar los conflictos que constituyen una necesidad ineluctable de la revolución del modo de producción, conflictos no solamente entre las clases engendradas por. la gran industria, sino también entre las fuerzas productivas y las formas de cambio creadas por ella. De otra parte, sólo la gran industria, a causa del desenvolvimiento gigantesco que imprime a las fuerzas productivas, da los medios para resolver tales conflictos. Y si hacia 1800 los conflictos nacidos del nuevo orden social estaban en vías de aparición, mucho más cierto es en lo que se refiere a los medios para resolverlos. Las masas desposeídas de París, que se apoderaron momentáneamente del poder durante el Terror, demostraron solamente lo imposible de su poder dadas las circunstancias reinantes. El proletariado, que comenzaba a diferenciarse apenas de estas masas desposeídas, como germen de una nueva clase, inepto todavía para una acción política independiente, se presentaba como un estado de la nación oprimida y paciente, incapaz de ayudarse a sí mismo, y que a lo sumo era apto para recibir una ayuda superior de arriba.

Esta situación histórica domina también a los fundadores del socialismo. A lo incipiente de la producción capitalista y del proletariado como clase corresponde lo incipiente de las teorías. Los fundadores del socialismo pretendían sacar de su cerebro la solución de los problemas sociales, solución que estaba aún oculta en la situación económica embrionaria. La sociedad no presentaba más que abusos: ponerles fin era la tarea de la razón pensante. Trataban de descubrir un nuevo y más perfecto sistema de orden social y de ofrecérselo a la sociedad desde fuera, por la propaganda y en la medida de lo posible por experiencias que sirvieran de modelo. Semejantes sistemas sociales se hallaban anticipadamente condenados como utopías; y cuanto más detalladamente se elaboraban, más se traducían en puras fantasías.

Dicho esto, no nos detendremos ni siquiera un instante en el aspecto de estos sistemas, ya que pertenecen íntegramente al pasado. Dejemos a los espíritus versátiles, a los Duhring, el cuidado de empaparse solemnemente en estas fantasías, que sólo sirven actualmente de distracción, y oponerlas su frío y vulgar pensamiento. Gocemos mejor contemplando los pensamientos generales que se desprenden de la envoltura fantástica, que no son capaces de percibir aquellos filisteos.

Ya en sus *Cartas de Ginebra* formula Saint-Simon el principio de "que todos los hombres deben trabajar". Cuando escribió esta obra sabía ya que el reinado del Terror había sido el reinado de las masas desposeídas. "Ved — gritaba — lo que pasó en Francia cuando vuestros camaradas fueron los dueños: dieron nacimiento al hambre". Ahora bien: suponía en el año 1802 un descubrimiento genial concebir la Revolución francesa como una lucha de clases entre la nobleza, la burguesía y las masas desposeídas. En 1816 definió la política como la ciencia de la producción y predijo que la política sería reabsorbida íntegramente por la economía. Si aquí sólo está esbozada la idea de que la situación económica constituye la base de las instituciones políticas, se encuentra ya expresada claramente la reducción del gobierno político de los hombres a la administración de las cosas y dirección del proceso de la producción, o sea la abolición del Estado, alrededor de cuyo tema tanto ruido se ha hecho recientemente. Superior en todo momento a sus contemporáneos, proclama en 1814, inmediatamente después de la entrada de los aliados en París, y en 1815, durante la guerra de los Cien Días, que la alianza de Francia con Inglaterra, y después de estos dos países con Alemania, era la única garantía de una evolución próspera y de la paz para Europa. Y ciertamente que en 1815 se necesitaba más valor para predicar a los franceses una alianza con los vencedores de Waterloo que para declarar a los profesores alemanes una guerra verbal. Si en Saint-Simon tenemos la concepción genial que contiene los gérmenes de todas las ideas estrictamente económicas de los socialistas posteriores, en Fourier hallamos una crítica del Estado social existente, que, siendo verdaderamente francesa por su espíritu, no es, sin embargo, menos aguda y profunda. Fourier coge la palabra a la burguesía y sus entusiastas profetas anteriores a la revolución y a los apologistas desinteresados posteriores a ella. Descubre implacablemente las plagas materiales y morales del mundo burgués y destaca también las halagadoras promesas de los hombres del siglo XVII, profetizando una sociedad en la que reinaría exclusivamente la razón, una civilización que realizaría la felicidad universal, la perfectibilidad ilimitada de los hombres, las frases optimistas de los ideólogos burgueses contemporáneos; demuestra que a las frases más elocuentes responde en todas partes cruel realidad, cubriendo con su mordacidad hiriente el fracaso definitivo de la fraseología. Fourier no es solamente un crítico: su naturaleza, siempre alegre, le convierte en un satírico, en uno de los más grandes humoristas de todas las épocas. Describe de una manera tan magistral como regocijante las locas especulaciones que siguieron a la derrota de la revolución, y el espíritu limitado, tan generalmente extendido entonces entre los comerciantes franceses. Su crítica de las ideas burguesas acerca de los sexos y de la situación de la mujer en la sociedad burguesa es todavía más magistral. Pero su mayor grandeza consiste en la concepción que se forma de la historia de la sociedad: distingue en toda su anterior evolución cuatro fases sucesivas: salvajismo, barbarie, patriarcado y civilización, siendo ésta idéntica a la que hoy se denomina sociedad burguesa, y demuestra que el orden civilizado dota a cada uno de los vicios a que se entregaba la barbarie, se abandona con sencillez a una forma compleja, ambigua e hipócrita; que la civilización se "mueve" en el círculo vicioso a través de las contradicciones que constantemente reproduce sin poderlas resolver, de tal manera que conduce siempre a un resultado contrario al que se quería o pretendía obtener. Por ejemplo, en la civilización *la pobreza se deriva de la misma superfluidad*. Se ve que Fourier practica la dialéctica con la misma maestría que su contemporáneo Hegel. Con ayuda de la misma dialéctica demuestra, contrariamente a la fraseología corriente sobre la indefinida perfectibilidad humana, que cada fase histórica tiene su etapa ascendente y descendente, y aplica este concepto al porvenir de la humanidad. De igual manera que Kant introdujo el aniquilamiento futuro de la tierra en las ciencias naturales, Fourier introdujo la destrucción futura de la humanidad en la filosofía de la historia.

Mientras que en Francia el huracán de la revolución barría el país, en Inglaterra se producía una revolución menos ruidosa, pero igualmente considerable. El vapor y las máquinas nuevas convirtieron la manufactura en la gran industria moderna, conmoviendo con ello la propia base de la sociedad burguesa. La marcha soñolienta de la evolución en la época de la manufactura fue sustituida en la producción por una verdadera *Sturm-und-Dragperiode*. Con una velocidad mayor cada día se llevó a cabo la escisión de la sociedad en grandes capitalistas y en proletarios privados de todo, entre los cuales, con existencia inestable, y en el lugar de la antigua clase media estable, una masa variable de artesanos y pequeños comerciantes, la parte más flotante de la población. El nuevo modo de producción comenzaba apenas su evolución ascendente; todavía era el modo de producción normal el único adecuado a las circunstancias, pero ya engendraba abusos sociales hirientes: aglomeración de una población sin hogar en las peores habitaciones de las grandes ciudades, ruptura de todos los vínculos tradicionales de nacimiento, subordinación patriarcal, familia; sobretrabajo espantoso, principalmente para las mujeres y niños, desmoralización en masa de la clase laboriosa, lanzada súbitamente a un medio completamente nuevo. Surge entonces en calidad de reformador un fabricante de veintinueve años, un hombre de carácter sencillo hasta lo sublime, y al mismo tiempo un conductor de hombres incomparable. Roberto Owen había hecho suya la doctrina de los materialistas del siglo XVIII, según la cual el carácter del hombre es producto de una parte de su organización original, de otra de las circunstancias que rodean al hombre en su vida, principalmente durante el período de crecimiento. La mayoría de los hombres de su clase sólo veían en la revolución industrial la confusión y el caos, a favor del cual había que pescar en río revuelto y enriquecerse rápidamente; pero él vio una ocasión para aplicar su teoría favorita y para ordenar el caos. Felizmente había llevado a cabo el ensayo en Manchester como director de una fábrica de 500 obreros; desde 1800 a 1829 dirige, inspirado por este espíritu y en calidad de gerente asociado, la gran hilatura de New Lanarck, en Escocia, con mayor libertad de acción y con tal éxito que se convirtió en una celebridad europea. Consigue transformar una población que se elevaba aproximadamente a 2.500 habitantes, compuesta de los elementos más heterogéneos, y en parte más desmoralizados, en una colonia modelo, que se bastaba a sí misma, en la cual la embriaguez, la policía, la justicia represiva, el proceso, la asistencia a los indigentes y la caridad eran cosas ignoradas, consiguiendo esto simplemente dando a los obreros un medio más conforme a la dignidad humana, y principalmente una educación cuidadosa a la generación nueva en vía de formación. Fue él quien inventó las escuelas para los niños pequeños, siendo el primero en introducirlas; desde el segundo año de vida los niños iban a la escuela, donde pasaban tan agradablemente el rato que costaba un inmenso trabajo hacerlos regresar a su hogar. Mientras los competidores de Owen trabajaban de trece a catorce horas, en New Lanarck se trabajan solamente doce y media. Una crisis algodonera obligó a Owen a paralizar los trabajos durante cuatro meses; sin embargo, siguió pagando a sus obreros durante este tiempo su salario íntegro; a pesar de todo, la fábrica aumentó en más del doble su valor, produciendo hasta el final cuantiosos beneficios a los propietarios. Esto no bastaba a Owen. La existencia que había conseguido proporcionar a sus obreros no se hallaba a sus ojos conforme con la dignidad humana. "Estos eran esclavos míos, decía, y aunque el medio relativamente favorable a que les he trasladado está muy lejos todavía de permitirles una evolución racional del carácter y de la inteligencia en todos los sentidos, y menos todavía una vida libre". Sin embargo, la parte activa de estos 2.500 seres humanos crea para la sociedad tanta riqueza real como hubiera podido producir hace apenas medio siglo una población de 600.000 almas.

Yo me pregunto: ¿dónde va la diferencia entre la riqueza consumida por las 2.500 personas y la que hubieran consumido las 600.000? La respuesta era clara: la diferencia sirve para dar a los dueños de las fábricas el 6 por 100 de interés por el capital de fundación y además 300.000 libras esterlinas de beneficio. Y lo que es cierto para New Lanarck lo es en mayor medida para toda Inglaterra. Sin esta riqueza nueva creada por las máquinas no hubieran podido sostenerse las guerras contra Napoleón y en defensa de los príncipes aristocráticos. Sin embargo, esta fuerza nueva era obra de la clase laboriosa; a ésta le correspondía, por lo tanto, percibir los frutos. Las nuevas y poderosas fuerzas productivas, que hasta entonces sirvieron solamente para enriquecer a los individuos y oprimir a las masas, constituían para Owen la base de un nuevo orden social, en el cual serían destinadas a trabajar, como propiedad común, en el bienestar común a todos.

De esta manera puramente práctica, como fruto de la contabilidad comercial, pudiéramos decir, surgió el comunismo de Owen, conservando hasta el fin su carácter práctico. Así es por lo que Owen propone en 1823 aliviar la miseria de Irlanda por medio de colonias comunistas, completando su proyecto con un resumen general de gastos de fundación, gastos anuales y productos eventuales. Y en su plan definitivo para el porvenir la elaboración técnica de los detalles está completada con tal competencia técnica que una vez aceptado el método de reforma social de Owen hay poco que ultimar, incluso desde el punto de vista técnico.

El paso al comunismo fue el punto decisivo en la vida de Owen. Mientras fue un simple filántropo no cosechó más que riqueza, aprobaciones, honores y gloria, siendo el hombre más popular de Europa; no sólo los hombres de su clase, sino también los estadistas y príncipes se mostraban conformes con él. Todo cambió cuando comenzó a exponer sus teorías comunistas. Tres grandes obstáculos ante todo debían cerrar el camino de la reforma social: la propiedad privada, la religión y la forma actual de matrimonio. Suponía lo que le esperaba si los atacaba: una proscripción general por parte de la sociedad oficial, la pérdida de toda su situación social. Pero no se amilanó, atacándolos sin vacilaciones. Sucedió lo que había previsto. Desterrado de la sociedad capitalista, rodeado por la conspiración del silencio de la prensa, empobrecido por las tentativas comunistas frustradas de América, en las que sacrificó toda su fortuna, se vuelve directamente a la clase obrera, permaneciendo aún treinta años entre ella de una manera activa. Todos los movimientos sociales, todos los progresos efectivos realizados en Inglaterra en beneficio de los trabajadores se ligan al nombre de Owen.

En 1819, después de cinco años de esfuerzos, obtiene la primera ley restringiendo el trabajo a las mujeres y niños en las fábricas. Preside el primer Congreso en el cual se unieron en una sola gran asociación profesional las Trade Unions de toda Inglaterra. Introdujo, a título de medida de transición hacia una organización social absolutamente comunista, de una parte las asociaciones cooperativas de consumo y producción, que han suministrado la prueba de que puede prescindirse tanto del comerciante como del fabricante, y de otra parte, los bazares de trabajo para el cambio de los productos del trabajo por medio de un papel moneda-trabajo, cuya unidad sería la hora de trabajo, bazares condenados desde luego al fracaso, pero que preparaban con bastante antelación el Banco de cambio de Proudhon, del cual se distinguían no sólo porque constituían el remedio universal para todos los males de la sociedad, sino también porque eran el primer paso hacia una transformación mucho más radical de la sociedad.

Éstos son los hombres juzgados soberanamente por el señor Duhring desde las alturas de "su verdad definitiva y sin apelación" con el desprecio, del que hemos presentado algunos ejemplos en la Introducción. Y no es que este desprecio carezca de razón en un cierto sentido: proviene de una ignorancia atroz de los escritos de los tres utópicos. Por eso el señor Duhring dice de Saint-Simon que su idea principal es justa, prescindiendo de algunas exageraciones, susceptible de dar todavía un impulso a las reformas reales. Aunque el señor Duhring parece haber tenido en sus manos, en efecto, algunas de las obras de Saint-Simon buscamos, sin embargo, tan inútilmente en las veintisiete grandes páginas la "idea fundamental de Saint-Simon, como antes la "significación del cuadro económico" de Quesnay; debiendo, finalmente, contentarnos con la frase de que "la imaginación y el sentimiento filantrópicos con la excitación imaginativa consiguiente dominan la totalidad de las ideas de Saint-Simon". De Fourier sólo conoce y considera las fantasías de Fourier descritas con detalles novelescos, lo que con seguridad es "más importante" para producir la infinita superioridad del señor Duhring sobre Fourier que investigar cómo éste "intenta con este motivo criticar el estado social existente". De pasada, cuando en casi todas las páginas chispea la sátira de la crítica contra las plagas de nuestra civilización tan ensalzada. Es lo mismo que si se dijera que sólo "de pasada" el señor Duhring convierte al señor Duhring en el pensador más grande de todos los tiempos. Respecto a las doce páginas consagradas a Roberto Owen, el señor Duhring no utiliza otra fuente que la miserable filosofía del filisteo Sargant, que, lo mismo que el señor Duhring, desconocía las obras más importantes de Owen, las consagradas al matrimonio y al régimen comunista. Esto explica que se atreva a afirmar que no "puede imputarse a Owen un comunismo francés". Si el señor Duhring hubiera tenido en sus manos el libro de Owen *Book of the New Moral World* hubiera encontrado expresado el comunismo más decidido, con la obligación igual a trabajo igual y el derecho igual al producto, el todo proporcional a la edad, como añade siempre Owen. Todavía más: hubiera encontrado el proyecto completo del edificio destinado a la comunidad comunista del porvenir con plan, croquis de la fachada y vista a vuelo de pájaro. Pero cuando se limita "el estudio directo de los escritos de los autores socialistas" al conocimiento del título y a lo sumo del epígrafe de un pequeño número de estas obras, como hace el señor Duhring, solamente puede entregarse a afirmaciones estúpidas y puramente fantásticas. No solamente predicó Owen el "comunismo más decidido", sino que además lo practicó durante cinco años (desde los treinta y tantos hasta los cuarenta) en la colonia de Harmeny Hall, en el Hampshire, comunismo que no deja nada que desear en cuanto a energía. He conocido personalmente a hombres que habían participado en esta experiencia comunista modelo. Pero Sargant desconoce esto en absoluto, así como toda la actividad de Owen entre 1836 y 1850, y el "profundo historiador" señor Duhring lo ignora a su vez. Este califica a Owen de "verdadero monstruo de importunidad filantrópica desde todos los puntos de vista". Pero cuando el señor Duhring nos informa del contenido del libro cuyo título apenas conoce no decimos que "es desde todos los puntos de vista un monstruo de ignorancia importuna" porque en nuestra época esto sería calificado de "injuria".

Ya hemos visto que los utopistas lo fueron porque no podían ser otra cosa en una época en que la producción capitalista se hallaba tan poco desarrollada. No necesitaban construir idealmente los elementos de una sociedad nueva porque éstos no se manifestaban de una manera general y visible en el seno de la sociedad antigua: estaban obligados a apelar a la razón para construir el plan de un edificio nuevo, pues no podían apelar todavía a la historia contemporánea.

Pero cuando hoy, casi ochenta años después de los utópicos, el señor Duhring pretende deducir un sistema "definitivo del orden social, no de la materia real dada por la evolución histórica como su resultado necesario, sino de su cabeza soberana, de su razón preñada de verdades definitivas", el que no ve más que epígonos no es otra cosa que el epígono de los utópicos, el último utópico. Califica a los utópicos de "alquimistas sociales". Es posible; la alquimia fue necesaria en su época. Pero desde entonces la gran industria ha elevado las contradicciones latentes en el seno del modo de producción capitalista al estado de oposiciones tan agudas que puede decirse que ya se toca la catástrofe inminente de este modo de producción; que las nuevas formas no pueden ya mantenerse ni desarrollarse sino por la introducción de un modo de producción nuevo y adecuado al desarrollo actual de las fuerzas productivas; que la lucha de las dos clases engendradas por el modo actual de producción, cuyo antagonismo se acentúa incesantemente, se ha apoderado de todos los países, siendo más violenta cada día, y que han sido descubiertas estas relaciones históricas; las condiciones de la transformación social que la han hecho necesaria, y los rasgos esenciales de esta transformación igualmente determinadas por esas relaciones. Y si hoy el señor Duhring crea un nuevo orden social utópico derivándolo no de los hechos económicos actuales, sino de su augusto cráneo, hace simplemente "alquimia social"; más aún, de la misma manera que quien quisiera, después de descubiertas y establecidas las leyes de la química moderna, restablecer la vieja alquimia y hacer servir los pesos atómicos, las fórmulas moleculares, las valencias de los átomos, la cristalografía y el análisis espectral al simple descubrimiento de *la piedra filosofal*.

II

NOCIONES TEÓRICAS

La concepción materialista de la historia parte del principio de que la producción, y con la producción el cambio de los productos, constituyen la base de todos los órdenes sociales; que en cada una de las sociedades que presenta la historia la distribución de los productos, y con ella la jerarquía social de las clases u órdenes, se rige por la naturaleza y el modo de producción y el modo de cambio de las cosas producidas. Por consiguiente, es necesario buscar las causas últimas de todas las transformaciones sociales, y de todas las revoluciones políticas, no en la cabeza de los hombres, en la apreciación más o menos clara que posean de la verdad y la justicia eternas, sino en las modificaciones del modo de producción y cambio; es preciso buscar las causas, no en la *filosofía*, sino en la *economía* de cada época. Cuando nace la idea de que las instituciones sociales existentes son irracionales e injustas, que la razón se ha trocado en sinrazón y la bendición en plaga, hay que ver solamente un signo de lo que se ha producido en los métodos de producción y en las formas de cambio, transformaciones silenciosas, a las cuales no corresponde ya el orden social constituido a la medida de condiciones económicas desaparecidas. Y es decir al mismo tiempo que los métodos propios para poner fin a los abusos descubiertos deben, asimismo, encontrarse, más o menos completamente, en las nuevas condiciones de producción.

Estos medios no los ha inventado el *espíritu*, pero los ha *descubierto* en los hechos materiales y objetivos de la producción.

Dicho esto, ¿qué significa el socialismo moderno?

El orden social vigente—verdad que todo el mundo acepta hoy—ha sido creado por la clase actualmente dominante, la burguesía. El modo de producción común a la burguesía, que desde Marx se le designa con el nombre de producción capitalista, era incompatible, tanto con los privilegios locales y de origen, como con los vínculos personales y recíprocos que caracterizaban el orden feudal; la burguesía destruye el orden feudal y edifica sobre sus ruinas el orden social burgués, el reinado de la libre competencia, de las comunicaciones libres, de la igualdad de derechos para todos los poseedores de mercancías y de las demás bellezas del régimen. Entonces, y sólo entonces, pudo desarrollarse libremente el modo de producción capitalista. Las fuerzas productivas elaboradas bajo la dirección de la burguesía se desarrollaran a partir del momento en que el vapor y las máquinas nuevas transformaron la antigua manufactura en gran industria con una rapidez y en proporción desconocida hasta entonces. Pero de igual manera que antiguamente las manufacturas y oficios que se habían desarrollado bajo su acción chocaron con las trabas feudales de las corporaciones, hoy la gran industria, obtenido ya su desarrollo pleno, choca con los límites en que la comprime el modo de producción capitalista. Las nuevas fuerzas productivas han superado ya la forma en que son explotadas por la burguesía; y este conflicto entre las fuerzas productivas y el modo de producción no es un conflicto nacido en el cerebro de los hombres, como, por ejemplo, el conflicto del pecado original de los hombres con la justicia divina; no, el conflicto radica en los hechos, objetivamente, fuera de nosotros, independientemente incluso de la voluntad de los hombres que lo crearon. El socialismo no es sino la idea reflejo de este conflicto real, su reflejo ideal en el espíritu, y ante todo en el espíritu de la clase que lo sufre directamente, de la clase obrera.

¿En qué consiste este conflicto?

Antes de la producción capitalista, en la Edad Media, reinaba en todas partes la pequeña explotación; los trabajadores eran dueños de sus medios de producción y la agricultura, de los pequeños campesinos libres o siervos, el taller en la ciudad. Los instrumentos de trabajo (tierra, arados, talleres, herramientas) eran instrumentos individuales de trabajo, destinados al uso individual, necesariamente pequeños, minúsculos, limitados. Por cuya razón justamente pertenecían, por lo general, al propio productor. Concentrar, desarrollar estos medios de producción diseminados, crear las poderosas palancas de la producción contemporánea fue precisamente el papel histórico del modo de la producción capitalista y de la clase que era su órgano, la burguesa. Marx expuso detalladamente en la cuarta parte de *El Capital* cómo se llevó a cabo esta misión en la historia a partir del siglo xv y a través de las tres etapas sucesivas, cooperación simple, manufactura y gran industria. Pero ha mostrado también que la burguesía no podía transformar estos medios restringidos de producción en fuerzas productivas poderosas sin transformar aquellos medios de producción *individuales en medios de producción sociales*, utilizables solamente por una comunidad de hombres. La tejedora, el taller mecánico de tejidos, el martillo pilón movido a vapor sustituyeron a la rueca, telar manual, al martillo del herrero; al taller individual sustituye la fábrica, que exige la cooperación de centenares y millares de obreros. Y como los medios de producción, la producción misma se transforma: de una serie de actos individuales se convierte en una serie de actos sociales, y los productos, de individuales en sociales. El hilo, las telas, los metales producidos en la fábrica fueron desde entonces el producto común de numerosos obreros por cuyas manos debía pasar sucesivamente antes de estar terminado. Ningún individuo puede decir: "Soy yo quien nace esto, es *mi* producto".

Pero allí donde la división espontánea del trabajo en el seno de la sociedad es la forma fundamental de la producción imprime a los productos la forma de *mercancía, cuyo* cambio recíproco, compra y venta, colocan a cada uno de los productores en situación de satisfacer sus necesidades diversas. Tal era el caso en la Edad Media; el campesino, por ejemplo, vendía productos agrícolas al artesano, comprándole a cambio herramientas. En el seno de estas sociedades de productores aislados, de productores de mercancías, se introdujo el modo nuevo de producción; al lado de la división espontánea del trabajo, establecido al azar en el seno de toda la sociedad, se instaura la división sistemática del trabajo, tal como se halla organizada en el interior de cada fábrica; al lado de la producción individual se establece la *producción social;* los productos de ambas se vendían en el mismo mercado, a precios aproximadamente iguales.

Pero la organización sistemática era más poderosa que la división espontánea del trabajo, el trabajo social de las fábricas producía más económicamente que los pequeños productores aislados. La producción individual debía ceder terreno poco a poco, y la producción social trastorna todo el modo antiguo de producción. Se reconoció, sin embargo, tan poco su carácter revolucionario que se la introdujo como un medio adecuado para desarrollar y estimular la producción de mercancías; ligándose directamente a los instrumentos determinados y anteriores de la producción y cambio de mercancías: capital comercial, taller, trabajo asalariado. Se presenta como una forma nueva de la producción de mercancías aplicándose plenamente, en consecuencia, las formas de apropiación de la producción de mercancías.

En la producción de mercancías tal como se constituye en la Edad Media no podía plantearse siquiera el problema de saber a quién debía pertenecer el producto del trabajo. Era generalmente el productor aislado quien lo había fabricado con materias primas que le pertenecían y que incluso había producido él mismo, con instrumentos propios, merced a su trabajo manual o al de su familia. No tenía que adueñarse, pues, del producto del trabajo: éste le correspondía íntegramente. La propiedad de los productos se basaba en el *trabajo individual*. Pero allí donde se utilizaba la ayuda de otro, ésta era por lo general accesoria y recibía con frecuencia, además del salario, otra remuneración: el aprendiz y el compañero de las corporaciones trabajaban menos por la alimentación y el salario que por el designio de prepararse a su vez para maestros. Se produce entonces la concentración de los medios de producción en los grandes talleres y manufacturas y su transformación en medios de producción verdaderamente sociales. Sin embargo, se continúan tratando los medios de producción y los productos sociales como si fueran todavía medios de producción y productos de individuos aislados. Hasta entonces, el poseedor de los instrumentos de trabajo se apropiaba el producto, que era corrientemente su producto propio, y la ayuda ajena tenía un carácter excepcional: el poseedor de los instrumentos de trabajo sigue adueñándose del producto, aunque éste no sea ya *su* producto, sino el producto exclusivo del trabajo ajeno. De esta manera los productos sociales fueron, a partir de entonces, apropiados, no por quienes realmente movían los instrumentos de producción y habían creado realmente estos productos, sino por *los capitalistas.*

Los instrumentos de producción y la producción se han convertido en cosas esencialmente sociales, pero sometidas a una forma de apropiación que supone la producción privada, individuos cada uno de los cuales posee su propio producto y lo lleva al mercado.

El modo de producción está sometido a una forma de apropiación cuyas bases han sido minadas por él [3]. En la contradicción que imprime al nuevo modo de producción su carácter capitalista *se contiene en germen toda la colisión actual.* Y cuanto más se extiende el nuevo modo de producción a los campos esenciales de la producción y por todos los países cuya importancia económica es decisiva, restringiendo de esta manera hasta límites insignificantes la producción individual, *más brutalmente se destaca la incompatibilidad de la producción social y de la apropiación capitalista.*

Los primeros capitalistas encontraron disponible, según dijimos, la forma del trabajo asalariado; pero del trabajo asalariado como excepción, como ocupación accesoria, como ayuda, como algo transitorio. El trabajador rural que de vez en cuando se alquilaba poseía sus fanegas de tierra, de las cuales, en rigor, podía vivir. Las ordenanzas corporativas prescribían que el compañero de hoy pasara mañana a ser maestro. Pero inmediatamente que los medios de producción fueran socializados, concentrándose en manos de los capitalistas, todo cambia. El instrumento

---

[3] Es inútil demostrar detalladamente que, aunque la "forma" de apropiación permanece idéntica, el "carácter" de apropiación es menos revolucionario que la propia producción, en virtud del proceso que hemos descrito anteriormente. Que yo me apropie mi propio producto o el producto ajeno, son dos clases muy distintas de apropiación. Digámoslo de paso: el trabajo asalariado, en el cual se halla contenido en germen el modo de producción capitalista íntegramente, es extraordinariamente antiguo: en estado esporádico y diseminado ha existido durante muchos años con la esclavitud. Pero solamente cuando se produjeron las circunstancias históricas necesarias pudo brotar el germen y crear el modo de producción capitalista.

de producción, lo mismo que el producto del pequeño productor independiente, pierden poco a poco todo su valor; no les queda otro recurso que pedir un salario al capitalista. El trabajo asalariado, que antes constituía una excepción y una ayuda, se convierte ahora en regla y forma fundamental de la producción: ocupación accesoria primero, pasó a ser la actividad exclusiva del trabajador. El salario temporal se transforma en salario a perpetuidad. La muchedumbre de trabajadores asalariados con carácter permanente creció desde este momento en proporciones inmensas, tanto por la bancarrota del orden feudal como por la disolución de los vínculos de vasallaje, expulsión de los campesinos, etc. Quedó realizada la escisión entre los medios de producción concentrados en manos de los capitalistas y los productores reducidos a poseer solamente su fuerza de trabajo. *La contradicción entre la producción social y la apropiación capitalista se manifiesta bajo la forma de un antagonismo entre el proletariado y la burguesía.*

Ya hemos visto implantarse el modo de producción capitalista en una sociedad de productores de mercancías, de productores aislados, cuya solidaridad social se realizaba a través del cambio de sus productos. Ahora bien: toda sociedad basada en la producción de mercancías tiene como rasgo peculiar que los productores han perdido el dominio de sus propias relaciones sociales. Cada uno produce por su cuenta con instrumentos de producción que posee por casualidad y pensando en sus necesidades individuales de cambio. Nadie conoce la cantidad de artículos suyos que irán al mercado, ni siquiera de manera general la necesidad que hay de tal artículo. Nadie sabe si su producto satisfará una necesidad verdadera, si cubrirá los gastos efectuados, ni siquiera si podrá venderlo. Es la anarquía de la producción social lo que domina. Pero la producción de mercancías, lo mismo que las demás formas de producción, tiene sus leyes propias, inmanentes, inseparables de ella; leyes que se cumplen, pese a la anarquía, en ella y por ella. Estas leyes se manifiestan en la forma única permanente de la solidaridad social, en el cambio, manifestándose con el productor aislado como leyes coercitivas de la concurrencia. Son, por lo tanto, desconocidas al propio productor, que necesita descubrirlas paulatinamente, tras largas experiencias. Producen sus efectos, por consecuencia, sin los productores y contra éstos, como leyes naturales de la forma de producción, como leyes naturales ciegas en su acción. El producto domina a los productores.

En la sociedad medieval, sobre todo en los primeros siglos, la producción se destinaba esencialmente al consumo propio del productor; su fin principal era atender a las necesidades del productor y de su familia. Allí donde, como en la campiña, subsistían relaciones de dependencia personal, la producción contribuía asimismo a satisfacer las necesidades del señor feudal. No se verificaba, por lo tanto, cambio, por cuya razón los productos carecían del carácter de mercancías. La familia del campesino producía aproximadamente lo que consumía, utensilios y vestidos lo mismo que alimentos. Solamente cuando consigue producir un excedente superior a sus propias necesidades y la renta adeudada al señor feudal, sólo entonces comienza a producir mercancías; este excedente, llevado al mercado, puesto a la venta, fue la mercancía. Indudablemente los artesanos de la ciudad debieron desde el principio producir para el cambio, pero también ellos atendían con su trabajo propio a la mayor parte de sus necesidades personales; tenían jardines y huertas, enviaban su ganado al bosque comunal, el cual les suministraba además madera para la carpintería y leña para el fuego; las mujeres hilaban la lana, el lino, etc. La producción destinada al cambio, la producción de mercancías apenas se hallaba en vías de formación. De lo que se derivaba el cambio restringido, el mercado limitado, el método de producción estable, el medio local cerrado para el exterior, asociación local en el interior, mercado en la campiña, la corporación en las ciudades.

Con el desenvolvimiento de la producción de mercancías, y sobre todo con la aparición del modo de producción capitalista, las leyes de producción de mercancías que yacían aletargadas hasta entonces pusiéronse en actividad más abiertamente y con mayor potencia. Los vínculos corporativos se relajaron, las antiguas prohibiciones desaparecieron, los productores se transforman progresivamente en productores de mercancías independientes y aislados. Nace entonces la anarquía de la producción social, que no deja de acentuarse. Pero el medio esencial empleado por el modo de producción capitalista para acentuar la anarquía en la producción fue precisamente lo contrario de la anarquía: fue la organización progresiva de la producción transformada en producción social; en cada establecimiento productor ésta fue la palanca con la que se destruyó la estabilidad pacífica del pasado. En la rama industrial en. que se introdujo no toleró a su lado ningún método antiguo de explotación; donde se apoderó del taller destruyó el taller antiguo. El campo del trabajo se convirtió en un campo de batalla. Los grandes descubrimientos geográficos y la colonización, que fue su consecuencia, aumentaron colosalmente los mercados y aceleraron la transformación del taller en manufactura. La lucha no estalló solamente entre los productores de una localidad: las guerras locales se transformaron en guerras nacionales, las grandes guerras comerciales de los siglos XVII y XVIII. La gran industria y la creación del mercado mundial hicieron la lucha universal, dotándola al mismo tiempo de una violencia hasta entonces desconocida. Lo mismo entre capitalistas aislados que entre industrias y naciones enteras, son las condiciones naturales o artificiales de la producción las que, según sean más o menos favorables, deciden de la existencia. El vencido es eliminado sin piedad. Es la lucha por la existencia individual de Darwin que pasa de la naturaleza a la sociedad, pero con bastante mayor furia. El punto de vista del animal en la naturaleza aparece como el límite supremo de la evolución humana. La contradicción entre la producción social y la apropiación capitalista se manifiesta como antagonismo *entre la organización de la producción en el interior de cada fábrica y la anarquía de la producción en el conjunto de la sociedad.*

El modo de producción capitalista se mueve entre estas dos formas de contradicción que le son inmanentes, en virtud de su propio origen; describe infaliblemente "el círculo vicioso" que ya había descubierto Fourier. Pero Fourier no pudo ver en su época que este círculo se restringía progresivamente, que el movimiento se desarrollaba en espiral y, como los planetas, llega a su fin chocando con su centro. Es la fuerza de la anarquía social de la producción lo que transforma progresivamente en proletarios a la gran mayoría de los hombres, y son a su vez las masas proletarias las que pondrán fin a la anarquía de la producción. Es la fuerza de la anarquía en la producción social la que de la infinita perfectibilidad de las máquinas de la gran industria hace una ley coercitiva, obligando a cada capitalista industrial a perfeccionar cada vez más sus máquinas, so pena de arruinarse. Pero perfeccionar las máquinas supone hacer superfluo el trabajo humano. Su introducción, aumento de máquinas, significa eliminación de millones de trabajadores manuales por un corto número de trabajadores mecánicos; el perfeccionamiento del maquinismo significa eliminación de un número cada vez más considerable de trabajadores mecánicos, y, en último análisis, creación de un número de trabajadores disponibles superior a las necesidades medias del capital, creación de lo que ya califiqué en 1845 de "ejército de reserva industrial", disponible para los períodos en que la industria trabaja a presión elevada, arrojado al arroyo al producirse las quiebras, que son la consecuencia necesaria de aquél, argolla y peso muerto atado continuamente al pie de la clase obrera en la lucha por la existencia dirigida contra el capital, que mantiene el salario del trabajo al nivel ínfimo que conviene a las necesidades de los capitalistas. Así es como el maquinismo se transforma, hablando como Marx, en el arma más potente del capital contra la clase obrera, como el instrumento de trabajo arranca constantemente de manos de los trabajadores sus medios de existencia, y el propio producto del obrero pasa a ser un instrumento para someter el trabajo. De esta manera, la economía que se realiza en los instrumentos de trabajo es, al mismo tiempo, el despilfarro más desenfrenado de fuerza de trabajo, y significa confiscación de las condiciones normales de la función del trabajo; el maquinismo es el medio más poderoso para reducir el tiempo de trabajo, se convierte en el medio más infalible para transformar todo el tiempo y la vida del trabajador y de su familia en tiempo de trabajo disponible para la explotación capitalista, y el trabajo excesivo de unos determina el paro de otros, y la gran industria, que en toda la superficie del globo va a la caza de nuevos consumidores, limita el consumo de las masas a un mínimum de hambre, suprimiéndose a sí misma su mercado interior. "La ley que mantiene constantemente la superpoblación relativa o ejército de reserva industrial en equilibrio, con la extensión y energía de la acumulación del capital, clava al trabajador más sólidamente al capital que los clavos de Vulcano clavaron a Prometeo en la roca. Esta ley determina una acumulación de miseria que corresponde a la acumulación del capital. La acumulación de riquezas en uno de los polos es, por lo tanto, la acumulación de miseria, de trabajo penoso hasta el suplicio, de esclavitud, ignorancia, bestialidad y degradación moral en el polo opuesto; es decir, en la clase que produce *como capital su propio producto*". Marx, *El Capital*, pág. 671.) Esperar del modo de producción capitalista una distribución distinta de productos sería exigir a los electrodos de una batería que permanecen en contacto con ésta que no descompusieran el agua, ni desarrollaran el oxígeno sobro el polo positivo y el hidrógeno sobre el negativo.

Hemos visto cómo la perfectibilidad del maquinismo llevada al extremo se transforma, a causa de la anarquía que reina en la producción social, en una ley coercitiva que obliga a cada capitalista industrial a mejorar incesantemente el instrumental y a perfeccionar sin descanso su fuerza productiva. La simple posibilidad de extender el dominio de su producción se transforma para él igualmente en una ley coercitiva. La fuerza expansiva colosal de la gran industria, respecto a la cual la del gas es sólo un juego de niños, aparece ahora como una necesidad de extensión cualitativa y cuantitativa a la vez que se burla de toda fuerza antagónica. Las fuerzas antagónicas se hallan constituidas por el consumo, los mercados, fuentes de materia prima, los mercados para los productos de la gran industria; la capacidad de extensión cualitativa de los mercados se halla regida, en primer lugar, por leyes completamente diferentes y bastante menos enérgicas; la extensión de los mercados no puede mantenerse a la par con la extensión de la producción. La colisión resulta inevitable; y no pudiendo encontrar solución más que haciendo saltar hecho añicos el modo de producción capitalista, se hace periódica. La producción capitalista crea un nuevo "círculo vicioso".

Efectivamente, desde 1825, fecha en que estalla la primera crisis general, el mundo comercial e industrial, la producción y el cambio de todos los pueblos civilizados y de sus anejos más o menos bárbaros se disloca aproximadamente cada diez años. El comercio languidece; los mercados están abarrotados; los productos se acumulan en masa sin tener salida; el dinero contante se hace invisible; desaparece el crédito; la fabricación se detiene; las masas laboriosas no tienen medios de existencia a causa de haber producido con exceso; las bancarrotas y ventas forzosas se suceden sin interrupción. El abarrotamiento del mercado dura años enteros; se despilfarran y destruyen fuerzas productivas y productos en masa, hasta que los depósitos de mercancías acumuladas son finalmente colocados, con una depreciación más o menos fuerte, y la producción y el cambio se restablecen poco a poco.

Progresivamente, la marcha se acelera y se convierte en trote; después, en galope, y éste, acelerándose de nuevo, pasa a ser carrera desenfrenada, *Steeple-chase* general de la industria, comercio, crédito, especulación, para caer después de los saltos más aventurados... en la fosa de la quiebra. Este fenómeno recomienza incesantemente: desde 1826 hemos vivido tinco veces esta crisis y estamos en camino (1877) de revivirla por sexta vez. Es tan claro el carácter de estas crisis, que Fourier las definió todas cuando definió la primera como *crisis pletórica*, crisis de lo superfluo.

Durante estas crisis se ve estallar violentamente la contradicción que existe entre la producción social y la apropiación capitalista. La circulación de mercancías queda reducida momentáneamente a la nada; el instrumento de circulación, la moneda, se convierte en un obstáculo a la circulación; todas las leyes de la producción y circulación de mercancías son quebrantadas. La colisión económica llega al máximo; *el modo de producción se subleva* contra el modo de cambio; las fuerzas productivas, contra *el modo* de producción, cuyo desenvolvimiento potente no pueden contener.

El hecho de que la organización social de la producción se desarrolle en el interior de la fábrica hasta el punto en que llega a ser incompatible con esta anarquía de la producción en la sociedad que subsiste al lado y por encima de ella, este hecho se hace tangible a los propios capitalistas por la concentración violenta de los capitales que se realiza durante las crisis y por la ruina de un gran número de grandes y otro más numeroso de pequeños capitalistas. El mecanismo entero del modo de producción capitalista se descubre bajo la presión de las fuerzas productivas creadas por él; no puede ya transformar íntegramente en capital esta masa de medios de producción; se produce el paro, y el ejército de reserva industrial se halla obligado a parar también. Medios de producción, medios de existencia, trabajadores disponibles: todos los elementos de la producción y riqueza en general se hallan excedentes. Pero lo superfluo se convierte en origen de miseria y escasez, como dice Fourier, por ser precisamente aquello lo que se opone a la transformación en capital de los medios de producción y de existencia. Esto, a causa de que los medios de producción no pueden cobrar actividad en la sociedad capitalista si no han sido previamente transformados en capital por la explotación de la fuerza del trabajo humano. La necesidad que tienen los medios de producción y de existencia de revestir la calidad de capital se interpone como un fantasma entre ellos y los trabajadores. Sólo ella impide la coincidencia de las palancas objetivas y personales de la producción; sólo ella se opone a que los medios de producción cumplan su función, a que los trabajadores trabajen y vivan. Así, pues, de una parte, el modo de producción capitalista se manifiesta incapaz de continuar rigiendo las fuerzas productivas, y de otra, estas mismas fuerzas productivas empujan con creciente vigor a terminar con esta contradicción, a liberarse de su calidad de capital, o *imponer efectivamente* el reconocimiento de *su carácter de fuerzas productivas sociales.*

Esta presión de las fuerzas productoras, potentemente aumentada contra su propio carácter de capital, es la que obliga a reconocer cada vez más su naturaleza social, la que obliga a los mismos capitalistas a tratarlas como fuerzas productivas sociales en la medida en que esto es posible en el seno del régimen capitalista. El período de presión elevada del régimen industrial, con su crédito inflado ilimitadamente, así como la propia quiebra, por la ruina de los grandes establecimientos capitalistas, conducen a la socialización de masas considerables de medios de producción, socialización que se opera revistiendo la forma de las diversas clases de Sociedades por acciones. Muchos de estos medios de producción y de comunicación son desde el comienzo tan colosales, que excluyen cualquier otra forma de explotación capitalista. Tal es el caso, por ejemplo, de los ferrocarriles, Mas, obtenido un cierto grado de desarrollo, incluso esta forma no es ya suficiente: el representante oficial de la sociedad capitalista, el Estado, se halla obligado a tomar la dirección de estos medios de producción y comunicación [4].

---

[4] He dicho "obligado". Porque solamente en el caso en que los medios de producción y consumo escapan "realmente" a la dirección de las Sociedades por acciones, la estatización resulta inevitable "económicamente" y solamente entonces, incluso llevada a cabo por el Estado actual, señala un progreso económico, una fase preliminar a la toma de posesión por la sociedad de todas las fuerzas productivas. Pero ha nacido recientemente, desde que Bismarck se ha dedicado a estatizar, un falso socialismo que, llegando incluso a degenerar aquí y allá en una complacencia servil, declara socialista desde el primer momento toda estatización, incluso las de Bismarck. Ahora bien: si la estatización del tabaco fuera socialista, se contaría entre los fundadores del socialismo a Napoleón y Metternich. Cuando el Estado belga, por razones políticas y financieras completamente banales, construye él mismo sus propias líneas férreas; cuando

La necesidad de transformarlos en propiedad privada se presenta en primer lugar para los grandes establecimientos que atienden a las comunicaciones (correos, telégrafo, ferrocarriles).

Si las crisis demuestran que la burguesía es incapaz de administrar las fuerzas productivas modernas, la transformación de los grandes establecimientos de producción y comunicación en Sociedades por acciones y en propiedad del Estado demuestra que es posible prescindir de la burguesía; empleados asalariados cumplen hoy todas las funciones sociales del capitalista. El capitalista carece actualmente de actividad social, excepto aquella que consiste en percibir las rentas, en cortar cupones y jugar a la bolsa, donde los capitalistas se sustraen mutuamente su capital. El modo de producción capitalista, después de haber eliminado a los trabajadores, elimina ahora a los capitalistas; los reduce, igual que a los trabajadores, si no al estado de ejército de reserva industrial, al menos al estado de población superflua.

Pero ni la transformación en Sociedades por acciones ni la transformación en propiedad del Estado despoja a las fuerzas productoras de su carácter de capital. Esto es evidente para las Sociedades por acciones. El Estado moderno, a su vez, no es más que una organización que se da la sociedad burguesa para mantener las condiciones generales exteriores del modo de producción capitalista frente a los trabajadores y a los capitalistas aislados. El Estado moderno, sea cual fuere su forma, es una máquina esencialmente capitalista; es el Estado de los capitalistas, el capitalista colectivo ideal. Cuanto más se apropia las fuerzas productoras, más se convierte en un verdadero capitalista colectivo, más explota a los ciudadanos. Los trabajadores permanecen como asalariados, como proletarios. El capitalismo no se suprime, sino que se le empuja al extremo. Pero llegado a ese punto extremo cambia de dirección. El Estado propietario de las fuerzas productoras no es la solución del conflicto; sin embargo, contiene el medio adecuado, la llave de la solución.

Esta solución no puede consistir sino en reconocer efectivamente la

---

Bismarck, al margen de toda necesidad económica, estatiza las líneas principales de Prusia, simplemente para poder organizarlas y utilizarlas mejor con vistas a la guerra, para convertir a los ferroviarios en un rebaño de electores dóciles, y, sobre todo, para procurarse una nueva fuente de ingresos independientes de las decisiones del Parlamento, no existe en ello, directa ni indirectamente, consciente o inconscientemente, ningún grado de medidas socialistas. Sin esto, el comercio marítimo real, la manufactura de porcelana real, incluso la sastrería de las compañías del Ejército, serían instituciones socialistas.

naturaleza social de las fuerzas productoras modernas, en armonizar, por lo tanto, el modo de producción, apropiación y cambio con el carácter social de los medios de producción. Lo cual no puede realizarse sino por la toma de posesión franca y sin recato por la sociedad de las fuerzas productoras que han escapado a toda dirección distinta a la suya. Con esto los productores: imponen plena y conscientemente el carácter social de los medios de producción y de los productos, carácter que hoy está en oposición con los productores, que rompe periódicamente el modo de producción y cambio, manifestándose como una ley ciega de la naturaleza violenta y destructora, la cual de causa de perturbación y ruina periódicas se convertirá en una de las palancas más vigorosas de la producción.

Las fuerzas activas obran en la sociedad absolutamente como fuerzas de la naturaleza, ciegas, violentas y destructoras mientras que las desconozcamos y no contemos con ellas. Pero apenas sean conocidas y se haya comprendido su actividad, dirección y efectos, sólo dependerá de nosotros someterlas cada vez más a nuestra voluntad y de obtener gracias a ellas nuestros propósitos. Esto es particularmente cierto para las poderosas fuerzas productoras actuales. Mientras nos neguemos obstinadamente a comprender la naturaleza y carácter (a cuya comprensión se oponen el modo de producción capitalista y sus defensores) de estas fuerzas, obrarán, a pesar nuestro, contra nosotros, dominándonos, según hemos demostrado. Pero, comprendida ya su naturaleza, pueden transformarse en manos de los productores asociados, convirtiéndose de dueñas despóticas en servidoras dóciles. En esto radica la diferencia entre la potencia destructora de la electricidad, el rayo de la tormenta, y la electricidad dominada del telégrafo y del arco voltaico, la diferencia entre el incendio y el fuego puesto al servicio de los hombres. De igual manera se tratará a las fuerzas productoras actuales con arreglo a su naturaleza, al fin reconocida; a la anarquía de la producción social sustituirá la reglamentación social y sistemática de la producción, en razón de las necesidades de la comunidad, lo mismo que de cada individuo en particular; el modo de apropiación capitalista, en el cual el productor somete primero al productor y después al que se apropia el producto, será reemplazado por un modo de apropiación de los productos fundado sólidamente en la naturaleza de los medios modernos de producción: de una parte, apropiación social directa, como medio de mantener y desarrollar la producción; de otra, apropiación individual directa, como medio de existencia y disfrute.

El modo de producción capitalista, transformando progresivamente en proletarios a la gran mayoría de la población, crea la fuerza que, bajo pena de muerte, está obligada a realizar esta revolución. Impulsando progresivamente la transformación de los grandes medios de producción socializados en propiedad del Estado, indica él mismo los medios para realizar esta revolución, *El proletariado se apodera del poder del Estado y transforma en primer lugar los medios de producción en propiedad del Estado.*

Con este acto se destruye a sí mismo como proletariado, suprime todas las diferencias de clase y todos los antagonismos entre éstas, y al mismo tiempo al Estado como tal Estado. La antigua sociedad, que se movía entre antagonismos de clase, tenía necesidad del Estado, o sea de una organización de la clase explotadora de cada época, destinada a mantener sus condiciones exteriores de producción y, sobre todo, para mantener por la fuerza a la clase explotada en las condiciones de opresión exigidas por el modo de producción existente (esclavitud, servidumbre. trabajo asalariado). El Estado era el representante oficial de toda la sociedad, su síntesis en un cuerpo visible, pero sólo en la medida en que era el Estado de la clase que a su vez representaba en su época a la sociedad entera: Estado de los ciudadanos propietarios de esclavos en la antigüedad, Estado de la nobleza feudal en la Edad Media, Estado de la burguesía en la actualidad. Pero, al convertirse realmente en representante efectivo de toda la sociedad, se hace superfluo él mismo. Desde que no existe ya una clase social a la que oprimir; desde que son suprimidos, al mismo tiempo que la soberanía de clase y la lucha por la existencia individual, basada en la antigua anarquía de la producción, las colisiones y abusos resultantes, no hay ya nada que reprimir y cesa de ser necesario un poder especial de represión, un Estado. El primer acto por el cual se manifiesta el Estado realmente como representante de toda la sociedad, o sea la toma de posesión de los medios de producción en nombre de la sociedad, es al mismo tiempo el último acto propio del Estado. La intervención del Estado en los negocios sociales resulta superflua y se extingue por sí misma. Al gobierno de las personas sustituye la administración de las cosas y la dirección del proceso de la producción. El Estado no es "abolido": *muere.* Desde este punto de vista conviene apreciar la expresión "Estado libre del pueblo", tanto en su interés transitorio para la agitación como en su insuficiencia científica definitiva; igualmente hay que considerar la reivindicación de los que se llaman anarquistas, que quieren que el Estado sea abolido al día siguiente.

La toma de posesión de todos los medios de producción por parte de la sociedad ha sido presentada frecuentemente, desde los comienzos del modo de producción en la historia, como un ideal futuro más o menos claro, tanto a individuos aislados como a sectas enteras. Pero no puede hacerse posible ni transformarse en una necesidad histórica sino una vez dadas las condiciones materiales para su realización.

Esta toma de posesión, como, en general, todo progreso social, es realizable, no a causa de la virtud de la idea de que la existencia de las clases es contraria a la justicia social, a la igualdad, etc., no por la sola voluntad de abolir estas clases, sino en virtud de ciertas condiciones económicas nuevas. La división de la sociedad en una clase explotadora y una clase explotada, en una clase reinante y en otra oprimida, ha sido la consecuencia necesaria del débil desarrollo de la producción en el pasado. En tanto que el trabajo total de la sociedad no da sino un producto que apenas excede aquello que es estrictamente necesario a la existencia de todos; en tanto que el trabajo reivindica todo o casi todo el tiempo de la gran mayoría de los miembros de la sociedad, ésta se halla necesariamente dividida en clases. Al lado de esta gran mayoría, sometida exclusivamente al trabajo, se constituye una clase liberada de todo trabajo directamente productivo, que rige los asuntos comunes de la sociedad: dirección del trabajo, asuntos políticos, justicia, ciencias, artes, etc. Por lo tanto, en la base de la división en clases se halla la ley de la división del trabajo. Lo cual no impide que semejante división en clases no haya sido creada por la violencia, el robo, la astucia y el engaño, ni que la clase dominante, una vez victoriosa, no haya desdeñado ningún medio para consolidar su poder a expensas de la clase obrera y transformar la dirección de la sociedad en explotación de las masas.

Pero si la división en clases tiene, en consecuencia, una legitimidad histórica, no posee, sin embargo, esta legitimidad más que por un tiempo determinado para condiciones sociales determinadas. Ha sido fundada sobre la base de la insuficiencia de la producción; será eliminada por medio de la expansión plena de las fuerzas productoras modernas. En efecto, la abolición de las clases sociales supone un grado de la evolución histórica en el cual la existencia no solamente de tal o cual clase dominante, sino de una clase dominante en general, incluso de la distinción de las clases, resultará un anacronismo, algo ya superado; supone, por lo tanto, un grado de la evolución de la producción en el cual la apropiación de los medios de producción y de los productos, y con ello la soberanía política, el monopolio de la educación y de la dirección espiritual por una clase determinada de la sociedad, resultará no solamente una cosa superflua, sino que, considerada desde el punto de vista económico, político e intelectual, será una traba para la evolución. Este punto ha sido ya alcanzado. Si la bancarrota política e intelectual de la burguesía no es ya un secreto ni siquiera para ella misma, la bancarrota económica se reproduce cada diez años. Durante cada una de las crisis, la sociedad, bajo la exuberancia de sus propias fuerzas productoras y de sus productos que no puede utilizar, se encuentra impotente ante la contradicción absurda de que los productores no tienen nada que consumir porque carecen de consumidores. La fuerza expansiva de los medios de producción rompe las cadenas puestas por el modo de producción capitalista. Basta con que se le libre de estas cadenas para que el desarrollo de las tuerzas productoras prosiga ininterrumpidamente y cada vez más rápido, y para permitir un crecimiento prácticamente ilimitado de la producción. No es esto todo. La apropiación social de los medios de producción pone fin no sólo a los obstáculos artificiales que paralizan actualmente la producción, sino también a su derroche y a la destrucción de fuerzas productoras y productos, derroche y destrucción que acompañan hoy inevitablemente a la producción y llegan a su paroxismo durante las crisis. Liberta y pone a disposición de la comunidad una masa de medios de producción y de productos, poniendo fin al lujo y prodigalidad estúpidos de las clases actualmente dominantes y de sus representantes políticos. La posibilidad de asegurar por medio de la producción social a todos los miembros de la sociedad una existencia no sólo perfectamente suficiente y más rica cada día desde el punto de vista material, garantizándoles el desarrollo y utilización absolutamente libres de sus disposiciones físicas e intelectuales, esta posibilidad existe hoy por vez primera ciertamente, *pero existe* [5].

Gracias a la toma de posesión social de los medios de producción, cesa la producción de mercancías, y con ella el dominio del producto sobre el productor. La anarquía en el seno de la producción social es reemplazada por una organización consciente y sistemática. La lucha por la existencia individual termina. Solamente entonces el hombre abandona en un cierto sentido el reino animal, deja las condiciones animales de existencia, sustituyéndolas por condiciones verdaderamente humanas. El conjunto de condiciones de vida que rodeaba al hombre hasta aquí, dominándole, pasa a colocarse bajo su dominación y control, y por vez primera se convierten los hombres en dueños conscientes y verdaderos de la naturaleza, ya que

---

[5] Algunas cifras pueden dar idea aproximada de la fuerza expansiva enorme de los medios modernos de producción, incluso bajo la opresión capitalista. Según los cálculos más recientes, los de Giffen, la, riqueza total de la Gran Bretaña e Irlanda alcanza en cifras redondas:

En 1814: 2.200 millones de libras esterlinas.
En 1865: 6.100 millones de libras esterlinas.
En 1875: 8.500 millones de libras esterlinas.

En lo que concierne a los medios de producción y a los productos en la crisis, se ha calculado, en el segundo Congreso de los industriales alemanes, la pérdida total experimentada durante el último krack, sólo en la industria metalúrgica alemana, en 455 millones de marcos.

se convierten en dueños de su propia socialización. Las leyes de su propia acción social, que hasta entonces eran de carácter externo, extrañas, y le dominaban como leyes naturales, son desde ese momento aplicadas y dominadas por el hombre con plena competencia. Incluso la socialización de los hombres, que hasta entonces les era extraña, concedida por la naturaleza y la historia, deviene un acto libre que les pertenece en propiedad. Las fuerzas objetivas, extrañas, dominadoras hasta entonces de la historia, pasan a ser controladas por los hombres. No es sino a partir de este momento cuando los hombres, plenamente conscientes, harán por sí mismos su historia; sólo a partir de entonces las causas sociales, movidas por ellos, ejercerán en todos los dominios y en una medida cada vez más amplia los efectos deseados. La humanidad dará un salto del reino de la necesidad al de la libertad.

Llevar a cabo este acto liberador del mundo es la vocación histórica del proletariado moderno. Estudiar las condiciones históricas, y por lo mismo naturales; despertar en la clase destinada a esta acción, hoy oprimida, la conciencia de las condiciones y naturaleza de su propia acción, es la tarea del socialismo científico, expresión teórica del movimiento proletario.

III

LA PRODUCCIÓN

Una vez leído lo que antecede, no se asombrará el lector al enterarse de que los principios del socialismo expuestos en los precedentes capítulos no compartan el sentido del señor Duhring. Al contrario, éste los arroja al abismo de la reprobación, confundidos con los demás "productos bastardos" de la "fantasía histórica y lógica", con las "concepciones groseras" y las "ideas confusas y nebulosas", etc. Para él, el socialismo no es evidentemente un producto necesario de la evolución histórica y mucho menos de las condiciones económicas del presente, bajamente materiales, orientadas exclusivamente hacia "la nutrición". Esto no significa nada para él. Su socialismo es una verdad definitiva e inapelable; es el "sistema natural de la sociedad"; tiene su raíz en un "principio universal de justicia", y si no puede prescindir de tener en cuenta el estado de cosas existente, creado por la historia, pecadora eterna, puede, sin embargo, aportar el remedio, y hay que considerarlo solamente como una desgracia para la justicia. El señor Duhring crea su socialismo, como las restantes cosas, con ayuda de sus dos famosos hombres. Pero estas dos marionetas en lugar de jugar al dueño y al esclavo, como hicieron hasta aquí, se entretienen cambiando una pieza sobre la igualdad de los derechos, y ya están colocadas las bases del socialismo del señor Duhring.

Es evidente, por lo tanto, que para éste las crisis industriales periódicas no tienen la significación histórica que obligatoriamente les hemos atribuido. Para él las crisis no son otra cosa que desviaciones ocasionales de la "normalidad" y provocan a lo sumo "el desarrollo de un orden más regular". La "concepción corriente" que consiste en explicar las crisis por la superproducción, no es suficiente de ninguna manera para su "concepción, más exacta". Indudablemente, esta explicación "es admisible para crisis especiales sobre terrenos particulares"; por ejemplo, "el abarrotamiento del mercado de libros por ediciones de obras colocadas súbitamente bajo el dominio público y susceptibles de venderse en masa". El señor Duhring puede marchar a dormir seguro de que sus obras inmortales no ocasionarán nunca una desgracia semejante. Pero para las crisis grandes no rige la superproducción, sino más bien "la inferioridad del consumo, el deficiente consumo artificialmente producido, *la necesidad popular* (!) contrariada en su crecimiento natural, que profundiza tan peligrosamente la fosa entre el depósito existente y el consumo". ¡Y ha tenido, a pesar de todo, la fortuna de encontrar un discípulo para esta teoría de la crisis!

Desgraciadamente, el consumo deficiente de las masas, la restricción de su consumo a aquello que es necesario para su conservación y educación de los hijos no es un fenómeno nuevo; existe y se mantiene desde que hay clases explotadoras y explotadas. Incluso en aquellos periodos históricos en que la situación de las masas fue particularmente favorable, por ejemplo, en Inglaterra durante el siglo xv, el consumo fue deficiente, y estaban muy lejos de disponer para su consumo de la totalidad de sus propios productos anuales. Si, por lo tanto, el consumo deficiente es un fenómeno histórico permanente desde hace miles de años, y, de otra parte, si la paralización general del mercado, señalada violentamente por las crisis y el excedente de producción, se manifiesta solamente desde hace cincuenta años, se necesita toda la vulgaridad de pensamiento del señor Duhring para intentar explicar una colisión nueva, no por el fenómeno *nuevo* de la superproducción, sino por medio del consumo deficiente, que cuenta ya con miles de años. Es igual que si se pretendiera explicar en matemáticas la variación de relación entre dos magnitudes, una variable y otra constante, no por el hecho de que la variable varía, sino por el hecho de que la constante permanece siempre idéntica. El consumo deficiente de las masas es una condición necesaria de todas las formas sociales basadas en la explotación, y, en consecuencia, también de la forma capitalista, pero sólo esta forma de producción conduce a la crisis. El consumo deficiente de las masas es, por lo tanto, una condición previa de la crisis y desempeña un papel que ya es conocido desde hace tiempo; pero nos enseña tan poco respecto a la existencia actual de las crisis como de su ausencia en el pasado.

El señor Duhring posee, de otra parte, ideas muy singulares acerca del mercado mundial. Hemos visto cómo, en calidad de verdadero hombre letrado alemán, intenta explicar las causas especiales y reales de las crisis de la industria por medio de las crisis imaginarias en el mercado de libros de Leipzig, o sea explicar la tempestad en el océano por medio de una tempestad en un vaso de agua. Supone, además, que la producción de los "industriales debe desenvolverse hoy, como sus mercados, sobre todo *dentro del circulo de las clases poseyentes"*, lo cual no le impide presentar dieciséis páginas más adelante a las industrias del hierro y del algodón como industrias modernas características, es decir, precisamente las dos ramas de la producción cuyos productos no son consumidos sino por una parte extraordinariamente pequeña del círculo de las clases poseyentes, estando destinadas, con preferencia, a los productos de las demás industrias, al consumo de las masas. Por donde abramos el libro no encontraremos más que charlatanismo vacío y pródigo en contradicciones. Tomemos un ejemplo de la industria algodonera: si en una ciudad relativamente pequeña, en Oldem, una de las doce o trece ciudades de 50 a

100.000 habitantes próximas a Mánchester que se dedican a la industria del algodón, el número de telares que sólo tejen el número 32 se ha elevado en cuatro años, de 1872 a 1875, de dos y medio a cinco millones, de tal manera que en una sola ciudad media de Inglaterra el número de telares que hilan un número solo es igual al que posee la industria textil de toda Alemania, comprendida Alsacia, y si ésta se extiende en proporciones casi análogas a las restantes ramas y localidades de Inglaterra y Escocia, hay que estar dotado de una fuerte dosis de audacia para pretender explicar la paralización general de mercados para los hilos y tejidos de algodón por medio del consumo deficiente de las masas inglesas antes que por la superproducción de los fabricantes ingleses de tejidos[6].

Basta. No se disputa con personas tan ignorantes en economía política que toman el mercado de libros de Leipzig por el mercado en el sentido de la industria moderna. Limitémonos a comprobar que el señor Duhring sólo sabe decirnos respecto a las crisis "que éstas se reducen sencillamente al juego natural de la excitación y el decaimiento", que la exageración de la especulación "proviene únicamente del cúmulo desordenado de las empresas privadas", pero que se "necesita tomar en consideración la precipitación de los industriales aislados y la falta de inteligencia, causas que origina la oferta excesiva"... ¿Y cuál es a su vez la causa que da origen "a la precipitación y falta de inteligencia" entre los individuos? Precisamente el carácter desordenado de la producción capitalista, que se manifiesta por medio del cúmulo desordenado de las empresas privadas. Y significa una bella "precipitación" traducir un hecho económico en reproche moral y considerarlo como el descubrimiento de una causa nueva.

Dejemos las crisis. Habiendo demostrado en los capítulos anteriores cómo resultan necesariamente del modo de producción capitalista y cuál es su significación en tanto que crisis de este mismo modo de producción, como medios determinantes de la revolución social, no tenemos ya necesidad de oír las bellas palabras del señor Duhring sobre esta cuestión. Pasemos a sus descubrimientos positivos, "al sistema natural de la sociedad". Este sistema, construido sobre la base de un "principio universal de justicia", sin preocupación ninguna por los hechos materiales importunos, está constituido por una federación de comunas económicas entre las cuales existe paso franco y obligación de recibir a los nuevos

---

[6] La explicación de las crisis por el consumo deficiente proviene de Sismondi, en quien, sin embargo, tenía cierto sentido. Rodbertus la tomó de Sismondi, y Duhring la tomó de Rodbertus, a su manera, empobreciéndola. (Nota de Engels.)

miembros según leyes y reglas administrativas "determinadas".

La misma comuna económica es "un esquema general de trascendencia universalmente humana" que supera en gran medida los "errores incompletos de un *cierto Marx*". Constituye "una comunidad de personas ligadas por su derecho público de disposición sobre una extensión determinada de suelo y un grupo de establecimientos productores tendente a una actividad y participación comunes en los productos". "El derecho público es un derecho sobre la cosa en el sentido de una relación pura de derecho público respecto a la naturaleza y a la institución de producción". Los futuros juristas de la comuna económica se romperán la cabeza para averiguar lo que esto quiere decir: por nuestra parte renunciamos en absoluto a averiguarlo. Se nos dice solamente que esto no es "idéntico a la propiedad corporativa de las Sociedades obreras", que no estaría excluida ni la concurrencia recíproca, ni siquiera la explotación por medio del salariado.

Y de pasada dice que la idea de la "propiedad común" tal como se encuentra en Marx es "por lo menos oscura y ambigua", ya que esta "representación" del futuro tiene el aspecto de no significar otra cosa "que la propiedad corporativa de grupos obreros". Se trata una vez más de una de "esas pequeñas vilezas" corrientes en el señor Duhring, y a las cuales, según su propio consejo, no corresponden otros epítetos que los de bajo y vil; se trata de una mentira sin fundamento ninguno, lo mismo que los restantes descubrimientos suyos, atribuir a Marx que la propiedad común la considera como "una propiedad individual y social al mismo tiempo".

De todos modos, una cosa es evidente: el derecho público de una comuna sobre sus instrumentos de trabajo, y un derecho de propiedad exclusivo por lo menos con referencia a otra comuna, lo es también respecto a la sociedad y el Estado. Pero este derecho no debe tener la posibilidad de "alzar barreras contra el medio externo: entre las diversas comunas económicas existe paso libre y obligación de recibir a los nuevos miembros con arreglo a leyes y reglamentos administrativos determinados, lo mismo que hoy existen la pertenencia a la forma política y la participación en la situación económica de la comuna". Existirían, por lo tanto, comunas económicas ricas y pobres, y el equilibrio sería restablecido por medio de la afluencia de población hacia las comunas ricas y la emigración fuera de las pobres. Así, pues, si el señor Duhring quiere terminar con la competencia de las diversas comunas por una organización nacional del comercio, deja tranquilamente que subsista la competencia de las comunas respecto a los productores. Las cosas son sustraídas a la competencia, pero los hombres continúan sometidos a ella.

Nada aclara esto respecto al "derecho público". Dos páginas más adelante declara el señor Duhring que el dominio de la comuna comercial "coincide con el distrito políticosocial, cuyos miembros se hallan reunidos en un sujeto de derecho único y disponen en calidad de tal de la totalidad del suelo, de las habitaciones y establecimientos productores". No es entonces la comuna aislada quien dispone, sino toda la nación. El "derecho público", el "derecho sobre la cosa", la "relación de derecho público respecto a la naturaleza", etc., no sólo es "oscuro y ambiguo", sino que está directamente en contradicción consigo mismo En efecto, en la medida en que cada comuna económica es igualmente un sujeto de derecho "es una propiedad individual y social al mismo tiempo", algo "ambiguo y confuso" que sólo en el señor Duhring puede encontrarse.

De cualquier manera, la comuna económica dispone de sus instrumentos de trabajo con vistas a la producción. ¿Cómo se realiza ésta? Completamente según el antiguo modo, como pudimos prever después de lo que hemos visto en el señor Duhring: sólo que en él la comuna ocupa el puesto del capitalista. Solamente se nos dice que por vez primera en la historia la elección de oficio será libre para cada uno, reinando al mismo tiempo la obligación general al trabajo.

La forma fundamental de toda producción ha sido hasta hoy la división del trabajo, de una parte en el seno de la sociedad, y de otra en el seno de cada establecimiento productor. ¿En qué se convierte la división del trabajo del "socialitario" señor Duhring?

La primera gran división del trabajo consiste en la separación entre la ciudad y el campo. A juicio del señor Duhring, este antagonismo "es inevitable, porque se basa en la naturaleza de las cosas". Sin embargo, existen grandes inconvenientes para considerar insalvable el abismo que hay entre la agricultura y la industria. En realidad hay ya entre ambas, en cierta medida, una transición constante que promete acentuarse todavía más considerablemente en el futuro. "Dos industrias han penetrado ya en la agricultura y en la explotación rural: en primer lugar, la destilación; en segundo lugar, la fabricación del azúcar de remolacha. La importancia de la fabricación de alcoholes es de tal magnitud, que no hay temor a exagerarla". "Si a consecuencia de un descubrimiento cualquiera un conjunto de industrias experimentaran la necesidad de localizar su explotación en la campiña, dándose inmediatamente a la producción de materias primas, la oposición entre la ciudad y el campo sería debilitada, hallándonos en posesión de la base más amplia posible para el progreso de la civilización". Un fenómeno análogo puede realizarse también por otro medio. Las necesidades sociales son cada día más intensamente tomadas en cuenta junto a las necesidades técnicas; y si estas necesidades sociales exigen el agrupamiento de las actividades humanas, no será posible en lo sucesivo desdeñar las ventajas que resultarían de una unión íntima y sistemática de las ocupaciones del campo con las operaciones técnicas de transformación de las materias primas.

Si las necesidades sociales son tomadas en consideración por la comuna económica, es indudable que va a esforzarse por hacer suyas en la medida más amplia las ventajas de la colaboración entre la agricultura y la industria. ¿No es cierto que el señor Duhring no dejará de exponer con su acostumbrada minuciosidad sus concepciones exactas" respecto a la actitud de la comuna económica enfrente de esta cuestión? El lector que así lo espere sufrirá una decepción. Los lugares comunes que hemos citado, pobres, vacilantes y limitados siempre al dominio del Landrecht prusiano, donde se destilan *schnaps* y no se fabrica azúcar de remolacha, es todo lo que nos dice acerca de la oposición entre la ciudad y el campo, tanto en el presente como en el futuro.

Pasemos a la división del trabajo. En este dominio el señor Duhring es algo más "exacto": habla de una persona que debe consagrarse "exclusivamente a un género de actividad". Si se trata de introducir una nueva rama de la producción, la cuestión se reduce simplemente a saber si puede crearse un determinado número de "existencias" antes de "consagrarse a la producción de un artículo" al mismo tiempo "que el consumo de que tienen necesidad" (!). Semejante rama de la "producción" no reivindicará una considerable población en la comuna económica. Y en esta subsistirán "clases económicas de hombres distinguidos por su modo de existencia". Así, pues, en la esfera de la producción todo permanecerá casi idéntico al estado antiguo de cosas. Indudablemente se ha visto reinar hasta hoy en la producción de la sociedad "una falsa división del trabajo". En qué consiste esta división y lo que ha de reemplazarla nos lo explica el señor Duhring con estas simples palabras: "Respecto a la división del trabajo en sí, ya hemos dicho que este problema puede considerarse como resuelto desde que se tiene en cuenta el hecho de los recursos naturales y aptitudes diferentes". Al lado de estas aptitudes entran en juego los gustos personales: "El placer que se experimenta dedicándose a actividades en las que intervienen más aptitudes y una preparación superior descansa exclusivamente sobre el gusto que se experimenta por la ocupación de que se trata y por el gozo que se sentiría ejerciendo precisamente ésa y no otra actividad". "A causa de esto, la emulación es estimulada en la sociedad y la producción se hace interesante, y el trabajo embrutecedor, sin otro objetivo que la ganancia, cesará de imprimir su sello a todas las cosas".

En toda sociedad en la cual la evolución de la producción ha sido espontánea (y la nuestra se halla incluida en ella), no son los productores quienes dominan los medios de producción, sino los medios de producción los que dominan a los productores. En una sociedad semejante; toda nueva palanca de la producción se transforma necesariamente en un nuevo instrumento de sumisión de los productores a los medios de producción. Y esto es todavía más cierto con respecto al más poderoso que ha existido hasta la introducción de la gran industria, o sea la división del trabajo. La primera gran división del trabajo, la escisión entre la ciudad y el campo, condenó a la población rural a millares de años de embrutecimiento y a cada uno de los ciudadanos a la tiranía de su oficio individual. Destruyó toda posibilidad de desarrollo intelectual para unos y de desarrollo físico para otros. Al mismo tiempo que el campesino se adueña del suelo y el ciudadano de su taller, el suelo se apodera del campesino y el taller del ciudadano. Al dividirse el trabajo, el hombre queda también dividido. Todas las aptitudes físicas e intelectuales son sacrificadas al desenvolvimiento de una actividad única. Esta disminución del hombre es proporcional a la división del trabajo, que obtiene su grado más elevado en la manufactura.

La manufactura descompone el taller en operaciones parciales, y cada una de éstas es atribuida a un trabajador aislado como ocupación permanente. De esta manera le encadena perpetuamente a una función parcial o a un instrumento determinado. "Mutila al trabajador, lo convierte en un anormal, fomentando como en planta de estufa su pericia para el detalle a costa de suprimir todo un mundo de tendencias y disposiciones productivas. El propio individuo es dividido, queda convertido en pieza automática de un trabajo parcial" (Marx), pieza cuya perfección se debe en muchos casos a una verdadera mutilación física e intelectual del trabajador. El mecanismo de la gran industria degrada al trabajador, lo rebaja del grado de máquina al de simple accesorio de una máquina. "Se especializa para toda la vida en el manejo de un instrumento parcial; en lo sucesivo queda especializado para toda la vida en el servicio de una máquina parcial".

Esto les sucede no solamente a los trabajadores, sino también a las clases que explotan directa o indirectamente a aquéllos, las que son sometidas por la división del trabajo al instrumento de su actividad: el burgués estúpido, a su capital y a su propia sed de ganancia; el jurista, a sus ideas jurídicas fijas, que le dominan como una fuerza independiente de él; las clases llamadas cultas, a la diversidad de sus prejuicios locales y mezquindades, a su miopía física e intelectual, a la educación de especialistas, empequeñecedora de toda su vida, ligada a una especialidad, aunque ésta no sea más que la holgazanería.

Los utópicos conocían ya perfectamente los efectos de la división del trabajo: la deformación del trabajador, de una parte, y de otra, de la actividad laboriosa, reducida durante toda la vida a la repetición uniforme, mecánica, de un acto único e idéntico. La supresión de la oposición entre la ciudad y el campo fue reclamada por Founer y Owen como la condición primera y esencial para la abolición del antiguo modo de división del trabajo en general. En ambos la población debe repartirse por el país en grupos de seiscientas a tres mil almas, ocupando cada grupo, en el centro de su distrito, un palacio gigantesco con servicio doméstico común. Es indudable que Fourier no se refiere a ciudades, pero las mismas ciudades están constituidas nada más que por cinco o seis de estos palacios próximos.

Para ambos, todos los miembros de la sociedad participan en la agricultura y en la industria; en la industria desempeñan el papel principal; para Fourier, el taller y la manufactura, mientras que para Owen es la gran industria la que ocupa este puesto, reclamando la introducción de la fuerza del vapor y de las máquinas en el trabajo doméstico. Pero incluso en el seno de la agricultura y la industria uno y otro reclaman la mayor variedad posible de ocupaciones para cada variedad, y, por lo tanto, la educación de la juventud con vistas a una acción técnica lo más multiforme posible. Para los dos, el hombre debe desenvolverse universalmente por una actividad práctica universal, y el trabajo debe rellenar este encanto, esta fuerza de atracción, perdidos a causa de la división, precisamente por medio de la sucesión alternativa y de corta duración de sesiones consagradas a cada clase de trabajo, empleando la expresión de Fourier. Owen y Fourier superaron ya la idea tradicional de las clases explotadoras, heredada por el señor Duhring, según la cual la oposición entre la ciudad y el campo se halla basada inevitablemente en la naturaleza de las cosas; idea limitada que pretende que un corto número de existencias deben ser condenadas a no producir más "que un solo articulo"; pensamiento que quisiera perpetuar las "especies económicas" distinguidas por su género de vida, los hombres cuyo único placer es hacer tal cosa y no la otra, y que se hallan lo bastante degenerados para disfrutar "con su propia sumisión y disminución".

Incluso con relación a las más locas fantasías del "idiota" de Fourier y de las ideas más pobres del "débil, grosero y pobre" Owen, el señor Duhring, dominado aún por la división del trabajo, resulta un necio presuntuoso.

La sociedad, instituyéndose dueña de todos los medios de producción para utilizarlos sistemática y socialmente, destruye la antigua sumisión del hombre a sus propios medios de producción. La sociedad no puede naturalmente liberarse sin liberar al mismo tiempo al individuo. Es preciso, por lo tanto, revolucionar de la base a la cúspide el modo antiguo de producción y que desaparezca naturalmente la antigua división del trabajo. Ésta será reemplazada por una organización de la producción en la cual, de una parte, nadie podrá hacer recaer en otro su parte de trabajo productivo, condición natural de la existencia humana, y de otra, el trabajo productivo, en lugar de ser un instrumento de avasallamiento, será un medio liberador para el hombre, ofreciendo a cada individuo ocasión para desarrollar y emplear en todos los sentidos la totalidad de sus aptitudes físicas e intelectuales: en una organización semejante, el trabajo, antes que ser una carga, será una alegría.

Todo lo cual no es hoy pura fantasía o simple aspiración. Ya en el estado actual de desenvolvimiento de las fuerzas productoras, el crecimiento de producción contenido en el propio hecho de la socialización de las fuerzas productoras, la supresión de los obstáculos y dificultades que resultan del modo de producción capitalista, así como del despilfarro de los productos y medios de producción, permitirán a todo el mundo del trabajo reducir el tiempo de trabajo en proporciones que nos parecen hoy muy considerables.

Igualmente puede suprimirse la antigua división del trabajo sin afectar al rendimiento de éste. Al contrario. Esta supresión es hoy una condición de la producción, incluso para la gran industria. "Con el maquinismo ya no es necesario, como lo era durante la manufactura, fortificar el reparto de los grupos de trabajadores alrededor de las diversas máquinas encadenando constantemente al trabajador a la misma función. Como el movimiento general de la fábrica emana de la máquina y no del trabajador, pueden verificarse cambios continuos de personas sin interrupción en el proceso del trabajo. En fin, la rapidez para aprender en la juventud el trabajo mecánico anula la necesidad de educar a una clase especial de obreros exclusivamente con el propósito de educar trabajadores mecánicos". Pero en tanto que el modo de utilización capitalista de las máquinas perpetúa la antigua división del trabajo con su especialización fijada, aunque ésta sea ya técnicamente inútil, el propio maquinismo se subleva contra este anacronismo. La base técnica de la gran industria es revolucionaria. "Por medio de las máquinas, el proceso químico y otros métodos, revoluciona constantemente, tanto a las bases técnicas como a las funciones de los trabajadores y las combinaciones sociales del proceso del trabajo. Por esto mismo, revoluciona también de una manera continua la división del trabajo en el seno de la sociedad, y desplaza incesantemente masas de capitales y trabajadores de una rama de la producción a otra. La naturaleza de la gran industria determina por esto el cambio de trabajo, la fluctuación en las funciones, la movilidad del trabajador en todos los sentidos. Ya se ha visto cómo esta contradicción absoluta se manifiesta violentamente en el sacrificio ininterrumpido de la clase laboriosa, en el despilfarro desmesurado de la fuerza de trabajo, en las ruinas que causa la anarquía social: ésta es la cara negativa. Pero si todavía el cambio de trabajo no se manifiesta más que como una ley irresistible de la naturaleza, con los efectos ciegos y destructores de una ley natural que tropieza con obstáculos en todas partes, la gran industria impone por sus propias catástrofes, como una cuestión de vida o muerte, el reconocimiento como una ley general de la producción social del cambio en los trabajos y la mayor variedad posible en la actividad del trabajador, y la adaptación de las condiciones actuales a la aplicación normal de esta ley. Impone como cuestión de vida o muerte reemplazar esta monstruosidad, una población miserable de trabajadores, reserva disponible para las necesidades variables de explotación que experimenta el capital, por la disponibilidad absoluta del hombre para las exigencias variables del trabajo: sustituir al individuo parcial, simple órgano de una función social de detalle, con el individuo en la totalidad de su desarrollo, y para el cual las diversas funciones sociales sean modos de actividad ligados entre sí". (Marx: *El Capital.*)

La gran industria, al enseñarnos a transformar en movimiento general de masas para fines técnicos el movimiento molecular, realizable en todas partes en una medida más o menos amplia, ha liberado considerablemente la producción industrial de las barreras locales. La fuerza del agua es local; la del vapor, libre. Si la fuerza hidráulica pertenece necesariamente a la campiña, la fuerza del vapor no es necesariamente urbana: lo que está concentrado principalmente en las ciudades, lo que transforma en ciudades fabriles las aldeas, es la utilización capitalista de esta fuerza, pero al hacerlo destruye al mismo tiempo las condiciones de su propia explotación. La primera exigencia de la máquina de vapor y la exigencia principal de todas las ramas de la gran industria es la existencia de agua relativamente pura. Ahora bien: las ciudades fabriles transforman el agua en líquido putrefacto. En la misma medida que la concentración urbana es una condición esencial de la producción capitalista, cada capitalista industrial en particular tiende a abandonar las grandes ciudades y a desplazarse al campo. Este proceso puede estudiarse detalladamente en la industria textil del Lancashire y del Yorkshire: la gran industria capitalista crea constantemente grandes ciudades huyendo sin cesar de la ciudad al campo. Lo mismo sucede en las regiones dominadas por la industria metalúrgica, donde causas en parte diferentes producen idénticos efectos.

Sólo despojándola de su carácter capitalista se puede abandonar este círculo vicioso, terminar con la contradicción renovada incesantemente en que se debate la industria moderna. Sólo una sociedad que realiza la compenetración armoniosa de las fuerzas productoras con arreglo a un plan único permitirá a la industria extenderse sobre toda la superficie del país conforme a su propio desenvolvimiento, así como a la conservación del desarrollo eventual de los otros elementos de la producción.

Así, pues, no sólo es posible la supresión de la oposición entre la ciudad y el campo, sino que resulta ser una necesidad directa de la producción industrial, así como también una necesidad de la producción agrícola y de la higiene pública. Sólo por medio de la fusión de la ciudad y el campo puede terminarse con el envenenamiento actual del aire, del agua y del suelo; sólo así se cambiará, la situación de las masas que agonizan hoy en las ciudades, permitiendo que sus restos sirvan para hacer germinar plantas y no enfermedades.

La industria capitalista se ha independizado ya relativamente de las barreras locales de los lugares de producción de las materias primas. La industria textil elabora sobre todo materia prima importada. Los minerales de hierro españoles son fabricados en Alemania e Inglaterra; el cobre español y sudamericano, en Inglaterra. Las cuencas carboníferas suministran combustible a distintos industriales lejanos, creciendo en importancia de año en año. En todas las costas europeas las máquinas de vapor están movidas con carbón inglés y en ocasiones alemán y belga.

Libertada la sociedad de las trabas de la producción capitalista, podrá avanzar todavía más. Creando una raza de productores con instrucción variada, comprendiendo las bases científicas de la producción industrial en su totalidad, y cada uno de los cuales habrá pasado prácticamente por toda una serie de categorías de la producción, estudiándolas a fondo, la sociedad crea una nueva fuerza productora que compensa el trabajo necesario para transportar a grandes distancias las materias primas y el combustible.

La supresión de la separación entre la ciudad y el campo no es, en consecuencia, una utopía, incluso en la medida que implica la distribución más equitativa posible de la gran industria sobre toda la extensión del territorio. Indudablemente, la civilización nos dejará una herencia en las grandes ciudades, para libertarnos de la cual necesitaremos mucho tiempo y grandes esfuerzos. Pero es necesario desembarazarse de ella, y se conseguirá aun a costa de largos y penosos esfuerzos. Sean cuales fueren los grandes destinos reservados al Imperio prusianogermánico, Bismarck podrá descender orgulloso a la tumba, seguro de que su sueño favorito, la muerte de las grandes ciudades, se realizará.

Examinad ahora la pueril idea del señor Duhring según la cual la sociedad puede tomar posesión de la totalidad de los medios de producción sin revolucionar de la base a la cima el viejo modo de producción y sin abolir ante todo la antigua división del trabajo; igual que si todo hubiera sido dicho "teniendo en cuenta situaciones naturales y aptitudes personales", permaneciendo todo en el mismo estado, con masas enteras de existencias sometidas como antes a la producción de un solo artículo, "poblaciones enteras de existencia reivindicadas por una rama única de la producción" y continuando la humanidad dividida en diversas "especies económicas", como "peones", "arquitectos", etc. Por lo tanto, la sociedad en su conjunto será dueña de los medios de producción para que cada uno en lo particular siga siendo esclavo de su instrumento de producción y le reste solamente la "elección" de este medio de producción. ¡Ved también cómo el señor Duhring considera la separación entre la ciudad y el campo "basada inevitablemente en la naturaleza de las cosas", pero no llega a descubrir más que un débil paliativo en las dos industrias de la destilería y de la fabricación del azúcar de remolacha, cuya reunión es característicamente prusiana; de qué manera hace depender la distribución de las industrias por el país de no sé qué descubrimientos futuros y de la necesidad de hacer descansar la explotación inmediatamente en la extracción de las materias primas (materias primas que incluso hoy son empleadas cada vez más lejos del lugar de origen); cómo, en fin, intenta cubrirse asegurando que las necesidades sociales terminarán haciendo prevalecer la unión de la agricultura y la industria contra las razones económicas, como si con esto realizara un sacrificio económico!

Indudablemente, para ver que los elementos revolucionarios que terminan al mismo tiempo que con la división antigua del trabajo con la separación de la ciudad y el campo, y que revolucionan toda la producción; para ver que estos elementos están ya contenidos en germen en las condiciones de producción de la gran industria moderna, y que su expansión se halla contrariada por el modo actual de producción capitalista, se precisa poseer un horizonte más vasto que el dominio del Landrecht prusiano, donde el *schnaps* y el azúcar de remolacha son los productos principales de la industria y donde pueden estudiarse las crisis comerciales en el mercado editorial.

Para esto es necesario conocer la gran industria verdadera en su historia y realidad actual, principalmente en el país único que es su patria y el único en donde ha obtenido su desenvolvimiento clásico; pero entonces no se pensará ni un solo instante en empobrecer y rebajar el socialismo científico moderno a la categoría del "socialismo específicamente prusiano" del señor Duhring.

IV

LA DISTRIBUCIÓN

Vimos anteriormente que la economía política duhringiana conduce a la siguiente proposición: El modo de *producción* capitalista es excelente y puede subsistir; no así el modo de *distribución,* que es malo y debe desaparecer. Vemos ahora cómo la comuna del señor Duhring no es otra cosa que la realización de esta proposición en la imaginación. Se ha visto, en efecto, que el señor Duhring no tiene nada que reprochar al modo de producción capitalista como tal, queriendo conservar en sus rasgos esenciales la antigua división del trabajo, por cuya razón no tiene casi nada que decir de la producción en su comuna económica. Es que la producción es un dominio donde actúan realidades tangibles, y la "imaginación racional" no puede expansionarse libremente sin exponerse a peligros inminentes. La distribución, al contrario, que, a juicio del señor Duhring, no tiene nada que ver con la producción, y que se halla determinada, según él, no por la reproducción, sino por un acto de la voluntad pura, la distribución es el dominio predestinado a su alquimia social.

Al "deber igual a la producción" corresponde el derecho igual al consumo, organizado en la comuna económica y en la comuna comercial, que engloba a un gran número de aquellas comunas económicas. "El trabajo se cambia contra otras especies de trabajo con arreglo al principio de la igualdad de evaluación. La prestación y contraprestación representan aquí la igualdad real de las cantidades de trabajo", y "esta igualdad de las fuerzas humanas tiene valor aún si los individuos hubieran producido más o menos" o "no hubieran producido nada", ya que "puede considerarse como prestación de trabajo toda ocupación que exige tiempo y fuerzas..., incluso el deporte y los paseos".

Pero este cambio no se verifica entre individuos, puesto que es la comunidad la que posee todos los medios de producción y, por lo tanto, todos los productos: se verifica, de una parte, entre cada comuna y los individuos que forman parte de ella; de otra, entre las diversas comunas comerciales. "Cada comuna económica principalmente reemplazará en su distrito al comercio al por menor por una venta absolutamente sistemática". Lo mismo sucede con el comercio al por mayor: "El sistema de la libre sociedad económica es, por lo tanto, una gran institución de cambio cuyas operaciones se realizan por medio de los elementos suministrados por los metales preciosos. Por la inteligencia ineluctable de esta propiedad fundamental se distingue nuestro esquema de todas las proposiciones nebulosas correspondientes a las formas, incluso a aquellas más racionales del socialismo corriente en la actualidad".

La comuna económica, en tanto que propietaria primera de los productos sociales, fija por medio del cambio "un precio único para cada clase de artículos", con arreglo al gasto medio de producción. Lo que actualmente representa para el valor y el precio los supuestos gastos naturales de producción significará en la socialidad la evaluación de la cantidad de trabajo necesario. Este cálculo, que, en virtud del principio de igualdad de derechos de cada personalidad ampliado a la economía, se reduce en último análisis a una previsión del número de personas que participan en el trabajo, proporcionará la relación del precio correspondiente, tanto a las condiciones naturales de la producción como al derecho social de venta. La producción de metales preciosos determinará, de la misma manera que hoy, el valor de la moneda. Se ve con esto que, lejos de abandonarse en la nueva constitución todo criterio y patrón de los valores y equivalencia de los productos, se los poseerá, al contrario, por primera vez. El famoso "valor absoluto" está al fin convertido en realidad.

De otra parte, será necesario que la comuna dé la posibilidad a los individuos de comprarle los artículos producidos, pagando a cada uno de ellos al día, a la semana o al mes una suma determinada de dinero, que será igual para todos, como contraprestación por su trabajo. "Por esto es indiferente, desde el punto de vista de la socialidad, decir que el salario del trabajo debe desaparecer o ha de convertirse en la única forma de ingreso económico". Salarios iguales y precios iguales "crean la igualdad cualitativa, si no cuantitativa, en el consumo", realizando de esta manera en el dominio económico "el principio universal de justicia". Respecto a la determinación de la tasa de este salario futuro, sólo nos dice el señor Duhring que en este caso, como en los demás, "el trabajo igual se cambiará contra trabajo igual". Por lo tanto, se pagará por un trabajo de seis horas una suma de dinero que encarnará igualmente en seis horas de trabajo.

Ahora bien: no se precisa de ninguna manera confundir "el principio universal de justicia" con esta nivelación brutal que tan violentamente despierta la cólera del burgués contra el comunismo, principalmente contra el comunismo espontáneo de los obreros. No es tan inexorable este principio como parece a simple vista. "La justicia fundamental de los derechos jurídicoeconómicos no excluye la adición *voluntaria* al salario que exige la justicia de un testimonio de estimación y honor completamente especial. La sociedad se *honra a sí misma* recompensando los servicios de calidad superior por medio de una *facultad de consumo ligeramente superior...*" Y asimismo el señor Duhring se honra también cuando, uniendo en su persona la candidez de la paloma y la astucia de la serpiente, se ocupa con enternecedor cuidado del consumo del porvenir a Duhrings futuros.

Con esto se pone fin definitivamente al modo capitalista de distribución. "Admitiendo que en el estado social supuesto por nosotros haya alguien que disponga realmente de un excedente de recursos privados, no podría, sin embargo, utilizarlos como capital". "Ningún individuo ni grupo se los aceptaría para la producción si no era por la vía del cambio o la venta; y en ningún caso se pagaría beneficio o interés". A causa de esto, "puede admitirse una cierta herencia compatible con el principio de igualdad"; ésta es inevitable, pues "una determinada herencia será siempre el corolario necesario del principio familiar". Y el propio derecho sucesorio "no podría conducir a la acumulación de fortunas considerables, ya que en este régimen la propiedad no puede tener como fin la creación de medios de producción y de rentas".

Ya está terminada la comuna económica. Veamos cómo se administra.

Admitamos que se han realizado todas las hipótesis del señor Duhring. Supongamos, pues, que la comuna económica paga a cada uno de sus miembros por seis horas diarias de trabajo una suma de dinero a la que se hayan incorporado en efecto seis horas de trabajo, o sea, por ejemplo, 12 marcos. Admitamos también que los precios coinciden exactamente con los valores, o sea no incluyendo en nuestra hipótesis más que el coste de materia prima, desgaste de máquinas y herramientas y el salario pagado a los trabajadores. Una comuna económica de cien trabajadores produce en este caso diariamente artículos por valor de 1.200 marcos, y en un año de trescientos días de trabajo un valor de 360.000 marcos; paga igual suma a sus miembros, cada uno de los cuales hace de su parte, o sea de los 12 marcos por día ó 3.600 por año, lo que se le antoja. A fin de año, lo mismo que cien años después, la comuna no será más rica que al principio. Durante este tiempo no será capaz siquiera de atender al pequeño excedente del señor Duhring si no quiere tocar a su reserva de medios de producción. El ahorro está olvidado en absoluto. Más aún: siendo el ahorro una necesidad social y permitiendo la conservación de la moneda una forma cómoda para ello, la organización de la comuna económica empujará directamente a sus miembros al atesoramiento privado y, por lo tanto, a su propia destrucción.

¿Cómo escapar a esta contradicción en la naturaleza de la comuna económica? Podría ésta recurrir al famoso tributo, al encarecimiento, para vender su producción anual en 480.000 en lugar de 360.000 marcos. Pero, hallándose las demás comunas en situación análoga, se verían obligadas a obrar de igual manera, pagando cada una de ellas, en su cambio con la otra, el mismo tributo que "recaudara", y, por lo tanto, éste recaería exclusivamente sobre sus propios miembros.

O bien resolverá simplemente la cuestión pagando a cada uno de sus miembros por seis horas de trabajo el producto inferior a seis horas (pongamos cuatro horas), o sea pagando ocho marcos y no 12, aunque manteniendo la tasa anterior del precio de las mercancías. Realizaría en este caso directa y francamente lo que en el otro disimula y pretende por medio de un rodeo; constituiría la plusvalía, según la expresión de Marx, de una suma anual de 120.000 marcos pagando a sus miembros, según el modo capitalista, menos que sus servicios y vendiendo, de otra parte, por su valor íntegro las mercancías que sólo a ella pueden comprarle. La comuna económica no puede, por lo tanto, constituir un fondo de reserva más que revelándose como una forma empobrecida del *truskstem*[7] practicado sobre la base más amplia del comunismo.

Una de dos: o la comuna económica cambia trabajo igual contra trabajo igual", y entonces es incapaz de acumular un fondo para mantener y extender la producción, y sólo los individuos pueden hacerlo, o forma este fondo, pero en este caso no cambia "trabajo igual contra trabajo igual".

Ésta es la materia del cambio en la comuna económica; ¿cuál es su forma? El cambio se realiza por medio de la moneda metálica, jactándose el señor Duhring de la "trascendencia universal de esta reforma". Pero en las relaciones que se establecen entre la comuna y sus miembros la moneda *no es* moneda, no desempeña de ninguna manera esta función; sólo sirve como certificado del trabajo: acredita solamente, hablando como Marx, "la participación individual del productor en el trabajo común y su crédito individual sobre la porción de producto destinado al consumo"; no desempeña otro papel de moneda que el de una "contraseña del teatro".

Puede reemplazarse, por lo tanto, por cualquier clase de signo, lo mismo que Weitling la sustituye por un "libro mayor", en una de cuyas páginas se consignan las horas de trabajo y en la otra los beneficios obtenidos a cambio. En una palabra, su función en las relaciones entre la comuna económica y sus miembros es simplemente la de la "moneda de horas de trabajo" de Owen, aquella "fantasía" que Duhring miraba desdeñosamente, y que está obligado a reintroducir en su economía del porvenir. Desde *este punto de vista* es en absoluto indiferente que la señal del derecho del "consumo adquirido" y del "deber de producción"

---

[7] En Inglaterra se llama "trucksystem" al sistema muy conocido en Alemania que consiste en que los fabricantes tienen ellos mismos tiendas en las cuales obligan a sus obreros a comprar las mercancías.

realizado consista en un pedazo de papel o en una pieza de oro; pero no, según veremos, desde todos los puntos de vista.

Si la moneda metálica no cumple ya en las relaciones entre la comuna económica y sus miembros función de moneda, sino de signo disfrazado, menor es todavía su función de moneda en los cambios que se efectúan entre las diferentes comunas económicas. Aquí, en la hipótesis del señor Duhring, la moneda metálica es absolutamente inútil. En efecto, una sencilla contabilidad es suficiente; ésta realizaría el cambio de productos de un trabajo igual contra otros de igual trabajo de una manera más simple calculando con el patrón natural del trabajo; el tiempo, la hora de trabajo considerada como unidad, que traduciendo previamente las horas de trabajo en moneda. El cambio es en realidad un simple cambio en especies; todos los créditos son sencilla y fácilmente compensables por medio de tratados con las demás comunas. Y si en realidad una comuna se encuentra en déficit con otra, todo el oro del mundo, aunque éste fuera "la moneda natural", no evitaría a esta comuna la necesidad de cubrir el déficit aumentando su propio trabajo, si no quiere caer por causa de su deuda bajo la dependencia de las demás comunas. De otra parte, el lector debe recordar que aquí no hacemos ninguna construcción para el futuro; nos contentamos con aceptar las hipótesis del señor Duhring, deduciendo las consecuencias inevitables.

Así, pues, ni en el cambio entre la comuna económica y sus miembros, ni en el cambio entre las diversas comunas, el oro "moneda natural" puede lograr realizar su naturaleza. Sin embargo, el señor Duhring le asigna incluso en la comuna la función monetaria. Se necesita, por lo tanto, que busquemos otro campo de aplicación de esta función. El cual existe, desde luego. Sin duda el señor Duhring permite a cada uno un "consumo cuantitativamente igual", pero sin poder obligar a nadie. Al contrario, se siente orgulloso de que en el mundo creado por él cada cual pueda hacer de su dinero lo que le plazca.

No será imposible impedir que unos reserven un pequeño tesoro mientras otros no puedan atender a sus necesidades con su salario. Llega incluso a hacerlo inevitable al reconocer expresamente el derecho hereditario en la propiedad comunal familiar, y, por lo tanto, la obligación para los padres de educar a sus hijos. Desde este momento se ha abierto una brecha considerable en "el consumo cuantitativamente igual": el soltero vivirá suntuosa y alegremente con sus ocho ó 12 marcos diarios, mientras que el viudo se sostendrá difícilmente con ocho hijos menores. De otra parte, la comuna, aceptando los pagos en moneda, sin otra clase de preocupaciones, no se interesa por saber si esta moneda ha sido ganada honradamente con el trabajo propio del pagador. "El dinero no tiene olor"; no sabe, por lo tanto, de dónde proviene. Desde entonces existen todas las condiciones para que la moneda, que sólo desempeñaba el papel de signo de trabajo, ejerza una verdadera función monetaria. La ocasión y los motivos han sido dados, de una parte, por el atesoramiento, y de otra, para endeudarse. Aquel que se halla necesitado lo pide a quien lo atesora. El dinero prestado, aceptado por la comuna como pago de los medios de existencia, vuelve a ser lo que es en la sociedad actual: encarnación social del trabajo humano, medida verdadera del trabajo, instrumento general de circulación. "Todas las leyes y reglas administrativas del mundo" son tan impotentes contra esto como para impedir que uno y uno resulten dos, o para oponerse a la electrólisis del agua. Y como quien atesora se halla en condiciones de obligar al que está necesitado a pagarle interés, se habrán restablecido, al mismo tiempo que la función monetaria de la moneda metálica, el interés y la usura.

Éstos son los efectos del mantenimiento de la moneda metálica en el distrito de la comuna económica del señor Duhring. Pero fuera de este dominio el resto del mundo, malo y corrompido, sigue marchando como antes. El oro y la plata siguen siendo en el mercado del mundo la *moneda mundial,* el medio general de compra y venta, la encarnación social absoluta de la riqueza. Y esta propiedad de los metales preciosos da a cada uno de los miembros de la comuna económica un nuevo motivo para atesorar, para enriquecerse, para prestar con usura, un motivo para independizarse y liberarse de la comuna, fuera de sus fronteras, y emplear en el mercado mundial la riqueza que han acumulado. Los usureros se transforman en comerciantes con sus instrumentos de circulación, en banqueros dominadores de los instrumentos de circulación y de la moneda en general, y, en consecuencia, de la producción y asimismo de los medios de producción, aun cuando éstos sigan siendo durante años, nominalmente, propiedad de la comuna económica y comercial. De esta manera los ahorradores y usureros, convertidos en banqueros, son también los soberanos de la comuna económica y comercial. Y la "socialidad" del señor Duhring es, en efecto, muy diferente de las "concepciones nebulosas" de los otros socialistas; no tiene otro fin que el renacimiento de la alta finanza, bajo cuyo control y beneficio sufrirá en el caso de que pueda constituirse y mantenerse. El único remedio para ella consistiría en que los ahorradores prefiriesen coger su moneda, que se cotiza en todo el mundo, y abandonar corriendo la comuna.

Dada la ignorancia casi total que reina hoy en Alemania sobre el antiguo socialismo, un inocente jovenzuelo podría preguntar si, por ejemplo, los bonos de trabajo de Owen no producirían el mismo abuso. Aunque no sea éste el lugar adecuado para exponer la significación de estos bonos de trabajo, digamos algunas palabras a fin de hacer posible la comparación del "proyecto completo" del señor Duhring con las "ideas groseras e insignificantes" de Owen. En primer lugar, para que puedan dar ocasión a semejantes abusos los bonos de trabajo de Owen se necesita que previamente sean transformados en moneda verdadera, mientras que el señor Duhring, que los supone moneda verdadera, quiere prohibirles desempeñar una función distinta a la de contraseña de trabajo. En tanto que en Owen hay necesidad de que se realice un abuso real, en Duhring es la naturaleza inmanente de la moneda, naturaleza independiente de la voluntad humana, la que se realiza; es la moneda la que sacrifica su propio y verdadero fin y no el empleo abusivo a que pretende someterla el señor Duhring a causa de su ignorancia de la naturaleza de la moneda. En segundo lugar, las contraseñas de trabajo no son para Owen otra cosa que una transición hacia el comunismo integral y la utilización libre de los recursos sociales, y además, un medio de hacer aceptable el comunismo al público inglés.

Por lo tanto, si cualquier abuso obliga a la sociedad de Owen a abolir las contraseñas del trabajo, esta abolición obligaría a avanzar un paso hacia su objetivo, haciéndola entrar en una fase superior de su evolución. Al contrario, si la comuna económica del señor Duhring suprime la moneda, destruye al mismo tiempo toda "su trascendencia universal", su propia belleza; cesa de ser la comuna económica del señor Duhring para descender al nivel de las fantasías nebulosas contra las cuales tantos esfuerzos realizó su "imaginación racional"[8].

¿De dónde provienen los extraños errores y confusiones que dominan a la comuna económica del señor Duhring? Simplemente, de las ideas nebulosas que éste tiene del concepto del valor y de la moneda, que le conducen, en fin de cuentas, a querer descubrir el valor del trabajo. Pero como el señor Duhring, lejos de poseer en Alemania el monopolio de tales ideas nebulosas, tiene numerosos competidores, conviene que intentemos deshacer la confusión que se deriva de ello.

El único valor que conoce la economía política es el valor de las mercancías. ¿Qué son mercancías? Son los productos creados en una sociedad de productores privados más o menos aislados; son productos privados. Pero no se convierten en mercancías sino cuando son productos, no para el uso personal del productor, sino para el uso de otro, destinados

---

[8] Señalemos de paso que Duhring ignora completamente el papel que los bonos de trabajo desempeñan en la sociedad comunista de Owen. Conoce estos bonos a través de Sargant y sólo en la medida en que figuran en el proyecto, naturalmente incompleto, del Labour Exchange Bazars, tentativa de pasar por medio del cambio directo del trabajo de la sociedad existente a la sociedad comunista,

al consumo social: penetran en el consumo social por medio del cambio. Los productores privados forman parte de un conjunto social, constituyen una sociedad. Sus productos, aunque productos para cada uno de ellos en particular, son al mismo tiempo, inconsciente y como involuntariamente, productos sociales. ¿En qué consiste el carácter social de estos productos privados? Evidentemente, en las dos propiedades siguientes: primera, en que todos existen para satisfacer una necesidad humana, en que poseen un valor de uso, no solamente para el productor, sino para otro; segunda, en que, aunque producidos por los trabajos particulares más diversos, son producidos al mismo tiempo por el trabajo humano en general. Como poseen un valor de uso para otro, pueden entrar en el cambio; por contener todos ellos trabajo humano en general, simple gasto de fuerza de trabajo humano, pueden, según la cantidad de trabajo que cada uno contiene, ser comparados en el cambio, calificándoseles de iguales o desiguales. En dos productos individuales iguales puede hallarse contenido, en idénticas condiciones sociales, trabajo individual en cantidades desiguales, pero trabajo humano en general en cantidades siempre iguales. Un forjador torpe hará cinco herraduras en el mismo tiempo que un forjador hábil hace diez. Pero la sociedad no utiliza la torpeza contingente de un individuo; no reconoce como trabajo humano sino al trabajo de una habilidad media y normal.

Una de las cinco herraduras del primero no tiene en el cambio más valor que otra de las forjadas por el segunda durante el mismo tiempo de trabajo. Sólo en la medida en que es socialmente necesario el trabajo individual contiene trabajo humano general.

Así, pues, cuando digo que un objeto posee un valor, afirmo: primero, que es un producto socialmente útil; segundo, que ha sido producido por un individuo por su propia cuenta; tercero, que, aunque producto del trabajo individual, es al mismo tiempo, sin saberlo ni quererlo, producto del trabajo social, de una cantidad determinada de trabajo social, fijado socialmente por la vía del cambio; cuarto, expreso esta cantidad de trabajo, no en el mismo trabajo, en tantas y cuantas horas de trabajo, *sino en otra mercancía*. Por lo tanto, si digo que este reloj vale tanto como esta pieza de tela, cada uno de los cuales vale 25, 50 marcos, quiero decir: en este reloj, en esta pieza de tela hay contenida una cantidad igual de trabajo social. Me limito a confirmar que el tiempo de trabajo social que encarnan se halla socialmente medido y ha sido encontrado igual socialmente. Pero todo esto no se hace directamente, de una manera absoluta, como cuando tiempo de trabajo en horas o días de trabajo; se lleva a cabo por medio de un rodeo, de una manera relativa, por medio del cambio. Por esta razón no puedo expresar esta cantidad determinada de tiempo de trabajo en horas de trabajo cuyo número permanece desconocido para mí, sino solamente por un rodeo, de una manera relativa, en función de otro artículo que representa la misma cantidad de tiempo de trabajo social.

El reloj tiene el mismo valor que la pieza de tela.

Pero la producción y el cambio de mercancías, obligando a la sociedad, cuya base constituyen, a hacer un rodeo, la obligan también a abreviarlo en la medida de lo posible. La sociedad elige de la infinidad vulgar de mercancías una mercancía real que pueda expresar de una vez para siempre el valor de todas las demás mercancías, una mercancía que pasa por ser la encarnación inmediata del trabajo social, y que puede, por lo tanto, cambiarse sin intermediarios e incondicionalmente por las restantes mercancías: ésta es la moneda. La moneda, que se halla contenida ya en germen en el concepto del valor, no es sino el valor desarrollado. Pero el valor de las mercancías, oponiéndose a los propios artículos, objetivándose en la moneda, se introduce como un factor nuevo en el seno de la sociedad que produce y cambia mercancías, como un factor dotado de funciones y eficacia sociales nuevas. Basta por ahora con sentar este punto, sin insistir más.

La ciencia económica de la producción de mercancías no es, ni mucho menos, la única ciencia que ha de utilizar factores conocidos solamente de una manera relativa. También en física ignoramos, cuántas moléculas de gas contiene un volumen dado de gas, determinado dadas la presión y la temperatura. Pero sabemos que, en la medida en que es exacta la ley de Boileau, el volumen determinado de un gas cualquiera contiene tantas moléculas como un volumen cualquiera de otro gas a la misma temperatura y presión. Podemos, por lo tanto, comparar su contenido en moléculas de los volúmenes de gas más diversos bajo las más distintas condiciones de temperatura y presión, tomando como unidad un litro de gas a 0° centígrados y 760 milímetros de presión, midiendo en relación con esta unidad todo contenido molecular. En química, los pesos atómicos absolutos de cada elemento nos son también desconocidos. Pero los conocemos de una manera relativa al conocer sus relaciones recíprocas. De igual manera la producción de mercancías y la ciencia económica de su producción tienen una expresión relativa para las cantidades de trabajo, desconocidas en sí, contenidas en cada mercancía, expresión que se obtiene comparando estos artículos en función de su contenido relativo de trabajo; la química se crea una expresión relativa para los pesos atómicos que ignora comparando los diversos elementos en función de sus pesos atómicos, expresando el peso atómico de uno por una multiplicación o fracción del otro (azufre, hidrógeno, oxígeno). Y de igual manera que la producción de mercancías eleva el oro a la categoría de mercancía absoluta, de equivalente general de todas las demás mercancías, de medida de todos los valores, la química eleva el hidrógeno a la categoría de moneda química, estableciendo como igual a él el peso atómico del hidrógeno y expresándolos por las diversas potencias del peso atómico del hidrógeno.

La producción de mercancías no es la única forma de la producción social. En las antiguas comunidades de la India, en la comunidad familiar de los eslavos del Sur, los productos no se transforman en artículos. Los miembros de la comuna participan en la producción de la sociedad de una manera inmediata, el trabajo se reparte con arreglo a la tradición y a las necesidades e igualmente los productos destinados al consumo. La producción social sin intermediarios y la distribución directa excluyen todo cambio de mercancías, toda transformación de los productos en artículos (por lo menos dentro de la comunidad) y, por lo tanto, su transformación en *valores*.

Apenas la sociedad entra en posesión de los medios de producción, socializándolos sin intermediarios con vistas a la producción, el trabajo de todos, por diverso que pueda ser en lo que concierne a su utilidad específica, es trabajo directa e inmediatamente social. La cantidad de trabajo social contenida en un producto no tiene entonces necesidad de ser previamente establecida a través de un rodeo: la experiencia diaria expresa el término medio de ella. La sociedad no tiene sino que calcular cuántas horas de trabajo hay incorporadas a una máquina de vapor, un hectolitro de cereales de la última cosecha o cien metros cuadrados de una tela de una determinada calidad. No se le puede ocurrir expresar las cantidades de trabajo depositadas en los productos conocidos de una manera directa y absoluta en función de una medida sólo relativa, fluctuante, inadecuada, indispensable antes como mal menor, en función de otro producto, cuando posee la medida natural, adecuada y absoluta, el tiempo. Y, lo mismo que el químico, no pensará jamás expresar los pesos atómicos de una manera relativa, en función del átomo de hidrógeno, apenas pueda expresarlos de una manera absoluta, en función de una medida adecuada, en pesos reales, en billonésimas o quadrimillonésimas de gramos.

En consecuencia, en nuestra última hipótesis la sociedad no asignará valores a los productos; no expresará tan tonta y equivocadamente como hoy el hecho sencillo de que la producción de cien metros cuadrados de tela ha exigido, por ejemplo, mil horas de trabajo; no dirá sino que estos cien metros cuadrados *valen* mil horas de trabajo. Es indudable que la sociedad tendrá todavía necesidad de saber cuánto trabajo es preciso para producir cualquier objeto de uso; tendrá que organizar el plan de la producción en función de los elementos de producción, en la primera fila de los cuales se encuentra la fuerza de trabajo. Serán, en último análisis, los efectos útiles de los diversos objetos de uso, comparados primero entre sí y después con relación a la cantidad de trabajo necesario para su fabricación, lo que determinará el plan de producción. Se resolverá sencillamente la cuestión sin tener que dar intervención al famoso "valor"[9].

El concepto del valor es la expresión más general y, por lo tanto, la más amplia de las condiciones económicas de la producción de mercancías. En este concepto se halla contenido el germen no sólo de la moneda, sino de todas las formas más perfectas de la producción y cambio de mercancías. El hecho de que el valor exprese el trabajo social contenido en los productos individuales permite establecer la diferencia entre el trabajo social y el trabajo individual contenido en el mismo producto. Por lo tanto, si un productor privado continúa produciendo con arreglo al antiguo modo mientras que el modo de producción social progresa, esta diferencia ha de resultarle extraordinariamente sensible. Lo mismo sucede desde que la generalidad de productores individuales de una categoría determinada de mercancías produce una cantidad superior a las necesidades de la sociedad. No es sino porque el valor de una mercancía no se expresa más que en función de otra mercancía y sólo puede realizarse en el cambio con otra por lo que el cambio de una manera general puede no operar o al menos realizar el valor verdadero. En fin, si esta mercancía específica, la fuerza de trabajo, es introducida en el mercado, su valor, como el de cualquier otra mercancía, se determina por el tiempo de trabajo socialmente necesario para producirla.

Veamos en la forma de valor que revisten los productos contenidos ya en germen toda la forma capitalista de la producción, el antagonismo entre capitalistas y trabajadores asalariados, el ejército de reserva industrial y las crisis. Querer abolir la forma capitalista de la producción instaurando "el valor verdadero" significa querer abolir el catecismo instaurando el "verdadero" papa; querer instituir una sociedad en la cual los productores serán dueños al fin de su producto, empujando a sus consecuencias lógicas una categoría económica que es la expresión más completa de la sumisión de los productores a su propio producto.

Si la sociedad productora de mercancías desarrolla la forma de valor inherente a las mercancías como tales hasta darle la forma de moneda, algunos de los gérmenes ocultos todavía en el valor se manifiestan. El efecto más inmediato y esencial es la generalización de la forma de

---

[9] Ya he dicho en 1844 que este cálculo del efecto útil y del gasto del trabajo es cuanto puede subsistir, en una sociedad comunista, del concepto del valor de la economía política. Pero solamente "El Capital", de Marx, ha dado a esta tesis un fundamento científico.

mercancía. La moneda impone forzosamente a los objetos producidos hasta entonces para el uso personal del productor la forma de mercancías; los lanza violentamente al cambio. Por este medio, la forma de mercancías y la moneda penetran en la economía interna de las comunas socializadas sin intermediarios con vistas a la producción, rompen uno. después de otro los vínculos de la comunidad y resuelven la comunidad en un montón de productores aislados. La moneda sustituye primeramente, como hemos visto en la India, el cultivo colectivo del suelo por el cultivo individual; disuelve después la propiedad común del suelo cultivado, que todavía daba manifestaciones de existencia en los repartos renovados periódicamente, disolviéndolo por un reparto definitivo (fenómeno que se ha producido en las comunidades campesinas de las orillas del Mosela, y que se dibuja igualmente en la comuna rural rusa), y, finalmente, la moneda conduce al reparto de la posesión común de los bosques y prados que todavía subsisten. Sean cuales fueren las demás causas nacidas del desenvolvimiento de la producción que colaboran en este resultado, la moneda es el instrumento más poderoso en su acción sobre las comunidades. Y por la misma necesidad natural, pese a todas "las leyes y reglas administrativas", la moneda disolvería la comuna económica del señor Duhring si ésta consiguiera algún día nacer.

Ya hemos visto que es contradictorio hablar de un valor del trabajo. Comoquiera que el trabajo produce en condiciones sociales determinadas no sólo productos, sino también valor, y este valor se mide en función de trabajo, éste no puede poseer un valor particular, lo mismo que la gravedad como tal no puede tener un peso determinado o el calor una determinada temperatura. Mas la característica de todas las meditaciones confusas que circulan sobre el "verdadero valor" es imaginarse que el trabajador no recibe en la sociedad actual el "valor de su trabajo" plenamente, y que el socialismo debe poner término a este estado de cosas; entonces se trata de averiguar primeramente qué es el valor del trabajo, lo que se intenta encontrar midiéndolo no en función del tiempo, que es su medida adecuada, sino en función de su producto. Se dice entonces que el trabajador debe recibir "el producto íntegro de su trabajo", que no es el solo producto del trabajo, sino el mismo trabajo, lo que debe poder cambiarse inmediatamente contra trabajo, una hora de trabajo contra el producto de otra hora de trabajo.

Inmediatamente surge un obstáculo serio. La *producción total* se halla repartida; la más importante de las funciones sociales encaminadas a asegurar el progreso, el ahorro, se ha ausentado de la sociedad, quedando abandonado en manos y al arbitrio de los individuos. Los individuos pueden hacer con "sus productos" lo que quieran; en el mejor de los casos, la sociedad sigue siendo tan rica o tan pobre como al principio. Así, no se han centralizado los medios de producción acumulados en el pasado sino para diseminar nuevamente todos los medios de producción, acumulados en el futuro en manos de los individuos. Queda anulada su propia hipótesis, que conduce a un absurdo.

Se quiere cambiar trabajo fluido, fuerza de trabajo activa, contra el producto del trabajo; pero en este caso el trabajo es una mercancía igual al producto con el cual se cambia.

El valor de esta fuerza de trabajo está determinado, no por su producto, sino por el trabajo social que está incorporado a ella, con arreglo a la ley actual del salario. Esto es precisamente lo que no debe ser. El trabajo fluido, la fuerza de trabajo, debe poder cambiarse contra su producto total, o sea que debe cambiarse, no contra su *valor*, sino contra su *valor dé uso;* la ley del valor debe regir a todas las demás mercancías, pero debe abolirse en lo que concierne a la fuerza del trabajo. Lo que se oculta detrás del "valor del trabajo" es una confusión que se destruye a sí misma.

"El cambio de trabajo contra trabajo según el principio del cálculo igual", en la medida que tiene alguna significación; el cambio de productos de una misma cantidad de trabajo social entre sí, o sea la ley del valor, es precisamente la ley fundamental de la producción de mercancías y, por lo tanto, de la forma más elevada de esta producción, de la producción capitalista.

La ley del valor se manifiesta en la sociedad actual exactamente lo mismo que todas las leyes económicas pueden manifestarse en una sociedad de productores individuales, como una ley basada en las cosas y en las condiciones exteriores, como una ley natural independiente de la voluntad y de la acción de los productores, como una ley de acción ciega. El señor Duhring, haciendo de esta ley la ley fundamental de su comuna económica y exigiendo que ésta la aplique conscientemente, hace de la ley orgánica de la sociedad actual la ley orgánica de la sociedad creada por su imaginación. Lo que quiere es la sociedad actual, aunque sin sus abusos. Se mueve completamente en la esfera ideológica de Proudhon; como éste, quiere poner fin a los abusos nacidos de la evolución a que conduce la producción de mercancías en la producción capitalista, oponiendo la ley fundamental de la producción de mercancías de la que son su manifestación estos abusos.

Lo mismo que Proudhon, quiere sustituir las consecuencias reales de la ley del valor por consecuencias imaginarias.

Orgullosamente se aleja nuestro moderno Don Quijote cabalgando su noble Rocinante, el "principio universal de justicia", seguido de su bravo Sancho Panza, Abraham Ens[10], como un caballero errante en pos de la conquista del yelmo de Mambrino, "el valor del trabajo". ¡Mucho nos tememos que no consiga conquistar otra cosa que la bacía del barbero de que habla la historia!

---

[10] Discípulo libertario de Duhring, autor de un folleto titulado "El atentado de Engels contra el sentido común".

V

EL ESTADO, LA FAMILIA Y LA EDUCACIÓN

Con los dos últimos capítulos hemos agotado casi el contenido del "nuevo sistema socialitario" del señor Duhring. A lo sumo puede señalarse que la "trascendencia universal de su ojeada histórica" no le impide de ninguna manera considerar sus propios intereses, sin referirnos al "superconsumo moderado", ya conocido por nosotros. La vieja división del trabajo, al subsistir en la socialidad, hace que la comuna económica tenga que tener en cuenta no sólo a los peones y arquitectos, sino a los profesionales de las letras. Se plantea entonces en qué pararán los derechos de autor, cuestión que preocupa al señor Duhring más que otra cualquiera. En todas partes, por ejemplo, a propósito de Luis Blanc y de Proudhon, el lector encuentra los derechos de autor, que aparecen en nueve largas páginas del *Curso*, refugiándose felizmente en el puerto de la socialidad en forma de no sé qué misteriosa "remuneración del trabajo" con o sin "superconsumo moderado". Un capítulo dedicado a la situación de las pulgas en el "sistema natural de la sociedad" también hubiera estado indicado y habría resultado menos enojoso.

La "filosofía" da al detalle los preceptos sobre el futuro orden social. Sobre esto Rousseau, aunque sea "el único precursor importante" del señor Duhring, no fue bastante profundo; su profundo sucesor lo repara todo, empobreciendo extraordinariamente a Rousseau y acribillándole con trozos tomados de la *Filosofía del derecho* de Hegel: "la soberanía del individuo" constituye. la base del Estado futuro soñado por el señor Duhring; la soberanía de la mayoría no debe destruirla, sino, por el contrario, completarla. ¿Cómo se logrará? Muy sencillamente: "Suponiendo en todos los sentidos acuerdos mutuos, contratos cuyo objeto sea la ayuda mutua contra los malos tratos inmerecidos; de esta manera se multiplicará la fuerza destinada a mantener el derecho, y no deducirá el derecho simplemente de la superioridad de la fuerza de la multitud sobre el individuo o de la mayoría sobre la minoría". Con idéntica facilidad para la fuerza viva de la filosofía de la realidad sobre las cosas más complicadas; y si el lector piensa que no está mejor enterado que antes, le advierte el señor Duhring que no crea la cosa tan sencilla, pues el más "pequeño error" respecto al papel de la voluntad colectiva *destruiría* la soberanía del individuo, y sólo de esta soberanía pueden deducirse los "derechos verdaderos". El señor Duhring trata a su público como merece, burlándose de él; hubiera podido decir cosas más enormes todavía sin que lo notaran los discípulos de la filosofía de la realidad. La soberanía del individuo consiste esencialmente en que "el individuo en sus relaciones con el Estado *está sometido a un yugo absoluto*, que sólo es legítimo en la medida en que sirve verdaderamente a la "justicia natural". Para tal fin "existirán una legislación y un cuerpo judicial", aunque "permanecerán en manos de la comunidad"; una "liga defensiva" manifestada "por el servicio común en el ejército o en una sección ejecutiva destinada a mantener la seguridad interior", o, dicho de otra manera, un ejército, una policía, gendarmes. En diferentes ocasiones el señor Duhring se ha mostrado como un buen prusiano; demuestra ahora lo que vale un prusiano modelo, que, como decía el ministro De Rochow, "lleva su gendarme en el corazón". Pero esta fuerza pública futura no será tan peligrosa como la de nuestros días. Por brutalmente que maltrate al individuo soberano, puede siempre consolarse pensando que "el bien o el mal que se le hace, según las circunstancias, por la libre sociedad *nunca será mayor* que lo que *el estado natural* le produciría". Después, tras de habernos hecho tropezar con su inevitable derecho de autor, nos asegura que en el mundo futuro habrá "un derecho a defenderse absolutamente libre y general". "La libre sociedad imaginada" resulta cada vez más confusa: arquitectos, peones, escritores, gendarmes y ahora ¡abogados! "Este mundo del pensamiento sólido y crítico" se asemeja en todos sus rasgos a los diversos paraísos de las diversas religiones, en los que el creyente encuentra enaltecido lo que embelleció su vida. Y el señor Duhring pertenece al Estado en el cual cada uno puede ser feliz "a su manera". ¿Qué más queremos?

Por el momento importa poco lo que queramos; el problema consiste en averiguar lo que quiere el señor Duhring.

Éste se distingue de Federico II sólo por el hecho de que en su Estado "futuro" cada uno puede ser feliz a su manera. En la carta del Estado futuro está escrito: "No existirá culto en la sociedad libre, *ya que* cada uno de sus miembros ha superado el pueril prejuicio primitivo según el cual hay detrás o sobre la naturaleza seres a los cuales podemos dirigirnos por medio de sacrificios u oraciones". "Un sistema social debidamente comprendido *deberá, por lo tanto*, abolir toda brujería religiosa y, en consecuencia, todos los elementos esenciales del culto. "La religión queda prohibida.

Ahora bien: todas las religiones no son más que el reflejo fantástico en el cerebro humano de las fuerzas exteriores que dominan su vida cotidiana; al reflejarse las fuerzas terrestres adquieren el aspecto de fuerzas supraterrestres. En los comienzos de la historia son primero las fuerzas naturales las que se reflejan, revistiendo en el curso de la historia en los diferentes pueblos las personificaciones más diversas y variadas. La mitología comparada ha podido seguir este proceso primitivo por lo menos entre los pueblos indoeuropeos hasta los vedas de la India, y en el desarrollo y los detalles de su evolución entre los indios, persas, griegos, romanos, germanos, y, en la medida que es posible, dados los materiales que se poseen, entre los celtas, lituanos y eslavos. Muy pronto cobran actividad, junto a las fuerzas naturales, las fuerzas sociales, que al principio se manifiestan ante los hombres con el mismo carácter extraño e inexplicable, dominándolos con la misma necesidad aparente que las propias fuerzas naturales. Los fantasmas de la imaginación, reflejos de las fuerzas misteriosas de la naturaleza al principio, reciben atributos sociales, convirtiéndose en representantes de las fuerzas históricas[11]. En una fase más posterior de la evolución, todos los atributos naturales y sociales de los diferentes dioses son transportados a un Dios único y omnipotente, reflejo a su vez del hombre abstracto. Tal fue el origen del monoteísmo, último producto en la historia de la filosofía griega en su decaimiento, que encarna en la divinidad exclusivamente nacional de los judíos, Jehová. Con esta forma cómoda, al alcance de todos, la religión puede subsistir como forma inmediata, es decir, sentimental, de la relación que une los hombres a las fuerzas extrañas, naturales y sociales, que les dominan; puede subsistir en tanto que los hombres continúan sometidos a tales fuerzas. Pero hemos visto muchas veces que en la sociedad burguesa actual los hombres son dominados por las condiciones económicas creadas por ellos mismos, por los mismos medios de producción que produjeron, de igual manera que lo serían por fuerzas extrañas. La base efectiva de la acción reflejo religiosa subsiste, pues, y con ella el propio reflejo religioso. Y aunque la economía política burguesa haya abierto algunas vías acerca de las causas de esta dominación de fuerzas extrañas, esto no cambia para nada la realidad; la economía burguesa no puede impedir las crisis en general, ni sustraer a cada capitalista al efecto de las pérdidas, deudas y bancarrotas, ni asegurar al trabajador contra el paro y la miseria. El proverbio se confirma siempre: "El hombre propone y Dios dispone" (Dios, o sea la dominación extraña del modo de producción capitalista).

---

[11] La mitología comparada desconoce este doble carácter que revisten ulteriormente las figuras divinas, ateniéndose aquélla exclusivamente a su carácter de reflejos de las fuerzas naturales. Sin embargo, es este doble carácter el que explica la gran confusión que se apodera de las mitologías en un momento dado. Así es como en algunas tribus germánicas el dios de la guerra se llama en viejo Tiyo, en viejo altoalemán Zio, lo que corresponde al griego Zeus, al latino Júpiter, por Diu-piter. En otras tribus se llama Er, Eor, lo que responde al griego Ares, al latino Mars.

No basta el conocimiento—incluso cuando éste fuera más vasto y profundo que el de la economía burguesa— para someter las fuerzas sociales a la soberanía de la sociedad: para esto se precisa ante todo un *acto* social. Cuaneste acto se haya realizado; cuando la sociedad tome posesión del conjunto de los medios de producción, dirigiéndolos sistemáticamente, se habrá liberado a sí misma y a todos sus miembros de la servidumbre a que está sometida por los medios de producción que ella misma produjo y que se la oponen como fuerzas extrañas e irresistibles; cuando el hombre, no satisfecho con pensar, gobierne. Sólo entonces desaparecerá la última potencia extraña que se refleja todavía en la religión, desapareciendo al mismo tiempo el propio reflejo religioso, simplemente porque ya no habrá objetos que reflejar.

Pero el señor Duhring no quiere esperar a que la religión muera de muerte natural. Procede más radicalmente. Superando a Bismarck, decreta leyes de Mayo agravadas, no solamente contra el catolicismo, sino contra toda religión en general; lanza a sus gendarmes del porvenir contra la religión, otorgándola el martirio y con él una vida más extensa. Adonde dirijamos la mirada encontramos en el señor Duhring un socialismo específicamente prusiano.

Cuando haya destruido la religión el señor Duhring, "corresponderá al hombre, dueño ya de sí mismo y de la naturaleza y preparado a conocer sus fuerzas colectivas, aventurarse decididamente por todas las sendas que le abren el curso de las cosas y su naturaleza propia". Veamos, a fin de distraernos, en qué consiste "el curso de las cosas" a través del cual, a juicio del señor Duhring, debe aventurarse decididamente el hombre dueño de sí mismo.

El primer suceso que reduce al hombre a sus propios recursos es el nacimiento. Durante todo el tiempo de su minoría natural queda confiado a "la educadora natural de los niños", la madre. "Este período puede extenderse, como en el antiguo derecho romano, hasta la pubertad, o sea hasta los catorce años". Solamente cuando ya los niños mal educados no respetan la autoridad de la madre se recurre, para remediar este estado de cosas, a la asistencia del padre y principalmente a las medidas pedagógicas del Estado. Con la pubertad pasa el niño a colocarse "bajo la tutela natural del padre", si la paternidad es real e indiscutible; de otra manera, la comunidad designa el tutor.

De igual manera que el señor Duhring cree poder sustituir el modo de producción capitalista con el modo de producción social, sin transformar la propia producción, supone ahora poder privar a la familia burguesa moderna de todas sus bases económicas sin cambiar al mismo tiempo toda su forma. Esta forma es para él inmutable; convierte al antiguo "derecho romano", sin corregirlo apenas, en norma de la constitución familiar para todas las épocas, y sólo pude representarse a la familia como heredando y poseyendo. En este punto el señor Duhring queda muy atrás con respecto a los utópicos. Éstos derivaban inmediatamente de la libre asociación de los hombres y de la transformación del trabajo doméstico privado en industria pública la socialización de la educación, la reciprocidad y libertad verdaderas de relaciones entre los miembros de una familia. De otra parte, Marx ha demostrado cómo "la gran industria, con el papel decisivo que asigna, en el proceso de producción socialmente organizado fuera del hogar, a las mujeres y a los jóvenes y niños de uno y otro sexo, crea la base económica nueva de una forma superior de familia y relaciones de los sexos".

"Cualquier soñador de reformas sociales —dice el señor Duhring— tiene preparada una pedagogía correspondiente a la nueva vida social que imagina". Considerando como criterio esta frase, aparece el señor Duhring como un "monstruo verdadero" entre los soñadores de reformas sociales. La escuela del porvenir ocupa en él por lo menos tanto espacio como los derechos de autor, lo cual es mucho decir. Tiene programas escolares y un plan universitario dispuestos del todo, no sólo para "todo porvenir previsible", sino también para el período de transición. Contentémonos, sin embargo, con lo que se le va a enseñar a la juventud de uno y otro sexo en "la comuna definitiva y sin apelación".

La escuela común enseña "cuanto en sí y en principio puede ofrecer al hombre un atractivo", principalmente "las bases y resultados principales de todas las ciencias que tratan de la concepción del mundo y de la vida". Por lo tanto, enseña ante todo las matemáticas y de manera tal que sea "recorrido íntegramente" el conjunto de todos los conceptos y procedimientos esenciales, "desde la simple numeración y adición hasta el cálculo integral". No quiere esto decir que deba diferenciarse e integrarse en esta escuela, sino todo lo contrario: se enseñarán los elementos completamente nuevos de la matemática integral, que contengan en germen al mismo tiempo a las matemáticas elementales corrientes y a las superiores. Aunque el señor Duhring pretende ya ver "en sus rasgos esenciales y de una manera esquemática" el "contenido de estos manuales" de la escuela futura, no ha conseguido todavía, desgraciadamente, descubrir "los elementos de la matemática integral"; debiendo esperarlo, según él, "solamente de las fuerzas libres y multiplicadas del nuevo estado social". Pero si todavía están verdes las raíces de las matemáticas del porvenir, menos dificultades ofrecen la astronomía, la mecánica y la física del porvenir, que constituyen "el núcleo de toda educación", en tanto que la botánica y la zoología, que, pese a todas las teorías, siguen siendo sobre todo descriptivas, servirán más bien para "distracción" y "descanso". Esto se dice en los *Cursos de*

Filosofía, página 417. Todavía no conoce el señor Duhring, en la actualidad, más que una zoología y botánica puramente descriptivas. Ignora hasta el nombre de toda la morfología orgánica, que comprende la anatomía comparada, la embriología y paleontología del mundo orgánico. Mientras que a espaldas de él nacen por docenas en el dominio de la biología nuevas disciplinas, su espíritu pueril va todavía a buscar los "elementos educativos eminentemente modernos" en las ciencias naturales, en la *Historia natural para, los niños,* de Raff, y otorga esta constitución del mundo orgánico "para todo porvenir previsible". Según su costumbre, olvida completamente la química.

El señor Duhring reconstruirá de arriba abajo toda la educación estética. La poesía, tal como se manifiesta hasta aquí, carece de valor. Prohibida la religión, "no puede tolerarse de ninguna manera la elaboración de representaciones mitológicas y religiosas" en las escuelas. "Incluso el misticismo poético inculpado a Goethe, por ejemplo, debe rechazarse". Deberá, por lo tanto, decidirse el señor Duhring a darnos él mismo "las obras maestras poéticas que respondan a las exigencias superiores de una imaginación reconciliada con la razón", las cuales representarán "el verdadero ideal", "la perfección del mundo". ¡Que no tarde en hacerlo! La comuna económica no logrará conquistar el mundo más que si marcha, con arreglo a un "ritmo reconciliado con la razón", al paso de carga de los alejandrinos.

Al joven ciudadano del porvenir no se le atormentará con la filología. "Nada hay que hacer con las lenguas muertas... Las lenguas extranjeras vivas serán una cosa secundaria". "Solamente allí donde el comercio internacional se extienda al movimiento de las mismas masas populares se harán estas lenguas fácilmente accesibles a todos en la medida que sean necesarias".

La cultura lingüística verdaderamente educativa se hallará en una especie de gramática general que estudiará principalmente "la materia y forma de la lengua materna". El horizonte, reducido a las fronteras nacionales, del hombre actual, es demasiado cosmopolita para el señor Duhring; quiere destruir aquellos dos instrumentos que en el mundo actual dan ocasión por lo menos para elevarse por encima del punto de vista limitado de la nacionalidad: el conocimiento de las lenguas antiguas es el que abre a los hombres de todos los países que han recibido la educación clásica un horizonte común y ampliado; y el conocimiento de las lenguas modernas, el único que permite a los hombres de diversas naciones comprender y conocer lo que pasa fuera de las fronteras. Al contrario, se enseñará con el mayor detalle la gramática de la lengua materna. Pero "la materia y forma de la lengua materna" sólo para aquel que pueda seguir su origen y evolución regresivas; lo cual es imposible si se tienen en cuenta, de una parte, las formas desusadas y arcaicas de esta lengua, y de otra parte, las lenguas vivas y muertas de la misma rama lingüística. Si, por lo tanto, el señor Duhring borra de su plan escolar toda la gramática histórica moderna, la educación lingüística quedará reducida a la vieja gramática técnica, del estilo de la vieja filología clásica, con toda su casuística y arbitrariedad derivadas exclusivamente de su falta de bases históricas. Su odio a la vieja filología le lleva a convertir lo peor de los productos de ésta en "centro de la cultura lingüística verdaderamente educativa". Se ve claramente que debemos entendérnoslas con un lingüista que nunca oyó hablar del desenvolvimiento tan potente y fecundo de la ciencia histórica del lenguaje desde hace sesenta años, y que va a buscar "los elementos educativos eminentemente modernos" de la lingüística no en Bopp, Grimm y Diez, sino en Heyse y Beker, de feliz memoria.

Todo esto no permitirá, ni mucho menos, "al joven ciudadano del porvenir" "bastarse a sí mismo". Es necesaria una cultura más profunda, "el estudio de los últimos principios filosóficos". Lo cual no tiene nada de temible desde que el señor Duhring ha abierto paso. En efecto, "apenas se limpien aquellas nociones científicas rigurosas que puede reivindicar la ciencia general del ser de las complicaciones escolásticas que la oscurecen" y se esté decidido a no admitir otra realidad más que la "garantizada" por el señor Duhring, la filología elemental se hace perfectamente accesible a la juventud del porvenir. "Recordad los *procedimientos tan sencillos* gracias a los cuales hemos dado al concepto del infinito una trascendencia desconocida hasta ahora". "No se ve por qué los elementos de la representación general del tiempo y el espacio, tan simplificados por este ahondamiento en los conceptos, no pasarían al final al número de las nociones preliminares"... Los "pensamientos más profundos" del señor Duhring "no podrían desempeñar un papel secundario en el sistema de educación universal de la sociedad nueva". El estado de la materia idéntica a sí misma y el infinito medido están destinados "no sólo a permitir al hombre descansar sobre sus pies, sino a hacerle saber que *tiene sus pies en lo que llama absoluto*".

La escuela pública del porvenir no es, como se ve, sino una "caja" prusiana un poco mejorada, donde el griego y el latín son reemplazados por un poco más de matemáticas puras y aplicadas, y principalmente por los elementos de la filosofía de la realidad, y donde la enseñanza del alemán se refiere a Beker, o sea aproximadamente al nivel de la tercera clase. En realidad, demostrado ya, en todos los dominios tocados por el señor Duhring, el carácter completamente "escolar" de sus "conocimientos", no se ve por qué lo poco que subsiste después de" la limpieza" seria a que acabamos de dedicarnos "no terminará por pasar al número de conocimientos preliminares", no habiendo nunca sido realmente otra cosa. Indudablemente el señor Duhring oyó vagamente decir que en la sociedad socialista el trabajo y la educación estarían unidos, lo que daría una cultura técnica variada y proporcionaría una base práctica a la educación científica; por lo cual no deja de utilizar la cosa en su socialidad. Pero hemos visto que la antigua división del trabajo subsiste en sus rasgos esenciales en la producción del porvenir tal como la ve el señor Duhring; de esta manera se corta a esta educación técnica toda perspectiva de aplicación práctica ulterior, todo valor para la producción. Sólo tiene fines escolares, no sirviendo más que para reemplazar a la gimnasia, de la cual no quiere oír hablar nuestro reformador. No puede ofrecer sobre esto más que algunas frases vacías; por ejemplo, "la juventud y la ancianidad trabajan en el sentido propio de la palabra"; palabrería insegura y huera que muestra su lamentabilidad si se la compara con el siguiente párrafo de *El Capital* (página 508 a 511), donde Marx expresa este pensamiento: "Del sistema de la fábrica (puede verse con detalle en Owen) salió el germen de la educación del porvenir que unió para todos los niños de una edad determinada el trabajo productivo con la instrucción y la gimnasia, y que ve en este sistema, no solamente un método para aumentar la producción social, sino el solo y único método para producir hombres íntegramente desarrollados". Pasemos sobre la Universidad del porvenir, en la cual la filosofía de la realidad constituirá el núcleo de toda la sabiduría, y donde subsistirá íntegramente, junto a la Facultad de Medicina, la Facultad de Derecho; pasemos sobre las "escuelas especiales", de las que se nos dice que existirán sólo para "un corto número de materias". Admitamos que el joven ciudadano del futuro sea capaz, después de haber terminado sus cursos de estudio, de bastarse "a sí mismo" y que quiere casarse. ¿Qué camino le abre el señor Duhring?

"En lo que concierne a la importancia de la generación para la conservación, supresión, mezcla, como también para un nuevo progreso de las cualidades y defectos, hay que buscar en una gran medida el origen de las cualidades humanas e inhumanas en la unión y selección sexuales, así como en el cuidado de tal o cual resultado del nacimiento. Es necesario dejar a las generaciones que nos sigan el cuidado de juzgar la tontería y estupidez que aún reinan en este dominio. Sin embargo, se necesita por lo menos hacer comprender, a pesar de la presión de los prejuicios, que hay que preocuparse no sólo por el número de nacimientos, sino también y sobre todo de que su naturaleza sea favorable o defectuosa debido a la naturaleza o a las preocupaciones de los hombres. En todo tiempo y bajo todos los regímenes jurídicos se han destruido los monstruos; pero existen muchos grados desde el estado normal hasta las deformaciones que privan a un ser de todo aspecto humano... Es preferible, evidentemente, impedir el nacimiento de un hombre que sólo vaya a ser un producto defectuoso".

Y después: "No puede ser difícil para el filósofo comprender el derecho que posee un ser que no ha nacido aún a poseer una naturaleza tan buena como sea posible... La concepción e incluso el nacimiento suponen desde este punto de vista cuidados preventivos, hasta la exclusión con carácter excepcional". Y todavía agrega: "El arte de los griegos que consistía en idealizar al hombre en el mármol no puede conservar el mismo prestigio histórico cuando se haya emprendido una tarea menos frívola, de un interés mayor para la suerte de millones de seres, la de perfeccionar en carne y hueso la formación de los hombres". Este arte no es un arte de piedra, y su estética no concierne a la consideración de las formas muertas....

Nuestro joven ciudadano del porvenir cae de las nubes. Sabía bien, sin necesidad del señor Duhring, que en el matrimonio no se trata de un arte de piedra ni de la consideración de las formas muertas; pero el señor Duhring le había prometido que podría aventurarse en todos los caminos, que le abrirían "el curso de las cosas y su propia naturaleza", para encontrar un corazón femenino simpatizante con él. "¡De ninguna manera!", le grita ahora con voz de trueno la "moralidad profunda y severa": se trata primeramente de terminar con la tontería y la estupidez que reinan en el dominio de la unión y selección sexuales; se trata ante todo de tener en cuenta el derecho que posee el recién nacido a una naturaleza lo más perfecta posible. Se trata en momento tan solemne de perfeccionar la formación de la humanidad en carne y hueso, de convertirse, por decirlo así, en un Fidias de carne y hueso. ¿Qué hacer? Las palabras misteriosas del señor Duhring no le dan respecto a esto la menor indicación, aunque dice que esto es todo un arte. ¿Acaso el señor Duhring tiene ya elaborado esquemáticamente un manual de este arte igual a los que desde hace tiempo circulan en las librerías alemanas, cerrados a las miradas indiscretas por una faja de papel? En este dominio ya hemos salido de la socialidad y hemos entrado en *La flauta encantada,* con la diferencia de que el pontífice francmasón Sarastro[12] no es sino un "sacerdote de segunda clase" con relación a nuestro severo y profundo moralista. Las experiencias que emprende Sarastro con su pareja de adeptos enamorados no es sino un juego de niños comparadas con la prueba terrible a que son sometidos por el señor Duhring sus dos individuos soberanos antes de permitirles entrar en el estado del "matrimonio libre y moral". Puede muy bien suceder que nuestro Tamino del porvenir tenga sus pies en lo que se llama "lo absoluto", pero que uno

---

[12] Personaje de la obra de Mozart.

de ellos se desvíe de las dimensiones normales dos escalones, de tal suerte que las malas lenguas aseguren que es un cojo. Y no es tampoco imposible que su bien amada Pamina no se mantenga airosa sobre el llamado absoluto por tener una ligera desviación en el hombro derecho, que la envidia puede muy bien tomar por una joroba. Entonces nuestro profundo y severo Sarastro ¿va a prohibirles practicar el arte del "perfeccionamiento del hombre en carne y hueso", ejercerá su "solicitud preventiva" de la "concepción" o su "exclusión" del "nacimiento"? Apostamos diez contra uno a que las cosas sucederán de otra manera; que los dos enamorados dejarán a Sarastro-Duhring compuestos y se irán a buscar al oficial del registro civil.

¡Alto!, grita el señor Duhring: No era eso lo que quería decir; entendámonos. Dados los móviles "superiores, verdaderamente humanos, de las uniones bienhechoras, la forma propiamente humana y ennoblecida de la atracción sexual, que se manifiesta en sus grados extremos como, *amor apasionado*, es, en su reciprocidad, la mejor garantía de una unión aceptable igualmente en sus resultados... Hace ver solamente un efecto y una consecuencia en el hecho de que de una relación armoniosa salga un producto armoniosamente compuesto. Resulta que toda coacción sólo puede ser perjudicial", etc. Así todo sucede de la mejor manera en la mejor de las socialidades. El cojo y la jorobada se aman apasionadamente y ofrecen de esta manera en su reciprocidad la "garantía de un resultado armónico". Todo sucede como en el poema: se aman, consiguen la mano el uno del otro, y "la moral profunda y severa" se convierte en lo que se piensa, en la "armonía de sus locuras".

Se verá también la noble idea que el señor Duhring tiene del sexo femenino en general por la acusación que dirige a la sociedad actual: "En esta sociedad de opresión, basada en la venta del hombre al hombre, la prostitución pasa por ser el complemento necesario del matrimonio en beneficio de los hombres, siendo un hecho muy *comprensible y tanto más significativo que no pueda haber nada análogo en beneficio de las mujeres*". No quisiera, por nada del mundo, hacerme acreedor a las muestras de gratitud que el señor Duhring pueda recibir de las mujeres a cuenta de esta galantería. Pero ¿ignora el señor Duhring la existencia de una cierta especie de ingresos que no es completamente excepcional? El señor Duhring ha sido pasante de judicatura y habita en Berlín, donde ya en mi época, hace treinta y seis años, para no hablar de los tenientes, los pasantes conocían bastante esta institución.

Permítasenos apartarnos alegre y amistosamente de un asunto que con frecuencia ha debido resultar árido y enojoso. Mientras teníamos que ocuparnos de cuestiones de detalle, el juicio dependía de los hechos objetivos, incontestables; y a causa misma de estos hechos, el juicio debía ser con frecuencia muy riguroso y duro. Ahora ya hemos dejado atrás la filosofía, la economía política y la "socialidad"; tenemos ante nosotros el retrato completo del escritor que teníamos que juzgar en detalle. En este momento, consideraciones humanas pueden pasar al primer plano; podremos atribuir a causas personales los errores científicos y las explosiones de orgullo, inexplicables sin esto, y resumir nuestro juicio general sobre el señor Duhring en estas breves palabras:

Irresponsabilidad motivada por el delirio de grandezas.

FIN

EL CRÍTICO y EDITOR - Juan Bautista Bergua

Juan Bautista Bergua nació en España en 1892. Ya desde joven sobresalió por su capacidad para el estudio y su determinación para el trabajo. A los 16 años empezó la universidad y obtuvo el título de abogado en tan sólo dos años. Fascinado por los idiomas, en especial los clásicos, latín y griego, llegó a convertirse en un célebre crítico literario, traductor de una gran colección de obras de la literatura clásica y en un especialista en filosofía y religiones del mundo. A lo largo de su extraordinaria vida tradujo por primera vez al español las más importantes obras de la antigüedad, además de ser autor de numerosos títulos propios.

Su librería, la editorial y la "Generación del 27"

Juan B. Bergua fundó la Librería-Editorial Bergua en 1927, luego Ediciones Ibéricas y Clásicos Bergua. Quiso que la lectura de España dejara de ser una afición elitista. Publicó títulos importantes a precios asequibles a todos, entre otros, los diálogos de Platón, las obras de Darwin, Sócrates, Pitágoras, Séneca, Descartes, Voltaire, Erasmo de Rotterdam, Nietzsche, Kant y los poemas épicos de La Ilíada, La Odisea y La Eneida. Se atrevió con colecciones de las grandes obras eróticas, filosóficas, políticas, y la literatura y poesía castellana. Su librería fue un epicentro cultural para los aficionados a literatura, y sus compañeros fueron conocidos autores y poetas como Valle-Inclán, Machado y los de la Generación del 27.

El Partido Comunista Libre Español y las amenazas de la izquierda

Poco antes de la Guerra Civil Española, en los años 30, Juan B. Bergua publicó varios títulos sobre el comunismo. El éxito, mucho mayor de lo esperado, le llevó a fundar el Partido Comunista Libre Español que llegaría a tener mas de 12.000 afiliados, superando en número al Partido Comunista prosoviético oficial existente. Su carrera política no duró mucho después que estos últimos le amenazaran de muerte viéndose obligado a esconderse en Getafe.

La Censura, quema de libros y sentencia de muerte de la derecha

Juan B. Bergua ofreció a la sociedad española la oportunidad de conocer otras culturas, la literatura universal y las religiones del mundo, algo peligrosamente progresivo durante esta época en España.

En el 1936 el ejército nacionalista de General Franco llegó hasta Getafe, donde Bergua tenía los almacenes de la editorial. Fue capturado, encarcelado y sentenciado a muerte por los Falangistas, la extrema derecha.

Mientras estuvo en la cárcel temiendo su fusilamiento, los falangistas quemaron miles de libros de sus almacenes por encontrarlos contradictorios a la Censura, todas las existencias de las colecciones de la Historia de Las Religiones y la Mitología Universal, los libros sagrados de los muertos de los Egipcios y Tibetanos, las traducciones de El Corán, El Avesta de Zoroastrismo, Los Vedas (hinduismo), las enseñanzas de Confucio y El Mito de Jesús de Georg Brandes, entre otros.

Aparte de los libros religiosos y políticos, los falangistas quemaron otras colecciones como Los Grandes Hitos Del Pensamiento. Ardieron 40.000 ejemplares de La Crítica de la Razón Pura de Kant, y miles de libros más de la filosofía y la literatura clásica universal. La pérdida de su negocio fue un golpe tremendo, el fin de tantos esfuerzos y el sustento para él y su familia…fue una gran pérdida también para el pueblo español.

PROTEGIDO POR GENERAL MOLA Y EXILIADO A FRANCIA

Cuando General Emilio Mola, jefe del Ejército del Norte nacionalista y gran amigo de Bergua, recibe el telegrama de su detención en Getafe intercede inmediatamente para evitar su fusilamiento. Le fue alternando en cárceles según el peligro en cada momento. No hay que olvidar que durante la guerra civil, los falangistas iban a buscar a los "rojos peligrosos" a las cárceles, o a sus casas, y los llevaban en camiones a las afueras de las ciudades para fusilarlos.

–El General y "El Rojo"–Su amistad venia de cuando Mola había sido Director General de Seguridad antes de la guerra civil. En 1931, tras la proclamación de la Segunda República, Mola se refugió durante casi tres meses en casa de Bergua y para solventar sus dificultades económicas Bergua publicó sus memorias. Mola fue encarcelado, pero en 1934 regresó al ejército nacionalista y en 1936 encabezó el golpe de estado contra la República que dio origen a la Guerra Civil Española. Mola fue nombrado jefe del Ejército del Norte de España, mientras Franco controlaba el Sur.

Tras la muerte de Mola en 1937, su coronel ayudante dio a Bergua un salvoconducto con el que pudo escapar a Francia. Allí siguió traduciendo y escribiendo sus libros y comentarios. En 1959, después de 22 años de exilio, el escritor regresó a España y a sus 65 años comenzó a publicar de nuevo hasta su fallecimiento en 1991. Juan Bautista Bergua llegó a su fin casi centenario.

Escritor, traductor y maestro de la literatura clásica, todas sus traducciones están acompañadas de extensas y exhaustivas anotaciones referentes a la obra original. Gracias a su dedicado esfuerzo y su cuidado en los detalles, nos sumerge con su prosa clara y su perspicaz sentido del humor en las grandes obras de la literatura universal con prólogos y notas fundamentales para su entendimiento y disfrute.

Cultura unde abiit, libertas nunquam redit.
Donde no hay cultura, la libertad no existe.

LA CRÍTICA LITERARIA
www.LaCriticaLiteraria.com

TODO SOBRE LITERATURA CLÁSICA, RELIGIÓN, MITOLOGÍA, POESÍA, FILOSOFÍA...

La Crítica Literaria es la librería y distribuidor oficial de Ediciones Ibéricas, Clásicos Bergua y la Librería-Editorial Bergua fundada en 1927 por Juan Bautista Bergua, crítico literario y célebre autor de una gran colección de obras de la literatura clásica.

Nuestra página web, LaCriticaLiteraria.com, es el portal al mundo de la literatura clásica, la religión, la mitología, la poesía y la filosofía. Ofrecemos al lector libros de calidad de las editoriales más competentes.

LEER LOS LIBROS GRATIS ONLINE
www.LaCriticaLiteraria.com

La Crítica Literaria no sólo está dedicada a la venta de libros nacional e internacional, también permite al lector la oportunidad de leer la colección de Ediciones Ibéricas gratis online, acceso gratuito a más que 100.000 páginas de estas obras literarias.

LaCriticaLiteraria.com ofrece al lector un importante fondo cultural y un mayor conocimiento de la literatura clásica universal con experto análisis y crítica. También permite leer y conocer nuestros libros antes de la adquisición, y tener la facilidad de compra online en forma de libros tradicionales y libros digitales (ebooks).

COLECCIÓN LA CRÍTICA LITERARIA

Nuestra nueva **"Colección La Crítica Literaria"** ofrece lo mejor de los clásicos y análisis de la literatura universal con traducciones, prólogos, resúmenes y anotaciones originales, fundamentales para el entendimiento de las obras más importantes de la antigüedad.

Disfrute de su experiencia con nosotros.

www.LaCriticaLiteraria.com

CPSIA information can be obtained
at www.ICGtesting.com
Printed in the USA
BVOW08s1209280817
493295BV00001B/22/P